侵华日军七三一部队罪证

黑龙江省档案馆　编

黑龙江人民出版社

图书在版编目(CIP)数据

侵华日军七三一部队罪证 / 黑龙江省档案馆编. —
哈尔滨:黑龙江人民出版社,2015.6(2021.1重印)
ISBN 978 - 7 - 207 - 10378 - 9

Ⅰ.①侵… Ⅱ.①黑… Ⅲ.①日本关东军—战争罪行
—史料 Ⅳ.①K265.606

中国版本图书馆 CIP 数据核字(2015)第 149493 号

责任编辑:吴英杰
封面设计:鲲 鹏

侵华日军七三一部队罪证

黑龙江省档案馆 编

出版发行	黑龙江人民出版社	
通讯地址	哈尔滨市南岗区宣庆小区 1 号楼	
邮 编	150008	
网 址	www. longpress. com	
电子邮箱	hljrmcbs@ yeah. net	
印 刷	北京一鑫印务有限责任公司	
开 本	787×1092 1/16	
印 张	29.375	
字 数	510 千字	
版 次	2017 年 11 月第 1 版 2021 年 1 月第 2 次印刷	
书 号	ISBN 978 - 7 - 207 - 10378 - 9	
定 价	70.00 元	

版权所有 侵权必究 举报电话:(0451)82308054
法律顾问:北京市大成律师事务所哈尔滨分所律师赵学利、赵景波

代 前 言

　　为纪念中国人民抗日战争暨世界反法西斯战争胜利七十周年,黑龙江省档案馆编纂出版《侵华日军七三一部队罪证》一书,揭露日本关东军七三一细菌部队在黑龙江犯下的滔天罪行,缅怀被日军残酷杀害的同胞,这对于铭记历史、纪念胜利、珍视和平、警示未来都有着十分重要的意义。

　　《侵华日军七三一部队罪证》一书是利用黑龙江省档案馆馆藏档案选编而成的,内容十分丰富。主要包括日本关东宪兵队向七三一部队实施"特殊输送"(又译为"特别移送",即将被捕人员秘密审讯后送到七三一部队用做细菌实验)形成的秘密、绝密档案的译文,苏联滨海军区军事法庭审判七三一细菌战犯的供词和审判文献以及东北人民政府在黑龙江地区调查七三一细菌部队罪证形成的口述档案,同时收入了省档案馆公布"特殊输送"档案记者招待会的材料和中日两国有关专家撰写的研究论文等,其中日本关东宪兵队"特殊输送"秘密、绝密档案,除收入《七三一部队罪行铁证》已公布的文献,此次编纂中又增加了新发现的"特殊输送"档案二十余件。苏联滨海军区军事法庭审判七三一细菌部队战犯形成的档案与这些档案一起编纂出版,相互印证,相互补充,基本上还原了历史的真相,为揭露七三一部队罪行提供了无可辩驳的铁证。书中收入的口述档案,是黑龙江当地百姓以亲身经历对日军七三一细菌部队的血泪控诉,揭露了七三一部队在哈尔滨等地撒布细菌造成瘟疫的罪行。本书的出版,将侵华日军七三一细菌部队的历史罪恶牢牢地钉在历史的耻辱柱上。

　　《侵华日军七三一部队罪证》为研究日本侵华史、七三一部队罪恶史提供了极有价值的第一手资料,是反击日本右翼势力否认侵华罪行的铁证。多年来,日本一直存在着一种否认侵略历史的错误史观,甚至否认七三一部队的存在,更有日本右翼势力逆历史潮流而动,百般狡辩,蓄意抵赖,竭力为日本侵略历史进行辩解,甚至美化侵略历史,为日本军国主义招魂。但历史就是历史,事实就是事实。尽管七三一部队在日本投降前夕炸毁细菌试验大楼,砸碎仪器,焚毁文件,消灭罪证,企图逃脱历史的审判,但仍有不少有关档案保存下来。档案是历史的真实记录。"特殊输送"秘密、绝密档案,详细记载了关东宪兵队、东安宪兵队、佳木斯宪兵队和虎头宪兵分遣队等逮捕和审讯苏联谍报员的具体情况，详细记载了关东宪兵队"特殊输送"指令签发和向七三一细菌部队实施"特殊输送"的罪恶过程，彻底戳穿了日本右翼势力的谎言。七三一部队细菌战犯有关该部队曾用大量活着的中国人进行细菌实验的供词，更添了真实有力的佐证，将七三一部队的历史罪恶昭彰天下。档案铁证如山。有档案为历史作证，日本侵略中国的历史以及七三一部队的历史罪恶是永远抹杀不掉的。

《侵华日军七三一部队罪证》是铭记历史、缅怀同胞、进行爱国主义教育的重要素材。日本军国主义发动的侵华战争，给中国人民带来了空前的灾难和浩劫，黑龙江省更是遭受日本侵华战争灾难最为深重的省份之一，对侵华日军七三一部队在黑龙江地区犯下的滔天罪行有着刻骨铭心的记忆。历史档案真实记录了日本侵略者残杀中国人民的暴行，再现了那血泪斑斑的一页历史，使我们深刻认识了日本法西斯军国主义的本质，警醒世人要高度警惕日本军国主义的复活，维护战后国际秩序，促使我们从苦难中汲取自强不息、民族复兴的力量，以史为鉴，决不允许日本军国主义野蛮侵略的悲剧重演。

档案承载历史，历史启迪未来。抚今追昔，把历史档案整理出版，成为中华民族集体记忆的财富，无疑是对中国人民抗日战争和世界反法西斯战争胜利七十周年很有意义的纪念。这对于广大社会公众和专家学者研究历史，铭记历史，镜鉴未来，奋起自强，实现民族复兴，也有着积极的作用。

2015 年 3 月

凡　　例

　　一、本书选编黑龙江省档案馆馆藏档案史料共计99件,分为"特殊输送"档案、审判档案、调查资料三部分。此外,还收入开放"特殊输送"档案的材料和中日媒体报道文章13篇,以及中日专家学者撰写的学术论文、档案简介等材料。

　　二、本书所收入71件日本关东宪兵队"特殊输送"档案是由日文档案原件翻译而成,皆按形成时间先后顺序排列,个别按其内容酌加调整。译文中,已将日本年号换算为公元纪年。

　　三、为便于阅读,原档案译文改为横排版后,凡原文中有"同右"的字样,均改为"同上"。对档案原件上粘贴的白纸红字批注条内容,如"队长意见"、"参阅文件号"、"发、抄机关"等,在译文中皆用仿宋字体排版,以示区别。档案原件上眉批、行批的内容,在译文中以脚注形式处理。此外,对所选档案中涉及的专有名词、地名等处,皆酌情加以注释。

　　四、本书所选的档案史料大都全文发表,以便真实反映历史情况。只有少数内容不相关涉又冗长之处,酌情进行了删节,并在删节之处注明"(中略)"字样。容易误解之处,或根据档案史料加以注释,或用"原文如此"加以注释。

　　五、本书所选个别档案原件没有标题的,重新拟制了标题。有些档案原件中没有标点的,适当断句加以标点,以符合语意表达,便于理解。

　　六、为保持档案资料原貌,行文中的数字、文号、时间等一般都按原文照排。少数含有小数、百分比数值的统计表,将其汉字数字改为阿拉伯数字。

　　七、档案原件中的空字或难以辨认的字,用"□"表示。个别模糊的文字,依据文件大意进行了研究考证,将其填入方括号"[　　]"内。档案原件中明显的错字、别字、漏字,则直接加以订正。

目 录

日本关东宪兵队"特殊输送"档案

苏联滨海军区军事法庭审判档案

东北人民政府卫生部搜集日本细菌战犯罪行资料

侵华日军"特殊输送"档案开放

七三一部队罪行研究论文与资料

日本关东宪兵队"特殊输送"档案

新京宪兵队关于留萌工作情况的报告

新宪高第三二八号
一九三九年六月九日

（参阅一九三八年十一月二十七日林口宪高第二二三号、
一九三九年二月二十一日奉宪高第一〇二号）

关东宪兵队司令官城仓义卫台鉴：

要　点

一、苏方给孙连生（新十一）的指令事项中提及在新京（长春）的联络员为军政部附上校孙仁轩，以及对他进行秘密侦查的结果，并根据刘启祥（新十二）供述，去年七月受四平街的苏联谍报员常振英之托向苏联中佐柯比达（音译）提交的情报中，末尾出现了"新开路孙家肇"（似"肇"字，印象不深）字样，依据以上证据可以确认：该人就是居住在新京西四道街新开路三十号的原治安部兵马课器材股长、现宫内府侍从武官步兵上校孙家铎，因直接与该人联络的四平街常振英目前正在苏联，并且尚未发现在四平街车站工作的孙家铎亲戚王某，因此，之后的侦查并无进展，目前正在研究下一步的侦查计划。

二、刘启祥三月二十六日以来，一直寄宿于四平街杨广山（新一〇四）家中。目前对苏联谍报员头目常振英返满情况及前文提到的对王某的搜查工作情况均无进展。

三、孙连生本人仍以特殊犯人身份拘押在新京分队并对其采取拉拢怀柔政策，可是由于拘押太久，其逐渐表现得自暴自弃且言行粗暴，并出现装病等情况，根据上述表现，我们认为其将来的利用价值不大，特殊输送①较为妥当。

---

① 所谓"特殊输送"，又称"特别移送"，日文为"特移扱"，是当时关东宪兵队的专用语，是将其逮捕的中国人等依据一九三八年一月二十六日发出的《关于特殊输送处理的通告》（关宪警老五十八号）的指示，"不经审判，不移送有关机关"，而由日本宪兵、警察等直接送交"七三一"部队的一种特殊输送处理办法。目的是作人体实验。

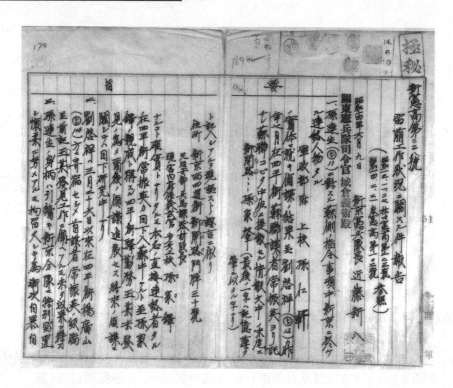

具体情况报告如下：

计　开

一、已掌握孙仁轩的实际情况

1.基于孙连生实施的接近工作及本人的供述，锁定三名可疑人员，令孙连生直接与这三名人员接触。通过苏方的指令及暗号交流，最后接触的孙家铎嫌疑最大，怀疑其为"孙仁轩"，但尚未取得物证。孙家铎于本年一月四日十五时三十分似乎察觉到身边的危险，亲自出面到宫内府宪兵室口头控诉："没想到有人用通苏事件威胁恐吓我"，其所述内容巧妙避开了对自己不利的各个情节，却露出了马脚，但为了以后的工作，没有进行追究。

（1）第一次接触目标的情况

令孙连生分别于去年十二月八日、十二月二十日及二十三日先后三次对居住在新京丰乐路清和胡同三零七号的治安部理事官孙仁轩进行接近工作（拜访其家），前两次由于其不在家未能见面，第三次在其家门口，进行了交谈。孙连生对孙仁轩说出暗号"常省国让我向您问好"，孙仁轩立即大声说道："那人我不认识，你把这里当成谁家了！赶快走，混蛋！"似乎对暗号完全不懂，孙连生便无奈地离开了。

（2）第二次接触目标的情况

让孙连生于去年十二月二十四日及二十五日先后两次接近居住在新京军政部胡同八号的产业部属官（原满军少校）孙凤鸣，结果判明孙凤鸣并不是要找的人。

（3）第三次接触目标的情况

让孙连生于本年一月二日十三时登门拜访居住在新京西四道街新开路三十号的原治安部兵马科器材股长、现宫内府侍从武官步兵上校（五月八日晋升）孙家铎（三十八岁）。孙连生见到孙家铎后对了暗号"常省国让我向您问好"，孙家铎虽做了回应，但对初次见面的孙连生仍保持警惕，只简单地谈了一下，让孙连生第二天再来拜访。大约二十分钟后，因孙家铎上班而中止了谈话。第三日九时，为了再次面谈，又派遣了孙连生前往。最初孙家铎并没有完全理解暗语的内容，还主动问道："您是来找孙仁轩的吗？"然而，孙家铎以孙连生没有常省国的介绍信或证明物件，并且自己刚从治安部调到宫内府，没有值得上报的材料为由，拒绝了孙连生。之后，于同日夜里及第四日早晨，孙连生又来拜访孙家铎家，但因其不在，尚未达到目的。于是，同日十五时，如前所述，出现在宫内府宪兵室自首。

2. 根据刘启祥证言证实的材料

本年三月二十三日，从奉天队移交来的刘启祥，目前正在四平街队逆利用中。三月二十七日在四平街宪兵分遣队的教导下，刘启祥突然向新京宪兵队特高课长报告，报告中提及去年七月，该人第二次入苏，受常振英之托将情报提交给在乌奥罗西罗夫（音译）的柯比达（音译）中佐。该情报被放在桌上，柯比达（音译）中佐离席约十分钟，当时同坐的张翻译因要去洗手间离开了房间，之后大约五分钟，只有刘启祥一人在房间。此时刘启祥出于好奇翻看桌子上放置的自己带来的情报，但由于时间仓促，印象不深，只记得情报末尾出现"新开路孙家肇"，人名中的"孙家"二字能够确定，但最后那个"肇"字记忆模糊不能确定。

根据上述内容判断，去年七月孙家铎从新京祝町五丁目集贤公寓搬到现居地新京西四道街新开路三十号，之后大约在这里居住了一个月左右，按照苏方要求在情报中写明自己的真实姓名及新的住址。

二、四平街的工作情况

1. 诱捕常振英的工作

为诱捕苏谍头目常振英及秘密侦查其同伙（杨广山、孙化民、冯意如），三月二十六日以来,让刘启祥寄宿在其姐夫杨广山家中,并对常的妻子与孩子采取怀柔拉拢手段(由于常长期不在家,其家人的生活极度困难,所以补助其一部分生活费用),以此探查常的归满时间及行动踪迹,但直到目前,尚未取得任何消息。

2.对在四平街车站工作的王某的搜查情况

在四平街车站工作的王某,将常振英介绍给孙家铎,并称是孙家铎(仁轩)的亲戚。为了掌握王某的真实情况,命刘启祥全力侦查常的家人及相关亲友,但尚未发现王某,所以将本部专务以下士官及四平街分遣队员组编成侦查班,对居住在四平街的满系铁路从业人员(包括调转人员及原铁路从业人员)中七十六名王姓人员进行了侦查,找出十八名嫌疑对象,并命刘启祥分别进行联系,最终选定符合条件的人,命四平街分遣队继续对其侦查,同时加强对此方面的全面搜查工作,努力查找嫌疑人员。

三、孙连生的利用价值

孙连生继续被特殊扣押在新京分队,命专务以下士官对其进行拉拢怀柔工作,催促其供述新的情况,继续研究该人的利用工作。最近,由于拘留时间太长,孙对自己的未来感到担忧而出现神经衰弱症,表现出自暴自弃的行为,越来越粗暴,或装病,根据上述情况推测,其可能会萌生逃跑或自杀的念头。

鉴于上述情况,此人将来利用价值很小,即便利用了也是十分危险的。

四、意见

1.如上所述,目前正期待四平街工作的进展结果,但尚未确定"孙仁轩"是否就是"孙家铎",所以,关于将来的工作,目前正在研究策划中。

2.如上所述孙连生已失去利用价值,特殊输送较为妥当。

新京宪兵队长　近藤新八

（完）

发:关司

孙家铎的供述中出现隐瞒、掩饰
其与孙连生谈话内容的情况

一、会面所用时间有误

孙家铎称其与孙连生的谈话时间为:第一次为十分钟(一月二日),第二次为一、二分钟(一月四日),且第二次见面时在其家门口把孙连生赶了回去。但是事实上,根据孙连生的供述及埋伏的宪兵证实,可以确认:第一次为二十分钟,第二次为二十五分钟,且第二次谈话是孙家铎亲自把孙连生带到自己房间,并不是像孙家铎说的那样,在家门口把孙连生当成精神错乱的人赶了回去。

二、有关对暗语及孙连生工作名的判断

孙连生初次拜访孙家铎时,一开始就突兀地表明了来意,说自己是从苏联过来的人。虽然孙家铎极力否认在此之前自报过任何介绍人的姓名(暗号),但是在我方逻辑严密地追问下,才开始说:"这样说来,已记不清楚最初是否说出过谁的名字,但确实说过是从某处来联络的。"孙家铎巧妙地隐去了本案件的关键——暗语中出现的关联者的姓名(常省国),且否认听说过孙连生向他自称工作名为"徐林"。后来经孙家铎的家人及仆人证实,对"徐林"这个名字有印象,因此可以确认,孙家铎的供述明显有谎言。

三、有关孙仁轩的称呼

目前认为,"孙仁轩"是孙家铎的工作名。关于这个称呼,在第二次谈话时,孙家铎自己主动说(孙连生什么也没有说):"你好像错把我当成谁了,你要找的不是我,是孙仁轩吧。"由此提到了解决本案件的关键——"孙仁轩"这个名字。孙连生对此做出了回应,孙家铎对孙连生的态度马上发生了转变,之后,认真地就工作内容进行了交谈。但在供述时,孙家铎彻底隐瞒了"孙仁轩"这个姓名,

对此只字未提。

四、有关泄露军情的情况

交谈中孙家铎提及了"已经探明新京（长春）飞机场的情况，最近成立的满军航空部队在宽城子只有四、五十人"等军事情报。然而，在其供述时却隐瞒了这一点。

五、入苏时的标识

孙家铎供述中称，孙连生劝诱拒绝入苏的孙家铎说："今年七月左右，日、苏两国将会开战，日本必定战败，你先逃到苏联境内去吧。"并且作为入苏时的标识，"准备一块二、三寸的四方形红布，中央用黑字写上'富'字，然后将其绑在胳膊上"。然而事实上，孙连生并没有对孙家铎说过标识这件事。关于这个标识，是孙家铎以前从常省国或其他人那里得知的作为入苏时或国内做谍报工作的同志之间的标志记号，他是在供述时下意识地、不小心说漏了此事。

六、意见

基于上述情况，孙家铎受到孙连生的胁迫，要求提供情报，同时又担心孙连生向官宪告发他，而且他自己最近得知要荣升侍从武官一职所带来的满足感以及考虑到通苏行为的危险性，他决定放弃谍报工作。由于害怕该事可能对自己不利，败露过去的罪行，他进行了巧妙地掩饰。在孙连生告密之前，自己先去宫内府宪兵室自首，以确保自己的安全。如上所述，他在很多地方都露出了马脚，根据孙家铎本人的供述，最终确认孙家铎就是"孙仁轩"。

关东宪兵队司令部关于在林密线火车上逮捕满洲国人苏联谍报员并侦查谍报关系网的报告

官第七四〇号

一九三九年六月十五日

军司：

要　点

一、一九三八年十一月二十二日，于林密线（莫和山至林口段）火车上，铁路警察逮捕、审讯了一名持假居住证的满洲国人，此人是苏联谍报员的嫌疑重大。经宪兵与铁路警察的通力合作判定其是从"乌奥罗西罗夫"（音译）军谍报部入满的，任务是与潜伏在新京（长春）、奉天（沈阳）、四平街的谍报员联络，领取报告书。

二、利用该人及其他手段调查，掌握了四平街及奉天的谍报网，并弄清主谋正在苏联，其同伙仍在以正常状态工作。由于刺探到其中一人将于近日赴苏，我方决定于二月十六日在奉天对其实施秘密抓捕。

三、通过对潜藏在新京治安部的谍报员孙仁轩展开秘密调查，并根据其他人的判断，对治安部拥有相似名字的人进行排查，发现宫内府侍从武官步兵上校孙家铎涉嫌以"孙仁轩"之名通苏，必须查明其通苏真相。谍报网的头目——常玉文目前正在苏联。根据前文所述的在奉天被捕的其同伙供述，孙家铎是经人介绍认识常玉文的。目前正在排查四平街车站工作的王某并掌握常玉文归满的情况。

具体情况报告如下：

计　开

一、被逮捕者

原　籍　山东省武城县辛县
住　址　不固定
　　　　无职业
　　　　孙连生　别名——徐林
　　　　现年二十九岁

二、发现的契机

一九三八年十一月二十二日,林口警护队员在林密线莫和山至林口段发往牡丹江的列车上盘查时,发现一名持有假居住证明的满洲国人。

三、简要经历及成为谍报员的原因

一九二五年二月,孙连生从原籍的私塾毕业,此后三个月内从事农业。一九二九年二月,征得居住于齐齐哈尔的叔父的同意,从事蔬菜买卖。一九三〇年六月,立志成为军人,加入了东北军,并在军中得到晋升。一九三三年四月晋升为中尉。一九三六年因满军改编而离职。同年到三江省①萝北县太平沟经营鸦片馆,但由于生意不好,第二年,即一九三七年十一月停业,在当地金矿充当采金苦力。同年三月二十六日,该金矿受到抗日第三军的袭击,孙连生与其他约三十名苦力一同被绑走。此后随该匪团一起行动,三月二十九日受到日满军的讨伐,孙连生等与约一百六十人一起从萝北县头卡进入苏联。在苏兵的监视之下,在头卡对岸的索尼兹奴伊(音译)停留一晚。三十日中午,乘货车出发。同月三十一日九时左右到达比罗比詹(音译),之后由火车护送,经哈府(哈巴罗夫斯克)于四月一日下午五时左右到达"乌奥罗西罗夫"(音译),再由货车转送到当地西南部,居住在一所木制平房内。苏联某上级中尉前后对每个人的身份进行了两次调查,之后,他们从事农耕。九月五日,前文所述的上级中尉询问全体人员是否希望回到满洲国,并直接用汽车将孙连生等三十七名希望回到满洲国的人转送到"乌奥罗西罗夫"(音译)郊外的住所,强制要求他们成为谍报员,为了回到满洲国,他们答应了这一要求。

---

　　① 一九三四年十二月一日,伪满洲国设置三江省,共辖一市、十二县,省会为佳木斯。一九四五年八月日本投降,伪满洲国覆灭,三江省建制自然解体。

四、谍报员的教育情况

自九月十五日起,约两个月时间,在"乌奥罗西罗夫"(音译)郊外的住宅,苏联步兵某少佐以座谈的形式通过满人翻译对他们进行了关于谍报员联络员的教育。

教育内容如下:

1. 严守秘密:

严守苏联分配的任务,如果泄露将遭杀害。

2. 作为一个联络员的行动要点:

行动不要引起日本人的觉察;应对日本人时不要畏惧;如果被日满官宪逮捕,即使招供,最后也会遭杀害;被日满官宪逮捕杀害时,一定要高呼"我是作为苏联谍报员而被杀害的",其中潜伏有很多同志,苏联定会通过这些同志听到你的呼声并且不会忘记你们的;联络员与工作人员不同,有许多相关人员,行动时必须十分警惕。

五、活动状况

一九三八年十一月十九日,前文中的步兵少佐通过翻译与满洲国的谍报员进行联络。

1. 与在满谍报员的联络

(1)新京满军军政部上校 孙仁轩

与孙仁轩会面时,要说"常治国让我向您问好",联络孙仁轩并接收其交付的纸片。孙仁轩提供的情报包括:报告哈尔滨、牡丹江、佳木斯、东宁、绥芬河、珲春、三姓、汤原、富锦、萝北地区的日满军原有部队名称及部队队长姓名;长春日本军无线电呼叫符号。

(2)奉天北市场东大街永生利胡同兵工厂炮弹制造职工张广一与其见面并接收其交付的纸片,张广一提供的情报包括:兵工厂一天及一个月各兵器的制造数量,兵工厂的工作人员数量。

(3)由四平街北市场同盛昌转交,刘起祥发出如下内容的通信(发信地方可在任何地方):"听说刘先生的脚不好,还未治好吗?如果治好了,请尽早回朋友这儿来,如果没治好,最好抓紧治疗,顺便向嫂子和孩子问好。"姓名(任何名字都可)。

2. 与在满谍报员的联络方法

(1)孙仁轩

直接在孙仁轩家中与其会面,核实孙的姓名。对孙说:"常治国让我向您问好",孙若是同意了,就会要求到其家中领取材料;若不同意,便会质问:"你之前领到二百圆钱,定是向苏方提供材料了吧?"如果孙还不同意的话,就说:"这么争论对双方都没好处"以制止争论。但孙仍不罢休,要联系宪兵进行处理的话,就说:"你以为我是一个人来新京的吗?我的同伴和我一同来的,现在正在某处等我,如果我到几点没去,他会向宪兵队告发你以另外一个身份与苏联联络。"这样便可认定为特务联络员并提供材料。

(2)张广一

夜间到张广一的家中拜访,并说:"常殿喜让我向您问好",如果张问:"'常'现在在哪?"回答说:"因现在与日本交战,'常'在中国",张说:"我也想去"之后,明确提示任务说:"还是先提供相关材料吧!"

若张说:"向常殿喜问好"后,并没有发生上述情况,则完成任务马上撤退。

3. 将从在满谍报员处得到的秘密文件缝到上衣里带走。

4. 到达目的地的路径为从密山县二人班出发,途径半截河、牡丹江、哈尔滨到达新京、四平街和奉天。

行动中受到日满官宪讯问时,则假称是去购买杂货。

完成任务返回苏联的日期为明年一月十四或十五日,但为了与新京的孙仁轩联络,或于二月十四、十五日,按入满路径折返入苏。

5. 在本项工作中使用的姓名为徐林,收到四百元差旅费及伪造的证明,于同日夜里,与作为教官的某步兵少校及另外五名人员举办了激励宴。二十日七时左右,同教官及翻译一起乘汽车向西北方向出发,历时八小时奔波,到达国境附近(地名不详)的一个兵营,换上衣服在该地小睡一晚。二十一日五时左右,在教官的陪同下到达西北方向约三公里的地方。之后向指示方向步行约两小时,到达密山县二人班后直接向半截河行进,下午两时多,到达半截河,并在旅馆回源店留宿一晚。二十二日下午四时,步行到达莫和山车站,乘上开往牡丹江的列车。

六、谍报关系网的调查情况

1. 对奉天谍报网的侦查情况

务必搜查出潜伏在奉天的谍报员张广一,现正对其居住地及奉天兵工所进行秘密侦察。探查得知被逮捕的孙连生曾向张广一传达消息,张广一居住在奉天北市场文慎里,推断其与常殿喜为同一个人。

就常殿喜的事情再次对孙连生进行审讯。发现孙连生入满时与奉天西北市场的崔海满接头,并说"常殿喜向您问好"。根据以上供述,对崔海满进行秘密调查。

可以确定孙连生所说的常殿喜正是前文所述的居住在北市场文慎里的常殿喜。经侦查,"常"现居住在奉天西北市场的信发堂妓院,遂命密探伪装成苏联联络员到该妓院探访,常殿喜的妻子十分信任该伪装联络员,告知了其丈夫常殿喜及其外甥常玉文在苏联的情况,密探记录整理有关通苏事实,但最终并未发现孙连生的联系人张广一的住所。

常殿喜经其外甥常玉文的介绍成为苏联谍报员,进行谍报活动。一九三八年十月上旬提供情报,并且入苏领取奉天"阿吉特"活动经费。常玉文居住在四平街并在此活动,一九三八年六月入苏后尚未归来。常殿喜不在期间,有关"阿吉特"的工作由前文提到的崔海满负责。

2. 四平街谍报网的侦查情况

基于奉天的侦查情况,对四平街常玉文及其指令联络员刘启祥的侦查结果记录如下:

常玉文

一九三七年春搬到四平街以来,劝诱同乡四平街警察厅密探杨广山、杨广山的内弟(杨广山妻子的弟弟)刘启祥(刘起祥为误写)以及四平街警察厅警尉孙化民成为其同伙,在四平街秘密设立情报网,随后构建奉天情报网,常殿喜加入其中,并由其密设情报网。一九三八年九月,由杨广山担保,取得由四平街警察署开具的旅行证明。常玉文将情妇安置在常殿喜家中,自己与常殿喜一同入苏。

刘启祥(刘起祥为其笔误)

奉天省沈阳县警务局警士,一九三七年被免职后去了四平街,寄住在杨广山家里。已查明在一九三八年十月末,回到了原籍地奉天省沈阳县沙岭堡。

3. 刘启祥的工作情况

刘启祥

原籍奉天省沈阳县第四区广信村沙岭堡

现年二十六岁

基于上述四平街的情况,对刘启祥有没有回乡以及其活动情况进行了进一步侦查。侦查得知他于一九三九年一月十五日准备行装出发,并对其目的地进行侦查,发现他去了奉天的同伙顾雨敢(顾雨憨)家拿旅行证明,一月二十六日返回原籍地。我方试图让他归顺,所以让密探伪装成联络员接近他,但他家人很警惕,说他不在,故没能见到,只好继续侦查。二月十六日他去了奉天,或者是入苏了。为了隐藏我方意图,对其进行了秘密逮捕,我方准备以怀柔政策把他转到四平街加以利用。经审讯供述如下：

一九三一年，从沈阳县立第三初级中学中途退学；一九三三年，被录用为沈阳县警士；一九三四年十月进入奉天省警察官训练所；一九三五年二月毕业之后，就职于沈阳县沙岭堡警察署。一九三七年一月，在讨伐土匪时因生病而退职，在老家静养了大约一年。一九三八年三月，去了居住在四平街的姐夫杨广山家，在那里游手好闲，被老乡常振英（常玉文的别名）用金钱引诱，成为苏联谍报员。同年五月与常振英一起从密山县去了苏联的"乌奥罗西罗夫"（音译）军谍报部，常振英大约在一周后返回了满洲国，他则在一间房子里呆了大约一个月的时间。在此期间，柯比特（音译）少佐通过翻译张福春对其经历等进行了审讯。六月十七日，柯比特（音译）少校指示其返回满洲国，从常振英处领取情报后，立即入苏。他领取了旅费二百七十五圆以及给常振英的活动费一百五十圆。十八日，与柯比特（音译）少校一起到达国境线，从密山县返回满洲国，之后到四平街把资金交给常振英。七月十日从常振英处领取了藏有情报的中式布鞋，按上次的路线到达苏联的"乌奥罗西罗夫"（音译），把情报交给了指令者。之后在这里逗留了约三个星期，期间接受了有关间谍获得情报方法的培训。七月下旬柯比特（音译）中校（已晋升）命令他：获取日满军电报暗号书，调查满洲国的日满军兵力，日满军中队及大队的构成，调查前往三江省的日满军兵力及指挥官的级别、姓名，调查在满洲国的飞机场数量、位置以及在各飞机场的飞机数量，调查坦克的制造地、制造能力及安置地，调查奉天兵工厂的组织及制造能力，调查汽油生产地及炼油能力，十月二十一日与常振英一起入苏提供情报。

返回满洲国之后，虽然努力查探这些指令事项，但截止到指定日——十月二十一日，他并没有收集到任何情报。

于是，他拜托常振英将此情况上报，他则继续暗中行动，并未去苏联。第二次入苏时，常振英托他汇报情报，他向常振英询问情报来源时，常振英透露"经四平街车站工作的王某介绍，认识了王某的伯父——新京治安部孙仁轩，是从该人处获得的资料。"根据供述进一步查明：该情报提交给"乌奥罗西罗夫"（音译）军谍报部的柯比特（音译）中校。在报告中，因柯比特（音译）中校有事，把该情报放在了桌子上，离开房间约十分钟。与他一起的翻译张某也去了洗手间。这期间，大约五分钟只有刘启祥一个人，出于好奇，他拆阅了该情报。由于时间很短，故未弄清楚其内容意思，但是末尾有这样的记载"新开路孙家[肇]"。

4. 新京情报网侦查情况

我方拉拢了被逮捕者孙连生，让其于十二月八日、二十日、二十三日三次拜访指令联络人——治安部理事官孙仁轩的私人住宅,但前两次都说他不在家,没能见面。第三次时,在门口说了见面联络语"常治国让我向您问好",但孙仁轩立即大喝道:"我不认识这个人,你知道这里是谁家吗?赶紧滚,你这混蛋。"他根本不理睬,而且也不懂联络语。

鉴于以上情况,调查了治安部相关的类似人名,发现两人,但都与此毫无关系。

一九三九年一月二日

新京西四道街新开路三十号

原任治安部兵马课器材股长

现为宫内府侍从武官、步兵上役——孙家铎

现年三十八岁

到孙家铎府上拜访时,说出了见面时的联络用语——"常治国让我向您问好"。尽管明白此话,但由于这是与孙连生初次见面,心存戒备,故并未涉及具体内容,而是让他明日再来拜访。第二天再来拜访的时候,孙家铎质问他:"您是找孙仁轩吗?"并要求其出示可以证明其联络员身份的物件。孙连生因为没有携带常治国写的介绍信及可以证明其联络员身份的物件,孙家铎拒绝向其提供情报。他说:"现在宫内府没有治安部发来的有用资料。"当天晚上以及第四天早晨,再次拜访时,也因其不在而未能见面。

一月四日十五时左右,他对宫内府的宪兵说:"没想到有人用罪名恐吓我。"他的陈述巧妙地规避了对自己不利之处,避免以后工作上受到追查。根据上述情况以及二月十六日在奉天抓捕的刘启祥供述,怀疑孙家铎涉嫌通苏。可以证明孙家铎通苏行为的直接联系人——本课报网头目常玉文,已于八月下旬前往苏联。根据前文中刘启祥的供述,现必须找出孙家铎的亲戚——在四平街站工作的王某。

5. 寻找四平街站王某的情况

拉拢利用在奉天被捕的刘启祥,以便找出在四平街站工作的王某,并确切掌握常玉文的归满情况。从三月二十六日起,令其寄宿在姐夫杨广山家中,接近常玉文的妻子,并秘密调查相关人员,同时另组侦查班全力查找王某。居住在四平街的满人从业者中,姓王者有七十六人,通过调查发现十八名相关嫌疑人。让刘启祥接近他们,但最终未发现符合条件的人,目前正加大侦查力度,全力查找王某。

6. 其它嫌疑同伙的情况

（1）原　　籍　奉天省沈阳县第五区沙岭堡

　　　住　　址　四平街北市场二百四十一号

　　　　　　　　广盛长蔬菜店主（同盛昌是笔误）

　　　　　　　　四平街警察厅密探　杨广山

　　　　　　　　现年三十七岁

原梨树县法院警士，一九三七年春搬到四平街并开始经营蔬菜店。一九三八年春，经四平街警察厅特务科警尉孙化民（原关东厅巡捕）劝诱成为特务科密探，开店的同时为其服务。

（2）住　　址　奉天皇姑屯大泡子北胡同

　　　　　　　　顾雨憨

　　　　　　　　现年二十五岁

从天津南开大学辍学以后，一九三四年进入奉天警察官练习所，成为警士，之后在奉天皇姑屯及沙岭堡警察署工作。一九三八年五月辞职，目前住在警察公寓中无所事事。其与刘启祥是警察官练习所的同级同学。

（3）住　　址　奉天省沈阳县第五区沙岭堡西北街

　　　　　　　　无职业

　　　　　　　　曹相亚

　　　　　　　　现年二十八岁左右

一九三四年进入奉天警察官练习所，毕业后成为梨树县警务局警士。一九三八年三月辞职，之后住在四平街常玉文、杨广山家中，无所事事。同年十二月末，住在警察公寓，无所事事。其与刘启祥、顾雨憨为警察官练习所同级同学，且其妻子是刘启祥的姐姐。

七、处置

通过孙连生供述，我方根据附件工作要领，拉拢利用被逮捕者的同时，通过其它途径进行了深入的调查，竭力查明奉天四平街的谍报网。现掌握了谍报网的基本情况，确认主谋已去苏联，相关人员仍在正常活动，并打探到其中一人正在策划近期前往苏联，对此我方也进行了秘密计划。以上是二月十六日在奉天逮捕、审讯所获结果。目前已掌握前往苏联的本谍报网回满洲国的情况，同时正在查证新京通苏者的实际情况，找出四平街站的相关谍报人员。

　　　　　　　　　　　　　　　　　　　　　　　关东宪兵队司令官

新京宪兵队关于苏联谍报员病死的报告

新宪高第四〇五号

一九三九年七月十三日

关东宪兵队司令官城仓义卫台鉴：

　　七月四日，依据关宪警第七五八号文件被定为特殊输送人员的苏联谍报员孙连生（三十岁），由于患上痢疾入住新京千早医院进行治疗。七月十二日十九时在该医院死亡，特此报告。附件为孙连生死亡诊断书。

　　　　　　　　　　　　　　新京宪兵队队长　近藤新八

　　　　　　　　　　　　　　　　　　　　　　（完）

发：关司

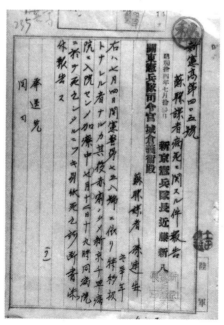

（关宪司批示:死亡诊断书上的姓名及年龄有误,因住院时的防谍工作而使用假名。）

第四十六号　　死亡诊断书	
姓　名	孙凤生
性　别	男
出生日期	一九一一年,年龄二十八岁
职　业	无
死　因	病死
疾病名称	痢疾
发病时间	一九三九年七月九日
死亡时间	一九三九年七月十二日
死亡地点	满洲国新京特别市立千早医院
上述证明于 　　　　　　　　　　　　　一九三九年七月十二日 　　　　　　　　　　　　　新京特别市立千早医院 　　　　　　　　　　　　　医师　安部笃惠	

警务部关于留萌一号病故的报告

高第五〇二号

一九三九年七月十五日

军司第二科长：

现为新京宪兵队所利用的留萌一号。因病入住新京千早医院进行治疗，于七月十二日因痢疾死亡。特此通告。

警务部长

半截河宪兵分遣队关于秘密逮捕审讯
苏联谍报员满洲国人高凤章
及张万祯情况的报告

半截河宪高第三六八号

一九三九年十二月二十日

东安宪兵队长白滨重夫台鉴：

　　要　点

　　1. 东安省①密山县半截河忠信屯

　　　农民　张万祯

　　东安省密山县黄泥河子

　　　农民　高凤章

　　据探，上述两名满洲国人有在我队管辖区域内的忠信屯出入苏联的嫌疑，在后来的谍报侦查中，基本确定他们是苏联谍报员。一九三九年十二月十八日两人一起结伴从忠信屯到了半截河（在东门我们对其进行了秘密逮捕），经审问已确定了他们在西里亚希里（音译）驻屯苏联"格别乌"②密探李福的劝诱下，至今为止一直在做苏联谍报员工作。

　　2. 将来宪兵逮捕苏联谍报员李福及其相关者时，可对上述两人进行逆用。

　　具体情况报告如下：

　　　计　开

---

　　① 一九三九年六月，侵华日军为强化"国防"，将黑龙江地区的饶河、宝清、密山、虎林、林口五县划出设置东安省，省会设在东安街，后改为东安市。一九四一年一月，将勃利县划归东安省管辖。是时，全省共辖一市六县。一九四三年十月，东安省并入东满总省。

　　② 苏联国家政治保卫总局，最早叫契卡，后来是政治保安总局叫"格别乌"，1953 年改成"国家安全委员会"，简称"克格勃"。不但从事国际的间谍活动，也对苏联国内异见人士进秘密调查甚至抓捕。

一、逮捕时间、地点

一九三九年十二月十八日十时三十分于密山县半截河东门。

二、被逮捕者的原籍、出生地、住址、职业、姓名、年龄

1. 原　籍:奉天省本溪县祁家堡

　出生地:同上

　住　址:东安省密山县黄泥河子丰乐屯

　　　　农　民　高凤章(现年三十二岁)

2. 原　籍:关东州①金州

　出生地:同上

　住　址:东安省密山县半截河忠信屯

　　　　农　民　张万祯(现年二十七岁)

三、逮捕队

半截河宪兵分遣队

四、逮捕过程

我半截河宪兵分遣队收到消息称,在辖区内忠信屯附近居住的满洲国人当中,有出入苏联者,对此,我方全力秘密侦查。最终查明住在忠信屯的张万祯确有其事,进而,又对其有无同伙做了深入的调查。经过调查打探到住在密山县黄泥河子的高凤章频频出入同一住所,并且行动可疑,于是,在此之后便加强了对两人的谍报侦查,力求掌握具体的证据,最终基本上可以证实他们确实是苏联谍报员。一九三九年十二月十八日十时三十分,高凤章拜访张万祯,两人会合后一起来到半截河,在东门,我们将此二人秘密逮捕。

五、履历概要

1. 高凤章

出生于原籍所在地,九岁至十三岁间在祁家堡私塾完成学业,其后在家务

---

①　关东州系指沙皇俄国租借中国旅大后对该地区的改称,日本继承了沙俄的租借权后,仍沿袭了这一名称。

农。二十一岁时与全家一起移居至现住地,务农(佃耕)至今。

2. 张万祯

出生于原籍所在地,三岁时与全家一起移居至现住地,其后务农至今。

六、教育程度

1. 高凤章

九岁至十三岁间在本溪县祁家堡私塾完成学业,现在能看懂非常难的文字。

2. 张万祯

没上过学,但能看懂一些简单的文字。

七、家庭及生活情况

1. 高凤章

与该人同住的家庭成员有母亲高梁氏(六十六岁)、妻子高王氏(三十一岁)、长子高当姐(五岁)、次子高成群(二岁)、长女高了团(八岁)五人。家产仅有二间茅草屋。从满拓借用四晌地用于佃耕,生活贫困。

2. 张万祯

与该人同住的家庭成员有妻子张赵氏(二十四岁)、哥哥张万贵(三十一岁)、嫂子张姜氏(二十六岁)、弟弟张万荣(二十五岁)、张万昌(十四岁)、妹妹张猪牙(十三岁)六人。有土地七晌,房子三间,生活贫困。

八、成为苏联谍报员的原因

1. 高凤章

一九三九年三月十三日十八时左右,苏联谍报员李福去黄泥河子时,在高凤章家住了一晚。当时,李福巧妙利用高凤章的贫困,怂恿他当苏联谍报员,给了他五十圆国币作为保证金。最后,高凤章受金钱诱惑答应做苏联谍报员。

2. 张万祯

一九三八年三月上旬某日十九时左右,苏联谍报员李福乔装为过路之人,在张万祯家住了一晚,了解到张万祯贫困且物欲强烈,第二天巧妙引诱他到半截河子。途中李福告诉张万祯自己是苏联谍报员,接到命令,要带一名半截河附近的满洲国人回苏联,若张万祯答应的话,会得到高额报酬。李福巧妙地刺激张万祯的物欲后,给他十圆国币作为保证金。张万祯本来就物欲强烈,受引诱后就同意与李福一起去苏联了。

九、成为苏联谍报员后的活动情况

1. 高凤章

(1)第一次入苏及归满情况

此人在李福的劝诱下答应做苏联谍报员。一九三九年三月十四日六时左右,他与李福一起乘坐满炭的货车从黄泥河子来到平阳镇,并在这里吃饭洗澡。十三时从平阳镇坐货车到半截河西门下车,然后从半截河西门徒步进入村内吃饭。十五时从半截河东门出发经过忠信屯去往黑背山北麓,休息约一小时,等待天黑从这里越境入苏。

入苏后,在距国界两千米处被三名苏联哨兵发现,被哨兵搜身检查,然后在两名哨兵的监视下,被带到向南约一千米的约四间铁板房(据供述,此房东北方约一千五百米处有两栋铁板营房,由此判断此房可能是西里亚希里[音译]兵营附近的一所独立住房)中的一间。只有高凤章被监禁在这间房子里,哨兵和李福不久后都离开了。

第二日,即十五日,十五时左右来了两名"格别乌"(都是俄罗斯人,可能是在西里亚希里[音译]驻扎的"格别乌"),三人一起吃了饭(黑面包和鱼肉罐头)之后,进行了以下对话:

问1:你学历怎样?有没有服过兵役?什么职业?

答1:在私塾学习了三年,没服过兵役,职业是农民。

问2:我虽是将校,却还跟你一起吃饭,你对此有什么看法?

答2:我是农民,在满洲国是不能跟将校等人一起吃饭的。我觉得苏联很平等,很好。

问3:你希望从事苏联工作吗?

答3:就是因为想从事苏联工作才来苏联的。

问4:那么,从现在开始你要专心于苏联工作,这也是为了中国。

答4:明白了,从现在开始我会努力从事苏联工作的。

接着,两名"格别乌"给高凤章下达了指令:调查在黄泥河子煤矿工作的俄罗斯人数,并订于五月一日入苏。然后给了他三十圆国币的报酬。随后高凤章又被监禁在这间房子里,两名"格别乌"离开了。

第二天,即十六日,十八时左右,之前的两名"格别乌"又来了,问他回满洲国的时间,他表示希望立刻回去。于是,两名"格别乌"沿着与入苏时相同的路线将高凤章带到国界,与他相互握手后就返回了。

高凤章于是沿着入苏时的原路线回到黄泥河子。在距国界约一千五百米处发现一名从苏联回满洲国的满人,于是便叫住了他,想看看是谁,走近发现原来是自己的深交张万祯。两人相互约定对入苏的事情保密,并约好下次入苏时间定为一九三九年五月二日。两人一同来到忠信屯张万祯家住了一晚,第二天早上六时三十分,高凤章经由半截河——平阳镇徒步回到黄泥河子。

(2)第二次入苏及归满情况

一九三九年五月一日七时,高凤章乘坐货运卡车(司机是朝鲜人)来到平阳镇,当天在平阳镇三盛园住了一晚,第二天,即五月二日九时,经由半截河徒步来到忠信屯张万祯家。二十一时多,两人沿着第一次入苏路线越境入苏。与上次相同,他们受到了哨兵的搜身检查后,被监禁在上次那间位于西里亚希里(音译)兵营西南方约一千五百米处的房子里。

第二天,即三日,十三时左右,第一次入苏时负责审问的两名"格别乌"过来了,让张万祯去了别的房间,留下高凤章,进行了以下问答:

问1:入苏途中有没有什么危险?

答1:没有危险,请放心。

问2:居住在黄泥河子的俄罗斯人有多少人?

答2:大约有十户,有五十人。

问3:黄泥河子的苦力中有没有流行传染病?

答3:没有流行传染病。

注:高凤章供述称,居住在黄泥河子的俄罗斯人数是他第一次入苏归满后在黄泥河子俄罗斯人居住地附近转来转去调查所得。

接着,他们给高凤章下达指令:调查在黄泥河子满炭工作的苦力总数、一天的出煤量、驻扎在半截河和平阳镇的日军兵力及其转移情况,并于十一月三十日入苏报告。然后,给了他六十圆国币。

当天二十二点,高凤章和张万祯一同被两名"格别乌"送至国界。他们沿着与入苏时相同的路线来到忠信屯张万祯家住了一晚。第二天早上,高凤章经由半截河徒步来到平阳镇,从这里乘坐货运卡车(司机是朝鲜人)回到黄泥河子。

(3)第三次入苏情况

一九三九年十一月三十日九时,高凤章从黄泥河子乘坐货运卡车(司机是朝鲜人)来到平阳镇,在三盛园吃完饭后,徒步来到半截河吃了饭并买了食物,十七时从半截河出发,沿着与第一次相同的路线入苏,被监禁在之前的那间房子里。

第二天,即十二月一日,与第一次一样,与两名"格别乌"进行了以下对话:

问1:黄泥河子的苦力总数及一天的出煤量如何?

答1:苦力总数约三百名,一天的出煤量约十五万斤。

问2:半截河、平阳镇的日军兵力及其转移情况如何?

答2:平阳镇的日军一千名,半截河约五百名,没发现转移情况。

问3:黄泥河子的苦力中有没有流行传染病?

答3:没有流行传染病。

注:高凤章认识很多苦力,他是通过与他们的交往打听到黄泥河子煤矿苦力人数及每天的出煤量。

高凤章通过所见所闻获取了驻扎在平阳镇、半截河的日军兵力数量。

结束以上对话后,高凤章接到以下指令:

(1)调查黄泥河子附近的特务机关密探人数;

(2)监视日军官兵是否来黄泥河子,若有一千名以上日军官兵来黄泥河子,则立刻入苏报告;若少于一千名,则在指定日期入苏。

然后他领了三十圆国币,接到了三个月后入苏的命令后,于当天二十一时在两名"格别乌"的陪同下来到了国界线,自己沿着与入苏相同的路线回到忠信屯,在张万祯家住了一晚。第二天早上五时,他徒步来到平阳镇,乘坐满炭货车回到黄泥河子。他在黄泥河子一边努力维持生计,一边调查在黄特务机关密探以及是否有日军来黄泥河子,直至现在。

2. 张万祯

(1)第一次入苏及归满情况

受李福的劝诱,承诺做苏联谍报员。该人于一九三八年三月上旬十九时左右,同李福一起经二人班小站西方约七百米处越境入苏。行进约两千米处被五名苏联步哨发现。接受搜身后,被两名步哨带走,带到往南约两千米的一间铁板房中。(约有四个房间,与监禁高凤章的是同一间)。只有张万祯自己被监禁在该房,步哨和李福都离开了。

第二天早饭后,来了两人(均为"格别乌",都是审讯高凤章的审讯官),二人问了张万祯的学历、职业、从军状况等相关的信息,以及入苏的经过,并称将来为苏联工作可得到报酬。二人还给张万祯下达了如下指令:"调查满洲国内特务机关、宪兵队、警察队、及其它相关机关的密探,特别是企图入苏密探的姓名、所属机关、时间、携带品,可以随时入苏",并亲手给了张国币二十圆。同日二十一时把该人送到国境处,启程回国。经原路返回,于第二天早上三时回到忠信屯家中。

(2)第二次入苏及归满状况

第一次入苏归来后,展开对在满机关密探的调查。居住在忠信屯的侯占山,现在是满洲特务机关密探,张万祯听闻侯占山想入苏一事后,便于一九三八年五月上旬傍晚,经第一次入苏同样的路径,即小站向西约七百米处越境入苏。被监禁在前文提到过的同一间房,第二天早上来了两名"格别乌",与该人进行了如下会谈:

问1:你此次来有什么事吗?

答1:近期一名叫侯占山的满洲特务机关密探打算入苏。

问2:什么时间入苏?

答2:时间等详情还不确定。

问3:不可对侯占山只进行草率的调查,以后必须经详细的调查后方可入苏。

答3:以后尽量做详细的调查后再报告。

之后给了张万祯国币三十圆。张于同日二十二点经原路返满,第二天早上三时顺利越境入满返回家中。

(3)第三次入苏及归满状况

第二次入苏归来后,张万祯认为只要调查报告入苏密探的情报,便可得到巨额的报酬,故继续努力从事调查工作。一九三九年三月上旬,得知居住在忠信屯雷福山一带的李太忠(三十六岁),现任满洲特务机关的密探,近期有入苏的打算。第二天向"格别乌"报告:"满洲机关密探李太忠预计于今日入苏",并领取了报酬二十圆,再顺着原路返回,于第二天四时返回忠信屯家中。而且,本次归满时,在靠近国境线(满洲国领土侧)处,遇到了居住在黄泥河子的深交高凤章,约定相互保守秘密及下次于五月二日两人一起入苏,同高凤章一起返回家中。

(4)第四次入苏及归满状况

一九三九年五月二日九时左右,上次入苏归满时遇到的苏联谍报员高凤章,如约来与张见面。当天二十一时左右,张万祯与高凤章一起经由与以往相同的路径越境入苏,并被监禁在之前的房屋内,第二天与两名"格别乌"在其它房间进行了如下会谈:

问1:怎么两人一起来了?

答1：因为国境线那里有狼很害怕，所以一起来了。

问2：你们要是这么怕狼的话，就别工作了。以后要是再一起入苏的话，就杀了你们。另外，你们调查了多少名密探？

答2：因为听说国境警察队有个叫李宝山的密探近期要入苏，所以我们就入苏来报告了。

问3：还了解到其它什么情况了吗？

答3：没有。

问4：以后只有一名密探调查报告不值得入苏，尽量多调查后再入苏。

答4：以后遵照您的指示做。

本次得到国币二十圆。二十二时由之前的两名"格别乌"把二人送到国境线，越境归满。第二天早上三时回到忠信屯家中。

（5）其后的状况

自那以来，因为第四次入苏时，由于两名"格别乌"明确表示："如果不是多名密探的调查报告，就不可入苏"。因此，除调查外，至今只是把张万祯家做高凤章入苏时的据点。

十、高凤章与张万祯的关系

高凤章与张万祯二人是经居住在鸡西第六甲的邓世玉介绍结成的姻亲关系。从一九三八年三月一直来往。一九三九年三月十六日两人在国境线附近偶然相遇，得知彼此都是苏联谍报员后，交情进一步加深，于是，高凤章把张万祯的家当成自己入苏归来时的据点了。

十一、接受苏联的谍报教育

1. 高凤章

该人在第二次入苏时，前文提到的"格别乌"向其传授了以下三条作为苏联谍报员须知的注意事项：

（1）自己是苏联谍报员一事，即使是对家人也不能向其透露真实情况。

（2）往来时虽然应留神注意周围，但不要给人一种异样感。

（3）饮食和日常生活方式要符合身份，专心干活，不要奢侈。过于奢侈会让人怀疑是靠意外的收入，甚至有可能惹祸上身。

除以上三条外，高凤章没有受过其他作为谍报员的特殊教育。

2. 张万祯

该人虽然没有接受过作为谍报员的特殊教育,但在第二次入苏时,"格别乌"向其告知了如下谍报服务上的注意事项:

(1)接近满洲国各机关的密探,观察其动向要保持自然。

(2)朋友就不必说了,即使是家人也不能向其透露自己是谍报员一事,要照常工作生活。

十二、苏联谍报员李福的体貌特征及其他

1.根据高凤章及张万祯等人的供述综合判断,李福对于西里亚希里(音译)驻屯的"格别乌"来说,是一名非常有力的苏联谍报员,他随时入满(主要在春季),徘徊于东安省管区内各重要地带。除从事收集各种谍报外,还致力于发展国境接壤地带的苏联谍报员工作。

2.体貌特征等如下文所述:

年龄:四十二岁;

身高:五尺四十五寸;

身材:微胖;

发型:光头;

脸型:长脸;

颜色:略黑;

　口:普通,嘴唇略厚;

　鼻:普通;

语言:讲山东话,精通俄语。

常穿满服,走路时身体笔直,步伐缓慢。

十三、苏联谍报指令者的情况

请见附件三。

十四、其他参考事项

1.由于李福的劝诱,管区内重要地带的国境接壤地带,已经分布了大量的苏联谍报员。

2.高凤章第二、三次入苏时,苏联"格别乌"曾向其询问黄泥河子苦力之间流行传染病的相关情况,从这一点可推测苏联方的谍报员潜入满洲国从事细菌工作的嫌疑重大。

十五、根据对高凤章、张万祯等人的审讯结果采取对谍报员的对策

1. 高凤章、张万祯等人被审讯时均持有正式居住证明书,高凤章从黄泥河子过来时,大半时候都避免使用总局的公共汽车,尽量利用地方的货车,通过这种手段极力回避官宪的查证。今后谍报员的抓捕工作,应重点指向利用除铁路总局公共汽车以外的地方货车往来的,且有正式居住证的满人。

2. 官宪比较容易忽略国境接壤地带的满人旅行者,他们惯用分散的住房入住,谍报员大都如此。鉴于这种现状,将来应将盘查的重点指向这些住房,而且满警也应努力指导民众,扫除这种恶习。

十六、宪兵对苏联谍报员的处置意见

宪兵的诱捕审讯情况如上所述,由此可以判断他们是在驻屯西里亚希里(音译)"格别乌"的指令下活动的往来流动谍报员,但我们认为将来可利用这类谍报员,抓捕苏谍李福及其发展的在各地从事苏联谍报工作的人员。

这两名在国境线活动的联络谍报员均有妻子,他们生活安定,在诱捕审讯(在自家极其隐秘处)时,能够轻易地自供(自供时不免会有遗忘、遗漏的情况),从这些情况可以判断,不必顾虑其逃跑,可立即释放,对他们进行自然的监视,希望能够将他们逆用于今后的工作中。

半截河宪兵分遣队长　　近藤参男

（完）

发:队长、分队长

　关宪司、土肥原、牡宪

附件一:苏联谍报员高凤章张万祯入苏归满路线图(略)

附件二:关押高凤章、张万祯二人房屋平面图(略)

附件三:苏联谍报指令者调查表

附件三

苏联谍报指令者调查表								一九三九年十二月十八日
担任职务所属	西里亚希里国境警备队	种 族	苏联人	军 阶	"格别乌"少佐	姓名年龄	姓名不详年龄三十四五岁	
相貌	身高	五尺八寸						
	脸	长方形						
	头发	光头						
	眉毛	浓						
	眼睛	普通						
	鼻	高						
	胡须	虽然脸上有很多但剃了						
	嘴	普通						
	耳	普通						
	姿势	乍看之下有绅士风度						
	语言	清晰但讲话稍快						
	特征	容易被认出						
	其他	无						
服装	穿国防色军装							
备考	该人下指令时偕有一名二十岁的带有长方形领章的苏联翻译。							

东安宪兵队关于扣留审讯苏联谍报员
傧欧侥、高凰华的电报

东宪电五五二号

一九三九年十二月二十二日七时收译

司令官：

在半截河宪兵分遣队管辖区域内国境地带(黄泥河子)居住的满人傧欧侥、高凰华(现年三十二岁)有重大嫌疑。因二人在半截河一带行迹可疑，故将其带到极其隐秘处进行讯问。据傧、高二人供述，傧欧侥自去年三月起共四次越境入苏，高凰华自今年三月起共三次越境入苏。

傧欧侥、高凰华受命于当地"格别乌"某少佐，调查日、满军情，一次获利二百三十日元。

以上为傧、高二人的自供。

目前二人还在继续接受审讯中，现认为二人还有逆用价值，在今后的工作中是能起到有利作用的。

东安宪兵队队长

东安宪兵队关于逮捕审讯苏联谍报员满洲国人高凤章与张万祯情况的报告（通报）

东宪高第六二号

一九四〇年一月二十三日

（一九三九年十二月二十一日 东安县电第五五二号

一九三九年十二月二十日 半截河宪高第三六八号 续报）

关东宪兵队司令官城仓义卫台鉴：

要 点

1.本报告内容是依据十二月十八日半截河分遣队上报对上述题目中的两名满洲国人逮捕审讯情况的内容。

2.西里亚希里(音译)的"格别乌"少佐指示几名谍报员潜入林口密山县进行活动。

3.去年十二月一日,高凤章收到要求其接近住在黄泥河子俄罗斯人的指令,于同月九日进行了首次会面。

4.综合两人的自供可以推测,在"诺门罕"事件发生之后,苏联谍报据点已进驻到西里亚希里(音译)。

5.我们认为此二人有被笼络的可能性,将来可作为密山特务机关的外谍,对在满俄罗斯人的工作有逆用价值,对我们的工作有利。

具体情况通报如下:

计 开

一、被扣留者姓名及年龄

1.高凤章(现年三十三岁)

2.张万祯(现年二十八岁)

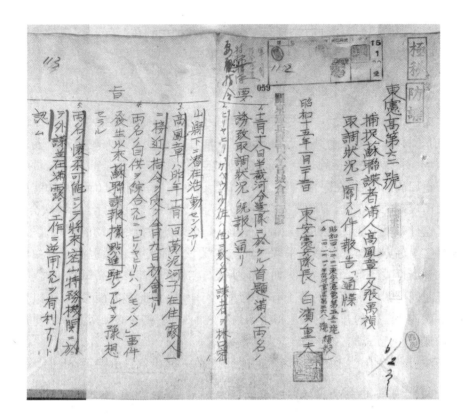

二、指令机关对多名谍报员的操纵情况

高凤章、张万祯是受驻屯西里亚希里(音译)指令机关"格别乌"少佐的谍报员发展人李福的劝诱而从事谍报活动的。

1.一九三八年五月中旬,张万祯在西里亚希里(音译)越境入苏汇报的时候,指令者问他"在王家烧锅居住的某满洲人(不记得姓名了)现在住哪儿呢?"张万祯答:"这个人我也不熟悉。"另外当日偷听到"格别乌"在隔壁房间同苏联谍报员的谈话中提到"林口茂林旅店的姜广耀"。

2.一九三九年三月上旬,张万祯按照指令入苏汇报。一所监禁室的中间挂着一块黑布,在黑布的另一侧,"格别乌"和一个做苏联谍报员的满洲国人(二十岁左右)正在谈话,当时听到其回复说:"是二人班第十甲里的人。"

另外,同日,发现在放粮草的小屋(第四次入苏时已拆掉)屋顶上晾着一双进水的长靴。虽然上述等等一些事情难以确认,但可以探知有多名间谍出入驻屯在西里亚希里(音译)的"格别乌"之处。据此推测到在"诺门罕"事件发生以后,苏联谍报据点已经进驻该地并开始活动。

三、在满洲国的亲苏俄人的工作情况

去年十二月一日,苏联谍报员高凤章接到前述指令者的指令(该指令已报告过),另外指令者又命其接近在黄泥河子居住的白俄罗斯人鲍哈蒙·安德里(音译),并要求在未接到指令之前,要暂时向对方隐瞒自己是苏联谍报员的身份。返回满洲国后,在同月(十二月)九日十三时左右,安德里(音译)伪装成黄泥河子煤矿的马车夫,装作要买卖马匹,去到高凤章家与其进行了第一次会面。

这件事虽不能直接断定安德里(音译)是接受苏联指令活动的苏联谍报员,但事实上苏方已与其接触并采取行动。苏联一方面对住在黄泥河子的白俄罗斯人开展怀柔政策,另一方面,如之前所报,前述指令者曾在高凤章第二、三次入苏时问他:"黄泥河子的劳工有传染病流行吗?",由此多方面参考,可以推测出苏联谍报工作的开展已经取得了相当可观的进展,将来必须对其采取更加慎重的谍报侦查活动。

注:该俄人居住于附件一所示的地址,已在一月十八日由宪兵查证过。

四、二人所携带的居住证明书的情况

张、高两人均携有下述正式的居住证明:

1. 高凤章(新版居住证明)

颁发日期:一九三九年四月一日

颁发部门:密山国境警察队平阳镇队

颁 发 号:七一六九(牡 六七一六九)

2. 张万祯(旧版居住证明)

颁发日期:一九三八年二月二十日

颁发部门:密山县国境警察队半截河队

颁 发 号:二三九零一

五、谍报手段

高凤章、张万祯的谍报手段虽然没有什么值得特别记述的,但大体作为增

识广闻给诸位参考：

1.尽可能多地接触满洲国下属机关职员、密探等。

2.在聊天中巧妙地转换话题，不知不觉中就打探到与任务目标相关的各类事项，在这方面要特别留意。

六、同伙之间的关系情况

综合苏联谍报员高凤章、张万祯的供述，两人关系概要如附件二所示。

七、其它参考事项

1.虽努力想得到一些与苏联谍报员发展人李福相关的证据，但目前并没有什么新的收获。

2.被逮捕的谍报员高凤章、张万祯的照片如附件三所示。（照片仅附送至关东宪兵司令部）

八、处置意见

1.十二月十八日将高凤章、张万祯秘密扣留于半截河宪兵分队后，对其使用怀柔政策，并努力掌握全面的情况，基本取得了预期效果。

2.我们相信，之后将二人逆用做外谍，高凤章做居住在黄泥河子的俄罗斯人鲍哈蒙·安德里（音译）的工作，张万祯做搜索潜入管辖内苏联谍报员的工作，这些工作都会取得良好效果。

据此，又迅速给密山特务机关长发函沟通这两人的相关事宜，我们认为由宪兵队协助处理这两人是比较恰当的，所以希望关东宪兵司令部能予以指示。

注：已与密山特务机关长取得了联络。

3.我们已窥探到了苏联在"诺门罕"事件发生以后，苏联谍报据点已进驻我方管辖的西里亚希里。

4.最近苏联谍报机关已经将对满谍报目标指向在满俄罗斯人，并发展引诱工作。今后有关满俄罗斯人的工作，要与其所属区域的日本的特务机关保持紧密联系，强化对谍报员的侦察工作。

东安宪兵队队长　白滨重夫

（完）

发:关宪司　牡宪

　土肥原参　密特机

　　附件一:黄泥河子周边地理情况略图(略)

　　附件二:根据苏联谍报员高凤章、张万祯供述查明高凤章与张万祯关系概
　　　　　况及二人活动情况要图①

　　附件三:被逮捕的满人苏联谍报员高凤章、张万祯的照片(略)

附件二

苏联谍报员高凤章和张万祯的关系概要

一九四〇年一月二十日
东安宪兵队本部调查编制

一、张万祯入苏前的经历

三岁时与家人一起搬到了现居地,之后一直务农,一九三八年三月上旬的某天晚上,苏联谍报员李福前来拜访。劝诱其做苏联谍报员。当时他得到了十圆,答应做谍报员。同日晚上,在李福的引导下,两人从二人班小站附近穿越国境进入苏联。

二、逮捕过程

一九三九年一月以来,半截河分遣队根据密探所报,将两人作为苏联谍报员嫌疑人,并对他们进行了侦查于十月基本得到确认,十二月十八日利用两人一起去半截河的机会,将他们逮捕扣留。

三、高凤章入苏前的经历

从九岁到十三岁一直在原籍地上私塾,之后从事农业活动,二十二岁跟随

---

　①　此件只选高凤章与张万祯关系概要

父母搬到了现居地,租地务农。期间,在一九三九年三月十三日晚上,苏联谍报员李福前来拜访,劝其做苏联谍报员。其答应了此事并得到了五十圆。第二天即十四日晚上,在李福的带引下,两人从二人班小站附近穿越国境进了苏联。

四、出入满洲国情况

二人入苏后立刻被苏军步哨发现并被带到了西里亚希里(音译)兵营,监禁在一个附近独立的小屋,由"格别乌"少佐通过一个翻译进行审讯,每次审讯都在第二天才允许返满。

1.高凤章

(1)第一回　一九三九年三月十四日同李福一起入苏。

(2)第二回　同年五月二日同张万祯一起入苏。

(3)第三回　同年十一月三十日单独入苏。

2.张万祯

(1)第一回　一九三八年三月上旬同李福一起入苏。

(2)第二回　同年五月上旬单独入苏。

(3)第三回　一九三九年三月上旬单独入苏。

(4)第四回　同年五月二日同高凤章一起入苏。

两人每次都是在夜间自同一地点出入满洲国。

五、接受指令情况

(一)高凤章

1.一九三九年三月十五日,从西里亚希里(音译)"格别乌"少佐处得到指令,调查在密山县黄泥河子煤矿工作的俄罗斯人人数,五月一日入苏。

2.同年五月三日接到同一少佐的指令,调查以下内容,并于十一月三十日进入苏联:

(1)半截河平阳镇驻屯日军兵力及移动情况;

(2)黄泥河子煤矿的劳工数及一天的挖煤量。

3.同年十二月一日受同一少佐的指令调查以下内容,并要求三个月后返苏。

(1)居住在黄泥河子日军特务机关的特务人数及姓名;

(2)日军有千人以上进入黄泥河子时要及时汇报。

以上指令领取到报酬一百二十圆。

（二）张万祯

1.一九三八年三月上旬自前记少佐处接到指令,调查以下事项:密山县各地方日满机关的密探中,有入苏企图的人的姓名、所属、日期时间、携带物品等。随后进入苏联。

2.同年五月上旬自同一少佐处接到指令,调查上次任务中不周全之处,随后进入苏联。

3.一九三九年三月上旬自同一少佐处接到指令,继续调查上次指令的内容,随后进入苏联。

4.同年五月三日调查密山县各地居住的日满机关密探,随后进入苏联。

以上指示领取到报酬一百圆。

六、高凤章与俄罗斯人的关系

一九三九年十二月一日受"格别乌"少佐的指示,同月九日十三时左右前去拜访安德里(音译)家,商谈马匹生意,随后返回。

东安宪兵队关于移送苏联谍报员
高凤章的报告（通报）

东宪高第五一九号

一九四〇年七月二十九日

关东宪兵队司令官竹内宽台鉴：

关于下述人物如题所述，根据六月二十二日关宪警第六八二号文件，高凤章将由半截河宪兵分遣队队员实施特殊输送，并于七月四日被移送到哈尔滨宪兵队本部。特此通报。

计　开

原　　籍：奉天省本溪县祈家堡

住　　所：东安省密山县黄泥河子丰
　　　　　乐屯

所　　属：苏联 西里亚希里"格别乌"
　　　　　苏联谍报员（农民）高凤章
　　　　　（现年三十三岁）

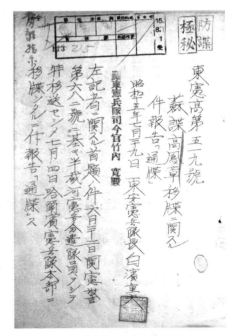

东安宪兵队队长　白滨重夫

（完）

发：关宪司、哈宪

抄：东安、半截河

　　密特机

北安宪兵队关于发现持有伪造旅行许可证的满洲国人的报告

北宪高第二一五号

一九四〇年三月二十一日

关东宪兵队司令官竹内宽台鉴：

三月十九日黑河宪兵分队在黑河市内进行全面搜查，在满人旅馆——继尧栈发现一名持有伪造旅行许可证的满洲国人，目前正在对其进行跟踪。

情况报告如下：

计　开

一、许可证上记录的原籍、住址、职业、姓名、年龄

原　　籍　　山东省黄县

住　　址　　新安埠安定街十九号

　　　　　　糕点工　　尚开明

　　　　　　现年三十二岁

二、伪造许可证上记录的发放机关、编号、日期及旅行期限

1. 发放机关　哈尔滨经纬警察署

2. 发放编号　第五九六一号

3. 发放日期　一九三九年十一月二十五日

4. 旅行期限　自一九三九年十一月二十四日至一九四〇年二月二十三日

三、认定伪造要点

1. 伪造一九三九年十一月二十七日小山内伍长的检查证明；

2.伪造一九三九年十二月十二日桥本上等兵的检查证明;

3.伪造哈尔滨经纬警察署的橡皮印、厅印;

4.伪造契印;

5.其他记录事项均为伪造。

四、发现时的状况及处置

三月十九日二十二时开始,黑河宪兵队对市内满洲国人旅馆进行全面搜查,二十四时左右在太平街九十八号继尧栈发现尚开明,目前正在黑河市内对其进行跟踪。

北安宪兵队长　和田昌雄

（完）

发:司令官

抄:队下乙

北安宪兵队关于查获尚开明持有伪造旅行许可证情况的电报

北安宪电第四三号

一九四〇年三月二十一日七时收译

司令官：

三月十九日二十二时三十分左右,黑河宪兵分队在黑河市内搜查的时候,发现满人尚开明(三十二岁)持有伪造哈尔滨经纬警察署发放的旅行许可证。目前正在佛山市内跟踪。

北安宪兵队队长

（完）

北安宪兵队关于谍报员尚开明与其同党在嫩江附近活动情况的电报

北宪电第四七号

一九四〇年三月二十八日十八时收译

司令官：

一九四〇年三月十九日二十二时,黑河分队发现并跟踪的谍报员嫌疑犯尚开明与一名相关人员于三月二十一日八时三十分从黑河出发,沿着宁默线行进。尚开明只身于三月二十三日赶赴嫩江,逗留两日后于三月二十五日乘宁默线到达拉哈。在东面约二十四公里有贼匪盘踞,跟踪困难,不得已停止跟踪将其秘密扣押,目前其在嫩江宪兵分遣队受审。另外,在嫩江继续跟踪与尚有关的另一人。

北安队长

北安宪兵队致关东宪兵队司令官密电

北宪电第四八号

一九四〇年三月二十九日十八时三十分收译

司令官：

苏联谍报员尚开明目前在嫩江分队受审,依照一九三九年关宪高第一一九三号文件第四项内容,基于将来对策方面的考虑,有必要进行报告。

报告如下：

一、尚开明在嫩江做糕点商和经营小杂货店期间,调查到下述事项内容后,于一九三九年十二月二十五日从呼玛县口子镇附近潜入苏联报告：

1. 嫩江附近驻扎部队的各种装备；

2. 日本人、朝鲜人、俄罗斯人的情况以及苦力的情况；

3. 呼玛县兴隆沟金厂的机械挖掘及人工挖掘的情况及其他情况。

二、资金一千三百圆。

三、而后决定依照接受的指令开始营业。于是赴嫩江,但因资金不足,遂在宁墨线上贩卖马铃薯,估计没有其他的打算。

北安队长

北安宪兵队关于审讯苏联谍报员
尚开明情况的电报

一九四〇年三月二十九日十九时收译

司令官：

苏联谍报员尚开明目前在嫩江分队接受审讯，依据一九三九年十二月二十七日关宪高第一九九三号文件第三项，基于将来对策方面的考虑，有必要进行报告。

报告如下：

一、指令

在嫩江开店做糕点商和经营小饭店期间，调查了以下情况之后，于一九三九年十二月二十五日从呼玛县口子镇附近潜入苏联提交情报。

1. 嫩江附近驻扎部队的兵种及装备；

2. 国内朝鲜人和俄罗斯人的状况及苦力状况；

3. 呼玛县兴隆沟（音译）金厂的机械挖掘、人工挖掘情况及其他情况。

二、资金

一千三百圆。

三、后续实施事项

按照指令决定开始经营，于是去了嫩江，但由于资金不足，遂决定贩卖马铃薯，预计无其他打算。

北安队长

北安宪兵队关于扣留
审讯苏联谍报员尚开明情况的报告

北宪高第二六○号

一九四○年四月六日

（参阅三月二十日北宪电第四三号、三月二十二日北宪
高第二一五号、三月二十八日北宪电第四七号、
三月二十九日北宪电第四八号）

关东宪兵队司令官竹内宽台鉴：

　　要　点

　　三月十九日，黑河宪兵分队在黑河市市内进行盘查时，发现了持有伪造哈尔滨经纬警察署发放的旅行许可证的苏联谍报员尚开明，继而对其进行了跟踪监视。该人于三月二十一日离开黑河，中途在宁年、讷河各住宿一晚后赴嫩江。返回时因进入了宁墨线拉哈东方匪贼地带，担心出现危险而不得已停止跟踪。三月二十六日秘密对其扣留审讯，审讯后得知，该人作为苏联谍报员从驻哈巴罗夫斯克国境警备队朝鲜人将校那里得到一千三百圆，按照指令到呼玛县兴隆沟开饭店或点心店，调查该地的金矿、伐木、苦力、驻军兵力及日、鲜、满、蒙、苏联人等情况，应该于今年十二月二十五日夜返苏，虽按指令于去年十二月二十四日在呼玛县胡通镇下游约二十五公里的地方越境进入满洲国，之后积极活动但并没有返回苏联的打算。现已了解清楚在嫩江开始寻找合适的职业。

　　具体情况报告如下：

　　计　开

一、扣留日期、扣留地点

一九四○年三月二十六日二十时左右

龙江省讷河县福民村宋家堡(宁墨线拉哈站东约三十五里)

二、被扣留人的国籍、原籍、出生地、住所、职业、姓名、别名、工作名

国　　籍　中国

原　　籍　山东省登州府黄县

出生地　同上

住　　所　苏联邦哈巴罗夫斯克"卡尔·马克思"(音译)街十三号

职　　业　国营第一饭店点心部 点心工(兼炊事员)

姓　　名　尚开明(无别名、工作名、称呼、代码等)

　　　　　现年三十三岁

三、简历

1.生平及经历

该人出生于贫农家庭,一直从事农业劳动,十八岁那年三月赴满洲国,在哈尔滨道外七道街某客栈无业滞留约十天,期间与郭远武相识,受郭远武劝诱,与其共赴苏联哈巴罗夫斯克,而其旅费及其他一切费用皆由郭远武承担。

(注:1.当时处于满洲国建国前夕,中苏之间的交通自由畅通。2.上文中提到的劝诱人郭远武做炊事员工作,于一九三八年在哈巴罗夫斯克死去。)

经郭远武介绍,在刘学唐经营的饭店作为炊事员工作了约两年。但自个体经营被禁止全部成为国营经济以后,在上文提及的哈巴罗夫斯克国营第一饭店点心部工作。一九三九年八月左右,驻哈巴罗夫斯克的日本领事馆副领事津山的佣人——满人厨子姜某因病退职,经其原任职的点心部主任苏联人伊万涅克(音译)的介绍,被雇佣接替姜某的工作。同年十一月因该副领事回国,重回原来的点心部工作,月薪五百多圆,直到入满之前一直在那里工作。

2.家庭状况

该人二十五岁那年七月在哈巴罗夫斯克与一满洲国女子结婚,二十八岁那年八月得一女儿,但其妻子在一九三八年八月死亡,女儿被哈巴罗夫斯克收养所收养。在苏无其他亲属,原籍地有其老父老母及胞弟一人,有耕地三段,近况不明。

四、发现(扣留)经过和扣留状况

1.发现经过

黑河宪兵分队预料融冰期前，间谍会频繁出入满洲国。因此三月十一日开始对黑河市市内实施盘查搜索计划。按照计划每周两次以上对市内旅馆、曲艺场、赌场及其他间谍可能出现的地方，一同进行持续搜索。从三月十九号二十二时左右开始对满人旅馆进行搜索。二十四时（上报的二十三时三十分有误，特此更正）当检查到太平街九十八号继尧客栈时，发现本报告题目提及的谍报员所持的"旅行许可证"有以下伪造之处：

（1）伪造一九三九年十一月二十七日小山内伍长检查印鉴；

（2）伪造一九三九年十二月十二日桥本上等兵签证印鉴；

（3）伪造哈尔滨经纬警察署的橡皮公章印鉴；

（4）伪造契印；

（5）伪造其他记载事项。

根据以上诸多疑点，怀疑该人有重大间谍嫌疑，对其进行跟踪监视。（伪造许可证实物及本人照片参照附件第二件）

2. 发现后的行动概要

发现后经秘密监视该人行动得知，第二天三月二十日他和同住的满人张海楼一起吃饭共同行动，并于当晚转宿福隆客栈。翌日两人登上了北黑线第三〇一次列车，并购买了到嫩江的车票一同南下。

当天十八时列车到达北安，黑河分队与北安分队进行了跟踪交接。两名谍报员于十八时三十分登上齐北线第八〇三列车赴嫩江，因无直达车，所以在宁年下车。当晚在当地洋顺客栈住宿。第二天三月二十一日十时五十分乘宁墨线第八四七列车赴嫩江，中途十四时左右在讷河下车，投宿地为德兴客栈。其间一直与同行的张海楼一起行动。当晚住在该旅馆，住宿期间从同屋的杨林（三十岁，熟知嫩江事情）那里详细打听了嫩江的事情后请求杨林为其带路。杨林应允，三月二十三日张海楼留在讷河，尚开明仅和杨林共赴嫩江。

执行跟踪任务的北安分队员当天十五时十五分在第八四七列车中监视谍报员尚开明和杨林，在德兴客栈内尚、杨两人与讷河的张海楼联络，二十二时北安分队员与嫩江分队员交接，不动声色继续跟踪。

之后嫩江分队员对尚开明和杨林继续跟踪，这两人到达嫩江后在当地庆发客栈住了两晚，三月二十四日尚称要去杨林住的地方宋家堡购买马铃薯，并在途中把这个意思告诉了留在讷河的张海楼。后到达目的地拉哈，当晚尚开明和杨林一起住在当地。第二天三月二十六日十三时半左右乘装货的马车离开拉哈去往宋家堡。途中大约二十五公里几乎全是开阔地，又没有行人，感觉不容易跟踪。虽然有点担心但还是由两名跟踪者同样乘坐装货马车,尾随其后继续跟踪,保持大约二百米的距离,严密监视尚开明等人的动向。被跟踪者始终面向后方,不时伸出两根手指,相互谈论着什么。队员们误以为尚开明他们察觉到了有人跟踪他们,以为他们伸出两根手指意思是指两名跟踪者。

(注:审讯得知,关于伸出两根手指,是无意识动作,当时只是谈论将来两个人一起做生意,及尚开明在金山镇因赌博输掉两百圆之类的事情。当时尚开明并未发现自己被跟踪。)

十九时左右,两人到达宋家堡进入一农户家逗留大约一小时。

(注:调查审讯结果表明该户人家是杨林的亲戚。)

两名跟踪人员在此期间,从当地甲长家的墙上窥探监视右边房屋里的情况。因甲长感觉此事可疑,便召集多数村民至此,而此时尚开明与杨林也一同过来了,因此不得已扣留了尚、杨二人。

3.扣留原因

(1)如上所述,在马车上尚开明等人比划两根手指,跟踪人员误以为尚开明等人已经发现了他们被跟踪。

(2)到达村子后,当地村民们对跟踪人员有所怀疑,聚集而来,尚开明两人也一同来了,至此与跟踪人员碰面。

(3)另外该村仅有四户人家,距离附近最近的村子也有二公里以上,而且周边十分开阔,一旦碰过面就没办法再进行跟踪了,况且当地附近也是匪贼猖獗的地区。

由于担心以下两点,所以立即实施了扣留:

①尚开明等人可能企图将宪兵队员诱骗至匪窝。

②杨林可能会为了抢夺尚开明所持的大笔钱财而把尚开明诱骗到该地深处。

4.扣留后的处置情况

扣留后本应立即离开当地,但附近其它村子及拉哈一带,认识杨林的人很多,且宁口户数少,打算在当地留宿一夜。于是当晚在该甲长家,两名跟踪人员轮班监视了一晚。第二天,三月二十七日八时四十五分,乘坐当地出发的火车返回宪兵队。

(尚开明的活动概要请参照附件一)

五、受教育程度

无学历,文盲,由于长期在苏联生活,虽然不精通俄语,但能进行基本的日常会话,并通过自学认识俄文。

六、成为谍报员的原因

尚开明是在指令者的强制要求下,自暴自弃,被迫答应入满做谍报员,其自身没有积极且明确的动机。

1.一九三九年十二月十日前后,该人在上述点心部工作,该部主任伊万涅克(音译)对尚开明说:"最近有人找我,说有不错的生意要做,有没有合适的人选给推荐一下,我觉得点心部十三个满人,你不抽烟不喝酒,也不赌博,是个优秀的人,便把你推荐给他,此人一周内会来和你面谈。"可是尚开明对此事并不感兴趣,回答说"我不想干其它工作。"

2.本月十七日十五时左右,朝鲜人金将校(指令者姓金)来到点心部与主任一起反复劝说尚答应上文提及的事项。尚开明因为不想顺从,在十七时半左右擅自离开回了家,在床上躺了大约两小时,后又回到店里。此时金将校还在店里没有离开,于是开始继续劝说尚开明答应其要求,可是尚开明表示今后什么也不做了,店里的活儿也不做了,将校所说之事也绝对不答应。被拒绝的将校此时发怒了,"如果不按我说的做,你就别想出这个门。"说完将校就和主任一同出了门。随后传出咔嚓、咔嚓的锁门声后,他们便离开了。尚开明当时用满语骂着"混蛋,随你们怎样,我在这里睡一样舒服。"他一边嘟囔骂着,一边在床上躺了下来。校将听到尚开明在嘟囔没在意,主任听到后叱责到:"你嘟囔什么呢!",但因为不懂满语,没有追究。将校、主任两人离开后,尚开明试图推开门,但门上了锁,无法推开,当晚就在那里住了一夜。

(注:此房间作为主任的居室,所以在此谈论的内容没有其他人知道。)

3.第二天,十八日尚开明仍被软禁在此房间内,只给茶水喝,不给饭吃。直到十九日早晨,尚开明都一直躺在床上。其间,十八日十一时左右,有人再次来到隔壁屋,听到似乎在和主任商量什么事,具体内容不清楚。

而且当天主任来过一次,他对尚开明说:"将校下了死命令,不答应绝不给开门,你就答应吧,"但尚开明却说:"我每天在此睡觉最好不过了。"于是主任径直出去了。

4.十九日十一时左右将校和主任来寻求尚开明的同意,尚开明怕其今后打击报复便妥协答应了。

金将校:"每天睡得怎么样啊?"

尚开明:"很好。"

将校:"不管怎样还是得听我的!"

尚开明:"好,我什么都答应。"

于是三人当天来到点心部办公室。金将校命令尚开明说:"乘二十日十一时左右的火车去斯瓦沃德奴伊(音译),二十日早上八时先到将校家来",并告诉了他家的地址。

5. 二十日早上八、九时左右在列宁街七十二号,尚开明跟随金将校乘十一点出发的火车向西驶去。

(注:虽然伪装成普通乘客混入同一节列车,但在列车内尚开明和将校背靠背坐着,彼此没有说一句话,吃饭也是各吃各的。)

6. 二十一日十九时左右到达了斯瓦沃德奴伊(音译)站,下火车后,两人乘马车去了市内某食堂,晚上八时吃完晚饭,将校把尚开明带到当地内务人民委员部砖墙外后方的小建筑物处(简易两室平房),进入其中一个房间。

尚开明:"做什么样的生意呢? 在这里做生意吗?"

校将:"不是。你作为谍报员去满洲国,在那里做买卖。"

尚开明:"好的。"

问答之后,将校给尚开明资金、旅行证明书、指令,尚开明将资金、证明书收好后在这里住了一晚。

7. 二十二日早上九时左右两人借用汽车出发,十九时左右到达库玛拉(音译),在库玛拉(音译)国境警备队办公楼旁边的木制小屋住了一晚。

8. 二十三日十四时左右乘坐该警备队准备的客车出发,十五时左右到达阿哈朗(音译)(库玛拉[音译]下游约二十五公里处),在警备队兵舍旁的小木屋住了一晚。

9. 十二月二十四日五时左右,从阿哈朗(音译)越境进入满洲国。

(注:从库玛拉(音译)和阿哈朗(音译)的留宿地出发时,将汽车停在了住所的入口前方,从满洲国一侧是看不到这里的。)

七、入满方法

1. 时间、地点

一九三九年十二月二十四日五时左右,呼玛县胡通镇下游大约二十五公里

（地名不详）。

2. 入满方法

从苏联领土库玛拉（音译）下游大约二十五公里处的阿哈朗（音译）处，沿着与满洲国领土黑龙江对岸边垂直方向步行，跨境入满洲国。在渡江时，指令者目送该人至江中央。入满洲后，在满洲江上公路步行，于下午二时到达胡通镇。在学习如何隐匿其特殊身份后，凭借证明书进行行动。

3. 入满后的行动

（一）尚开明于十二月二十四日在呼玛县胡通镇下游大约二十五公里处越境入满，沿着满洲江上道路步行。于当日下午二时左右到达胡通镇，并在当地的某旅馆内住了一晚。

（二）第二天，十二月二十五日步行至呼玛县城，并在当地的旅店住宿一晚。

（三）步行到金山镇，住宿两晚。

（四）十二月二十八日，尚开明乘坐汽车到兴隆沟。在王明康的旅店内留宿，最初十天在采金公司做扫除工人。每天从高把头那里得到工资约二圆五十钱。由于是正月故停工十天，于是尚开明卖了大约二十天的水果，但由于当地较为偏僻物价很高，故其经商所得利润很少。

（五）在金山镇经营水果店期间，大约二十天的时间里，因为水果腐烂，导致损失了大约九十元。因此不再经营，转到一家采金公司做搬运苦力。在谈论满洲国各地商业情况时得知，在嫩江处有新的开拓地，当地经济状况较好，因此决定到嫩江发展。

（六）三月十四日，尚开明乘采金公司汽车到胡通镇，休息三天。期间偶遇之前在金山镇同宿的张海楼。

张海楼，现年二十九岁，原籍奉天省开原县，现住呼玛县兴隆沟。

再见张海楼时的摘要：

张："为什么来这里？"

尚："在兴隆沟和金山镇亏损了许多。生意还不景气，所以想去嫩江开小吃店或是点心店什么的，你也和我一起干吧。"

张："我在那面也有亲友，我也想去。但是我没有钱，去不了啊。"

尚："钱我有，去那试试呗，兴许能很好呢。"

商量之后，旅费由尚开明负担。张、尚两人约好，共赴嫩江。

（七）三月十六日，二人乘坐雪橇，从胡通镇出发，途经老道店、小神屯、达音山，并在这三处各住一宿。

（八）三月十九日到达黑河并住两宿。

（九）三月二十一日早,从黑河站出发,出发前尚开明在黑河站准备买去嫩江的车票。张提议:"讷河我有亲戚,还是去讷河吧。"于是买了去讷河的车票,途中在宁年(富裕县)住了一晚(由于没有直通车)。

（十）三月二十二日到达讷河,在东兴客栈里住了一晚。且当晚在该客栈认识了张海楼的同乡——杨林。

杨林

原籍　奉天省开原县

住址　讷河县福民村宋家堡

现年二十五岁

杨林准备前往嫩江街并通过嫩江街的亲戚转让自行车。尚开明听闻杨林在嫩江有很多亲戚,故让张海楼暂且留在讷河。

（十一）第二天,即二十三日,尚开明和杨林一为考察嫩江街商业情况,二为卖掉杨林的自行车,两人共赴嫩江,在广发客栈住了两宿,得知在嫩江开店所需的钱比想象的多,尚开明听了杨林的劝告,决定一起卖马铃薯。

（十二）三月二十四日,为购买马铃薯,决定去杨林的住所宋家堡,并折回讷河,把要贩卖土豆这一事告诉了张海楼。同日和杨林一起出发,到达拉哈,在那里住了一宿。

（十三）三月二十六日,从拉哈街出发,到达距离其东部大约二十五公里处的宋家堡,随后被跟踪的嫩江分队队员扣留。

八、谍报教育

未受过特别谍报教育。

九、指令指导机关及指令者

1. 指令机关及指令者

哈巴罗夫斯克(哈府)国境警备队司令部

朝鲜人将校,姓金,约三十四、五岁(详见附件三)。

2. 指令日期、场所

一九三九年十二月二十一日二十三时左右,于斯瓦沃德奴伊(音译)内务人民委员部院外靠里侧的一所木制建筑物内。

3. 指示下达方法

指令者直接口头下达。

十、指令事项

1.到兴隆沟并在那里随意开一家餐饮店或糕点店,调查当地的金厂、伐木的情况、苦力的状况及其他、军队人员、武器及日本人、朝鲜人、蒙古人、俄罗斯人等的情况。完成调查后,于明年(一九四〇年)十二月二十五日夜间(具体时刻未指示),由此次潜入地点,返回苏联,直接做口头报告。

2.指令者发出以上指令后,发放旅行证书和资金,并提出以下几点注意事项:

(1)本证书虽然是由哈尔滨经纬警察署发行的,但如果受到警察的盘问,一定要按照证书上记载的住址、姓名、年龄、原籍、职业、旅行目的、旅行时间来回答,因此要牢记旅行证书的记录事项。

(2)再者此证书不是居住证书而是旅行证书,因此到期后就直接贴上照片,提交给警察队,再提出更换许可证申请。

十一、情报收集手段

尚开明本人无收集情报的打算,所以无具体手段方法。

十二、报告传达要领

根据指令,尚开明每年到苏联一次,直接向指令下达者做口头报告。

十三、活动状况

尚无活动事实。

十四、资金

支 付 人　指令发出者
资金用途　营业资金
资金领取的日期及场所　同指令
金　　额　一千三百圆
明细:十圆新纸币一百二十九张,一圆十张,但扣押时所持金额为日本银行面值十圆新纸币三十一张,满洲国中央银行面值十圆纸币四十七张,合计共七百八十圆。

（进入满洲国后的收支概况见附件四）

十五、对尚开明的处置情况

1. 尚开明目前的精神状态

（1）扣留时面色稍显僵硬，到嫩江分队后，基本没食欲，缄口不语，故作镇静。

（2）第二天随着审讯的展开，心情逐渐恢复平静，食欲旺盛，甚至开起了玩笑。当审讯官问到"你以后打算到哪里工作"的时候，他还笑着泰然回答道："别开玩笑，我还能出去吗？"

（3）随后，尚开明供述了以下内容：

①我于十五年前到苏联，作为劳动者工作，不管是党员与否，未受到压迫，每月还领取五百元的工资。生活上没感到困难，但大多数在苏联的中华民国人民却受到种种压制，特别是去年一九三八年三月左右，在远东地区，逮捕了中国籍男子，在哈巴罗夫斯克也逮捕了一千六、七百人，这些人中约三分之二被强制劳动，任意驱使。我怨恨中国领事馆的软弱无能，同时憎恨苏联的压迫。绝对没有完成指令返回苏联的想法。

②我对这次被迫作为极其危险的谍报员进入满洲国感到十分反感，同时在民族感情上，被朝鲜人指令者支配，也很不痛快。

③我把七岁女儿留在了哈巴罗夫斯克，让她在苏联长大，今后结婚、离婚等都随其所愿，最好是职业的选择，也不必考虑父母的想法。我坚持认为父母不应干涉儿女，亲子关系不自由，固执己见也无用。而且我最厌恶男女关系混乱，如果自己的女儿将来这样的话，我也想开了，不管她了。

④如果有幸被释放，我就找个工作，在宪兵队的监视监督下，诚恳劳动，再联络上十几年不通音讯的父母，每月寄些钱财，以尽孝心，这也是人生的意义。如果被允许的话，希望还乡。

2. 将来的用途与价值判断

目前没有告诉尚开明要利用他潜入苏联，只是按照苏联方面的指令让其定居在在兴隆沟随意经营些生意，期间利用这种方式发现联系人。经过一段时间待他习惯满洲的正常生活并开始思念女儿，到那时苏方再给其下达入苏日期的指令，即可实施逆用，之后尚开明应带着最初正式指令，回到满洲国，也许能获得意想不到的成果。

依据苏联方面对尚开明指令的内容及活动地域来判断，之后会将其移送到黑河特务机关,加以利用后再实施逆用,关于具体的处置方法,请尽快指示。

3.对苏方企图的判断

经判断,苏联在实施实验性的派遣活动,其理由如下:

(1)指令要求调查事项比较简单,感觉只是走形式。

(2)支付的金额较大,考虑尚开明不抽烟、不喝酒,话少胆大,且在苏联生活时间久,在一定程度上可以信任。

(3)考虑到下次归苏时间间隔长,这一点上还包含两个目的,一是使其重新留恋故乡,二是诱发其对女儿的思念。

(4)派遣到像兴隆沟这样的偏僻地方,应该容易弄到正式的旅行证明书,而且在狭小地域内,实验期间苏联方面也比较容易对谍报员进行监督。

十六、其他对防谍上必要对策(包括消极方面)的意见

1.由于尚开明态度坦然,所以难以直接断定审讯内容的真伪,因此有必要对其进行严密监视。

2.正如本案件所示,伪造的旅行证明在偏僻地区的警察队很容易更换成正式的证明书,在这一点上对苏联方面也要严格警戒。

北安宪兵队长　和田昌雄

(完)

发:司令官

抄:队下乙

附件一:苏联谍报员尚开明行动概要图(略)

附件二:伪造旅行许可证的照片及尚开明照片(略)

附件三:尚开明供述的朝鲜族谍报员金某体貌特征详情表

附件四:尚开明供述的物资供给明细表

附件三

尚开明供述的朝鲜族间谍金某体貌特征详情表

						供述人	尚开明(满)
所属及担任职务	在哈府国境警卫队司令部不详	民族	朝鲜族	军阶	绿色军装胸前有三枚军阶徽章	姓名 年龄	金 三十四、五岁
长相	身高体型	身高五尺七、八寸,瘦高					
	脸	瘦长有酒窝					
	头发	平头					
	额头	普通					
	眉骨	普通					
	眉毛	宽长					
	眼睛	大且长					
	鼻子	扁平					
	胡子	无胡须					
	嘴	大嘴但嘴唇不厚					

附件四

尚开明供述的物资供给明细表

收入 (单位:圆)	支出 (单位:圆)	地点	摘要
1,300,000		苏联斯瓦沃德奴伊 (音译)	资金
	25,000	金山镇	被褥
	8,500	〃	长靴
	7,500	〃	防寒服
	7,000	〃	大衣、裤子
	7,000	〃	鞋

	2,400	金山镇	洗漱用品
	1,200	〃	两双袜子
	6,500	〃	礼帽
	200,000	〃	赌博输钱
	800	〃	相片费
	150	〃	证明书皮
	90,000	〃	水果腐坏损失
15,000		〃	工资袋
	3,000	金山镇—兴隆沟	汽车费
25,000		兴隆沟	工资
	120,000	〃	食宿费
	3,000	金山镇—兴隆沟	汽车费
	50,000	胡通镇—黑河	雪橇费
	8,500	黑河	毛毯
	1,800	〃	鸭舌帽
	8,000	〃	食宿费
	12,000	〃	满人衣裤(张海楼用)
	2,000	〃	枕头
	20,100	黑河—讷河	汽车费
	3,000	〃	火车费
	4,000	宁年	食宿费
	30,000	讷河	给张海楼
	5,000	〃	食宿费
	6,000	讷河—嫩江	汽车费
	8,000	嫩江	食宿费
1,340,000	649,250		

备　注:本表是凭借该人记忆内容所制,故而难免出现遗漏或错误的地方。

北安宪兵队关于审讯
苏联谍报员尚开明细节情况的报告

北宪高第三〇一号

一九四〇年四月二十一日

关东司令官竹内宽台鉴：

摘由事项按照四月十一日关宪高第二八六号文件要求报告如下：

计　开

一、尚开明做哈巴罗夫斯克日本副领事津山某的厨师时是否收到过"格别乌"的指令

一九三八年八月左右，尚开明在哈巴罗夫斯克第一国营饭店的点心部工作。负责人伊万涅克（音译）遵照"格别乌"的指令，命令尚开明赴日本领事馆津山副领事府邸工作，而且在派遣之前提醒尚开明在日本领事馆工作期间不能擅自外出随意闲谈。其后，在那里工作大约三个月左右，每次借买蔬菜去国营市场的机会与伊万涅克（音译）接头，但只是进行简单的寒暄，并且供述了没有直接接受"格别乌"令其秘密监视津山副领事的密令。

二、苏方掌握的有关兴隆沟谍报的战略价值

兴隆沟位于呼玛县西方约八十千米处，建有满洲国营采金公司。从一九三八年开始进行采金作业，本年度开始利用四台采金船进行大规模的采金作业，现在拥有采金劳力约一千五百人，日满工作人员约七十五人。此外，在呼玛县上游约四十千米处的椅子圈有一九三九年建立的火力发电站，预计该火力发电站解冰期后开始发电，因此对苏联方面的谍报战略工作具有极大的价值。

三、被日满方面逮捕时的应对方法

一九三九年十二月二十一日，在斯瓦沃德奴伊（音译）接到朝鲜人将校金某的谍报指令，同时被告诫进入满洲后，如果被日满官宪逮捕，要按如下指示回答：

1. 我在哈尔滨以经营杂货店为生，生意不好。听说兴隆沟金厂附近生意景气，便想在那里开个小吃店或者点心店，因此从哈尔滨来到了这里。

2. 无论日满官宪如何审讯，都不能供出你是从苏联入满的，一旦供出，就是死刑。

3. 严厉告诫，无论如何审讯，都要和最初的供述一致，一直否认到最后，这样你才能得救。无论如何都不能说是从苏联方面入满的。

四、与张海楼、杨林的关系

尚开明与张海楼和杨林的关系详见北宪高第二六零号附件。

如审讯杨林情况记录所示，张、杨二人与谍报没有任何关系。尚开明入满后没有再入苏联的打算，且其认识到泄露自己谍报人员身份的危险性，于是欺瞒了二人。通过对尚开明及相关人员的审讯，可以确认二人与谍报人员没有任何关系。

北安宪兵队长　和田昌雄

（完）

发：司令官
抄：嫩江

北安宪兵队关于苏联谍报员尚开明
其后审讯情况的报告

北宪高第三七五号

一九四〇年五月十六日

关东宪兵队司令官竹内宽台鉴:

一九四〇年五月十六日扣留谍报员尚开明以来,对其实行软禁怀柔政策,其后的审讯情况报告如下:

计　开

一、苏联的指令和资金

相较尚开明接受到的指令事项,其接受的资金数额过多,就这一点,起初便有可疑之处。其后经反复审讯之后,尚开明的供述与之前并无变化。尚开明供述称其接到的指令是:在呼玛县兴隆沟随便开一个餐饮店或糕点店,调查兴隆沟的金厂开采情况以及其它附近的军情后,在指定日期返回苏联汇报情况。此外,没接收到其它指令,其来嫩江并非受到任何指派,而是个人的行为。

二、接受指令进入满洲国的情况

去年十二月二十一日在斯瓦沃德奴伊(音译)接受了朝鲜人将校金某的指令,但其在潜入满洲国的时候,完全没有按照这一指令活动的意思。金某指示其"持有的旅行许可证必须是兴隆沟警察署认证的"。尚则想:如果不去兴隆沟,会直接被日满官宪逮捕,即使去了兴隆沟,也不是为调查指令的事项而去的。

三、目前的想法

潜入满洲国时携带的资金已消耗一半,无力经营一家店了,因此表露了想在满洲国某地物色一个合适职业的想法,并称不管给多少报酬也不再进入苏联了。而其拒绝再次入苏的理由是因为其本人未服从指令任意行动,如果再进入苏联,一定会处予极刑,因此称不可能再进入苏联了。

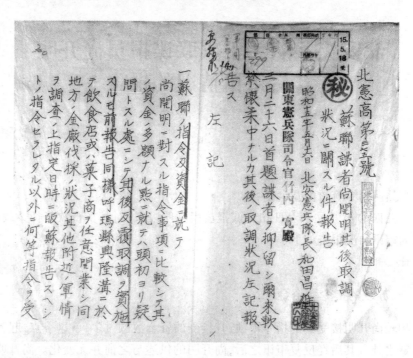

四、意见

该人被扣留已一月有余,对其实施软禁怀柔政策并反复审讯,以期使其如实供述。相较指令内容其接受的资金数额较大一事,我方认为是由于其本人长时间待在苏联并在哈巴罗夫斯克国营饭店工作,从而赢得苏方信任,所以试验性地派遣他来。此外,我方认为如其所供述的,苏方根本没有下达让其在嫩江附近开店并提供本地情报的指令。

北安宪兵队长和田昌雄

（完）

发:司令官
抄:队下乙

关东宪兵队司令部警务部关于对苏联谍报员尚开明处理的通报

关宪高第三九六号

一九四〇年五月二十三日

北安队长、哈尔滨队长：

对北安宪兵队扣押的苏联谍报员尚开明的请示做出如下的处理。特此通告。

如下所示：

一、北安队将尚开明作特殊输送处理，由北安队将其移送到哈尔滨队。

二、哈尔滨队接受尚开明。审讯其在哈府（哈巴罗夫斯克）情况，暂由哈尔滨特务机关代管。调查结束后，作特殊输送处理。

警务部长

（完）

发:北安、哈尔滨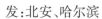

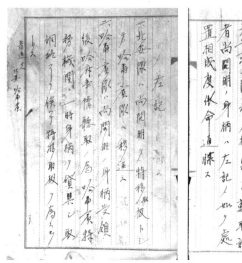

林口宪兵分队关于发现苏联谍报员原"共匪""艾德才"并继续跟踪情况的报告(通报)

林口宪高第一五八号

一九四〇年七月十六日

(参阅一九四〇年七月十五日林口宪高第一五七号)

东安宪兵队队长白滨重夫台鉴：

要 点

1. 林口宪兵分队扣留的苏联谍报员李忠发,作为特殊输送人员被押送至哈尔滨宪兵队总部。途中在林口站发现了曾在其指挥下一起行动的抗日联军第十一军"共匪"——艾德才,并向负责押送的宪兵告发他。于是,宪兵对艾德才进行跟踪监视,在牡丹江站将其移交给牡丹江宪兵分队员继续实施跟踪。

2. 据谍报员李忠发所言,在其担任抗日联军第六军第八团团长时,嫌疑人艾德才曾在其指挥下一起行动,并于一九三八年十一月与其一同入苏。据此可以判断艾德才是苏联谍报员,有必要对其进行跟踪调查以查明真相。

具体情况报告如下：

计 开

一、嫌疑人的原籍、住址、职业、姓名、年龄、相貌特征、着装及携带物品

原籍 住址	原籍:奉天省凤凰县 住址:北安省庆城县富荫部队田中上尉宅
职业 姓名 年龄	原抗日第十一军(具体情况不详) 男 艾德才 现年十八岁
相貌	身高一米七五左右 偏瘦、肤色黑、圆脸 发型为平头(看起来像二十二、三岁)
特征	除面色、身体看上去较黑外无其他特征
着装	着满军夏装 戴夏季草帽
携带物品	布包袱一个 内置物品:满军衣裤各一件

二、发现时间、地点

时间:一九四〇年七月十三日 六时三十分

地点:林口站第一〇二次火车中(由佳木斯开往清津,林口站到达时间为六时二十二分,发车时间为六时四十七分)

三、发现经过及当时情况

依据上级指示,林口宪兵分队将对其扣留审讯的苏联谍报员原抗日联军第六军第五师第八团团长李忠发实施特殊输送。七月十三日李忠发被两名宪兵下士押解到哈尔滨,在林口站乘坐一〇二次列车(林口站到达时间为六时二十二分,发车时间为六时四十七分),途中在第二节车厢发现嫌疑人艾德才并报告给押送宪兵,宪兵对其进行了公务盘问,然后直接与所属分队联络有关所需事项。但是,因发车时间已到,所以艾德才由押送宪兵直接跟踪监视,后在牡丹江站被移交给牡丹江分队员继续跟踪。

四、开始跟踪的理由

根据苏联谍报员李忠发的发现,判明其为抗日联军第十一军"共匪",考虑到其可能从事苏联谍报员活动,基于需要查明真相的目的对其进行跟踪。

五、被发现后从林口到牡丹江段的情况

1.林口车站发车后,令谍报员李忠发私下留意艾德才的动向。艾德才十五岁归顺,现今在北安富荫部队田中上尉处做勤杂工。此次,是去看望在依兰县刀翁的哥哥,归途中被发现的。

2.其他

艾德才对谍报员李忠发的询问尽力回避,倚着车窗假睡。列车经过宝林站之后,开始准备下车,九时四十分在牡丹江站下车。其后,我部在月台顺利交接给牡丹江宪兵分队队员。

六、其他参考事项

据被扣留谍报员李忠发所言,艾德才于一九三八年九月在第八团与李忠发等人一起行动。因当时仓促躲避日满军警的讨伐,而下落不明。

七、意见

情况如上所述,已明确其是苏联谍报员嫌疑人。但考虑其原"共匪"身份,或入苏接受谍报教育可能入满活动,需要对其跟踪侦查以查明真相。

林口宪兵分队队长　龟山八十治

（完）

发:队长、关宪司、牡宪

哈尔滨宪兵队关于跟踪满人
谍报员嫌疑人任务交接情况的报告（通报）

哈宪高第四九八号

一九四〇年七月十七日

关东宪兵队司令官竹内宽台鉴：

　　要　点

　　七月十三日我部接到牡丹江队移交的继续跟踪一名满洲国人的任务，该人在滨江站下车，当天乘坐滨北线火车向绥化方向出发，我方人员在列车内跟踪。第二天即十四日顺利地与绥化分遣队员完成交接任务。

　　具体情况报告如下：

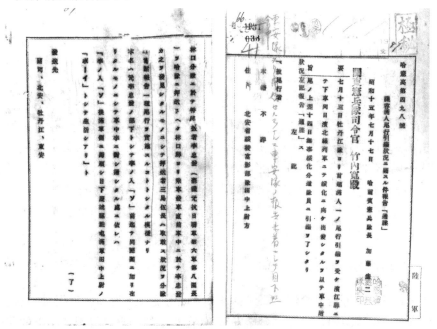

计　开

一、被跟踪者

原籍　不详

地址　北安省绥棱富影部队田中上尉处

　　　勤杂工　艾德才（现年十八岁）

【注】该地址、姓名是与绥化分遣队联络后所得

二、跟踪种类

第一种

三、跟踪任务接受及移交的日期、时间、地点

（1）接受　七月十三日二十一时三十分　三棵树站（车中）

（2）移交　七月十四日三时　绥化站（候车室）

四、跟踪理由

我部按受由牡丹江队移交的艾德才，并对其继续进行第一种跟踪任务。

五、跟踪情况

被跟踪者所乘列车于二十一点四十五分到达滨江站，到站后立即下车，在站内候车室中脱去身上穿的类似军服的上衣（样式为摘掉了肩章、襟章的满军军服），从带来的白色包袱中拿出了灰色外套换上。二十二时四十分左右，在该候车室碰巧来了一名满洲国人（年龄在三十二、三岁，看起来像朝鲜人）。被跟踪人与其交谈后，购买了到绥化的三等车票。二十三时十分，登上了从该站发出的列车。被跟踪者虽然与前述满洲国人坐在一起，但很少交谈，两个人都有点警惕身边的人，不久后就坐着睡了，没有异常情况。第二天即十四日二时五十分，在绥化站下车，进入了该站候车室。我部在候车室与当地分遣队员交接了任务，之后的跟踪由他们继续进行。

六、其他参考事项

由林口分队押送至哈尔滨队的特殊输送者李忠发（为苏联谍报员、原抗日联军第六军第八团团长），在林口站发车前，在车中的李忠发发现了车上的艾德

才。押送者三岛伍长迅速将这一情况通过电话向分队报告,并对其实施了第一种跟踪。

艾德才曾是李忠发的部下,他在李忠发入苏前加入了同一匪团。因此,据曾对李忠发吐露的情况判断,他在李入苏后,就归顺了满军方面。现在靠给庆城县驻屯满军田中上尉做勤杂工谋生。

哈尔滨宪兵队长　加藤圭二

(完)

发:关司、北安、牡丹江、东安

东安宪兵队关于清理谍报员第一次
扣留者处置情况的报告

东宪高第六一三号

一九四一年七月二十五日

（参阅七月四日东宪作命第十五号、七月十四日东宪高第五三二号）

关东宪兵队司令官原守阁下：

遵照六月二十八日关宪高第六二五号指示，对第一次扣留之谍报人员及其嫌疑者，经有关各队所认真查明，其情况和处置见附表，特此报告。①

东安宪兵队长　白滨重夫

（完）

发：关宪司

抄：队下乙

---

① 此页档案原件上眉批的内容为："清理谍报员三十二名综合报告（主要是去年张旭武事件的残余分子）。"

附表

清理谍报员第一次扣留者处置一览表					东安宪兵队本部
担任清理队所	系统	姓 名	年 龄	审 讯 概 况	处 置
虎 林 分 队	楠 工 作	吴 祥	五十五岁	认真查明真相,无嫌疑事实。	释放遣送
		宫俊卿	三十三岁	同上	同上
		李凤阁	三十七岁	查一九三九年四月,受苏联间谍孙炳兴劝诱,参与颠覆列车之阴谋。此外,搜集日军情报提供给孙炳兴。	预定给予司法处分(审讯情况整理后呈送)
	张旭武关联者	黄炳文	五十五岁	参阅七月十九日虎林宪高第二五九号	移交特务机关
		刘远声		参阅七月十九日虎林宪高第二五七号	同上
		柳凤魁	六十三岁	参阅七月十四日虎林宪高第二三八号	严训后释放遣送
		李家骖	三十九岁	参阅七月十四日虎林宪高第二三九号	移交特务机关
		杨建同	五十九岁	根据苏联谍报员李振元的供述而列为嫌疑人,现查明其不是苏谍嫌疑犯。	释放遣送
		邱杰臣	四十一岁	审讯中	
		张立广	五十九岁	同上	
	草 工 作	□永发	三十九岁	扣留以来,经严格审讯查明,并无嫌疑事实。	释放遣送
		张捷三	四十七岁	审讯中	

		李桂山	四十六岁	作为通苏嫌疑犯被扣留,后经严格审查,无嫌疑事实。	释放遣送
		万希全	四十五岁	参阅七月十三日虎林宪高第二三五号	移交特务机关
		季兴田	五十一岁	审讯中	
		李长玉	四十二岁	参阅七月十五日虎林宪高第二四四号	移交特务机关
	其他	李玉恒	二十五岁	参阅七月十五日虎林宪高第二四五号	送有关机关
		王克明	五十九岁	作为通苏嫌疑犯被扣留,后经严格审查,无嫌疑事实。	释放遣送
		徐贵珍	五十六岁	参阅七月十六日虎林宪高第二五二号	移交特务机关
		曲景生	四十七岁	参阅七月十九日虎林宪高第二五八号	同上
		魏传突	四十六岁	参阅七月十八日虎林宪高第二五四号	同上
		陈元明	四十八岁	参阅七月十四日虎林宪高第二三六号	同上
虎头分遣队	桑工作	梁国用	二十八岁	参阅七月十二日东宪高第五三六号	释放遣送
	楠工作	孙炳兴	三十七岁	审讯中	
		马玉藩	二十八岁	作为通苏嫌疑犯被扣留,后经严格审查,无嫌疑事实。	释放遣送
		刘元杰	二十四岁	参阅七月十日虎头宪高第一八八号	申请"特殊输送"①
		段凤楼	四十二岁	参阅七月十四日虎头宪高第一九七号	同上②

①②　档案原件红字批注的内容为:"已发指令。"

	其他	刘文斗	三十九岁	参阅七月十八日虎头宪高第二〇五号	同上①
		杨吉林	五十四岁	参阅七月十五日虎头宪高第一九八号	同上②
		张芝茂	六十三岁	参阅七月十二日虎头宪高第一九三号	严训后释放遣送国境地带以外地区
		李荣海	三十七岁	参阅七月十三日虎头宪高第一九五号	严训后释放遣送国境地带以外地区
平阳镇	草工作	王宝泉	三十八岁	扣留以来,经严格审查,无嫌疑事实。	释放遣送

①② 档案原件红字批注的内容为:"已发指令。"

73

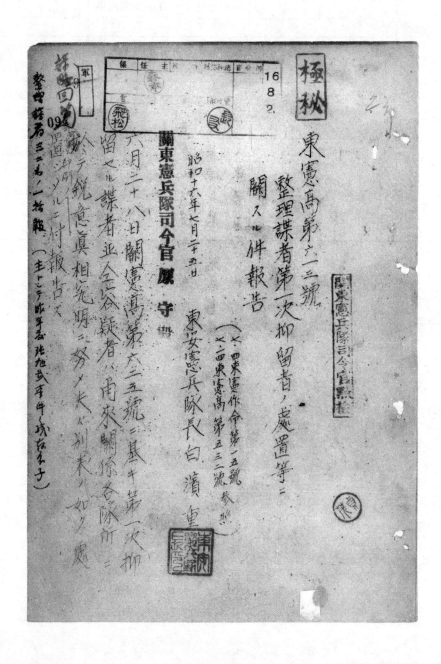

东安宪兵队关于清理谍报员
第二次扣留情况的报告

东宪高第六三五号

一九四一年七月三十日

（参阅七月十四日东宪高第五三二号）

关东宪兵队司令官原守阁下：

要　点

遵照关宪高第六二五号（六月二十八日）指示，各有关队所对七月九日至七月二十七日扣留的十四名谍报员及嫌疑者进行了严格审讯。①

现将情况报告如下。

计　开

一、扣留时间、地点及被扣留者情况

具体情况见附表。

二、扣留情况

除杨吉林、刘世杰外，其余都是宪兵跟踪监视、秘密扣留的。

杨吉林、刘世杰系请饶河特务机关和东安国境警察队帮助扣留的，现已将他们移交本队。

三、未扣留者情况

按照一九四一年六月二十八日关宪高第六二五号指示，在需要清理的人员

---

① 此页档案原件上眉批的内容为："反响（家属动摇）。"

当中：

（一）宁永德仍然卧病不起，故暂未扣留。

（二）准备近期扣留李庆云、马述栋、刘星三、刘积义。

（三）与张旭武事件有关联的十七人中，未扣留的有六名。考虑到一般民众的反响以及拘留所等情况，准备依次扣留。

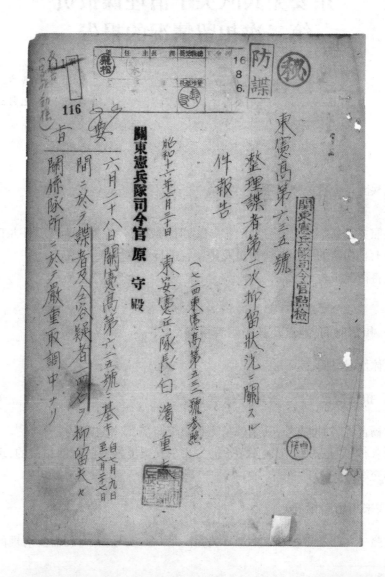

四、反响

由于两次集中扣留,被扣留者家属中,有一部分已出现不稳定的情况,开展了向国境警察队、协和会等机关陈情活动,请求释放。经与各有关机关秘密联系,尽力阻止了这种活动。我们认为,目前对此已不必特别地过虑。

五、意见

准备特殊输送之人员,因时局的关系,在当地给予严重处分比较合适。

东安宪兵队长　白滨重夫

（完）

发:关宪司

抄:队下乙

附表①

第二次扣留谍报员及嫌疑者名簿					东安宪兵队
扣留队所	扣留日期	扣留地点	被扣留者		摘　要
			姓名	年龄	
虎林分队	七月十二日	虎林县虎林街	邹宝丰	三十六岁	审讯情况在七月二十五日虎林宪高第二七九号文中已报告。
	七月十四日	同上	周精一	三十九岁	作为楠工作关联者,依据六月二十八日关宪高第六二五号指示扣留。
	七月十五日	同上	丁德圣	四十九岁	作为桑工作关联者,依据六月二十八日关宪高第六二五号指示扣留。
	七月十五日	同上	包永伦	三十六岁	因与张旭武事件有关而被扣留。
	七月十五日	同上	曲绵永	四十七岁	同上
	七月十五日	同上	潘德泉	四十一岁	同上
	七月十五日	虎林县穆和村	赵民廷	三十一岁	以前就作为通苏嫌疑犯而侦察之。

---

① 此页档案原件上对划圈处的批注内容为:"○与第一次统计重复。"

东安分队	七月十一日	密山县东安街	刘世杰	三十八岁	张旭武事件的关联者,被东安国境警察队扣留,已移交东安分队。
虎头分遣队	七月十日	虎林县虎头村	段凤楼	四十三岁	因与苏联谍报员刘元杰有关联而被扣留(七月十四日虎头宪高第一九七号文已作报告)。
	七月十五日	同上	刘文斗	三十九岁	同上(七月十八日虎头宪高第二〇五号文已作报告)。
	七月九日	饶河县大代河	杨吉林	五十四岁	依六月二十八日关宪高第六二五号指示,请饶河县特务机关佐佐木军曹将其扣留并移交本队。审讯情况在七月十五日虎头宪高第一九八号文中已作报告。
	七月二十日	虎林县虎头村	刘汉升	四十八岁	以前就作为通苏嫌疑犯而侦察之(七月二十五日虎头宪高第二一七号文已作报告)。
	七月二十五日	同上	张生文	二十八岁	据对刘汉升的审讯已查明其通苏事实,因此被扣留。
	七月二十七日	同上	董殿全	五十七岁	同上
备考	一、依六月二十八日关宪高第六二五号指示,对未被扣留者,视拘留所及其他情况,准备逐步扣留。				

东安宪兵队关于需要清理谍报员
第二次扣留者审讯情况的报告

东宪高第六八三号

一九四一年八月六日

（参阅七月二十五日东宪高第六一三号、
七月三十日东宪高第六三五号）

关东宪兵队司令官原守阁下：

遵照六月二十八日关宪高第六二五号指示，现将各有关队所对第一、二次扣留的谍报员及嫌疑者审讯后的处置情况造表上报。①

东安宪兵队长 白滨重夫

（完）

发：关宪司

抄：队下乙

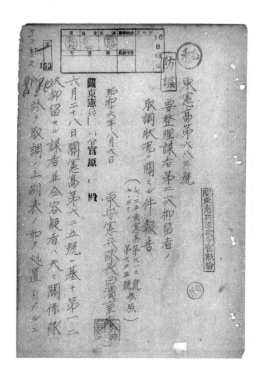

---

① 档案原件上眉批为："仅限于第一次、第二次。"

附表

<table>
<tr><th colspan="7">需要清理扣留谍报员及嫌疑者审讯情况一览表　（东安宪兵队）</th></tr>
<tr><th>扣留次数</th><th>队所</th><th>工作系统</th><th>住址、姓名
年　龄</th><th>审　讯　概　况</th><th>处置情况</th></tr>
<tr>
<td rowspan="7">第　一　次</td>
<td rowspan="6">虎　林　分　队</td>
<td>楠工作</td>
<td>虎林街清和区水克
李凤阁
三十八岁</td>
<td>该人第一次供述的有关做谍报的阴谋和行为，已在七月二十五日东宪高第六一三号中报告。之后，再审讯时该人将前述之口供全部推翻。另外，同伙孙炳兴在虎头分遣队受审时，称其毫无谍报嫌疑，以前供述全为虚构。</td>
<td>释放，尔后观察其动向。</td>
</tr>
<tr>
<td rowspan="2">张旭武关联者</td>
<td>密山县鸡西街
邱杰臣
四十一岁</td>
<td rowspan="2">查作为盛桂题关联者被扣留以来，经严格审讯，没有嫌疑之处。且据盛桂题之供述，他们与谍报工作毫无关系。</td>
<td rowspan="2">释放遣送</td>
</tr>
<tr>
<td>同上
张立广
六十一岁</td>
</tr>
<tr>
<td>草工作</td>
<td>同上
张捷三
四十二岁</td>
<td>根据以往侦察之事实而扣留，后经严格审查，该人无谍报嫌疑事实。</td>
<td>释放遣送</td>
</tr>
<tr>
<td rowspan="2">张旭武关联者</td>
<td>虎林街虎林区
季兴田
五十一岁</td>
<td>一、活动时间　一九三七年十二月至
　　　　　　　一九四一年二月
二、入苏次数　九次
三、报　酬　二百二十圆
四、关系人　郭东亮（处分完）
（参阅七月二十三日虎林宪高第二六九号）</td>
<td>正在申请严重处分①</td>
</tr>
<tr>
<td>虎林县通化村
绵桂秀
四十三岁</td>
<td>作为苏联谍报员李振元（系张旭武事件关联者，已处分完）的关联者被扣留以来，经严格审查，无嫌疑事实。</td>
<td>释放遣送</td>
</tr>
<tr>
<td>虎林分遣队</td>
<td>楠工作</td>
<td>虎头村平安街
孙炳兴
三十七岁</td>
<td>自扣留以来，依据以往侦察资料，经严密追查，毫无谍报的嫌疑。原认为该人与李凤阁、宁永德、吴连海及吴祥等人有关联，经查只是业务上的熟人，或者见面认识。②</td>
<td></td>
</tr>
</table>

①　原件有红字批注："已发特殊输送指令。"

②　原件有红字批注："放了吗？"

第二次	虎林分队	张旭武关联者	虎林街虎林区邹宝丰(子玉)三十六岁	一、活动时间 一九三七年八月至一九四一年五月 二、入苏次数 五次 三、报 酬 一百五十圆 (参阅七月二十五日虎林宪高第二七九号)	移交特务机关
		楠工作	虎林街安乐区周精一三十九岁	扣留以来,经严格审讯,查明该人只是从事对苏走私活动,毫无谍报嫌疑事实。	严训后释放遣送
		桑工作	同上丁德圣四十九岁	因桑工作关联者被扣留以来,根据以往侦察资料,经严密追查,该人与被认为是魁首的梁国用除朋友关系外,无其他关系。且梁国用因无嫌疑事实而释放。	释放遣送
		其他	虎林街虎林区包永伦三十六岁	查该人一九三九年十二月经旧友、苏谍报员张旭武四次劝诱后,同意加入谍报网。不久,头目张旭武被捕,以后再无什么活动。	严训后释放遣送
			同上曲绵荣四十七岁	扣留以来,经严格审讯,查明其除接受苏联谍报员张旭武及李万春等在开饭店时给予方便外,别无其他谍报上的关系。	同上
			同上潘德川四十一岁	审讯查明,无嫌疑事实。	释放遣送
			虎林县穆和村赵民廷三十一岁	审讯中	
			密山县东安街刘世杰三十八岁	审讯中	为弄清有关资料,移交虎林分队继续查明真相。
		张旭武关联者	大连市西岗子盛桂题三十五岁	参阅七月三十一日虎林宪高第三〇六号	正在申请严重处分①

---

① 原件有红字批注:"已发特殊输送指令。"

虎头分遣队	刘元杰关联者	虎头村 段凤楼 四十三岁	参阅七月十四日虎头宪高第一九七号	八月五日被特殊输送
		同上 刘文斗 三十九岁	参阅七月十八日虎头宪高第二〇五号	
	其他	饶河县大代河 杨吉林 五十四岁	参阅七月十五日虎头宪高第一九八号	
		虎头村 刘汉升 四十八岁	参阅七月二十五日虎头宪高第二一七号	正在申请严重处分①
		同上 张生文 二十八岁	参阅七月二十九日虎头宪高第二二四号	正在申请特殊输送指令②
		同上 董殿全 五十七岁	参阅七月三十一日虎头宪高第二二八号	正在申请严重处分③
东安分队	类工作	密山县东安街 乔文德 三十七岁	扣留以来,正在认真对其追究,但尚无口供。现继续审查。 (参阅七月二十八日东宪高第六二〇号)	移交新京队查明真相较妥当。此事正在申请指令。④
		同上 王玉峰 三十五岁		
	张旭武关联者	东安街安乐街 刘　恩 三十九岁	参阅七月二十九日东宪高第六二九号	正在申请严重处分⑤
备考	一、对于办理申请处置的人,请尽快给予批准(电报)。 二、经审讯已确认无嫌疑事实而被释放者,其审讯情况报告省略。 三、对各谍报员的关系人,正在陆续扣留清理。			

①③⑤　原件有红字批注:"已发特殊输送指令。"
②　原件有红字批注:"指令已发。"
④　原件有红字批注:"指示两队作适当处理。"

东安宪兵队关于清理谍报员
第三次扣留情况的报告

东宪高第七四一号

一九四一年八月十四日

（参阅七月十四日东宪高第五三二号、

七月三十日东宪高第六三五号）

关东宪兵队司令官原守阁下：

要　点

据六月二十八日关宪高第六二五号指示及在押犯的供述，于八月一日至八月十一日将十二名苏联谍报员及嫌疑者扣留（其中有四名正在通缉），①现正在各有关队所严加审讯。

具体情况报告如下：

计　开

一、扣留时间、地点及被扣留人情况

见附表。

二、扣留情况

除独木河国境警察队警尉补田立顺由虎林国境警察队扣留外，其余都是由宪兵跟踪秘密扣留的，没有什么特殊的反响。

---

①　档案原件上有红字眉批："清理谍报员，待审讯完了后一起清理。"

三、未扣留者情况

根据一九四一年六月二十八日关宪高第六二五号指示,在需要清理者中,这次除李庆云、马述栋、刘星三三人外,其余全部扣留。以上未扣留的三人,都是虎林县有影响的人物,考虑到民众的反响,目前暂未扣留。

东安宪兵队长　白滨重夫

（完）

发:关宪司

抄:队下乙

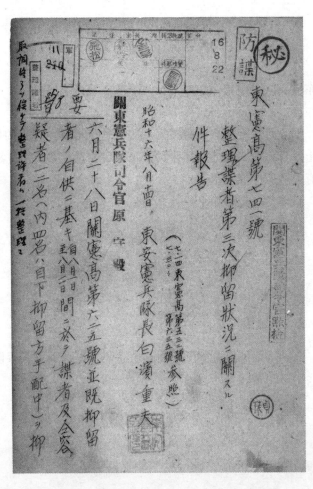

附表

第三次扣留谍报员及嫌疑者名簿				东安宪兵队
扣留队所	扣留日期	扣留地点	被扣留者姓名、年龄	摘　　要
虎林分队	八月一日	虎林县虎林街	警尉补田立顺四十岁	一、系苏联谍报员李振元(张旭武事件有关系)的关联者,由虎林国境警察队扣留,并移交本队。 二、指令机关是苏联"伊曼"国境警备队。入苏五次,获酬金一百四十圆(参阅八月十日虎林宪高第三六八号报告)。①
虎头分遣队		虎林县虎头村	耿星祥五十一岁	一、系苏联谍报员李振元关联者而被扣留,并移交虎林分队审讯。 二、系原富锦县特务机关密探,为搜集苏联情报与李振元交换过一次情报。②
	八月二日	同上	安鸿勋四十二岁	一、依据密侦报告,以通苏嫌疑者而被扣留。 二、正在审讯。③
	八月八日	饶河县大代河	张化学四十四岁	一、依据苏联谍报员杨吉林之供述将其扣留。 二、审讯情况参阅七月十五日虎头宪高第一九八号。④
平阳镇分队		密山县平阳镇	原警尉李厚彬三十二岁	一、系苏联谍报员李振元关系人而被扣留。 二、移交虎林分队,正在审讯。⑤
虎头分遣队	八月十日	虎林县虎头村	宁永德	一、系楠工作关系人而被扣留。 二、审讯结果表明,与楠工作关系人孙炳兴等人无任何谍报关系。 三、一九三九年二月,被苏联谍报员张毓梓(已特殊输送)发展后,提供军事情报两次(参阅八月十二日虎头宪高第二四九号)。⑥
	八月十一日	同上	国恩章三十二岁	一、据密侦报告,以通苏嫌疑者而被扣留。 二、正在审讯。⑦

① 原件有红字批注:"已特殊输送。"

②③⑤⑦　原件有红字批注:"未。"

④ 原件有红字批注:"移交特务机关。"

⑥ 原件有红字批注:"遣送国境地带以外。"

东安分队	八月十一日	密山县大桥村	刘积义五十岁	一、系楠工作关系人,准备扣留。
		同上	徐建都四十八岁	一、系张旭武事件关系人,准备扣留。 二、因连日降雨,与当地的交通中断而未扣留,待天气好转后近期扣留。①
		同上	白明义三十三岁	
		同上	郭全忠四十岁	
平阳镇分队	八月十三日	密山县黄泥河子	张韶九四十岁	一、系张旭武关系人而被扣留。 二、移交虎林分队,正在审讯。②
备考	依据已被扣留谍报员的供述,对通苏嫌疑者准备逐步予以扣留。			

---

① 原件在刘积义、徐建都、白明义、郭全忠表格下有红字批注:"准备扣留。"
② 原件有红字批注:"未。"

东安宪兵队关于特殊输送苏联谍报员情况的报告"通报"

东宪高第七六〇号

一九四一年八月二十日

关东宪兵队司令官原守阁下：

摘由事项如下。现将特殊输送情况进行报告"通报"。

东安宪兵队长　白滨重夫

计　开

原籍、住址、职业、姓名、年龄	特殊输送日期、地点	摘　要
原籍　山东省高塘县十里堡 住址　东安省密山县鸡宁街 烧砖工　赵成忠 现年三十三岁	八月八日二十一时 哈尔滨队本部	根据七月二十五日关宪高第七五五号指令，派半截河分遣队下士官以下二人实施特殊输送。
原籍　河北省天津杨柳青 住址　东安省虎林县虎头村 无职业　刘元杰 现年二十五岁		根据七月二十六日关宪电第四三八号指令。
原籍　山东省牟平县段家村 住址　东安省虎林县虎头村 鞋匠　段凤楼 现年四十三岁	八月九日十八时三十分 哈尔滨队本部	根据七月二十六日关宪电第四三八号指令。
原籍　山东省莱阳县佳化 住址　东安省饶河县大代河 农民　杨吉林 现年五十四岁		根据七月二十八日关宪高第七六五号指令。

原籍 住址	山东省莱阳县林格村 东安省虎林县虎头村 饭店主 刘文斗 现年三十九岁		根据七月三十日关宪高第七七四号指令,派虎头分遣队下士官以下四人实施特殊输送。
原籍 住址	山东省栖霞县减格庄 东安省密山县东安街 杂货商 刘 恩 现年三十九岁	八月十一日十八时三十分 哈尔滨队本部	根据八月七日关宪电第四八八号指令,派东安分队下士官以下二人实施特殊输送。

（完）

发:关宪司、哈宪

抄:东安、虎头、半截河

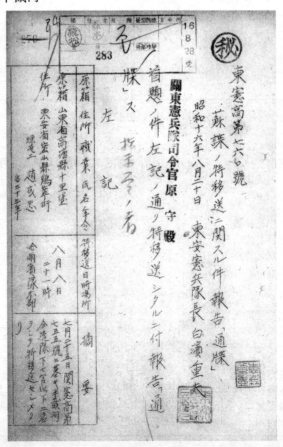

东安宪兵分队一九四一年防谍服务成果表

扣留日期、地点	原籍、住址、姓名、年龄		事 件 概 要	处置
一月十六日 密山县平阳镇 街南十字路	原籍 住址	河北省保定县板桥 不定 王庆和 五十二岁	一月十六日，在平阳镇潜伏时，被秘密扣留。审讯查明，一九四〇年七月十日，被苏联谍报头目张鸿喜发展为苏谍，三次从二人班正面及白泡子越境入苏，向"浦拉特诺夫卡"红军谍报部提供了平阳镇、半截河、关门沟、筒子沟等方面的军事情报，获酬金二百圆。扣留前仍在活动。	半截河分遣队利用
一月二十日 密山县半截河 忠信屯	原籍 住址	山东省登州府黄县 密山县黄泥河子 张忠盛 四十岁	查一九四〇年九月四日，在密山县三棱通受苏谍刘宝湖的劝诱，从"龙王庙"正面两次入苏，向"西尼阔夫卡"第五十七国境警备队提供日满军情，获酬金九十圆。扣留前仍在活动。	特殊输送
三月二日 密山县滴道村 金刚大路	原籍 住址	山东省即墨县 密山县滴道村金刚大路 刘宝湖 三十二岁	据苏谍隋忠盛的供述，将潜藏在滴道街满人旅馆鸿宾栈的苏谍头目刘宝湖秘密扣留。审讯查明，一九三八年十一月以来，先后四次到"鲁洛夫期基"、"西尼阔夫卡"提供日满军情，获酬金九十圆。扣留前仍在活动。	特殊输送
四月二十日 密山县兴凯村 当壁镇屯	原籍 住址	山东省莱州掖县朱田村 兴凯村当壁镇屯 张景昌 五十五岁	查一九三六年二月下旬，在苏谍杜春和的劝诱下成为苏谍，之后十二次入苏到"茨利罗古"国境警备小队提供日满军事情报，并根据指令发展了陈福山、牟洪喜二人为爪牙谍报员，获得酬金合计四百零五圆。扣留前仍在活动。	移交有关机关

四月二十日 密山县兴凯村 当壁镇屯	原籍　山东省黄县牟家 　　　当壁镇屯 住址 　　　牟洪喜　四十二岁	查一九四○年八月十日,被苏谍张景昌发展为谍报员,先后四次到苏"茨利罗古"国境警备小队提供日满军事情报,获酬金一百一十圆。扣留前仍在活动。	移交有关机关
四月三日 密山县白泡子	原籍　滨江省宾州村青 　　　茶馆 住址 　　　白泡子□□二牌 　　　陈福山　五十九岁	查一九三八年十一月下旬,受苏谍张景昌、由子河二人的劝说,到"茨利罗古"国境警备小队宣誓加入苏谍组织,并根据指令收购居住证明书,先后二次入苏,获酬金四十圆。扣留前仍在积极活动。	移交有关机关
四月二十一日 密山县马家岗 石嘴屯三牌	原籍　安东省岫岩县土 　　　城子 住址 　　　密山县马家岗村石 　　　嘴屯三牌 　　　隋文德	查一九三八年四月,受苏谍李玉春劝说,与其一同入苏,到"茨利罗古"国境警备小队加入苏谍,根据指令,先后四次入苏提供收集到的日满军事情报,获酬金一百七十圆。扣留前仍在活动。	移交有关机关
四月二十日 密山县兴凯村 当壁镇屯	原籍　吉林省伊通县城内 住址 　　　密山县兴凯村当壁 　　　镇屯 　　　朱德山　二十八岁	查一九三八年四月,受苏谍张志立的劝诱成为苏谍。同年九月下旬某夜入苏,到"茨利罗古"国境警备小队宣誓加入谍报组织。返满后,先后四次入苏提供日满军事情报,获酬金一百三十五圆。扣留前仍在活动。	移交有关机关
四月二十日 密山县兴凯村 当壁镇屯公署	原籍　河北省玉田县□南 　　　昌东宫庄 住址 　　　密山县兴凯村当壁 　　　镇屯公署 　　　张子臣　五十五岁	查一九三七年二月五日夜,在当壁镇自家住宅就寝时,被苏方秘密诱至"茨利罗古"国境警备小队,经劝说,同意加入苏谍组织。此后,三次入苏提供日满军事情报,获酬金五十圆。	移交有关机关

五月三日 东安街长明路	原籍 住址	奉天省西安县炮手堆子 密山县城子河村宝山屯 王振达　二十五岁	通过密侦工作，在对其侦察时，于五月三日秘密扣留。审讯查明，一九四〇年八月，在密山县黄泥河子恒山矿被苏谍万信发展为谍报员。此后，两次入苏，向"浦拉特诺夫卡"国境警备队谍报部提供日满军情，获酬金合计二百一十五圆。扣留前仍在活动。	特殊输送
五月三日 东安街长明路	原籍 住址	奉天省开原县千岗王村 密山县城子河村宝山屯 朱云岫　二十三岁	在对苏谍王振达侦察时，于五月三日将其秘密扣留。审讯查明，一九四〇年九月二十七日，被苏谍万信发展为谍报员。此后，两次入苏到"浦拉特诺夫卡"国境警备队提供平阳镇日军兵力、兵种、兵营的数量及鸡西发电厂工程进展情况，获酬金一百二十圆。扣留前仍在活动。	特殊输送
五月二十七日 东安街	原籍 住址	山东省登州府莱阳县腰头村 东安街治政区 仁成秀　五十二岁	在侦察时，作为清理谍报员于四月十九日在东安街被秘密扣留。	移交虎林分队
七月十五日 东安街花乐区	原籍 住址	山东省栖霞县减格庄 东安街花乐区 刘　恩　三十九岁	一九四〇年旧历五月中旬，随刘、崔二人入苏，到"伊曼"第五十七国境警备队本部，先后七次提供虎头附近日满军情及集团部落情况，获酬金一百五十圆。在东安经营伪装的商店，作固定谍报员。在活动中发展交通员"宫明山"为谍报员。该人先后三次将东安日满军情做书面汇报。	特殊输送
十一月三十日 密山县当壁镇 日满监视哨	原籍 所在单位	北海道函馆市大森町二十五 密山县西东安满洲驻屯第八十八部队二等兵 玉渊七郎 二十三岁	查一九四一年九月二十三日，从所属部队逃亡入苏，在苏海参崴内务人民委员部的指令下从事谍报活动。接受特别指令，于十一月二十二日，入满收集军事情报后返苏。领取活动经费四十圆。	移交有关机关

昭和十六年防諜服務成果表

拘留日時場所 本籍住所氏名年令		事件ノ概要	處置
一月一六日 密山縣 板橋	本籍 河北省保定縣 平陽鎮街 住所不定 王慶和 南十字路 五二年	一月十六日平陽鎮街ニ潜伏中樓密柳留取調ノ結果昭和十五年七月十日首題諜者張鴻喜半截河ニ獲得セラレ三回二亘リ二人班正面及白泡子ヨリ分遣隊ニ越境入蘇シ「ブラトノ丙」未軍諜報部ニ至リ平二於テ陽鎮街半截河岡内溝筒子満方面ノ軍情ヲ利用中	諜報費二百円ヲ受領活動中十九二別則
一月二〇日 密山縣 半截河	本籍 山東省登州府 黃縣 住所 密山縣黃泥河子	昭和十五年九月四日密山縣三接通ニ於テ「ソ」諜劉「寶湖」ノ勸誘ヲ受ケ「龍王廟」正南アリ二面二亘リ入蘇シ二ニニゥ力第五七國境警備隊ニ二日満軍情...	特捜選

东安宪兵分队关于扣留审讯
苏联谍报员朱云岫情况的报告"通报"

东安宪高第一七二号

一九四一年五月二十日

东安宪兵队长白滨重夫台鉴：

　　摘由事项见附件之报告"通报"。

东安宪兵分队长　辻本信一

（完）

报：队长、东安特机、东安警务厅、密国警

报：关宪司、四参

抄：队下乙

附件

苏联谍报员朱云岫审讯情况报告

要　点

　　（一）自三月十日对苏谍嫌疑人王振达侦察以来，发现朱云岫虽无职业，却大量吸食鸦片，而且与王交情颇深，故作为同党对其侦察。因恐其在五月三日王振达被扣留时外逃，于同日在朱云岫去会见密山警察队工作的亲兄弟的途中，对其进行秘密扣留。审讯查明，一九四〇年九月二十七日，该人在密山县黄泥河子煤矿被苏联谍报员万信发展为谍报员，并从二人班正面与万信一起越境入苏，在"浦拉特诺夫卡"国境警备队接受了以下调查指令：

　　甲、平阳镇日军的兵力、兵种、兵营数量。

乙、鸡西发电厂施工进展情况。

获酬金国币一百二十元后返满。朱云岫在收集这些情报时患病,卧床两个月有余,没能按规定日期入苏,预感可能惹怒苏方,会有生命危险。为了安全起见,便策划以加人日满军警密探为名开始活动。

(二)该人性情狡猾,胆大妄为,在密山县辖各地诈称为特务机关或宪兵队之密侦,干尽坏事,无悔改之意,无逆用价值。

其具体情况如下:

计 开

一、扣留时间、地点

一九四一年五月三日
于东安省东安街长明路三义栈前

二、被扣留者国籍、原籍、出生地、住址、职业、姓名、别名、工作名、年龄

国 籍 满洲国
原 籍 奉天省开原县千岗王村
出生地 同上
住 址 东安省密山县城子河村保山屯
恒山煤矿机电工 朱云岫
现年二十三岁
别 名 朱焕臣
工作名 清云

三、经历及事件概要

(一)经历

朱云岫出生于原籍地,十一岁的十月时,应在密山县哈达河居住的叔父朱玉亭之邀,来密山哈达河小学读了四年书。十五岁的十月,因家庭之故退学后,与叔父一起务农二年。一九三六年二月,加入密山县哈达河村自卫团。大约干了六个月后辞职,随叔父再次务农。一九三九年十一月,经密山县黄泥河子煤矿机电工赵广玉介绍,到该矿做机电工。一九四〇年九月以后,无职业至今。

(二)家庭状况

父亲宝田(五十)、母亲高氏(五十一)、妹妹秀方(十七)、弟弟云华(十五)

四人在现住所务农。其兄云□（二十五）在密山国境警察本队任警长，本月十日已退职，在奉天做短工，过着贫困的生活。

本人为独身。

（三）事件概要

甲、自一九三九年十一月起在密山县黄泥河子恒山煤矿干机电工。

（中略）

十五、该人的处置

目前,朱云岫在本分队扣留。该人性格狡猾,生来懒惰,吸食鸦片成瘾,为了生活不择手段,毫无悔改之意。且该人入苏及返满后的恶行危害甚大,对其应严加处置,故认为最适合特殊输送。

队长意见:

虽然该人入苏提供情报仅此一次,实际危害也不很大。但像这种不法之徒必须彻底清除,故同意分队长的意见,应坚决将其与同伙王振达一起特殊输送最为妥当。

请关宪司指示。

十六、对其他防谍上必要对策的意见

无特殊记录事情。

十七、参考事项

甲、今年二月,谍报头目万信被平阳镇警察队逮捕。该队对万信的审讯,证实了朱云岫的供述属实。

据朱云岫供述:一九四〇年九月,本人被苏联谍报员赵振国(万信)发展后入苏,在"浦拉特诺夫卡"国境警备队接受了刺探提供平阳镇附近军事情报的指令,获酬金一百二十元。因在赵振国的供述中,没有发展该人的事,五月十日,将在密山国境警察队扣留审讯的赵振国交给宪兵队再次审讯时,详细供述了全部事实。

乙、朱云岫的照片附后。

东安宪兵分队

一九四一年五月

(完)

东安宪兵分队关于扣留审讯苏联谍报员王振达情况的报告"通报"

东安宪高第一六四号

一九四一年五月二十五日

东安宪兵队长白滨重夫台鉴：

摘由事项见附件报告"通报"。

东安宪兵分队长　辻本信一

（完）

报：队长、东安特机、警务厅、密国警

报：关宪司、四参

抄：队下乙

附件

苏联谍报员王振达审讯情况

要　点

（一）据密报，王振达有苏谍嫌疑，三月十日以来一直对其侦察。后发现该人好像觉察到我方的侦察，企图外逃，故于五月三日将其秘密扣留审讯。查该人于一九四〇年八月被在密山县黄泥河子恒山煤矿工作的苏"伏罗希罗夫"谍报部谍报员万信发展为谍报员。此后，两次从二人班宋家屯正面入苏，在"浦拉特诺夫卡"国境警备队谍报部，王振达接受了维奥德上级中尉关于调查密山县境内的阵地、日军配置、交通状况等情况的指令，开始从事活动。

（二）该人性格狡猾，思想亦无悔改之意，无逆用价值，故认为应该特殊输送。

— 97 —

具体情况报告如下：
计　开

一、扣留时间、地点

一九四一年五月三日
于东安省密山县东安街长明路

二、被扣留者国籍、原籍、出生地、住址、职业、姓名、别名、工作名、年龄

国　　籍　满洲国
原　　籍　奉天省西安县炮手堆子
出生地　同上
住　　址　东安省密山县城子河村宝山屯
　　　　　原恒山煤矿劳务系佣人　王振达
　　　　　现年二十五岁
别　　名　王明生
工作名　满炭

三、经历及事件概要

（一）经历

王振达出生于原籍地，九岁时的二月入小学，学习三年。十三岁的三月，随父母移居现住所，家人务农。该人在平阳镇小学学习了三年，毕业后在家务农。一九三四年三月，加入密山县哈达河村自卫团。一九三六年五月，因受密山满军顾问部隐匿武器之嫌疑，预感到危险，遂举家投匪，任抗日第三军第四师保安连长，率部下三十名，在密、勃县境内活动近七个月左右。此间，袭击了密山县四人班村，绑架人质，掠夺财物等，极为残暴。同年十一月，由于厌倦了匪贼生活，举家脱离匪团，投奔三江省依兰县钓鱼台李子明处暂住。时逢满军招兵，该人加入依兰县南门外新兵教导队。大约干了八个月后，一九三七年六月，为处理投匪后的家事，请假回密山县城子河时，被密山宪兵分队逮捕审讯，后归顺，同时被满军除名。之后，与家人在现住所务农四年。一九四〇年三月，就职于密山县黄泥河子恒山煤矿劳务系，大约干了一年左右。一九四一年二月退职后在家闲居，没有谋求他业至今。

（二）家庭状况

目前,在现住所除父亲兆金(六十)、母亲于氏(五十五)、兄明武(三十五)三人外,还有其妻金氏(二十一)等八人共同生活。家中无资产,过着贫困的生活。

（三）事件概要

甲、一九四〇年三月,王振达到密山县黄泥河子恒山煤矿劳务系当佣人。

（中略）

十五、该人的处置

王振达仍在本分队扣留。该人性格狡猾,生来懒散,不务正业,从前干抗日匪时袭击村落、绑架人质等,极其残暴。归顺后,仅务农一年,伪装老实,但其反满抗日思想仍然没有得到清理。因生性懒惰,生活艰难,再次从事谍报活动,很难看出有悔改之意,无逆用价值。且该人的谍报活动是积极的,对我方实为大害,应该作特殊输送处理。

队长意见:

经与特务机关联系,我认为赵振国(万信)一伙无逆用价值,同意分队长的意见,拟将其特殊输送。

请关宪司指示。

十六、对其他防谍上对策的意见

鉴于本案事例,将来要更加严密地监视归顺者的动向。

十七、同伙的像貌见附表(表略)

东安宪兵分队

一九四一年五月

(完)

佳木斯宪兵队关于扣留审讯苏联谍报员 王明春情况的报告"通报"

佳宪高第四一三号
一九四一年七月四日

关东宪兵队司令官原守阁下：

　　满洲第八三四部队所属一名宪兵，于六月十七日十三时左右，①在鹤立县梧桐镇军事工程地区，对游人进行检查时，发现有一可疑的满人持官方不认可的居住证明书。经盘查，大体上可以确认其系苏联谍报员。因此，被兴山镇②分队秘密扣留。

　　审讯查明，王明春于一九四〇年九月下旬被抗联强行拉入苏联，在"耶卡太里诺妮阔利斯卡亚"谍报部经过约三十天的谍报培训后，接受其指令，以兴山煤矿工人身份为掩护潜入，调查资源及军情，并领取经费三十元。此次入满，正是去兴山潜伏途中。具体情况报告"通报"如下：

　　计　　开

一、扣留时间、地点

一九四一年六月十八日十三时③
于鹤立县梧桐镇西十二公里的交叉路（军用路与附属路的交叉点）

二、被扣留者国籍、原籍、出生地、住址、职业、姓名、别名、工作名、年龄

国　　籍　中国

---

　　①③　扣留王明春的两个时间不一致，系原件如此。
　　②　兴山今名鹤岗，位于中国黑龙江省东北部、小兴安岭南端，得名于最先在此开矿的兴华煤矿公司，即"兴华矿山"之简称。

原　　籍　河北省保定府青元县于家庄
出生地　同上
住　　址　不固定
　　　　　农　民　王明春
　　　　　现年三十四岁
别　　名　王元春
工作名　王树森
(注)工作名是这次入满时苏方交给的居住证明书上记载的。

三、经历及事件概要

(一)王明春出生于原籍地,务农。一九三八年在佳木斯码头国际运输公司做苦工(红帽子)。大约两个月后,移居饶河县西林子务农。

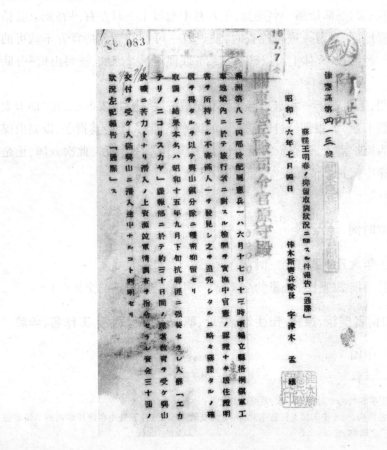

（二）一九四〇年九月下旬，与友人葛吉义一起在西林子北约六公里附近的乌苏里江乘小船搬运木柴时，遭遇二十余名抗联匪（鲜、满人混杂）乘一只船入苏，被该匪强行要求分乘十人，并共同越境入苏。

（三）一同入苏后，两名苏联骑兵将全部越境人员扣留，带到距江岸东约六公里附近的一个小村庄（瓦西利耶夫斯卡亚）后，该匪贼被十多名苏军士兵解除了武装，拘押在该村庄的木屋内。第二天，分乘两辆卡车走了近半日的路程，来到了"比金"，被拘押在该地的拘留所。只有王明春受到了苏联中尉军官的两次审讯。十二月中旬乘火车送到伯力，关押在该地方的监狱（？）。

（四）除接受苏联军官的两次审讯之外，被拘押大约有五个月。一九四一年五月中旬，被苏联中尉强行拉入苏谍报组织。第二天早晨，随该中尉和翻译乘火车到"比罗比詹"，又乘卡车到某村庄（记不清，认为是在"耶卡太里诺妮阔利斯卡亚"近郊）。在该地国境警备队兵营附近谍报员办公室（？）接受该中尉及翻译为期一个月的谍报员培训，并接受调查兴山一带的军情和资源的指令。六月十三日领取经费三十元后，于当日二十二时入满。

（五）该人行动概况见附表一①。

（中略）

十五、该人的处置

王明春入满后即被扣留，虽没有实际的危害，但确有执行苏联指令的意图。鉴于时局发展的情况，拟给予"特殊输送"，请予批准。

十六、防谍上的参考资料

王明春入苏时及在苏期间知道的在苏满人情况见下表：

原　籍	姓　名	年　龄	相貌、服装、特征	摘　要
河北省保定府	葛吉义	三十岁	身高五尺三寸，圆脸，普通鼻子，较胖。	农民
不详	杜玉亭	五十岁左右	身高五尺二寸，穿藏青色棉衣，无其他特征。	采金工
不详	张玉山	二十五岁左右	身高五尺三寸，圆脸，高鼻梁，身材适中。	原饶河县警士

① 附表略

据同时入苏的二十余名抗联人员及伯力监狱同室的杜玉亭讲,该监狱中还关押着约十名乌拉嘎金矿的采金工,详细情况不明。

十七、意见

我们认为,要严加注意这些以工人身份为掩护的谍报人员,潜入重要设施、资源、军事工程等地区。同时,鉴于时局的关系,更加有必要强化侦察工作。

佳木斯宪兵队长　宇津木孟雄

（完）

发:关宪司、各国境队、防司、特机

抄:队下乙

关东宪兵队关于处置苏联谍报员的指令

关宪高第六七二号

一九四一年七月九日

佳木斯宪兵队长：

根据佳宪高第四一三号报告，准予将苏联谍报员王明春作特殊输送处理。

关东宪兵队司令官　原　守

（完）

发：佳木斯队长
抄：军司、哈尔滨队

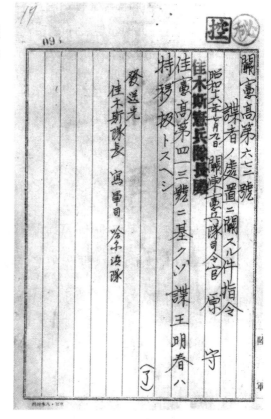

佳木斯宪兵队关于扣留审讯苏联谍报员任殿曾情况的报告"通报"

佳宪高第四三三号
一九四一年七月八日

关东宪兵队司令官原守阁下：

据密侦报告，一九四〇年八月在抚远县东安镇江的上游被苏军非法绑架的任殿曾，被释放返满后从事谍报活动。因此，于六月十五日被富锦分队秘密扣留。审讯查明，该人系遵照"比金"国境警备队的指令，四次入出满境从事谍报活动，领取经费及酬金三百三十元。

该人最适合特殊输送。

具体情况报告"通报"如下：①

计　开

一、扣留时间、地点

一九四一年六月十五日　　富锦宪兵分队

二、原籍、出生地、住址、职业、姓名、年龄

原　籍　山东省平度县西安屯
出生地　同上
住　址　三江省抚远县东安镇下营
　　　　农　民　任殿曾
别　名　无
　　　　现年三十八岁

---

① 此页档案原件上眉批的内容为："需要军司的指令"、"思想对策已报"、"扣留后一个月的报告"。

三、经历及事件概要

(一)任殿曾出生于原籍地,务农。一九三三年,来满饶河县西通做农工。一九三八年秋,随着集团部落的形成,移居抚远县东安镇下营,种菜至今。

该人在原籍读了一年私塾,能够简单地阅读,头脑比较灵敏,记忆力强。

(二)一九四〇年八月一日,在抚远县东安镇江的上游南通附近用小船运木柴时,遇西南风被吹至苏侧之际,碰巧被向下驶来的苏警备艇强行绑架,带到"比金"国境警备队。在该地前后三次接受苏联军官的严厉审讯,之后被劝加入苏谍报组织。同年八月六日被释放返满。此后,先后四次将收集到的抚远、富锦日满军(国)情报提供苏方,领取经费及酬金三百三十元。

（三）该人单身居住在现住所,务农。家属基本都在原籍居住,务农。除有二垧地外,无其他资产。①

（中略）

十四、该人的处置

在审讯时,虽然该人基本上直率地供述了事实,并有悔改之意,但鉴于这种谍报活动的危害及时局的关系,拟作特殊输送处理,请指示。

十五、对其他防谍上必要对策的意见

对国境地区的居民,特别是对这种单独行动者的动向,应严加监视和秘密侦察。

佳木斯宪兵队长　宇津木孟雄

（完）

发:关宪司、三防司、佳特机、国境各队
抄:队下乙

---

① 此页档案原件上眉批的内容为:"特殊输送后,这些人如何对待。"

佳木斯宪兵队关于实施特殊输送的报告

佳宪高第四八七号

一九四一年七月三十一日

关东宪兵队司令官原守阁下：

按照七月九日关宪高第六七二号及以下各号指令,将下列人员于七月二十八日特殊输送。特此报告。

计　开

苏谍　土明春(据一九四一年七月九日关宪高第六七二号)

苏谍　黄文萃(据一九四一年七月十一日关宪高第六九〇号)

苏谍　李长义(据一九四一年七月十一日关宪高第六九一号)

苏谍　任殿曹①(据一九四一年七月十五日关宪高第七一〇号)

苏谍　周景生(据一九四一年七月十七日关宪高第七二二号)

苏谍　徐子峰(据一九四一年七月十八日关宪高第七二四号)

佳木斯宪兵队长　宇津木孟雄

（完）

报:关宪司

---

①　原件如此。据考证,任殿曹为任殿曾之误。

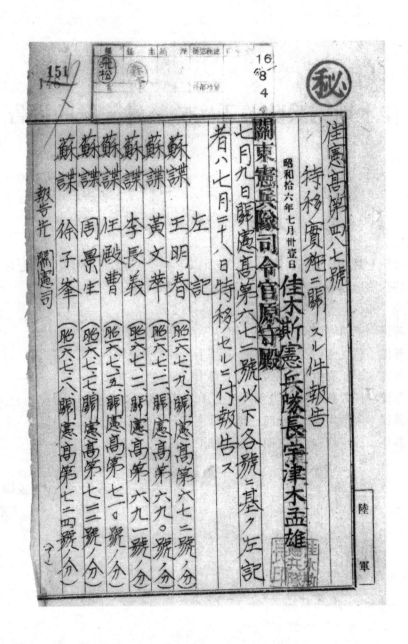

佳憲高第四七號

一 特移ノ實施ニ關スル件報告

昭和拾六年七月卅壹日

佳木斯憲兵隊長宇津木孟雄

關東憲兵隊司令官原守殿

左記

昔八七月二十八日特移セルニ付報告ス

七月九日附憲高第六七二號以下各號ニ基ク左記

蘇諜　王明春（昭六、七、九、附憲高第六七二號ノ分）

蘇諜　黄文華（昭六、七、二、附憲高第六九〇號ノ分）

蘇諜　李長義（昭六、七、二、附憲高第六九一號ノ分）

蘇諜　任殿曹（昭六、七、五、附憲高第七一〇號ノ分）

蘇諜　周景生（昭六、七、七、附憲高第七三號ノ分）

蘇諜　徐子峯（昭六、七、八、附憲高第七二四號ノ分）

報号先　關憲司

陸軍

半截河宪兵分遣队关于审讯苏联
谍报员赵成忠情况的报告

半截河宪高第一二五号
一九四一年七月十二日

（参阅一九四一年六月十二日半截河宪高第八十九号）

东安宪兵队长白滨重夫台鉴：
　　摘由事项详见附件之报告。①

半截河宪兵分遣队长　日比野龟三郎

（完）

报：队长、分队长
发：关宪司、四参、东特机
抄：队下乙

附件

审讯苏联谍报员赵成忠的情况

　　要　点

　　半截河宪兵分遣队为进一步掌握自六月二十一日以来侦察的苏谍报网的实际情况，于七月九日将该谍报网之嫌疑人赵成忠秘密扣留审讯。

------

　　①　此页档案原件上用蓝铅笔批示的内容为："系活塞式谍报员，无利用价值，预定特殊输送。其同伙有一人去向不明，目前正在搜查。"红铅笔眉批的内容为："需要军司指令。"

一、审讯查明,该人今年四月上旬受苏联谍报员杨盛义之劝诱,先后两次到"西利亚西利"兵营提供日满军事情报,领取酬金合计国币三十五元后返满。扣留前,该人仍是按苏联的指令继续活动的谍报员。

二、我们认为,该谍报网设在国境地区附近,由三四人组成,将来没有逆用价值。

三、目前,该人仍在本队拘押。如上所述,这种谍报网无逆用价值。我们认为,该人适合特殊输送。

具体情况报告如下:

计 开

一、扣留时间、地点

一九四一年七月九日十九时
东安省密山县鸡西街

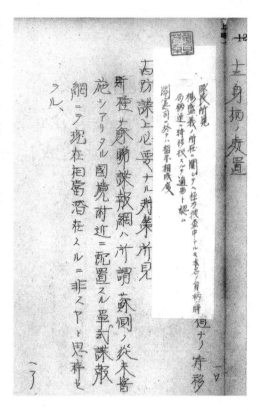

二、被扣留者原籍、出生地、住址、职业、姓名、别名、工作名、年龄

原　籍　山东省高塘县十里堡

出生地　同上

住　址　东安省密山县鸡西街

　　　　烧砖工　赵成忠

　　　　现年三十三岁

(别名、工作名　无)

三、经历及事件概要

(一)经历

赵成忠于一九一〇年在原籍地出生,文盲。一九二六年冬,随父亲来满,在哈尔滨做了近两年的洋车夫。自二十三岁起务农近四年。之后作为农工移居密山县,后辗转于半截河、密山、滴道、鸡西等地做零工。去年冬,就业于鸡西"长谷川砖厂"至今。

(二)家庭状况

该人父母兄弟均去世,故乡现有叔父及一个妹妹。

(三)事件概要

一九四一年四月上旬的一天,该人去黄泥河子某饭店吃晚饭时,偶遇旧友"杨盛义"。与其叙旧时,谈起现在的境遇。经"杨盛义"劝说,发誓加入苏谍报组织。

(中略)

十三、该人的处置

如前所述,该人将来没有逆用价值,适合特殊输送。

队长意见:

有关杨盛义的下落,正在全力搜查之中。因时局关系,我认为应尽快将赵成忠特殊输送较妥当。

请关宪司指示。

十四、对防谍上必要对策的意见

这种苏联谍报网,属于苏联一贯在国境地区设置的单式的谍报网。我们认为,可能已有相当多的潜伏者。

半截河宪兵分遣队
一九四一年七月十二日

(完)

关东宪兵队关于处置苏联谍报员的指令

关宪高第七五五号

一九四一年七月二十五日

根据半截河宪高第一二五号报告,准予将苏联谍报员赵成忠作特殊输送处理。

关东宪兵队司令官　原　守

（完）

发:东安队长

抄:军司、哈尔滨

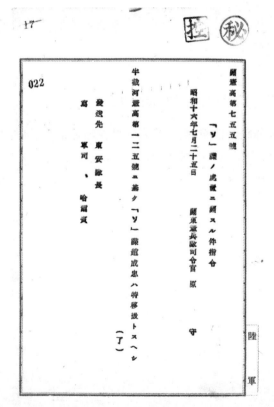

虎头宪兵分遣队关于扣留审讯苏联谍报员刘文斗情况的报告

虎头宪高第二〇五号

一九四一年七月十八日

（参阅七月十四日东宪高第五三二号）

（参阅七月十四日虎头宪高第一九七号）

东安宪兵队长白滨重夫台鉴：

要 点

一、一九四一年七月四日,遵照东宪作命第十五号令,将苏联谍报员刘元杰的谍报领导段凤楼扣留。据其供述,于七月十五日将刘文斗秘密扣留审讯。

二、经审讯查明,刘文斗于一九三九年十一月被原虎林(现虎头)警察署满系警士穆华亭(一九三七年四月逃入苏联)发展为苏联谍报员。在苏"古拉斯基"国境警备地区队"格别乌"中尉的指挥下,收集虎头附近日满军情,先后三次人苏提供情报,并发展爪牙谍报员一名,获酬金国币二百元。扣留前仍在活动。

具体情况报告如下：

计 开

一、扣留时间、地点

一九四一年七月十五日

于东安省虎林县虎头村永安街

二、被扣留者国籍、原籍、出生地、住址、职业、姓名、别名、工作名、年龄

国 籍 满洲国

原 籍 山东省莱阳县临个村

出生地　同上
住　址　东安省虎林县虎头村西顺街
　　　　饭店主　刘文斗
别　名　无
工作名　无
　　　　现年三十九岁

三、经历及事件概要

（一）经历

刘文斗出生于原籍地，因家庭困难没有上学，在家务农。一九二一年十月来满，在关东州大连千泽田街五号天和成油坊做工五年。一九二六年十月返乡务农。一九三〇年四月，再次来满，在大连千间街仁和杂货店做工。一九三六年五月，来虎头村西顺街经营饭店至今。

（二）家庭状况

在现住所除有妻刘杨氏（三十五）外，同住的还有养妓一人。其资产有该人经营的仁义堂妓馆的投资五百元。过着一般的生活。

（三）事件概要

甲、该人自一九三九年四月起，因营业不景气，生活困难，一直在厌世情绪中生活。

（中略）

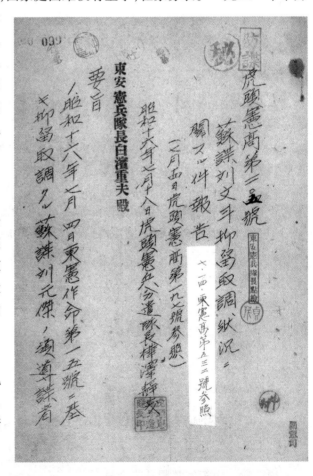

十三、报酬及资金

支　付　者	类别	支付年月日	支付地点	钱币种类金额
"古拉斯基"国境警备地区队"格别乌"中尉	报酬	一九三九年十一月十五日	"古拉斯基"领导人穆华亭家	(满洲国币)五十圆
"古拉斯基"国境警备地区队"格别乌"中尉	报酬	一九四〇年六月上旬	"古拉斯基"国境警备地区队	(满洲国币)二百圆
"伊曼"第五十七国境警备队本部"格别乌"上级中尉	报酬	一九四〇年八月上旬	"伊曼"第五十七国境警备队本部	(满洲国币)一百圆

合计三百五十圆

十四、该人的处置

目前,该人在本分遣队拘押,无逆用价值,对日满方面危害甚大。因此,应予特殊输送。

队长意见:

我认为与其同党段凤楼、刘元杰等一起特殊输送较妥当。

请关宪司指示。

十五、对其他防谍上必要对策的意见

在国境地区,常住者的心态均受物质的左右,对这些居民进行教育宣抚,也没有什么效果,只有采取断然措施,在防谍工作上才能万无一失。

虎头宪兵分遣队长　桦泽静茂

（完）

发:队长、分队长

东安宪兵队致关东宪兵队司令官原守密电

东安宪电第一六五号

一九四一年八月六日十九时二十分收译
一九四一年八月六日

司令官:

一、于八月九日乘十八时三十二分到哈尔滨的火车,将苏联谍报员刘世杰①、段凤楼、杨吉林、刘文斗等人实施特殊输送。

二、请哈尔滨宪兵队办理接受人犯的手续。

东安队长

（完）

电:关宪司、哈宪本

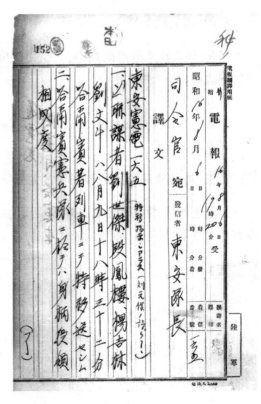

---

① 档案原件上蓝铅笔批注:"特移指示无此名(疑为刘元杰之误?)。"

虎林宪兵分队关于审讯苏联谍报员
季兴田情况的报告"通报"

虎林宪高第二六九号

一九四一年七月二十三日

摘由事项详见附件之报告"通报"。①

虎林宪兵分队长　长岛恒雄

（完）

发：关宪司、四参、东特机

抄：队下乙

抄：虎头

附件

审讯苏联谍报员季兴田的情况

要　点

（一）据密侦报告，被侦察的季兴田已移居滴道，故命令滴道宪兵分遣队将其扣留，移交本队审讯。

（二）经查明，季兴田于一九三七年十二月被苏联谍报员郭东亮发展并随同其入苏②，到乌苏里地区警备队，与"格别乌"某上级中尉会面，申请加入苏谍报组织。此后，在其指令下活动。该人入苏九次，从苏方领取酬金二百元，并继续进行活动。

---

①　此页档案原件上红蓝铅笔批示的内容为："指令"、"与刘汉升一起下达指令"、"据清理谍报员万希全自供"、"严重处分"。

②　此页档案原件有红铅笔批示："张旭武事件时已处置。"

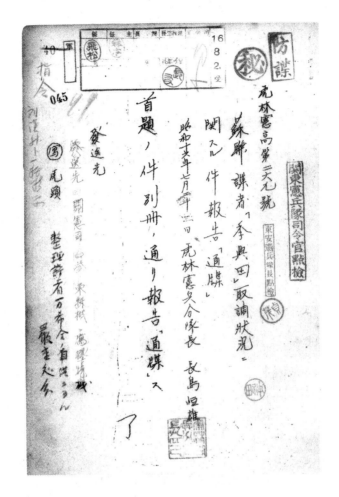

（三）目前，该人拘押在本分队，无逆用价值。

一、扣留时间、地点、扣留场所

一九四一年七月
于东安省密山县滴道村

二、被扣留者国籍、原籍、出生地、住址、职业、姓名、别名、工作名、年龄

国　籍　满洲国
原　籍　山东省掖县桂村季家
出生地　同上

　住　　址　东安省密山县滴道村金刚路五牌

　　　　　　水果商　季兴田

别　　名　盛　山

工作名　无

　　　　　一八九一年四月十四日出生　现年五十一岁

三、经历及事件概要

(一)经历

季兴田出生于原籍地,读了三年私塾。一九一三年起在苏联的"伏罗希罗夫"等地做小生意,一九三〇年八月入满。此后,在通化村、虎林街等地开杂货铺。一九四一年四月,移居密山县滴道村,开水果铺至今。

其父母及妻子均在原籍地,长子在奉天的袜子厂工作。

该人在其水果铺中投资约八百元。

(中略)

十四、该人的处置

目前,季兴田仍在本分队拘押,其性情顽固,无悔改之意,且无逆用之可能,故认为适合特殊输送。

队长意见:

本队长同意分队长的意见,该人适合特殊输送。但鉴于列车运行时间的变更和管内实际情况,考虑还是在当地给予严重处分为宜。

请关宪司指示。

十五、对其他防谍上必要对策的意见

必须对在苏联居住过及在国境线附近居住的人进行严格的检查。

　　　　　　　　　　　　　　　　　　　　虎林宪兵分队

　　　　　　　　　　　　　　　　　一九四一年七月二十二日

　　　　　　　　　　　　　　　　　　　　　　　(完)

虎头宪兵分遣队关于扣留审讯苏联谍报员刘汉升情况的报告

虎头宪高第二一七号
一九四一年七月二十五日

东安宪兵队长白滨重夫台鉴：

要 点

一、刘汉升居住在东安省虎林县虎头村朴实屯,经查该人从事对苏走私活动。在继续对其侦察时,①于七月二十日将其秘密扣留审查。

二、审讯查明,该人于一九一九年二月来满虎林县朴实屯居住,一边务农,一边从事对苏走私活动。一九三四年四月,受其在苏联"格拉夫斯基"的知己董连茂(走私伙伴,为苏国内及对外密探)以对苏走私为诱饵的极力劝诱,终于在"格拉夫斯基"国境警备地区队宣誓成为苏联谍报员。此后,先后十四次将自己的见闻和虎头附近的日满军军情及民情报告苏方。另外,发展苏谍报员一名,使其入苏。领取酬金合计六百七十元。扣留前仍在活动中。

具体情况报告如下：

计 开

一、扣留时间、地点

(一)一九四一年七月二十日
(二)虎林线虎头火车站候车室

二、被扣留者国籍、原籍、出生地、住址、职业、姓名、别名、工作名、年龄

国 籍 满洲国

---

① 此页档案原件上眉批内容为："指令"、"周玉□"、"与季一起下达指令"。

原　籍　山东省莱阳县
住　址　东安省虎林县虎头
　　　　村朴实屯
　　　　农　民　刘汉升
别　名　无
工作名　无
　　　　现年四十八岁

三、经历及事件概要

（一）经历

刘汉升出生于原籍地，因家庭贫困没有上学，在家务农。一九一九年二月，投奔其在虎林朴实屯的父亲刘芝桐（现死亡），一起务农。一九二七年二月，移居虎林县大顶子种植鸦片。一九二九年五月，移居虎头村，在西顺街经营抚顺馆饭店，因营业状况不佳而废业。一九三一年六月，又搬回朴实屯务农至今。

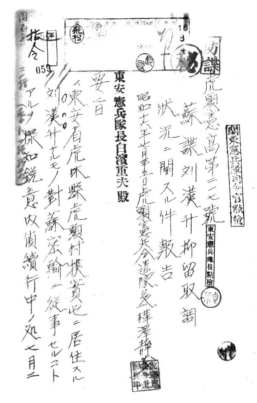

（二）家庭状况

该人独自居住在现住所，原籍有母亲刘王氏（七十五）和叔父刘子存二人，务农。

其资产，在虎头村有出租房十间，月收入约三十五元，在屯中过着中等生活。

（三）事件概要

一九一九年二月，刘汉升来满虎林县朴实屯居住务农。一九三四年四月，偶遇来自苏"格拉夫斯基"的知己、原走私伙伴董某。

（中略）

十四、该人的处置

目前,该人仍在本分遣队拘押,没有利用的价值,对日满军实为大害,适合特殊输送。

队长意见:

适合特殊输送。但鉴于目前兵力不足和列车运行不正常等实际情况,我认为还是在当地给予严重处分较妥当。

请关宪司指示。

十五、对其他防谍上必要对策的意见

对国境地区常住者,尤其是这种人,如不采取断然措施,防谍工作就得不到完善。

另外,张生文于七月二十四日被扣留,正在审讯中。

虎头宪兵分遣队长 桦泽静茂

（完）

发:关宪司、四参、东特机
抄:队下乙
抄:第四九八部队长、虎头警察队、虎林铁道警护队

关东宪兵队关于处置苏联谍报员的指令

关宪高第七八七号

一九四一年八月六日

据虎林宪高第二六九号及虎头宪高第二一七号报告,准予将苏联谍报员季兴田、刘汉升适时作特殊输送处理。

司令官　原　守

发:东安队长

抄:军司、哈尔滨

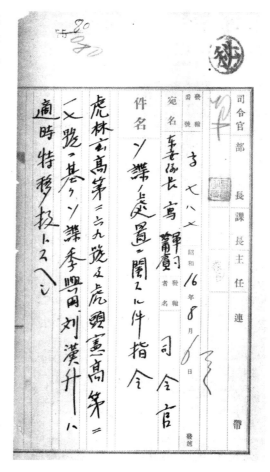

东安宪兵队致关东宪兵队司令官原守密电

东安宪电第一九六号

一九四一年八月二十五日十七时四十五分发,十九时三十分到
一九四一年八月二十五日二十一时三十分收译

司令官:

　　遵照关宪高第七八七、七九六、八一五、八二七、八三一号命令,于八月二十七日乘二十时三十分到哈尔滨的列车,将苏联谍报员刘汉升等七人实施特殊输送。

　　请哈尔滨宪兵队办理接收人犯手续。

东安队长

电:关宪司、哈尔滨队

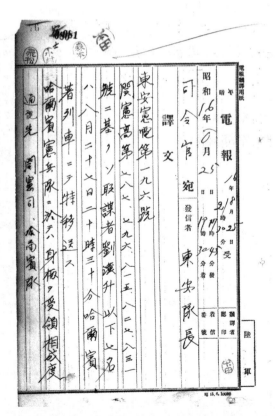

东安宪兵队关于审讯逆用谍报员
刘恩情况的报告"通报"

东宪高第六二九号

一九四一年七月二十九日

（参阅一九四〇年五月十二日虎林宪高第一四八号和
一九四一年七月二十三日东宪高第五九一号）

关东宪兵队司令官原守阁下：

　　要　点

　　一、东安特务机关逆用谍报员刘恩，于七月十四日被秘密扣留，追查其在东安分队逆用时有无通苏事实。现已判明，该人并未进行任何积极的活动。

　　二、该人无逆用价值，故认为适合给予严重处分。

　　情况报告"通报"如下：①

　　计　开

一、扣留时间、地点

一九四一年七月十四日十三时

于密山县东安街花乐街□□□②

二、被扣留者原籍、住址、姓名、年龄

原　籍　山东省雾县③减格庄

---

①　此页档案原件上有红笔批示，内容为："需要电报指令"、"清理谍报员"。

②　原文不清。

③　据考证，为中国山东省栖霞县之误。

住　　址　　密山县东安街花乐街
　　　　　　东特机逆用谍报人员　　刘　恩
　　　　　　现年三十九岁

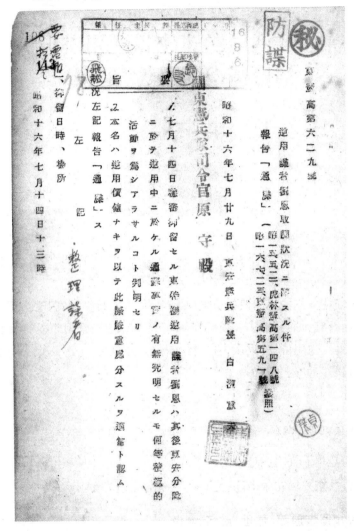

三、扣留经过

　　一九四〇年五月,刘恩因系苏联谍报员张旭武事件之关联人而被虎林分队逮捕。之后,在特务机关逆用时,没有什么成果。鉴于时局的关系,应将其清理。与东安特务机关长联系,得到允许后,于七月十四日将其秘密扣留。

四、审讯情况

扣留以来,对其在东安分队逆用后的通苏事实作了认真调查。经查明,在逆用后,没有任何特殊活动,只是努力于经营伪装的杂货铺(特务机关令其经营的),以保全自身。

关于逆用以前之通苏事实,见一九四〇年五月二十一日虎林宪高第一四八号报告。

五、该人的处置意见

鉴于管区的重要程度以及时局的关系,认为应在当地给予严重处分。

请关宪司电报指示。

东安宪兵队长 白滨重夫

（完）

发:关宪司、东特机

抄:东安、虎林

关东宪兵队关于处置苏联谍报员刘恩的电令

关宪电第四八八号
一九四一年八月七日

根据东宪高第六二九号报告,准予将苏联谍报员刘恩适时作特殊输送处理。①

司令官

电:东安队长
抄:哈尔滨

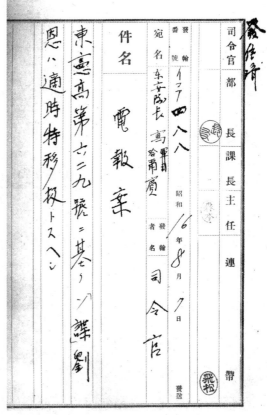

① 此页档案原件上在"司令官"右边有钢笔字批注,内容为:"已发完信。"

东安宪兵队致关东宪兵队司令官原守密电

东安宪电第一七三号

一九四一年八月十日十四时五分发，十四时二十五分到

一九四一年八月十日十五时三十分收译

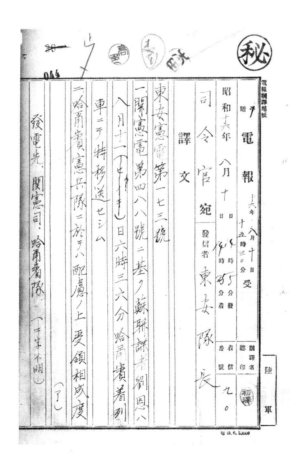

司令官：

　　一、遵照关宪电第四八八号令，于八月十一日乘六时三十六分到哈尔滨的列车，将苏联谍报员刘恩实施特殊输送。

　　二、请哈尔滨宪兵队收领该人犯。

东安队长

（完）

电：关宪司、哈尔滨队(二字不清)①

---

① 档案原件如此。

虎头宪兵分遣队关于扣留
审讯苏联谍报员张生文情况的报告

虎头宪高第二二四号
一九四一年七月二十九日

（参阅七月二十五日虎头宪高第二一七号）

东安宪兵队长白滨重夫台鉴：

　　要　点

　　据七月二十日扣留之苏联谍报员刘汉升供述判明，张生文系苏联谍报员。七月二十五日，派遣下士官以下二名到当地将其秘密扣留审讯。①

　　经查明，该人一九三八年三月与父亲一起移居虎林县虎头村朴实屯。在经营杂货生意时，受邻居、苏联谍报员刘汉升的对苏走私和做苏联谍报员利润大等宣传的影响，便决心当苏联谍报员。一九四〇年五月以来，先后八次入苏，到"拉泽"、"瓦达卡契卡"国境警备小队提供日满军事情报，领取酬金三百二十元。扣留前仍在活动。

　　目前，该人拘押在本分遣队。我们认为，没有逆用价值，最适合特殊输送。

　　具体情况报告如下：

　　计　开

一、扣留时间、地点

一九四一年七月二十五日
虎林县虎头村朴实屯

---

　　①　此页档案原件上有红笔批字："清理谍报员"、"指令"。

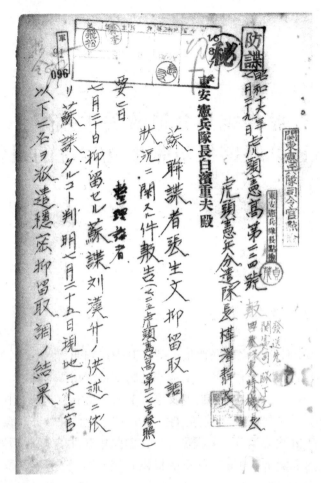

二、被扣留者国籍、原籍、出生地、住址、职业、姓名、别名、工作名、年龄

国　籍　满洲国

原　籍　山东省莱阳县张家寨村

住　址　东安省虎林县虎头村朴实屯

　　　　商人　张生文

别　名　张开

工作名　伊万

　　　　现年二十八岁

三、经历及事件概要

(一)张生文在原籍地出生,于一九二七年一月在当地小学五年毕业后,在家务农。经其在饶河县三人班做工的父亲劝说,于一九三四年五月来满务农。一九三八年与其父一起移居现住所,经营杂货铺。因经营困难废业,务农至今。

(二)家庭状况

在原籍有母亲卢氏(五十一)和弟弟唐(十八)二人,在现住所与其父维信(五十六)一起居住,没有资产,生活困难。

(三)事件概要

一九三九年五月,邻居刘汉升向张生文宣传,①苏联物资丰富,对满人的待遇优厚,如果把收集的日满军事情报提供给苏联,顺便走私货物的话,报酬和利润都很大。张生文受其引诱,便决心充当苏联谍报员。

(中略)

十四、该人的处置

目前,张生文仍在本分遣队拘押。该人性情狡猾,无利用价值,故认为适合特殊输送。

队长意见:

鉴于时局的关系,我认为在当地给予严重处分较为妥当。

请关宪司指示。

十五、对其他防谍上必要对策的意见

苏联针对国境地区居民有物质欲望和国家观念淡薄的民族特点,不惜花费大量谍报经费,致使当地居民趋之若鹜。鉴于此种情况,我们认为如不使国境地区的居民后撤,防谍工作就不能得以完善。

十六、其他参考事项

(一)据苏联谍报员刘汉升的供述查明,原供述所谓在苏联居住的董连茂,实际上就是在朴实屯居住的董殿全。原供述是他处心积虑地考虑对董的影响和想减轻自己的罪行而编造的假供。实际上,刘汉升本人就是负责的头头。

---

① 此页档案原件上有红笔批示:"已发特殊输送指令。"

　　(二)刘汉升和张生文同为一个指令机关所领导,原报告对地形的观察有误。

　　另外董殿全已于七月二十七日被扣留,正在审讯中。

虎头宪兵分遣队长　桦泽静茂

（完）

发:关宪司、队下乙、四参、东特机

关东宪兵队关于处置苏联谍报员的指令

关宪高第七九六号

一九四一年八月九日

根据虎头宪高第二二四号报告,准予将苏联谍报员张生文适时作特殊输送处理。

司令官　原　守

发:东安队长

抄:军司、哈尔滨

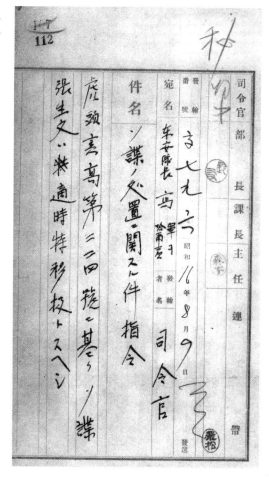

虎林宪兵分队关于审讯
苏联谍报员盛桂题情况的报告

虎林宪高第三〇六号

一九四一年七月三十一日

（参阅七月二十三日东宪高第五九一号）

要 点

一、据去年被本分队扣留的苏联谍报员庄凤鸣的供述，在对盛桂题侦察时，该人觉察其同伙被扣留，遂于本年三月外逃。① 大连宪兵分队依照通缉令将其扣留，并移交本队审讯。

二、查一九三四年五月，盛桂题被其旧友、"乌苏里"远东贸易部（以贸易为名的谍报机关）经理"菲里巴"发展为苏联谍报员。之后，在其指令下进行谍报活动，并发展三名下属谍报员。该人入苏十一次，领取酬金五百一十元。

三、目前，该人仍在本分队拘押，无逆用价值。

正 文

一、扣留时间、地点

一九四一年七月十一日

于关东洲大连市西岗子庆升旅馆

二、被扣留者国籍、原籍、出生地、住址、职业、姓名、别名、工作名、年龄

国　籍　满洲国

---

① 此页档案原件上批示的内容为："清理谍报员"、"特殊输送"、"张旭武事件"、"指令"、"与董殿全一起下达指令"。

原　籍　山东省掖县小琅琊村
出生地　同上
住　址　不固定
　　　　商　人　盛桂题
别　名　品臣
工作名　无
　　　　一九〇七年十月二十三日生，现年三十五岁

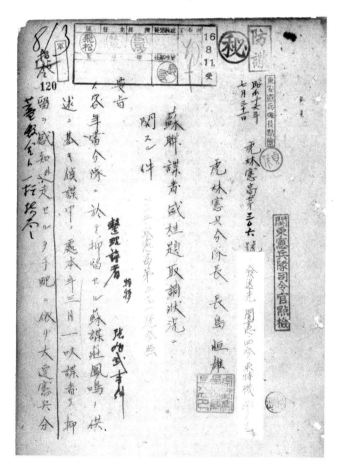

三、经历及事件概要

（一）经历

盛桂题在原籍地出生，读了三年私塾之后，在家务农。一九一七年，随其父去苏联乌苏里经营杂货生意,一九二九年返乡。第二年,来满虎林县大桥村协和屯居住,经营杂货生意。一九三九年九月至一九四〇年十二月,就任大桥村村长。一九四一年四月十五日,移居密山县滴道。当得知其同伙张学江被捕后,在逃亡大连隐藏时被扣留。

初通俄语,能够日常会话,并能阅读简单的俄文。

妻、子二人在大连市西岗子居住,母亲在老家居住。

在鸡西东成德杂货店投资四百元,在大连市旧物店永生泰投资五百元。另外,还有家产若干。

(二)事件概要

甲、大约一九三二年十二月之前,盛桂题在虎林县大桥村协和屯经营杂货店,同时做些对苏走私生意。

(中略)

十四、该人的处置

目前,该人仍在本分队拘押。因谍报网已基本查清,且无逆用价值,故认为适合特殊输送。

队长意见:

鉴于时局的关系,我认为在当地给予严重处分较合适。

请关宪司指示。

十五、对其他防谍上必要对策的意见

已与苏联有牵连的国境地区居民,容易被苏联谍报员利用。因此,必须严密注视这些居民的动向。

虎林宪兵分队长　长岛恒雄

(完)

报:队长

抄:防参、虎头

发:关宪司、四参、东特机、队下乙

虎头宪兵分遣队关于扣留审讯苏联
谍报员董殿全情况的报告

虎头宪高第二二八号

一九四一年七月三十一日

（参阅七月二十五日虎头宪高第二一七号、
七月二十九日虎头宪高第二二四号）

东安宪兵队长白滨重夫台鉴：

要　点

综合对苏联谍报员刘汉升、张生文的审讯情况，查明董殿全系苏联谍报员，即命令在朴实屯进行监视的队员将其扣留审讯。①

据董殿全供述，一九三七年，随着朴实屯集团部落的形成，该人移居现住地，一边务农，一边在月牙泡附近打鱼。一九三九年五月，被刘汉升发展为苏联谍报员。后入苏，到苏联国境警备小队宣誓加入苏谍报组织。此后，先后五次入苏提供日满军事情报，获酬金一百零五元。目前，该人在本分遣队拘押。因年老无逆用价值，适合特殊输送。

具体情况报告如下：

计　开

一、扣留时间、地点

一九四一年七月二十七日

东安省虎林县虎头村朴实屯

---

①　此页档案原件上批示的内容为："清理谍报员"、"特殊输送"、"指令"、"与盛桂题一起下达指令"。

二、被扣留者国籍、原籍、出生地、住址、职业、姓名、别名、工作名、年龄

国　籍　满洲国
原　籍　山东省莱阳县后山村
出生地　同上
住　址　东安省虎林县虎头村朴实屯
　　　　农　民　董殿全
　　　　现年五十五岁
别名、工作名　无

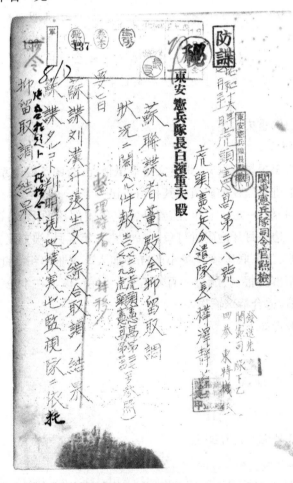

三、经历及事件概要

（一）董殿全在原籍地出生，由于家庭原因，没有上学，务农。一九三〇年三月，当其听说到饶河县种植鸦片利润大，就与同村的五人一起经大连来满东安省饶河县居住，种植鸦片。一九三四年四月，移居虎林县桦树林子务农。

一九三七年，朴实屯集团部落成立，遂移居现住所，一边务农，一边打鱼至今。

（二）家庭状况

在原籍有妻子李氏（六十）、长子高铃（二十八）、次子珠（十四）三人。家庭资产虽拥有若干旱田及住房（合计时价一千二百元左右），但生活困难。

该人单独生活在现住所，未见有何资产。

（三）事件概要

一九三七年三月，在朴实屯务农的同时，每当捕鱼期来到时，就在朴实屯西南的月牙泡搭一个亮子打鱼。

（中略）

十四、该人的处置

目前，该人在本分遣队拘押。因年老且无逆用价值，故认为适合特殊输送。

队长意见：

我认为与其同伙刘汉升、张生文一起在当地给予严重处分较妥当。

请关宪司指示。

虎头宪兵分遣队长　桦泽静茂

（完）

发：关宪司、队下乙、四参、东特机

关东宪兵队关于处置苏联谍报员的指令

关宪高第八一五号
一九四一年八月十三日

　　根据虎林宪高第三〇六号、虎头宪高第二八八号报告,准予将苏联谍报员盛桂题、董殿全适时作特殊输送处理。

司令官　原　守

发:东安队长
抄:军司、哈尔滨

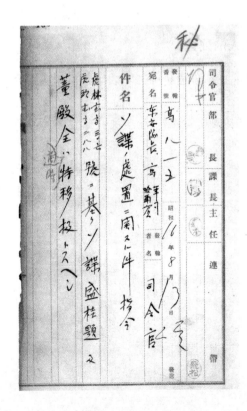

虎林宪兵分队关于审讯
苏联谍报员刘世杰情况的报告

虎林宪高第三四七号

一九四一年八月七日

摘由事项详见附件之报告"通报"。①

虎林宪兵分队长　长岛恒雄

（完）

报：队长、防参、虎特机

抄：虎头

报：关宪司、四参、东特机、东省警厅

抄：队下乙

附件

审讯苏联谍报员刘世杰的情况

要　点

一、据去年被本分队扣留之苏联谍报员庄凤鸣的供述,正在对刘世杰侦察时,遵照七月四日东宪作命第十五号命令,在密山国境警察队将其秘密扣留,由东安宪兵分队将该犯移交本队审讯。

二、一九三五年十月,刘世杰在浇子警察队工作时,被"乌苏里"地区国境警备队谍报员黄兆珠发展为谍报员。尔后,在其指令下进行活动,提供情报三次

---

① 此页档案原件上有红笔批字:"现职警尉、警察小队长"、"清理谍报员"、"特殊输送"、"指令"。

（黄兆珠一九三七年五月叛逃入苏，该人又入苏提供情报一次）。

三、经查明，一九三七年五月，刘世杰在与苏联谍报员庄凤鸣相互谈及苏联谍报活动时，得知都是受黄兆珠指挥。此后，该人通过庄凤鸣提供了四次情报，领取酬金合计一百二十元。①

四、目前，该人仍在本分队拘留，没有逆用价值。

正　文

一、扣留时间、地点

一九四一年七月八日
于东安省密山警察本队

二、被扣留者国籍、原籍、出生地、住址、职业、姓名、别名、工作名、年龄

国　　籍　满洲国
原　　籍　吉林省永吉县城内
出生地　同上
住　地　东安省密山县城内朝阳区十三牌
所　属　东安国境警察西东安小队
　　　　警察官警尉　刘世杰
别　名　冠英
工作名　无
　　　　一九○五年三月二日生　现年三十八岁

三、经历及事件概要

（一）经历

刘世杰在原籍地出生。一九一二年，在滨江省②宾县县立中学读一年级时退学。一九二三年二月，加入当地警察队训练所，同年十二月毕业。之后，在东北旧政权下任警官，随后转入军界，陆续提升为少尉军官。满洲国成立后编入

---

①　此件档案原件第一至二页上有四处批示："已处置"、"张旭武事件残余分子"、"正在苏联"、"好像现在没有活动"
②　一九三四年十二月一日，伪满洲国设置滨江省，共辖一市、十六县、一旗，省会为哈尔滨。一九四五年八月日本投降，伪满洲国覆灭，滨江省建制自然解体。

国军。一九三五年十一月,在饶河县军警稽查处以中尉军衔退伍,后被任命为虎林国境警察队浇子警察队警长。一九三七年晋升为警尉。先后服务于虎林县独木河、密山县、密山各警察队。一九四一年六月,被任命为西东安警察小队长至今。

母亲及妻子儿女共七人与其同住,资产为住房两栋(两栋三间房),其他家产合计时价约一千八百元。

(二)事件概要

甲、一九三五年六月,在浇子警察署任职时,与当时的倒木沟(现通化村)保长、苏联谍报员黄兆珠相识。在加深交往之时,被该人发展为苏联谍报员。

(中略)

十四、该人的处置

目前,该人仍在本分队拘押,无逆用价值,所以给予特殊输送较妥当。

队长意见:
我认为适合特殊输送。
请关宪司指示。

十五、对防谍上必要对策的意见

痛感必须严密监视满系警察的动向。同时,要陶冶教育不良警察。

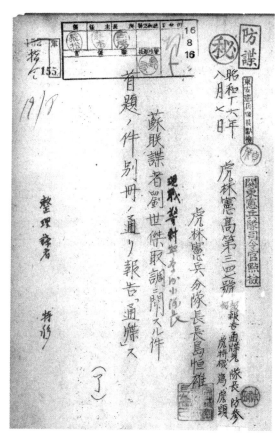

虎林宪兵分队
一九四一年七月三十一日

(完)

关东宪兵队关于处置苏联谍报员的指令

关宪高第八二七号

一九四一年八月十八日

　　根据虎林宪高第三四七号报告,准予将苏联谍报员刘世杰作特殊输送处理。

　　　　　　　　　　　　　　　　　　司令官　原　守

发:东安队长

抄:军司、哈尔滨

虎林宪兵分队关于审讯
苏联谍报员田立顺情况的报告

虎林宪高第三六八号
一九四一年八月十日

要　点

一、据去年被本分队扣留的苏联谍报员李振元的供述,①在对田立顺作为苏
谍嫌疑犯侦察监视时,遵照七月四日东宪作命第十五号命令,将其秘密诱至虎
林警察队本部扣留,并移交本分队接受审讯。

二、查该人为吉祥屯警察小队外勤特务。一九三九年十二月下旬,在该地
东南方六公里处的国境河流边侦察时,被苏军绑架至对岸苏联某监视哨,接受
"格别乌"某少尉的审讯。尔后,在该少尉及"伊曼"国境警备队谍报部"格别
乌"某中尉的指令下从事活动。入苏五次,获酬金一百四十元。在继续活动时
被扣留。

三、该人在本分队拘押,没有逆用价值。

正　文

一、扣留时间、地点

一九四一年八月一日
于东安省虎林国境警察队本部

二、被扣留者国籍、原籍、出生地、住址、职业、姓名、别名、工作名、年龄

国　籍　满洲国

---

① 此页档案原件上红笔批示的内容为:"现役警尉补"、"清理谍报员（特殊输送）"、"已清理"、"指令"。

原　籍　山东省胶洲县王台村

出生地　同上

住　址　东安省虎林县独木河村

所　属　虎林国境警察队独木河中队

　　　　警尉补　田立顺

别名、工作名　无

　　　一九〇二年九月九日生　现年四十岁

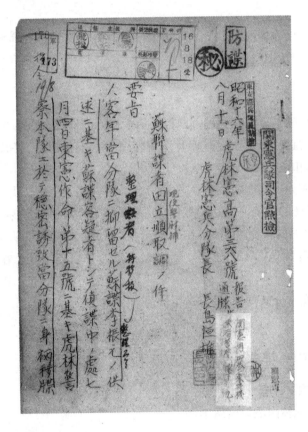

三、经历及事件概要

（一）经历

田立顺在原籍地出生，没上过学。一九一三年，因与父亲发生口角而离家出走来满，经大连到哈尔滨，在道外某旅馆作佣人，后到富锦作为自由劳动者干零活。一九二〇年，驻防依兰的混成第四旅第二十四团招兵，该人应征入伍，升至少尉军衔。一九二六年被除名。一九二七年,在去宝清县旅行途中被土匪绑架,释放后,在虎林县通化村务农。一九二九年,被当地自卫团雇佣为自卫团员。一九三四年,被浇子警察署录用为警士。一九三七年,调到通化村警察队。一九四一年一月下旬,调到独木河警察队至今。在此期间,陆续晋升为警尉补。该人无妻儿,与老家二十来年不通音信,情况不详。无家产。

(二)事件概要

一九三九年十二月上旬,田立顺作为吉祥屯警察小队外勤特务,在国境线巡察时,于该地东约六公里处,被一名苏军和一名朝鲜人绑架。

(中略)

十四、该人的处置

目前,田立顺仍在本分队拘押,没有逆用价值,给予特殊输送较妥当。

队长意见:

我认为适合特殊输送。

请关宪司指示。

十五、对防谍上必要对策的意见

要严加注视满系警察的动向。同时,加强教育,使之彻底树立建国精神的观念。

虎林宪兵分队长　长岛恒雄

(完)

报:关宪司、四参、东特机、东省警厅、队下乙

关东宪兵队关于处置苏联谍报员的指令

关宪高第八三一号

一九四一年八月十九日

根据虎林宪高第三六八号报告，准予将苏联谍报员田立顺作特殊输送处理。

司令官　原　守

发：东安队长

抄：军司、哈尔滨

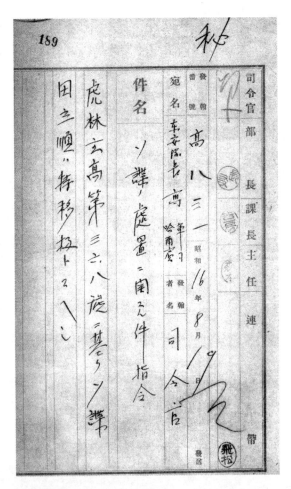

虎头宪兵分遣队关于扣留审讯苏联
谍报员安鸿勋情况的报告

虎头宪高第二五四号
一九四一年八月十四日

（参阅一九四一年八月十四日东宪高第七四一号）

东安宪兵队长白滨重夫台鉴：

　　要　点

　　一、安鸿勋作为蝉的关系人，一直处于本分遣队侦察之中。随着"关特演"进行，对其行动的怀疑日益加重，故于八月二日将其秘密扣留审讯。

　　二、现查明，一九三八年十一月，该人被虎头村西顺街明远春饭店厨师国恩章发展为苏联谍报员。同月下旬，随国恩章一起入苏，通过"伊曼"第五十七国境警备队本部对外密探李庆和的关系，向该队"格别乌"上级中尉宣誓成为苏联谍报员。此后，在苏指令下搜集虎头附近的日满军军情及国内情况等情报，先后三次入苏提供情报，获酬金国币一百八十元。扣留前仍在活动。

　　三、目前，该人仍在本分遣队拘押。这种人留在国境地区有再次进行活动之虑，并且无悔改之意，适合特殊输送。

　　具体情况报告如下：

　　计　开

一、扣留时间、地点

一九四一年八月二日
于东安省虎林县虎头村兴隆街

二、被扣留人国籍、原籍、出生地、住址、职业、姓名、别名、工作名、年龄

国　籍　满洲国
原　籍　山东省利津县大王家村
出生地　同上
住　址　东安省虎林县虎头村二十九牌
　　　　无职业　安鸿勋
　　　　现年四十二岁
别名、工作名　无

三、经历及事件概要

（一）经历

安鸿勋出生于原籍地。自一九〇七年二月，在当地读了两年私塾，其后在家务农。一九二七年二月，独自来满虎林县。同年七月，移居虎林县独木河二道岭子种植鸦片。同年十月，再次来虎，被公安局录用为巡警。一九二八年二月，晋升为巡长。一九三〇年一月，因故辞职。同年五月，被虎林县缉私队录用（二等兵）。一九三三年三月，因缉私队解散而退职。此后，无固定职业，在虎头村当杂货店店员。另外，经营私人烟馆至今。

（二）家庭状况

现住所有妻子王氏（四十七）、姜史氏（四十七）、长子安福修（二十一）与儿媳姜氏（二十二）五人。家产有六间房一栋（时价八百元左右），另外有菜田若干亩。无固定职业，私设一烟馆，过着中等以上的生活。

（中略）

十四、该人的处置

目前，安鸿勋仍在本分遣队拘押。这种人留在国境地区有再度活动之虑，且无悔改之情，特殊输送较妥当。

另外，其关系人国恩章已于八月十一日被秘密扣留，目前正在审讯。

队长意见：

关于该人的处置问题，同意分遣队长的意见，适合特殊输送。

请关宪司指示。

十五、对防谍上必要对策的意见

对那些不仅不顺从日满官方的宣抚、指导,而且亲苏、死心塌地从事谍报活动的人,由于教育、感化无效,为了建设明朗的东亚,一经查出和发现,必须加以镇压,以清除祸根。

虎头宪兵分遣队长　桦泽静茂

（完）

报:队长、分队长
报:关宪司、四参、东特机
抄:队下乙

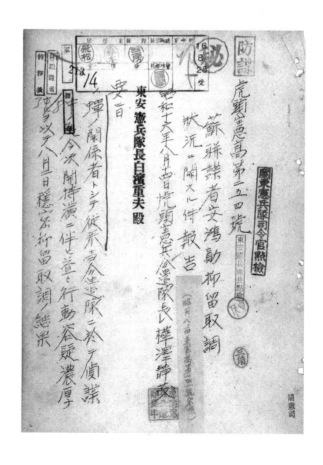

关东宪兵队关于处置苏联谍报员的指令

关宪高第八五五号

一九四一年八月二十七日

根据虎头宪高第二五四号报告，准予将苏联谍报员安鸿勋作特殊输送处理。

司令官　原　守

（完）

发：东安队长

抄：军司、哈尔滨

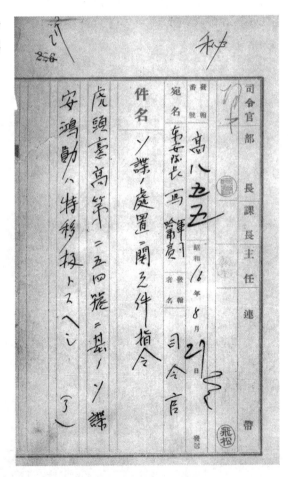

虎头宪兵分遣队关于扣留审讯苏联
谍报员国恩章情况的报告

虎头宪高第二五八号

一九四一年八月十六日

（参阅一九四一年八月十四日东宪高第七四一号）

东安宪兵队长白滨重夫台鉴：

　　要　点

　　一、据一九四一年八月十四日已报之虎头宪高第二五四号报告中苏联谍报员安鸿勋的供述，于八月十一日将国恩章秘密扣留审讯。①

　　二、一九三四年七月，国恩章在虎头村干零活时，受朋友王某（一九三六年在虎头村病死）入苏工作的劝诱，决心去苏工作。同年七月下旬，随王某乘黑夜盗用系在江边的一只渔船，从虎头村朝鲜部落附近渡过乌苏里江，越境入苏，到"伊曼"满人街。经王某的斡旋，在泥瓦匠程树礼之处干活。工作时，与"伊曼"第五十七国境警备队本部谍报头目（对外密侦）李庆和相识，②并被发展为苏联谍报员。同年九月，接受调查日满军军情及国内情况的指令后，再次返满，被虎头村西顺街明远春饭店雇用。此后，入苏提供情报两次。

　　三、经查，该人于一九三五年五月再次入苏，通过前记谍报头目李庆和的介绍，在"伊曼"第五十七国境警备队本部，向"格别乌"上级中尉宣誓正式成为苏联谍报员。此后，至一九四一年五月间，在其指令下，除先后十四次入苏提供情报之外，还发展了三名苏联谍报员，获酬金合计六百圆。

　　四、目前，该人仍在本分遣队拘押，无利用价值。

---

　　①　此页档案原件上批示的内容为："已发特殊输送的指令。

　　②　此页档案原件上批示的内容为："正在苏联。"

具体情况报告如下：

计　开

一、扣留时间、地点

一九四一年八月十一日

于虎林县虎头村西顺街

二、被扣留者国籍、原籍、出生地、住址、职业、姓名、别名、工作名、年龄

国　籍　满洲国

原　籍　山东省掖县过西村

出生地　同上

住　址　东安省虎林县虎头村西顺街二十牌

　　　　饭　店(明远春)厨师　国恩章

别　名　国高

工作名　无

　　　　现年三十二岁

三、经历及事件概要

(一)经历

国恩章出生于原籍地。一九一八年(九岁)六月,随父母来满。同年十二月返回山东,在当地念了三年私塾,其后在家务农。一九二六年五月,赴满来虎,在虎头做杂货店店员、旅馆接站员或干点零活。受朋友王某去苏工作的劝诱,一九三四年七月入苏,在"伊曼"做见习泥瓦匠,后因故辞职。同年九月返满,被虎头村西顺街明远春饭店雇用至今。

(二)家庭状况

其家属,在原籍地有父亲国登文(八十三)、母亲国任氏(七十)、弟国恩周(二十三)三人,务农。

该人被饭店雇用为厨师,月收入四十元左右,无其他资产。

(中略)

十四、该人的处置

目前,国恩章仍在本分遣队拘押,无利用价值,且该人长年从事谍报工作,

对日满军的危害极大。因此,特殊输送最为妥当。

队长意见:

关于该人的处置问题,同意分遣队长的意见,适合特殊输送。

请关宪司指示。

十五、对防谍上必要对策的意见

已居住在苏联的人有亲苏观念是不言而喻的,这种因果关系不易消除。虽然日满官宪也进行宣传、宣抚,但最终反而成为谍报资料的情报内容。因此,我们认为必须严密地监视此等分子的动静,并加以镇压。除此别无他途。

另外,于金喜正被虎林分队通缉,苏介臣已于八月十六日被本分遣队秘密扣留。

虎头宪兵分遣队长　桦泽静茂

（完）

发:队长、分队长

发:关宪司、四参、东安特机

抄:队下乙

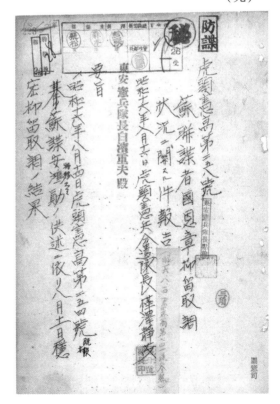

关东宪兵队关于处置苏联谍报员的指令

关宪高第八六二号

一九四一年八月二十九日

根据虎头宪高第二五八号报告，准予将苏联谍报员国恩章作特殊输送处理。

司令官　原　守

发：东安队长

抄：军司、哈尔滨

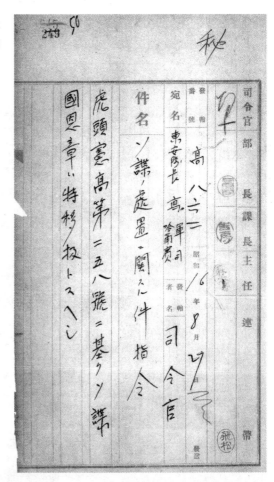

虎林宪兵分队关于审讯
苏联谍报员李厚彬情况的报告

虎林宪高第三八六号
一九四一年八月十六日

（参阅一九四一年八月十四日东宪高第七四一号）

要　点

一、依据去年被本分队扣留之苏联谍报员庄凤鸣的供述，在对李厚彬立案侦察时，遵照七月四日东宪作命第十五号命令，于八月八日将其秘密扣留审讯。

二、审讯查明，该人在虎林县倒木沟（现通化村）警察署工作时，一九三七年五月叛变入苏的原该地警察署长、"伊曼"第五十七国境警备队谍报部成员刘日宣，屡次入满，在倒木沟附近组织谍报网，同时发展李厚彬加入谍报组织，作为同伙活动。李厚彬入苏四次，会同同伙提供情报六次，获酬金四百七十元。在其继续活动时被扣留。

三、目前，该人正在拘押，无逆用价值。

正　文

一、扣留时间、地点

一九四一年八月八日十时
于东安省虎林县虎林街四道街

二、被扣留者国籍、原籍、出生地、住址、职业、姓名、别名、工作名、年龄

国　籍　满洲国
原　籍　安东省安东县九连城村
出生地　同上

住　址　东安省虎林县虎林街虎林区四十牌

　　　　　无职业　李厚彬

别　名　敬元

工作名　无

　　　　　一九一〇年六月二十九日生　现年三十二岁

三、经历及事件概要

（一）经历

一九二六年，李厚彬在原籍地东边道中学毕业后，曾任小学教员、警官等职。一九二九年，随其父母一起移居虎林县虎林街务农。一九三一年，被虎林县公安局录用为警士。满洲国建国后仍当警察，在虎头独木河警察署工作。一九三五年，晋升为警尉，调到倒木沟警察署工作。一九三七年十二月，调浇子警察署工作。一九三八年三月，调到密山警察队工作。不久，调到平阳镇警察队工作。一九四〇年六月，辞职照准，回虎林街家中开杂货店。由于经营困难，今年三月废业，目前闲居。

现住所有父母兄弟及其他二十四人共同居住。该人与妻儿六人寄居于家中，无甚家产，但其家庭有资产约一万零四十元。

（二）事件概要

在虎林县倒木沟（现通化村）警察署工作时，一九三七年五月，逃入苏联的该警察署署长、"伊曼"第五十七国境"警备队"谍报部的谍报员刘日宣，①屡次入满境，在倒木沟附近组织谍报网。李厚彬终于被其发展为谍报员，并与其一起活动，入苏四次。

（中略）

十四、该人的处置

目前，李厚彬仍在拘押，无逆用价值，适合特殊输送。

队长意见：

关于该人的处置问题，同意分队长的意见，适合特殊输送。

---

① 此页档案原件上批有"已入苏"的字样。

请关宪司指示。

十五、对防谍上必要对策的意见

要严加监视与逃入苏联者有关联的居民动向。

虎林宪兵分队长　长岛恒雄

（完）

报：队长、防参、虎特机

抄：虎头

报：关宪司、四参、东安特机

抄：队下乙

关东宪兵队关于处置苏联谍报员的指令

关宪高第八六八号

一九四一年八月三十日

根据虎林宪高第三八六号报告,准予将苏联谍报员李厚彬作特殊输送处理。

司令官 原 守

发:东安队长

抄:军司、哈尔滨

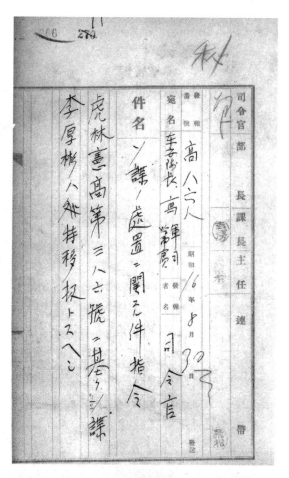

虎头宪兵分遣队关于审讯苏联谍报员苏介臣情况的报告

虎头宪高第二六四号
一九四一年八月二十日

东安宪兵队长白滨重夫台鉴:

要　点

一、依据一九四一年八月十六日已报之虎头宪高第二五八号报告中苏联谍报员国恩章的供述,于八月十六日将苏介臣秘密扣留审讯。①

二、经审讯查明,该人在虎头村干零活时,被苏联谍报员国恩章发展为谍报员。一九三六年五月入苏,在"伊曼"第五十七国境警备队本部,向"格别乌"少校军官宣誓加入苏联谍报组织。此后,至一九四〇年九月间,先后五次入苏提供情报。此外,发展两人为苏联谍报员,获酬金一百七十元。

三、目前,该人在本分遣队拘押,无利用价值。

具体情况报告如下:

计　开

一、扣留时间、地点

一九四一年八月十六日
于虎林县虎头村如意街

二、被扣留者国籍、出生地、住址、职业、姓名、别名、工作名、年龄

国　籍　满洲国

---

①　此页档案原件上钢笔批示的内容为:"要点:苏介臣被苏联谍报员发展后,由于利欲熏心,刺探虎林附近的军事情况,入苏提供情报五次。处置意见,特殊输送。"、"已发特殊输送指令。"

原　籍　山东省莱阳县曲格庄

出生地　同上

住　址　东安省虎林县虎头村西顺街

　　　　饭　店(明远春)炊事员　苏介臣

别　名　苏敬先

工作名　无

　　　　现年四十一岁

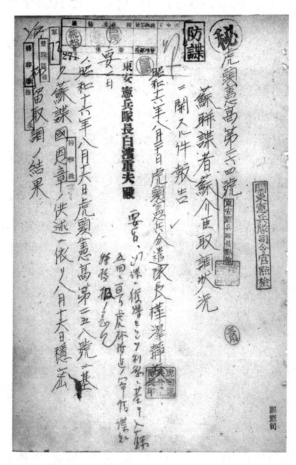

三、经历及事件概要

(一)经历

苏介臣出生于原籍地,在当地读了两年私塾,之后在家务农。一九三〇年十二月,来满虎林县虎头村下水捞,与同乡张先礼同住务农。一九三五年二月,在虎头村干零活。一九四〇年七月,被西顺街饭店(明远春)雇佣至今。

(二)家庭状况

其家属,在原籍地有父亲苏芳阳(六十)、母亲苏宫氏(六十)二人,务农。该人在饭店月收入三十元左右,没有什么家产。

(三)事件概要

苏介臣在虎头村干零活时,在苏联谍报员国恩章以为苏联工作报酬多,并且对苏走私也是轻而易举的事等花言巧语的劝说下,出于对物质的欲望,应承了此事。

(中略)

十四、该人的处置

目前,苏介臣仍在本分遣队拘押,无利用价值,且性情放纵,无悔改之意,最适合特殊输送。

队长意见:

关于该人的处置问题,同意分遣队长的意见,适合特殊输送。

请关宪司指示。

十五、对防谍上必要对策的意见

因时局的关系,要更加强化对边境居民的检查。

另外,该人所供述的苏谍嫌疑人鲁善春,是虎头警察队正在侦察的对象。再者,拟定于适当的时候逮捕张老窝、高老三两人,查明真相。

虎头宪兵分遣队长　桦泽静茂

(完)

报:队长、分队长

报:关宪司、四参、东安特机

抄:队下乙

关东宪兵队关于处置苏联谍报员的指令

关宪高①

一九四一年九月二日

根据虎头宪高第二六四号报告,准予将苏联谍报员苏介臣作特殊输送处理。

司令官　原　守

发:东安队长
抄:军司、哈尔滨

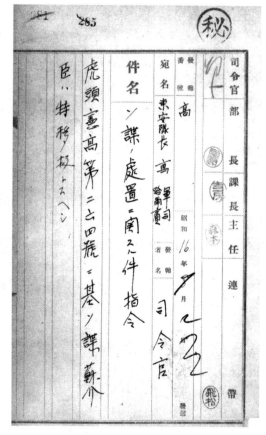

---

① 档案原件上没有文号。

虎头宪兵分遣队关于扣留审讯苏联
谍报员张振起情况的报告

虎头宪高第二七〇号
一九四一年八月二十五日

东安宪兵队长白滨重夫台鉴：

要　点

一、依据一九四一年八月二十日已报之虎头宪高第二六四号报告中苏联谍报员苏介臣的供述，于八月二十一日将张振起秘密扣留审讯。

二、据张振起自供：本人在虎头村之同乡沈学增处寄居打鱼，被苏介臣发展为苏联谍报员。一九三八年六月入苏，在"伊曼"第五十七国境警备队本部向"格别乌"上级中尉宣誓加入苏谍报组织。尔后，至一九三九年七月间，曾先后四次入苏提供日满军事情报，①获酬金一百八十元。

三、目前，该人在本分遣队拘押，无利用价值。

具体情况报告如下：

计　开

一、扣留时间、地点

一九四一年八月二十一日

于虎林县虎头村兴隆街

二、被扣留者国籍、原籍、出生地、住址、职业、姓名、别名、工作名、年龄

国　籍　满洲国

原　籍　山东省即墨县蛮家兰屯

---

① 此页档案原件上眉批的内容为："一九三九年以后，是什么原因没有活动？"

出生地　同上
住　址　东安省虎林县虎头村饭塚木材部
　　　　炊事员　张振起
别　名　张老窝
工作名　伊万
　　　　现年三十七岁

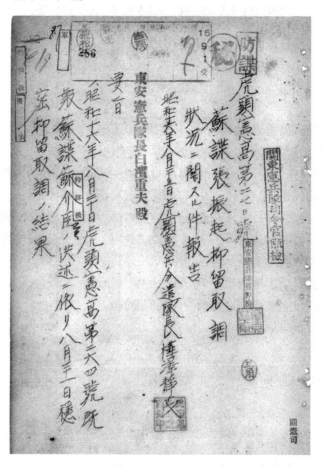

三、经历及事件概要

（一）经历

张振起出生于原籍地，因家庭贫困没有上学，务农。一九一八年三月，随父母到海参崴经营蔬菜业。一九二四年四月，返回原籍务农。一九三一年三月，来满虎林县虎头村,在同乡沈学增处寄居打鱼。其后在村里干零活或在洗衣店、旅馆、饭店等处干杂活。今年七月二十八日,被虎头村饭塚木材部雇为炊事员至今。

(二)家庭状况

其家属,在原籍有父亲张玉山(五十九)、弟张振车(二十四)二人,务农。

该人月收入三十元左右,无其他家产。

(三)事件概要

张振起在虎头村打鱼时,受苏介臣为苏联工作报酬多,并且对苏走私也是轻而易举的事等花言巧语的劝说。

(中略)

十四、该人的处置

张振起在本分遣队拘押,无利用价值。该人想通过对苏走私来满足物质上的欲望,不知不觉地被拉拢为苏联谍报员。其活动虽不是很积极,但如果留在国境地区,有再次活动之虑。因此,鉴于时局的关系,最适合特殊输送。

队长意见:

关于该人的处置问题,同意分遣队长的意见,适合特殊输送。

请关宪司指示。

十五、对防谍上必要对策的意见

鉴于时局的关系,对国境地区的居民,尤其是这种人,不逐一挖出加以镇压,想让他们放弃亲苏观念是不可能的。因此,为了确保我们的行动秘密万无一失,严惩他们是理所当然的。

虎头宪兵分遣队长　桦泽静茂

(完)

发:队长、分队长

发:关宪司

关东宪兵队关于处置苏联谍报员的指令

关宪高第八八三号
一九四一年九月四日

根据虎头宪高第二七〇号报告，准予将苏联谍报员张振起作特殊输送处理。

司令官　原　守

发：东安队长
抄：军司、哈尔滨

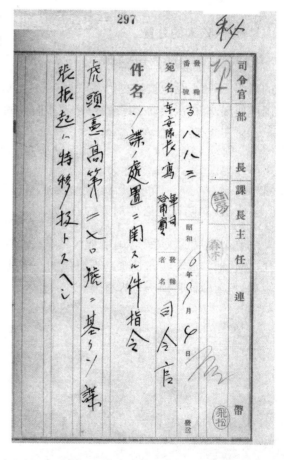

虎林宪兵分队关于审讯
苏联谍报员原美臻情况的报告

虎林宪高第四二三号

一九四一年八月三十日

要　点

一、依据七月十二日被本分队扣留的苏联谍报员邹宝丰的供述,①八月十七日将原美臻②秘密扣留审讯。结果表明,原美臻是一九三六年五月被苏联谍报员李万春(虎林特务机关逆用谍报员,于一九四〇年十二月入苏,其后去向不明)发展,并在其指令下活动的苏联谍报员。同年六月,与李万春一起入苏,到"玛尔考夫斯基"警备队与"伊曼"第五十七国境警备队本部谍报部"格别乌"某中尉会面,宣誓加入苏联谍报组织。此后,前后四次入苏(其中自己单独一次,与李万春同去三次)提供情报。一九三八年二月,被密山特务机关发现,与李万春一起自首。后二人以作国内密探为条件而被释放。同年六月,李万春作为该机关逆用谍报员准备入苏之际,原美臻因对金钱的欲望与其同行入苏。回满后,决心从事双重间谍活动。后在李万春的要求下停止入苏,收集虎林情报,向李提供情报十余次,获苏方酬金一百元,李万春给报酬二百五十元。

二、一九四〇年十二月,因李万春入苏之后再未回满,原美臻便中止了谍报活动。

三、目前,该人正在拘押,无逆用价值。

正　文

一、扣留时间、地点

一九四一年八月十七日

---

①　此页档案原件邹宝丰名字处有批示,内容为:"双重间谍(主要作为苏联谍报员从事活动),一九四〇年之后中止活动。"

②　档案原件上为"瑧",疑为"臻"字。

于东安省虎林县虎林街安乐区

二、被扣留者国籍、原籍、出生地、住址、职业、姓名、别名、工作名、年龄

国　　籍　满洲国
原　　籍　山东省掖县三山原家
出生地　同上
住　　址　东安省虎林县虎林街安乐区二牌
　　　　　饭店主　原美臻
别名、工作名　无
　　　　　一九〇二年十月八日生（现年四十岁）

三、经历及事件概要

（一）经历

原美臻出生于原籍地，没上过学。一九二一年，来满哈尔滨，居住近九年。其间受雇于酱油酿造厂。一九二九年作为船夫，航行于松花江上。当听说种植鸦片有利可图时，于一九三〇年夏季在虎林县通化村、虎头村等地种植鸦片，冬季到哈尔滨闲居。一九三三年，应在密山驻扎的满军第四旅第十三团第八连的招募入伍。一九三四年，乘部队在虎林驻扎期间哗变为匪之际，该人逃脱，在虎林街做杂货生意。一九三九年，开始经营饭店原家馆子至今。其双亲已去世，妻儿五人与该人同住。资产有住房一栋及饭店的投资和其他财产，加在一起大约值四千元左右。

（二）事件概要

一九三五年九月，在虎林街经营杂货时，与从饶河县移居来的同乡李万春相遇，应他的请求同住，经营行商。

（中略）

十四、该人的处置

目前，原美臻仍在本分队拘押，无逆用价值，特殊输送较妥当。
队长意见：
关于该人的处置问题，同意分队长的意见，适合特殊输送。
请关宪司指示。

十五、对防谍上必要对策的意见

要严密监视逆用谍报人员的动向，同时要严加检查与其交往密切者的关系。

虎林宪兵分队长　长岛恒雄

（完）

发：队长、防参

抄：虎头

发：关宪司、三〇三六、四参、东特机

抄：队下乙

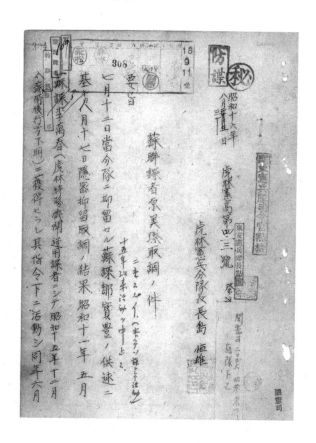

关东宪兵队关于处置苏联谍报员的指令

关宪高第九一八号

一九四一年九月十三日

根据虎林宪高第四二三号报告,准予将苏联谍报员原美臻作特殊输送处理。

司令官 原 守

发:东安队长

抄:军司、哈尔滨

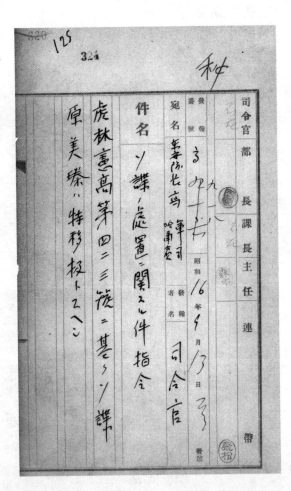

虎林宪兵分队关于审讯
苏联谍报员张汝成情况的报告

虎林宪高第四二四号
一九四一年八月三十一日

要　点

一、摘由所载之谍报员张汝成,是依苏联谍报员盛桂题之供述,由平阳镇宪兵分队按本分队的通缉令将其秘密扣留,八月十五日移交本队审讯。

二、审讯结果查明,一九三七年十一月,张汝成在密山县大桥村荒岗经营杂货店时,因走私鸦片入苏,被"乌苏里"苏军逮捕。在接受该地国境警备队某上级中尉审讯时,以释放和走私鸦片为条件,同意加入苏联谍报组织。尔后,在其指令下进行活动,入苏七次,获酬金二百九十元。一九四〇年三月,移居密山县黄泥河子后,由于地理上的缘故,中断了入苏活动。

三、目前,张汝成在本分队拘押,无逆用价值。

正　文

一、扣留时间、地点

一九四一年八月十三日
于东安省密山县黄泥河子村安乐屯

二、被扣留者国籍、原籍、出生地、住址、职业、姓名、别名、工作名、年龄

国　籍　满洲国
原　籍　山东省掖县吕村
出生地　同上
住　址　东安省密山县黄泥河子安乐屯三十牌
　　　　杂货商　张汝成

177

　　别　名　韶　九
　　　一八九五年九月三日生　现年四十七岁

三、经历及事件概要

（一）经历

　　张汝成出生于原籍地,在原籍读了四年私塾。一九一二年来满,在绥芬河、哈尔滨、龙口等地杂货店做工。一九三三年,移居密山县当壁镇开杂货店。一九三七年,移居虎林县大桥村荒岗屯,经营杂货店。一九四〇年,移居密山县黄泥河子经营杂货店至今。其双亲已故去,妻赵氏和长子张永俊在原籍务农,妾王氏与次子张永杰随其同住。

　　该人资产加上不动产,估计有一千五百元。

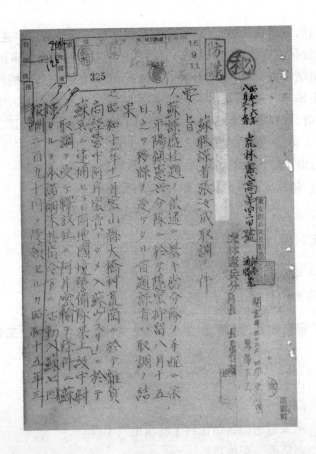

(二)事件概要

一九三七年,张汝成在密山县大桥村荒岗屯经营杂货店时,因同村熟人栾成利的劝诱,跟其入苏。在"乌苏里"私自贩卖鸦片时被苏军逮捕,带到当地国境警备队,受到"格别乌"某上级中尉的审问,以释放和可以走私鸦片为诱饵,劝其加入苏联谍报组织。张汝成应承此事之后,在该中尉的指令下活动。入苏提供情报七次,获酬金二百九十元。一九四〇年三月,移居黄泥河子后,由于地理上的原因,中断了入苏活动。

(中略)

十四、该人的处置

目前,张汝成正在拘押,无逆用价值,适合特殊输送。

队长意见:

关于该人的处置问题,同意分队长的意见,适合特殊输送。

请关宪司指示。

十五、对防谍上必要对策的意见

要严密监视国境地区居民的动向。

虎林宪兵分队长　长岛恒雄

(完)

报:队长

抄:虎头、防参、虎特机

报:关宪司、三〇三六、四参、东特机

抄:队下乙

关东宪兵队关于处置苏联谍报员的指令

关宪高第九一九号

一九四一年九月十三日

根据虎林宪高第四二四号报告,准予将苏联谍报员张汝成作特殊输送处理。

司令官　原　守

发:东安队长

抄:军司、哈尔滨

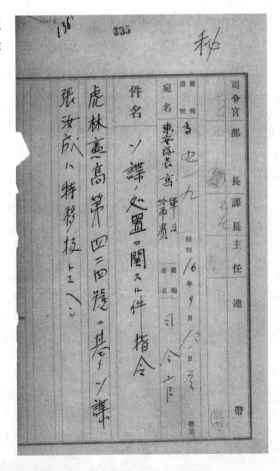

虎头宪兵分遣队关于审讯
苏联谍报员于金喜情况的报告

虎头宪高第二九〇号

一九四一年九月五日

东安宪兵队长白滨重夫台鉴:

要　点

一、据一九四一年八月十五日已报之虎头宪高第二五八号报告中国恩章的供述,于八月三十一日将于金喜扣留审讯。①

二、据于金喜自供:本人在虎头村干零活时,于一九四〇年七月被国恩章发展为苏联谍报员,随国恩章乘黑夜盗用渔船,从虎头村朝鲜部落南约三公里处渡过乌苏里江,越境入苏。到"伊曼"第五十七国境警备队本部与"格别乌"某上级中尉会面,宣誓加入苏谍报组织。此后,至一九四一年三月间,在其指令下先后三次入苏提供日满军事情报,②获酬金一百五十元。

三、目前,该人在本分遣队拘押,无利用价值。

具体情况报告如下:

计　开

一、扣留时间、地点

一九四一年八月三十日

---

①　此页档案原件上批示内容为:"信使式谍报员(在满居住)。"国恩章名字处批示为:"已发特殊输送指令。"

②　此页档案原件右侧批示内容为:"三月份之后,我方加强了国境警备,因感到恐惧,暂时中止活动。"

于虎林宪兵分队

二、被扣留者国籍、原籍、出生地、住址、职业、姓名、别名、工作名、年龄

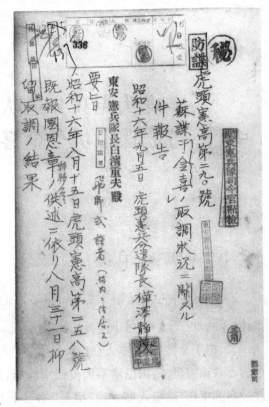

国　籍　满洲国

原　籍　山东省黄县北马集村

出生地　同上

住　址　东安省虎林县虎头村兴隆街

劳工　于金喜

别名、工作名　无

现年三十二岁

三、经历及事件概要

（一）经历

于金喜出生于原籍地，因家境贫穷没有上学。一九二二年三月，随父亲一起去海参崴。一九二八年五月，回山东务农。一九三二年十月来满，在虎林县独木河秘密种了三年鸦片。一九三五年十一月来虎，无固定职业，在私烟馆做工或干零活至今。

（二）家庭状况

其双亲早年故去，无其他家人。没有财产，以干零活为生，过着贫困的生活。

（三）事件概要

于金喜在虎头村干零活时，被国恩章发展为苏联谍报员。一九四〇年七月，跟国一起，乘黑夜盗用渔船，在虎头村朝鲜屯南约三公里处渡过乌苏里江。

（中略）

十四、该人的处置

于金喜在本分遣队拘押,无利用价值。另外,该人之所以成为苏联谍报员,对苏联有依赖性,不言而喻,是为了满足其物质欲望。这种人留在特殊地区,有再次活动之虑。因此,鉴于时局的关系,作特殊输送处理较妥当。

队长意见:

关于该人的处置问题,同意分遣队长的意见,认为适合特殊输送。

请关宪司指示。

十五、对防谍上必要对策的意见

鉴于时局的关系,如果不把居住在国境地区的这种人逐一查出,加以镇压,就不能使其放弃亲苏的观念。所以,为了使我们行动的秘密万无一失,采取严厉的处置是理所当然的。

虎头宪兵分遣队长　桦泽静茂

（完）

发:队长、分队长

发:关宪司、三〇三六、四参、东特机

抄:队下乙

关东宪兵队关于处置苏联谍报员的指令

关宪高第九三五号

一九四一年九月二十二日

　　根据虎头宪高第二九〇号报告，准予将苏联谍报员于金喜作特殊输送处理。

　　　　司令官　原　守

发：东安队长

抄：军司、哈尔滨

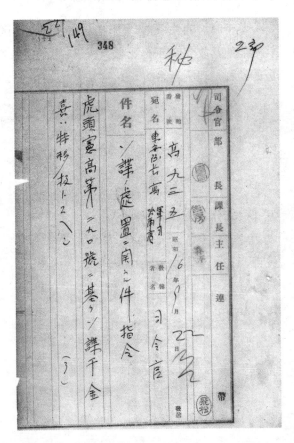

虎头宪兵分遣队关于审讯苏联谍报员矫吉明情况的报告

虎头宪高第二七七号

一九四一年八月三十日

东安宪兵队长白滨重夫台鉴：

要　点

一、矫吉明因通匪嫌疑，被本分遣队立案侦察，①于八月二十日将其秘密扣留审讯。

二、据该人自供：一九三八年七月三十日，在虎林县虎头村北约十五里下水捞（乌苏里江）捕鱼时，被苏军绑架到"伊曼"第五十七国境警备队本部受审。在该队拘留所监禁了十四天后，被送到海参崴某劳改场（距海参崴东约三里地的木材采伐场）强制劳动。一九三九年三月，经海参崴送回"伊曼"，在国境警备队本部宣誓加入苏谍报组织，接受"格别乌"上级中尉"毕斯阔夫"下达的调查日满军情及民情的指令，领取经费五十元。一九三九年三月三十日返满。此后，至一九四一年六月，曾两次入苏提供情报，获酬金合计二百元。

三、该人在本分遣队拘押，目前正在审讯。

具体情况报告如下：

计　开

一、扣留时间、地点

一九四一年八月二十日

于东安省虎林县虎头村平安街

---

①　此页档案原文第一行处批示内容为："伊曼 H、K、B□系"、"在满居住，信使式谍报员"。后一行处批示："正再次审讯。"

二、被扣留者国籍、原籍、出生地、住址、职业、姓名、别名、工作名、年龄

国　籍　满洲国
原　籍　山东省黄县城西九里站
出生地　同上
住　址　东安省虎林县虎头村平安街
　　　　劳工　矫吉明
别　名　子信
工作名　高列沃依
　　　　现年四十四岁

三、经历及事件概要

（一）经历

甲、矫吉明出生于原籍地，读了五年私塾。一九一四年，在北京西永兴杂货店做店员。一九一六年三月返乡。同年九月来满，在哈尔滨道外天合成杂货店做了九年店员。一九二五年十一月，兴安北省①"扎赉诺尔"煤矿招收劳工，该人在煤矿干了三年。一九二八年十月去奉天，在天增恒杂货店做店员。一九二九年十一月，到牡丹江省②梨树镇煤矿作业现场干了一年小摊贩。一九三〇年五月，到虎林县独木河，在马鞍山、西大顶子等地务农。一九三三年十月移居虎头。

乙、移居虎头之后，以捕鱼为生。一九三八年七月三十日，在虎头村北约十五里下水捞附近的江上捕鱼时，被苏军绑架到"伊曼"第五十七国境警备队本部受审，并被监禁了十四天。同年八月十四日，被送到海参崴某劳改场强制劳动。一九三九年三月经海参崴送回"伊曼"，在国境警备队本部宣誓加入苏谍报组织，接受了调查日满军情及国内情况等指令。一九三九年三月三十日入满，在

---

①　兴安北省，伪满时省名。一九三二年三月，伪满洲国公布《兴安省官制》，把兴安省分为兴安东、南、北三个分省，后又增设兴安西分省。一九四三年十月，成立兴安总省，管辖原兴安东、南、西、北四省区域。一九四五年八月日本投降，伪满洲国覆灭，兴安总省建制自然解体。

②　一九三七年七月，侵华日军为强化"国防"，设置牡丹江省，共辖一市五县，省会为牡丹江市。一九四三年十月，牡丹江省并入东满总省。

虎头村干零活,或在驻虎日军部队挑水,或在砖场做烧砖工等至今。

(二)家庭状况

其家属,有伯父矫令盛(六十七)、妻子矫郝氏(三十九)二人,在原籍务农。该人干杂活月收入四十元左右,无其他财产。

(中略)

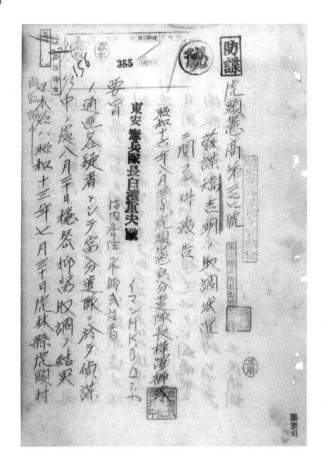

十四、该人的处置

目前,该人在本分遣队拘押,正对其进行怀柔和继续审查。

队长意见:

预定在查清其本年六月以后的活动情况后,再决定对该人的处置。

十五、对防谍上必要对策的意见

鉴于时局的关系,如果不把居住在国境地区的这种人逐一查出,加以镇压,就不能使其放弃亲苏的观念。所以,为了使我们行动的秘密万无一失,采取严厉的处置是理所当然的。

十六、其他参考事项

刘福元(四十五)和该人一起监禁在"伊曼"国境警备队,一起被押送到海参崴劳改场。一九三九年三月成为谍报员,接受调查日满军事情报的指令。与该人一起入满境,去穆棱县梨树镇煤矿就职。去梨树镇之后,消息全无,下落不明。

队长批示:要求对刘福元的体貌特征等再调查。

虎头宪兵分遣队长 桦泽静茂

(完)

发:队长、分队长
发:关宪司、三〇三六、四参、东安特机、牡宪
抄:队下乙

虎头宪兵分遣队关于再次
审讯苏联谍报员矫吉明情况的报告

虎头宪高第二九七号

一九四一年九月八日

（参阅一九四一年八月三十日虎头宪高第二七七号报告）

东安宪兵队长白滨重夫台鉴：

现将八月三十日已报之虎头宪高第二七七号报告中苏联谍报员矫吉明①的再审情况报告如下：

计　开

一、苏联谍报员矫吉明第二次入苏日期

一九四一年六月八日

二、本年六月以后的活动情况

本年六月八日，该人入苏向指令者提供了调查的日满军事情报，并接受新的指令回满。由于警宪加强检查，且国境线被警备封锁，该人怕被发现，便停止了活动，在虎头村腰营屯张永顺处给农作物除草（每日四元）。八月十六日，被解雇返虎，二十日被秘密扣留。

---

① 此页档案原件上矫吉明名字处批示内容为："无通匪事实。"此页档案原件下端另粘贴一纸条，内容为："一九三八年，被苏军绑架，强制劳动。一九三九年成为谍报员。返满之后，居住在满洲国国境地区。到本年六月为止，前后四次出入满境，作为信使式谍报员在活动。"

三、该人的处置

该人在本分遣队拘押，无利用价值，适合特殊输送。

队长意见：

关于该人的处置问题，同意分遣队长的意见，适合特殊输送。

请关宪司指示。

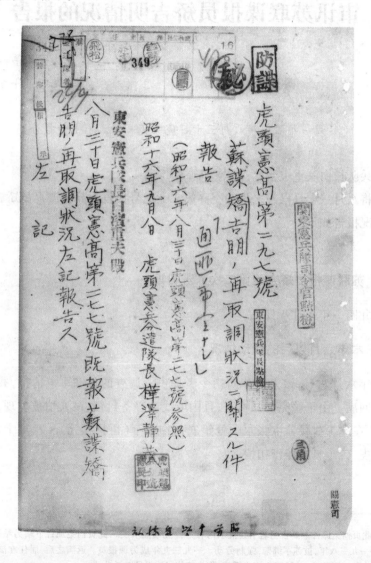

四、刘福元及指令者、翻译的体貌特征

见附表第一、二、三。①

另外,刘福元同矫吉明一起成为谍报人员,接受了调查日满军事情报的指令。一九三九年三月三十日一同入满,在虎头兴隆街满人旅馆兴隆馆停留二十二天之后,刘福元说要到穆棱县梨树镇煤矿就业,并向矫吉明提到如万一就业不成时,就回原籍等等。其后就断了消息,下落不明(以上为矫吉明的供述)。

五、关于通匪嫌疑的问题

矫吉明去年冬季到今春解冻期间,向虎林县独木河附近山中连续数次运去不少粮食,从其行动推测,有明显的通匪迹象。因此,本队使用密侦进行调查。据密侦调查结果报告,该人自去年十月到本年三月间,在虎林县二道亮子及三道亮子附近山中狩猎,其间搬运(背负)所需粮食等有五、六次。另外,从一九三〇年开始,曾在虎林县马鞍山、西大顶子居住务农。一九三三年,日军讨伐队将该处附近的散居民房全部烧光,该人于同年十月迁居虎头,以捕鱼为生。一九三八年七月遭苏军绑架。据此,其通匪事实难以认定。

虎头宪兵分遣队长　桦泽静茂

(完)

发:关宪司、三〇三六、牡宪、四参、东特机

抄:队下乙

---

① 表略。

关东宪兵队关于处置苏联谍报员的指令

关宪高第九三六号

一九四一年九月二十二日

根据虎头宪高第二九七号报告,准予将苏联谍报员矫吉明作特殊输送处理。

司令官　原　守

（完）

发:东安队长

抄:军司、哈尔滨

苏联滨海军区军事法庭审判档案

预 审 文 件

起诉书

因前日本陆军军人山田乙三、梶塚隆二、高桥隆笃、川岛清、西俊英、柄泽十三夫、尾上正男、佐藤俊二、平樱全作、三友一男、菊地则光及久留岛祐司犯准备和使用细菌武器罪，即犯苏联最高苏维埃主席团一九四三年四月十九日法令第一条上所定罪行一案而提出的起诉书。

在多年以内，帝国主义的日本曾是远东方面侵略势力的主要策源地。

帝国主义日本的当权集团，同希特勒德国和法西斯意大利一起结成罪恶阴谋联盟，曾策划、发动并进行侵略战争反对各爱好和平国家人民，以期和希特勒德国共同建立世界统治。

这些侵略战争的目的，就是要建立所谓"大东亚共荣圈"，即建立一个由日本统治的殖民地国家。此种力求用强力掠夺日本邻近诸爱好和平国家广大领土以期建立这样一个殖民地国家的事实，也就表明日本帝国主义者怀有极端强烈的扩张意图。

日本当权集团的侵略野心该是如何巨大，这从日本政策主要领导人的多次公开声明中便可看出。

日本主要战犯之一，即日本军国主义侵略集团"思想家"桥本金五郎，在一九四二年一月五日"太阳大日本"报上发表的一篇标题为"大东亚帝国共荣圈"的论文中写道，这个"共荣圈"内应包括下列诸国："日本、满洲、中国、苏联远东地区、马来亚、荷属东印度、英属印度、阿富汗、澳大利亚、新西兰、夏威夷、菲律宾，以及太平洋和印度洋各岛屿"。

在那按日本天皇特令设立而由日本首相直接管辖的"总体战研究院"所规

定的各种计划和方案内,所谓"大东亚"版图也恰恰是这样划定的。

日本帝国主义者的一切罪恶计划中,都是把侵略苏联一举看成为主要的任务。日本军阀实行侵略的战略计划内,通常是把苏联叫做"第一号对象"。

他们在日本居民中间曾广泛宣传反苏的掠夺战争。此种宣传在所有一切完全受日本政府情报部管制的日本刊物上,都曾进行过。

日本当权集团为实现其罪恶计划,采取过多次侵略行动:

一九三一年,日本武装力量挑起了所谓"沈阳事件",随即侵入满洲,并将其占领;

一九三七年,日军挑起了所谓"卢沟桥事件",随即侵入中国内地;

一九三八年,日本军阀在哈桑湖地区向苏联举行侵犯,但被苏军击溃;

一九三九年,日本帝国主义者在哈勒欣河地区侵犯苏联的友邦蒙古人民共和国,但也被蒙古人民共和国和苏联的武装力量击溃;

一九四一年末,日本军阀把日本卷入第二次世界大战,站在希特勒德国方面作战。

只是由于苏联军队对集中在满洲的日本主要突击力量关东军,给予了决定性的歼灭打击而使日本向联盟国投降之后,日本的侵略才告停止。

有关日本帝国主义侵略的诸事件,业已在东京举行的日本主要战犯案国际审判中审核过了。国际军事法庭,确定日本当权集团与希特勒德国共同策划、发动并进行了诸次侵略战争,确认日本当权集团在多年以内,曾积极准备大规模反苏的侵略战争。军事法庭确认了日本于一九三八年在哈桑湖地区及一九三九年在哈勒欣河地区两次进行反苏侵略战争,均系事实。同时军事法庭又已确认,日本与希特勒德国及法西斯意大利结成反和平反人类的罪恶阴谋,亦系事实。

军事法庭同样确定了日本根本违反战争法规和惯例的事实,其表现就是日本军阀曾用残暴手段对待战俘及占领区和平居民。

本案预审结果业已查明:日本帝国主义者在策划和准备其反苏和反其他国家的侵略战时,为达到其目的计,曾立意大规模地使用,并且在局部上已经使用过细菌战武器这种大批歼灭人命的罪恶工具。

建立特种部队来准备和进行细菌战

预审结果查明,在占领满洲后不久,日军参谋本部和日本陆军省就在满洲境内建立了一个细菌实验所,并将其划归日本关东军建制内。该实验所系由日本著名细菌战思想家,以后晋升为军医中将的石井四郎主持。实验所中专门研究用烈性传染病菌进行攻势细菌战的方法。

据前日军军医少将,被告川岛清供称:一九三五至一九三六年间,已由日本参谋本部和陆军省按照天皇裕仁诸次秘令在满洲境内成立有两个用来准备和进行细菌战的极端秘密部队活动。

为保守秘密起见,就将其中一个以石井实验所为基础建立的部队命名为"关东军防疫给水部";另一个部队则叫作"关东军兽疫预防部"。一九四一年,当希特勒德国开始进犯苏联后,这两个机关就用番号秘密称为"第七三一部队"和"第一〇〇部队"。"第七三一部队"由上述石井四郎领导。"第一〇〇部队"由兽医少将若松主持。

这两个部队内都配足有细菌学专家,其中工作人有许多是由日本最著名细菌学家指导的科学技术人员。单就第七三一部队内便大约有三千工作人员这点说来,已足证明这两个细菌部队工作的巨大规模了。

日本统帅部曾拨出巨款以供各该制造细菌战武器的部队之用。例如,为了展开第七三一部队的活动,特于一九三九年间在距哈尔滨二十公里远的平房站一带,建成了一座大军用市镇,其中设有许多实验室和办事室。储存有大量原料品。市镇周围划定了一个禁区,以资严守秘密。该部队有自己的航空队,并在安达车站附近设立有一个特种打靶场。

第一〇〇部队设在长春以南十公里的孟家屯,也拥有广阔的房舍、特种设备和大片土地以供使用。

第七三一部队与第一〇〇部队下面,分设有许多交由日本关东军各部队和各兵团指挥的支队,这些支队都位置在与苏联毗邻的各主要战略方面(案卷①第十四卷,第二九页)。

———————————

① 此处案卷是指滨海军区形成的档案,本书收录审判材料时,亦保持原貌。

　　各支队的主要任务,是要准备在战争中实际使用各该细菌部队所制造出的细菌武器。

　　细菌部队及其各支队均直接受日本关东军总司令管辖。

　　证实这点的除了各证人和各被告的供词外,还有前日本关东军总司令梅津美次郎一九四〇年十二月二日所发布,而于一九四五年被苏军在满洲缴获的关于建立和分布第七三一部队四个新支队的命令(案卷第十五卷,第三页)。

　　继梅津之后任日本关东军总司令,现为本案被告的山田将军在供状中也证实说,细菌部队都是直接受他管辖的(案卷第十八卷,第三八三页)。

　　被告山田乙三在说明第七三一部队的任务时供称:

　　"……第七三一部队成立的目的是准备细菌战,主要是反对苏联,同时也反对蒙古人民共和国和中国"(案卷第十八卷,第三八二页)。

　　据山田供称,日本准备细菌战,也是要反对其他国家(案卷第十八卷,第三八三页)。

　　山田还供称,第一〇〇部队的活动,就是制造供细菌战用的细菌武器(案卷第十八卷,第三八二页)。

　　此外,第一〇〇部队还"……负责进行军事破坏活动,即用病菌去传染牧场、牲畜和蓄水池。在这方面,第一〇〇部队的工作是与关东军司令部侦探部有密切联系的……"(案卷第十八卷,第一七一页)。

　　前日本关东军兽医处长,兽医中将被告高桥也供称:"兽疫部队"的任务是要准备和进行细菌战和军事破坏活动(案卷第十一卷,第五四页)。

　　在该两部队及其他各支队中,曾有计划地进行细菌学研究,以求确定可以作为细菌武器的最有效细菌种类,并探求出大批生产此种细菌以及使用此种细菌去消灭大批人命和藉传染牲畜庄稼来造成经济损害的方法。

　　第七三一部队内共设有八部,其中只有一部(第三部)经管给水和防疫事宜。但就在第三部的生产作坊内,也制造名叫"石井式飞机弹"的特种细菌弹壳。这些炸弹是用来从飞机上散播染有鼠疫的跳蚤的(案卷第二卷,第二六三页)。

　　第七三一部队内所有其余各部,完全是在干准备和进行细菌战的事情。

　　预审材料证实,该部队第一部专为进行细菌战来研究和培养鼠疫菌、霍乱菌、坏疽菌、炭疽热菌、伤寒菌、副伤寒菌及其他病菌,以便在细菌战中加以使用。

在此种研究过程中,不仅用动物,而且用活人来进行实验,为了这个目的,就设立有一个能容三四百人的内部监狱。

第二部,即所谓实验部,负责在打靶场条件下以及在战斗环境内试验细菌武器。

第二部管辖有一个特别航空队,其中飞机上都有仪器装配,并管辖有设立在安达站附近的一个打靶场。该部下面设有一个分部来专门培育与繁殖供散布鼠疫用的寄生虫。

第二部专门制造散布细菌的特种武器:自来水笔式和手杖式的投掷器,瓷质飞机弹等等。从在日军档案中发现的别动队武器表上可以看出,日本人曾把自来水笔式投掷器采用为一种武器(案卷第十六卷,第十六页)。

另一部叫作"训练"部,该部专为日军战斗分队和别动队造就善于使用细菌战武器的专门人材。

为了大量培制足供细菌战需用的细菌,第七三一部队内设有一个生产部(第四部)。据前该部部长,被告川岛所说,这生产部是大规模出产各种细菌的"工厂"。

该部具有强大仪器装备,分为两个分部,每一分部都能独立生产细菌。第一分部有以下基本设备:制细菌营养液的大锅炉四具,每具容量为一吨;营养液消毒器十四具,每具长三公尺,直径一公尺半。每一消毒器内可容三十个由第七三一部队长官石井发明的特种培养器。第一分部内有两个冷却细菌营养液的房间。每个房间内能同时容下一百个培养器。该分部内还有五个调温器,总共可容六百二十个石井式培养器。

第二分部内有大锅炉两具,每具容量为二吨,消毒器八具,每一消毒器内可容六十个培养器,此外还有其他设备。

第四部内尚有保存现成"产品"的特种冷藏器。

根据第七三一部队培养细菌主要设备出产能力的材料,法庭检验委员会确定:在总共不过几天的一个生产周期内,单只第七三一部队内的此种装备,就能出产不下三万万亿微生物。检验委员会强调指出,若按生产期限说来,此种细菌产量应认为是非常巨大的。

这种强大的细菌出产量,就使第七三一部队和第一〇〇部队人员曾用公斤来计算他们所培养出的细菌胶状体。这也就说明,为什么各被告在口供中说用公斤来计算细菌数量,须知他们所指的是直接从营养液浮面上取出的乳浆状浓细菌体的重量。

例如,在说明第七三一部队的生产能力时,被告川岛供称:

"……按生产设备及其生产能力说,该生产部内每月能培制出三百公斤鼠疫细菌"(案卷第三卷,第三一七页)。

另一被告柄泽同样供称:

"……细菌生产部出产能力……在全部设备都动用起来时……每月能出产三百公斤鼠疫细菌"(案卷第四卷,第二八六页)。

据预审材料证实以及检验委员会确定:所有这些大量出产的传染病菌,包括鼠疫菌、霍乱菌、伤寒菌及其他病菌在内,都是用去制造细菌武器,以便大批消灭人命的。

在第七三一部队及其各支队中,也曾大规模养育跳蚤,以后使其受到细菌传染。为了繁殖和传染跳蚤,使用过老鼠及其他鼠类动物,这种动物不仅是由各该细菌部队人员去搜捕,并且还由关东军各部队内所指定的专门队伍去捕获。

单就第七三一部队内拥有四千五百具用鼠类血液繁殖跳蚤的孵育器这点说来,就可知道培养跳蚤的巨大规模了。

按各被告所供,这种孵育器的生产能力在短时间内能培养出几公斤染有鼠疫的跳蚤,据检验家计算,这几公斤的重量就相当于数千万个专门用作细菌武器的跳蚤。

关于繁殖跳蚤的巨大规模还可从如下事实中看出:据证人森田供述,单在海拉尔第五四三支队内,一九四五年夏天就同时养育有约一万三千只老鼠(案卷第二卷,第二三九页)。

预审材料证实,另外两个日本细菌部队,即一九四一至一九四三年期间由被告军医少将佐藤在华中和华南指挥过,而用暗号称呼的"波"字部队和"荣"字部队,也同样进行过细菌战准备工作。

据被告佐藤供称,"荣"字部队拥有大量培养细菌以供进行细菌战之用的生产能力。

据法庭医学检验委员会证明,第七三一部队和第一〇〇部队按其生产能力和活动性质来说,都是为了要进行积极的细菌战(案卷第九卷,第一五五页)。

据被告山田供称,日军"……曾批准了并采取了使用细菌武器的如下三种主要方法:从飞机上散布细菌,投掷细菌弹,以及进行军事破坏……"(案卷第十八卷,第一三一页)。

按日本帝国主义者的计划,专门装置的飞机以及受过特别训练的战斗部队和破坏队匪徒,其任务就是在前线和敌后大量散布染有鼠疫、霍乱、伤寒、鼻疽、炭疽热及其他烈性传染病的致命细菌,并用一切可能办法传染居民点、蓄水池、水井、庄稼和牲畜群等。日本帝国主义者的罪恶计划是打算利用致命细菌之迅速繁殖的性能,蓄意向敌军中和敌方和平居民中散布鼠疫、霍乱等等传染病,藉以引起可怖的瘟疫,而使千百万人遭到惨死。他们决心运用这种不仅对交战国居民,而且对中立国都能造成极大危害的残忍武器。

在活人身上进行罪恶实验

为检查细菌武器效能所曾采用的基本方法,就是有系统地和大规模地用活人来进行惨无人道的罪恶实验。

这种罪恶实验,曾施之于中国参加抗日运动的爱国分子以及苏联公民身上,这些人都是日本宪兵机关确定要用惨酷手段加以消灭的。

预审材料证实,日本细菌部队人员拿活人来作罪恶实验而将他们残酷杀害一事,都是经过日本关东军总司令认可和同意的。

被告山田供述,他曾准许用活人来进行实验。

山田供称:

"我……曾准许人们去进行此种实验,因而我在事实上也就是批准了强行杀害那些都是由我所管辖的关东宪兵队机关和各日本军事团送去受实验的中国人、俄国人和满洲本地人……"(案卷第十八卷,第一七四页)。

作为证人受讯的古都,供出了关于在活人身上进行伤寒病传染实验的情形。

他供称:

"……大约在一九四三年初,我奉第七三一部队第一部长官田部井命令,初次参加对该部队监狱内犯人作传染伤寒病的实验。我预先准备了一公升投有伤寒病菌的甜水,然后把这一公升甜水用普通水冲淡,就分给约五十名中国犯人喝了,据我所记得的,他们都是战俘,其中只有几个人事先受过预防伤寒病的注射"(案卷第五卷,第三〇八页)。

被告川岛清在被讯关于第七三一部队第一部活动情形时供称:

"……第七三一部队中,广泛地拿活人来作过检查各种致命细菌效用的实验。用来作这种实验的材料,就是日本反侦探机关确定要加以消灭的中国爱国分子和俄国人……"(案卷第三卷,第五九页)。

"……第七三一部队内设有拘禁犯人的特别监狱,其中所有要用来受实验的犯人,均严被看管和隔绝;为了保守秘密起见,本部队工作人员通常都把他们叫作'木头'"(案卷第三卷,第一四六页)。

在近似战斗环境的野外条件下,即在特种装备的打靶场上,也同样用活人来进行惨无人道的实验。先把被禁闭者——绑在打靶场内的铁柱子上,然后就对他们进行检查各种细菌弹效能的实验。

被告柄泽供称:

"……我两次到安达站打靶场那里,亲身参与过在野外条件下用活人来实验细菌的作用。第一次是在一九四三年末,当时有十个人被押到打靶场上来,他们被绑在事先就栽在土里彼此相隔五公尺的柱子上。然后就在距他们五十公尺以外的地方,藉电流爆发了一颗开花弹。结果有几个受实验的人被弹片炸伤,立刻——这点我事后才知道,——就受到了炭疽热的传染,因为这炸弹内面就装的是这种病菌……"。

"第二次我到打靶场上去参加实验,是在一九四四年春季,当时解来了十个人,也和第一次一样,把他们都绑在柱子上,然后在距离受实验者约十公尺的地方,爆发了一颗装有鼠疫细菌的炸弹"(案卷第四卷,第四二页)。

另一个在安达站附近打靶场上参加了此种罪恶实验的被告西俊英供称:

"……一九四五年一月间,我曾在安达站附近第七三一部队打靶场上,亲自看过那里由该部队第二部部长碇常重中佐协同该部科学人员二木一起,在十个中国战俘身上进行坏疽病传染的实验。这十个被俘的中国人被绑在各距十至二十公尺的柱子上,然后就藉电流爆发了一颗炸弹。结果这十个人都被带有坏疽菌的榴散弹所炸伤,一星期后他们全都痛苦万分的死去了"(案卷第七卷,第一一三页)。

惨死者的尸体就在第七三一部队监狱近旁特别装设的焚尸炉里被焚化了。

本案受讯的各证人和被告，都供出了所有被当作"实验材料"落到第七三一部队特设监狱刑场中的人们遭受种种残酷拷打、暴刑和侮辱的事实。

证人仓原供称：

"……在每一层楼上都有几个供实验用的房间，中部有几个小牢房，那里禁闭有受实验的人，或如曹长田坂告诉我说，这就是该部队内所叫作的'木头'……我记得很清楚，这个监狱里除了中国人外，还拘禁有俄国人。在一间小牢房里，我看见有一些中国妇人……关在牢房的人都带有脚镣……三个中国人没有手指了，其余的人只剩下手指骨头。吉村向我解释说，这是他对他们作过冻伤实验的结果……"（案卷第二卷，第三七一页）。

作为证人受讯的前日本"保护院"集中营副主任山岸供称：

"……我记不得所有被发送到第七三一部队里去消灭的那些人的名姓。不过我至今还记得有几个人……一个是苏军兵士德姆琴科，他根本拒绝供出关于苏联的任何消息。经我允许，对他采用了肉刑。审讯人拷打过他，把他的脚手捆住，吊在屋梁上。可是德姆琴科终于没有招供。

那时我便决定将他消灭，所以就把他发送到第七三一部队里去了"（案卷第二卷，第一七四页）。

证人饭岛也供出了把苏联人从"保护院"集中营内送去消灭的事实。

"……我几次从'保护院'集中营内总共送了约近四十个苏联公民去遭死，他们受过实验之后都死掉了……"（案卷第六卷，第二四二页）。

凡落到了第七三一部队里的被监禁者，总是不断受到惨无人道的实验，一直到死去时为止。据被告川岛供称：

"要是犯人受过致命细菌传染后又痊愈起来，那他也不免要受接二连三的实验，直到因传染病死去时为止。为了研究各种治疗法，对已受传染的人也会加以治疗，也给他们吃正常的饭食，等到他们身体完全复原之后，就把他们用来作另一种实验，用另一种细菌传染他们。无论如何，从来是没有一个人能活着走出这个杀人工厂的……"（案卷第三卷，第六〇页）。

日本宪兵队机关和日本驻满洲各军事团，根据它们所奉到的命令以及它们与各细菌部队长官商定好的手续，经常把被囚禁的中国人、满洲本地人和苏联公民送到各细菌部队里去，以作供所谓"研究"之用的"特别材料"。为保守秘密起见,在宪兵队的正式文件上规定出了一个专门名词,叫做"特殊输送"。

前"满洲国"军宪兵署日本顾问,证人橘武夫供称:

"……有一种被抓来审讯的人,按我所管辖的宪兵署特务部路线,是应当加以消灭掉的。这种人就是……游击队员、激烈反对日本驻满当局的分子等等。这些被捕的人并没有提交法庭审讯过,因为我们总是径直把他们送到第七三一细菌部队去消灭的……"(案卷第六卷,第九五页)。

另一个证人,前哈尔滨日本宪兵队司令的副官木村在受讯时供称:有次他当场听到第七三一部队长官石井将军在同哈尔滨宪兵队司令春日馨谈话中表示说,他相信以后也会能和先前一样领到被捕人来作"实验"(案卷第二卷,第一九四页)。

苏联军队在满洲日方档案中缴获的日本宪兵队正式文件证实:自一九三九年起及以后时期,经常采用过所谓"特殊输送"被监禁者的办法。其中有一个文件,是关东军宪兵队司令城仓少将于一九三九年颁发的第二二四号命令,内容是把三十个被监禁者"特殊输送"到石井部队里去(案卷第十七卷,第三五至三八页)。

被告川岛清也证实有大批消灭被监禁者的事实,他供称:

"每年都有五六百犯人被送到第七三一部队里去。我曾亲眼看见,这部队第一部工作人员从宪兵队方面领到一批批的犯人"(案卷第三卷,第五九页)。

"……根据我在该部队内因所负职务关系才知道的消息,我可以说,在第七三一部队中,每年因受实验而死去的大约至少有六百人"(案卷第三卷,第一四六页)。

"当本部队驻在平房站附近的五年之内,即从一九四○年至一九四五年间,通过这杀人工厂,因染受致命细菌而被消灭的,至少有三千人。至于在一九四○年以前被消灭的人究有多少,那我却不知道"(案卷第三卷,第六○至六一页)。

第一○○部队中也干过同类的罪行,该部队第二部第六分部曾专门在活人身上进行实验。

前第一○○部队实验员,证人畑木章述及该部队活动时供称:

"……关东军第一○○部队名义上称为兽疫预防部队,其实它是一个细菌部队,因为那里专门繁殖和培养传播鼻疽、炭疽热、牛瘟等兽疫的病菌。第一○

○部队中曾用家畜和活人来试验细菌效能,所以在这部队内专门养得有马匹、乳牛及其他牲畜,并且还单独拘禁有一些活人,我之所以知道这点是因为我亲自看见过"(案卷第十三卷,第一一一页)。

另一个证人,前第一○○部队兽医福住光由供称:

"……第一○○部队是用许多细菌学工作员、化学家、兽医和农艺家配备起来的一个试验工作队。这部队内所进行的全部工作,都是在准备反苏的破坏性的细菌战。该部队及各支队人员曾进行一种科学研究工作……专门探求大量使用各种细菌和烈性毒药来大规模歼灭牲畜和人命的方法"。

"……为了确定这种毒药的效能,曾用动物和活人来进行过实验……"(案卷第十三卷,第四八页)。

前第一○○部队服务人被告三友供称,说有许多被监禁者就是经他亲手施行过残暴实验后被害死了的(案卷第十二卷,第一九二页)。

三友供称:

"……有过这样一回事。一九四四年八月,在两个星期内对一个俄国人作过各种各样的实验。他的身体已经消瘦不堪,松井下令用注射氰化钾办法把这个俄国人毒死……。

我假装是给这个俄国人治疗,向他注射了一针氰化钾后,他便立即死掉了。这药针是我在单人牢房内注射的……。

一九四四年九月初,有个宪兵当着我的面,在牲畜掩埋场上把两个俄国人枪毙了,枪毙之后就埋在那里。这是奉中岛中尉命令枪毙的。枪毙他们的原因,是因为他们的身体已经衰弱不堪,再不能用来进行实验了"(案卷第十二卷,第一四九页)。

除了用被监禁者来作传染鼠疫和其他烈性传染病的罪恶实验之外,第七三一部队内,还广泛进行过冰冻活人四肢的残忍实验。强迫那些被监禁者把双手双脚放在特种冰箱内,直到四肢完全僵冻时为止。

证人古都供称:

"……一群带上脚镣的俄国人、满洲本地人、中国人、蒙古人,每次从两个到十六个人不等,被押到严寒露天里,就用枪杆威吓他们,要他们把光着的手(有时一只手,有时两只手)放进水桶里,然后强迫他们把浸湿了的光手伸在冰冻天气内,僵冻十分钟到两小时,看天气的温度如何而定,当大家的手完全被冻伤之后,再带他们回到监狱实验室里去"(案卷第五卷,第三一七页)。

此种罪恶实验的结果,多半是受实验者四肢腐烂,被割去四肢,直至死去。此种实验目的,就是要探求在日本将来实现反苏军事行动时如何医治四肢冻伤的办法。

在对华战争中使用细菌武器

日本帝国主义者曾一面准备着大规模的细菌战,同时他们已于一九四〇年间在他们所发动的对华侵略战争中部分地使用了细菌武器。

一九四〇年夏季,由第七三一部队长石井将军率领的一个特别细菌远征队,被派往华中战区。第七三一部队的飞机队在宁波一带藉染有鼠疫的跳蚤散播鼠疫到敌人地区中去,结果那里发生了鼠疫流行症(案卷第三卷,第七三页)。

被告柄泽十三夫在被讯关于组织上述远征队情形时供称:

"……一九四〇年下半年,我奉直接长官铃木少佐的命令,要准备七十公斤伤寒菌和五十公斤霍乱菌。当时铃木少佐向我解释说,准备细菌一事,是该部队长官石井将军命令他作的,因为石井将军正准备率领一个特别远征队去用细菌反对中国军队……我执行了这个命令。同时,我从第二部人员方面听到,第二部内为石井将军远征队培养了五公斤染有鼠疫的跳蚤,以便用去散布鼠疫。一九四〇年九月,石井将军带了部队内其他一部分军官到汉口去,同年十二月返回了本部队。据那些随同石井将军到过汉口的军官转回来时说,使用染有鼠疫跳蚤一举,业已奏效。散布跳蚤的结果引起了鼠疫流行症。参加过那次远征队的野崎少佐曾拿出一份中国报纸给我看,报纸上有篇论文指出说,宁波一带发生了鼠疫。接着,该论文作者作出正确结论,说这次鼠疫症的肇事者是日本人,因为有人亲眼看到,有架日本飞机飞过该区域上空时,曾在不高地方扔下了什么东西。这篇论文,我亲自读过"(案卷第四卷,第四三页)。

被告西俊英在第七三一部队内,亲眼见过摄有日本细菌部队攻击华军经过的秘密纪实新闻片,他供述说:

"……银幕上放映出如下几个镜头:把一些特种器皿挂在几架飞机下面,马上就说明这些器皿内装的是传染鼠疫的跳蚤……有架飞机是飞在敌区上空时被摄照的。那里地面上显现有中国军队在移动,并且还有一个村庄"。

西俊英往下又供述到银幕上映出细菌攻击实施和结束的情形:

"那架飞机转回到飞机场,接着银幕上就现出'任务完成'字样。石井和碇常重从飞机里走出来。接着便放映出'结果'二字。银幕上照出一张中国报纸上的论文和日语译文。这中国报纸上写道:宁波一带发生了强烈的鼠疫"(案卷第七卷,第五八页)。

证实输送特别远征队到华中战区去这一事实的,除以上所引的被告柄泽和西俊英的供词外,还有在日本关东军档案中所发现的文件。其中有前日本关东军总司令梅津将军于一九四〇年七月二十五日颁发的丙字第六五九号命令,他命令关东军野战铁道司令官料理将第七三一部队一队人员和特种秘密货物运往华中去。也找出了关东军野战铁道司令官草场中将为执行上述命令于一九四〇年七月二十六日所发出的第一七八号命令,该命令内也特别强调这货物极端秘密,因此提出不要把这货物名称公开写在输送表内,而只是指明了由平房站、哈尔滨、沈阳、山海关到天津的输送路线(案卷第十五卷,第三五至三九页)。

一九四一年,从第七三一部队内派出了一个远征队到华中常德地区去。此次远征中,日机在当地散播了传染鼠疫的跳蚤。

一九四二年,当日军从华中某战区退却时,第七三一部队又组织了一次远征。

被告柄泽关于这次远征准备情形供称:

"……由石井将军率领开去反对中国军队的这次远征,是在一九四二年年中举行的。

……当这次远征队出发之前,又按铃木少佐的命令,由我主持备办了一百三十公斤副伤寒菌和炭疽热菌,供该远征队之用。据我所知道的,在这次远征中也用过跳蚤作为传染病媒介物……为了进行这次远征,石井将军率领一队人出发到当时日军正在撤退的华中区去。远征队队员们乘日军退却之际,在行将放弃的区域内散布了细菌,好让进攻的华军染上传染病"(案卷第四卷,第四四页)。

另一被告川岛也完全证实了被告柄泽的这一供词,川岛清供称:

"一九四二年七月,事先加以准备之后,远征队就分成几批开到华中去……"。"这次使用细菌武器的方法是地面传染法,按军事破坏活动原则向该地区散布病菌……"。

"华军进攻部队进入传染区之后,就受到这细菌武器的袭击"。

正如前日军第十三军军部侦探科科长,证人三品隆行的口供所证实:"荣"字细菌部队人员也参加过这次动作(案卷第六卷,第三〇七页)。

加紧准备对苏的细菌战

一九四一年间,从希特勒背信弃义进犯苏联时起,日本军阀既待机参加反苏战争,便在满洲加紧扩张和准备专为进行细菌战而成立的细菌部队及其支队。

按照"关特演"计划(即一九四一年夏季采定的展开日本关东军以便进犯苏联的计划),第七三一部队和第一〇〇部队内曾对军官和士官组织了专门训练,目的在使他们通晓和善于使用细菌武器。

前关东军兽医处长高桥隆笃中将供称:

"自从'关特演'作战计划颁发之后,驻满各日军军部内都组织了'兽疫'部队。这些部队的长官都是从第一〇〇部队内派来的细菌学专科医生……这些部队是由日本陆军参谋本部第一作战部发起成立的……兽疫部队的任务,就是准备和进行对苏的细菌战和破坏活动……"(案卷第十一卷,第五三至五四页)。

被告川岛关于日本在一九四一年间加紧准备细菌战一事供称:

"……一九四一年夏季,当德国对苏战争爆发后,有次我去见石井将军时,本部队内两个部长村上中佐和大谷章大佐也在场,石井将军说到必须加强队内工作,并对我们宣读了日军参谋总长的命令,命令上要求我们加紧研究鼠疫细菌,作为细菌战武器。该命令中特别指出,必须大量培养跳蚤作为散布鼠疫的媒介物"(案卷第三卷,第二八至二九页)。

前第七三一部队训练部长被告西俊英说到日本在希特勒德国进犯苏联之际对细菌战方面的准备情形时供称:

"……当一九四一年希特勒德国进犯苏联,而驻满关东军集中在苏联边境的时候,第七三一部队内为创造有效细菌攻击武器的科学研究工作,大体上已经解决,至于部队内往后的活动则是完善大量生产细菌过程和散布细菌的方法。当时已经确定鼠疫细菌是最有效的攻击武器"(案卷第七卷,第一二四页)。

为了准备进行细菌战争,第七三一部队和第一〇〇部队于一九四二年特别侦察过苏联边境地区。更早以前,第一〇〇部队奉日本关东军司令部命令,曾经常派遣细菌别动队到苏联边界附近活动,这种别动队在若干年内曾为军事破坏目的而把毒菌散布到边境各池塘中,包括三河区一带的池塘在内。

这些事实已为被告平樱、三友及证人吉川等等的供词所证明(案卷第十二卷,第九四和第一九二页;第十三卷,第五七至五八页)。

一九四四年九月,第一〇〇部队在安达站附近的第七三一部队打靶场上,有关东军司令部代表们参加,举行了试验细菌武器效能的所谓演习。

此种演习参加人之一,即证人福住光由供称:

"……探求大量使用细菌法一举,是在特种打靶场上用特别装置和飞机来从事试验的,这种大规模的试验就叫作'演习'。此种'演习'于一九四四年九月间在安达站举行过……试验是以三百只牛羊为目标。那次试验结果圆满,因为全部牲畜都中毒倒毙了。关东军司令部代表们乘飞机前来参观过这种演习"(案卷第十三卷,第四九页)。

第七三一部队和第一〇〇部队及其各支队特别加紧准备反苏细菌战争的第二个时期,是在一九四五年。

被告西俊英关于这点供称:

"……一九四五年五月,当我亲自向石井将军作报告时,他向我特别强调地说,必须加紧生产细菌材料,首先是要加紧培养鼠疫菌。据他说,照事变发展情形来看,随时都可能有用细菌去攻击敌人的必要"(案卷第七卷,第一三〇页)。

由于有了这种指示,第七三一部队所有各支队,都加紧捕鼠与饲养鼠类,以供繁殖跳蚤并使跳蚤染上鼠疫。为此目的,于是在该部队各支队以及各军队中都成立了捕鼠队(案卷第十卷,第三〇、第一七六和第一九三页;第二卷,第一六八页)。

在同一时期内,实验工作也加紧了,设备也换新了,目的是要增加细菌生产能力和大量储存细菌材料。

前日本关东军总司令山田将军在被讯关于他所管辖的那些细菌的生产潜能时供称:这种生产能力极为强大,单是"第七三一部队在必要时就能用自己的武器去保证日军进行细菌战"(案卷第二卷,第六页)。

苏联及其武装力量打破了帝国主义日本当权集团想发动细菌战争的罪恶

计谋。

苏联军队进入满洲境内后,给了敌人以一蹶不振的神速打击,在极短期间内就粉碎了作为日军主力的关东军,并迫使帝国主义日本实行了无条件的投降。

"……由于苏联加入反日作战和苏军迅速深入满洲腹地,——被告山田供称,——遂使我们失去了使用细菌武器来反对苏联及其他国家的可能……"(案卷第十八卷,第一三三页)。

在日本投降前夕,日军统帅部为了消灭罪迹,就下令把各细菌部队及其支队所有的建筑物、装备和文件等统统毁灭了。

由此可见,预审结果已经证实:第七三一和第一〇〇两细菌部队内由日军参谋本部和关东军总司令指导的实际活动,就在于准备和进行细菌战,这种活动乃是帝国主义日本当权集团整个罪恶阴谋计划中的一个组成部分。

同样也确凿证实:日本军阀为了实现自己的罪恶计划,不惜干出任何罪行,直至在活人身上进行惨无人道的实验,以及用强迫传染致命细菌办法惨杀了几千被囚禁的人。

各被告个人的罪状

本案中每一被告的罪状,具体表现如下:

(一)山田乙三,自一九四四年起至日军投降时止,以日本关东军总司令资格领导过第七三一和第一〇〇两个特种部队准备细菌战争的活动。

在此期间,山田本人或委托司令部负责军官巡视过各该部队,多次听取各该部队长的报告,极力设法使此种部队经常处于备战状态。

被告山田由亲身视察及由细菌部队指挥官报告中,熟知对活人进行罪恶实验的情形,并且鼓励过此种暴行。因此,山田应对用传染致命细菌法惨杀成千人命的野蛮屠杀行为负责。

被告山田说明本人在领导第七三一部队方面的作用时供称:

"第七三一部队是直接由我以关东军总司令资格来管辖的。对第七三一部队的战术领导,即解决一切有关细菌武器生产和使用方面的问题,都是由我负责的。这就是说:若一旦必须使用细菌武器去反对敌军,那时关于此种动作的命令就只能由我发出,因为第七三一部队是受我管辖的一个特种部队"(案卷第十八卷,第三八三页)。

第一〇〇细菌部队是在同等范围内属被告山田节制的(案卷第十八卷,第三九二页)。

(二)梶塚隆二,自一九三九年任关东军医务处长时起,便直接指挥那积极准备细菌战争的第七三一部队的工作。梶塚是研究细菌武器使用法的发起人之一。

早在一九三一年,梶塚便积极拥护细菌战争思想家之一石井四郎极力要求加紧研究细菌武器以供战争之用的主张。

一九三四至一九三六年间,被告梶塚以日本陆军省卫生署科长资格,曾积极参加建立第七三一部队以及用相当专家配备该部队的工作,并促成了任命石井四郎为第七三一部队长官一举。

在作为被告受审时,梶塚承认他十分熟悉第七三一部队及其各支队的全盘活动情形,从对活人作罪恶实验起,直至使用细菌武器止。

"当时——被告梶塚供称,——我很熟悉第七三一部队内为要探求最有效的细菌武器,经常对活人进行试验的情形。我曾知道第七三一部队在一九四一至一九四二年间使用细菌武器攻击过中国军队与平民的事实……

细菌部队以及我领导的军队内的医务队,当时已有进行细菌战的充分准备"(案卷第一卷,第一一五页、第一一九至一二一页)。

梶塚否认他曾亲身参加过直接准备反苏细菌战方面的实际活动,但他在这方面的罪行已由被告山田、高桥及证人河野信雄等等的供词所完全揭穿了(案卷第二卷,第四九至六三页;第十八卷,第四二七页)。

(三)高桥隆笃,自一九四一年起至日本投降时止,以日本关东军兽医处长资格直接领导过第一〇〇部队的活动,这样积极参加了准备细菌战一事。

被告高桥说到本人在第一〇〇部队活动中的作用时供称:

"我指导过用以反苏的细菌战和细菌破坏活动的准备工作。"

"我曾命令并亲身监督过第一〇〇部队内培养鼻疽菌、炭疽热菌、牛瘟菌和斑驳病菌等等的工作,目的是要用这些细菌去进行反苏的细菌战和细菌破坏活动"(案卷第十一卷,第一一七页)。

被告高桥在指导第一〇〇部队工作时,经常鼓吹细菌武器是一种最有效战争工具的思想(案卷第十一卷,第一一三页、第一一七至一二〇页)。

(四)川岛清,自一九四一年起至一九四三年止任第七三一部队生产部长,组织过大规模制造细菌武器的事情。

被告川岛亲身参加过该部队内在大批活人身上进行"研究"和"实验"的罪恶行为。

被告川岛关于这点供称:

"我确认,我们当时在活人身上进行试验以及用毒菌把他们大批害死,这乃是一种反人类的野蛮罪行"(案卷第三卷,第一四七页)。

一九四二年间,被告川岛曾参加过用战斗工具供给派往华中战区去使用细菌武器的特别远征队一事(案卷第三卷,第一四一页、第一四五至一四七页)。

(五)西俊英,自一九四三年一月至一九四五年间任第七三一部队驻孙吴城第六七三支队长,领导过该支队为保证第七三一部队以生产细菌武器必要材料的全盘工作。

自一九四四年七月起,被告西俊英兼任第七三一部队内所谓训练部部长职务,主持过为专门作细菌战的别动队培养干部的工作。

被告西俊英亲身参加过对活人进行残忍罪恶实验的事情。

一九四五年当苏军部队逼近时,被告西俊英为掩蔽本人罪恶活动形迹,烧毁了他所领导的第六七三支队的全部公务房舍和档案(案卷第七卷,第一〇八页,第一一二至一一五页)。

(六)柄泽十三夫,在一九四三年至一九四五年间任第七三一部队生产部分部长,积极组织过大规模生产细菌武器的工作。

一九四〇年至一九四二年,被告柄泽曾极力用细菌供应第七三一部队两次派往华中去使用细菌武器作战的特种远征队。

一九四三至一九四四年,被告柄泽直接参与过在被监禁者身上用致命细菌进行罪恶实验的勾当(案卷第四卷,第一五八页、第一六二至一六五页)。

(七)尾上正男,自一九四三年十月至一九四五年间,任第七三一部队第六四三支队长,直接领导过多方探求最有效战斗细菌武器及其大批制造方法的工作。

"……我——被告尾上供称,——当时知道,第七三一部队内是在从事研究并大量制造专供对苏联进行细菌战之用的细菌武器……"

"在我所领导的第六四三支队中,曾从事培养鼠类和传染鼠疫的跳蚤,并将这些跳蚤送往第七三一部队中去,用以制造细菌武器"(案卷第八卷,第一〇二页)。

该支队内所设立的训练部,经常由被告尾上领导培养进行细菌战的专门干部。

一九四五年间,被告尾上为掩藏准备细菌战的各种罪行起见,消灭了该支队内所有一切设备与全部档案(案卷第八卷,第九八页、第一〇二至一〇四页)。

(八)佐藤俊二,在一九四一至一九四三年间任"波"字部队长和"荣"字部队长,自一九四四年起任关东军第五军团军医处长,指导过第七三一部队第六四三支队的工作。

被告佐藤在领导"波"字部队和"荣"字部队时,积极参加过研究与生产细菌武器的活动。

被告佐藤后来任第五军团军医处长时,积极帮助和支持过第六四三支队内扩大细菌生产的工作,并发布特别命令责成第五军团各部队为该支队捕集鼠类。

佐藤作为被告受讯时供称:

"我在任'荣'字部队长时……领导过本部队内探求和大量生产细菌武器的工作。为了这个目的,南京'荣'字部队装置有大量器械,配备有各种细菌学专家,因而能大规模地培养致命细菌。

……训练部在我领导下,每年培养出约三百名细菌学家,以供进行细菌战的需要"(案卷第九卷,第一五〇页、第一五四至一五七页)。

佐藤的罪状除由他本人供认外,尚由被告尾上、证人三品和其他等人的供词加以揭露(案卷第二卷,第二五一页;第十七卷,第五九至六四页)。

(九)平樱全作,自一九四二年七月起至日本投降时止,在第一〇〇部队中以一个工作员资格,积极参与过研究和大量制造细菌武器以供进犯苏联之用。

一九四二至一九四四年间,被告平樱曾率领第一〇〇部队各侦察破坏队,一再参加反苏的专门侦察活动,目的是要探求反苏的最有效细菌武器使用法。在同一期间,他曾屡次在苏联边界一带,特别是在三河区各蓄水池内施放毒药,从事军事破坏活动(案卷第十八卷,第八九页、第九三至九六页)。

（一○）三友一男,自一九四一年四月起至一九四四年止在第一○○部队内当工作员,积极参加过生产致命细菌以便对苏联进行细菌战和军事破坏活动。

三友曾亲身参与对被监禁者试验诸种细菌武器性能而用残忍手段将他们杀害。

在一九四二年七八月内,被告三友身为第一○○部队侦察破坏队一员,参加过在三河区进行的反苏军事破坏活动(案卷第十二卷,第一八七页、第一九一至一九三页)。

（一一）菊地则光,自一九四三年四月起至一九四五年八月止,在第七三一部队第六四三支队中充当队员。一九四四年二月至一九四五年二月间,菊地为该支队第一部实验员,从事培养伤寒菌与赤痢菌,这样参加过研究细菌武器的工作。一九四五年六月,菊地在第七三一部队内细菌战人员训练班受过补充训练。

这些事实已由菊地本人供词以及证人齐藤正辉、冈田光重及其他等人供词所证实(案卷第十九卷,第一一至一五页、第二五至二七页)。

（一二）久留岛祐司,自一九四四年十月受过专门训练后,即在第七三一部队第一六二支队内服务,并以该支队第一部医务实验员资格参加过培养霍乱菌和伤寒菌等等的工作。

久留岛本人供认,他曾知悉第七三一部队准备进行细菌战和制造细菌武器的事实(案卷第二十卷,第一一至一六页)。

本案各被告山田乙三、高桥隆笃、柄泽十三夫、川岛清、尾上正男、西俊英、平樱全作、佐藤俊二、三友一男、菊地则光及久留岛祐司等对于所控各节均已完全招认。

被告梶塚隆二只承认一部分的罪状。

本案各被告的罪状,除由各被告本人供认外,业经许多证人的供词,以及文件证据和法庭医学检验委员会结论所判明。

根据如上所述,兹对下列诸犯:

（一）山田乙三,一八八一年生,籍贯东京市,陆军大将,前日本关东军总司令;

（二）梶塚隆二,一八八八年生,籍贯田尻町城,医生兼细菌学家,军医中将,前日本关东军医务处长;

（三）高桥隆笃，一八八八年生，籍贯秋田郡，百合县，本庄城，化学家兼生物学家，兽医中将，前日本关东军兽医处长；

（四）川岛清，一八九三年生，籍贯千叶郡，山武县，莲沼村，医生兼细菌学家，军医少将，前日本关东军第七三一部队生产部长；

（五）西俊英，一九〇四年生，籍贯鹿儿岛郡，萨摩县，樋胁村，医生兼细菌学家，军医中佐，前日本关东军第七三一部队训练部长；

（六）柄泽十三夫，一九一一年生，籍贯长野郡，小县县，丰里村，医生兼细菌学家，军医少佐，前日本关东军第七三一部队生产部分部长；

（七）尾上正男，一九一〇年生，籍贯鹿儿岛郡，出水县，米津町城，医生兼细菌学家，军医少佐，前日本关东军第七三一部队第六四三支队长；

（八）佐藤俊二，一八九六年生，籍贯爱知郡，丰桥城，医生兼细菌学家，军医少将，前日本关东军第五军团军医处长；

（九）平樱全作，一九一六年生，籍贯石川郡，金泽城，兽医，兽医中尉，前日本关东军第一〇〇部队工作员；

（一〇）三友一男，一九二四年生，籍贯埼玉郡，秩父县，原野村，上士官，前日本关东军第一〇〇部队工作员；

（一一）菊地则光，一九二二年生，籍贯爱媛郡，九年级毕业生，上等兵，前日本关东军第七三一部队第六四三支队医务实习员；

（一二）久留岛祐司，一九二三年生，籍贯香川郡，小豆县，苗羽村，八年级毕业生，前日本关东军第七三一部队第一六二支队医务实验员；——

提出如下的控告：

山田、梶塚、高桥及佐藤身任日军领导职位，主持过日军特种细菌部队的活动，并使此种活动集中于从事制造细菌武器，用以准备细菌战去反对苏联和其他国家。

可见该四名被告积极参与过实现帝国主义日本当权集团发动侵略战争和制造供大批屠杀和平居民用的细菌武器的罪恶计划。

此外，被告山田、梶塚及高桥三人曾自觉准许对活人进行惨无人道的罪恶试验，结果至少有三千人惨遭杀害。被告佐藤曾指挥"波"字部队和"荣"字部队,亲身领导过该两部队内生产细菌武器的工作。

山田、梶塚、高桥及佐藤犯有苏联最高苏维埃主席团一九四三年四月十九日法令第一条上所定之罪。

川岛、柄泽、西俊英、尾上及平樱在专为准备与进行细菌战而成立的日军特种细菌部队中担任负责职务,积极参加过研究与制造供大批杀人用的细菌武器的活动。

被告川岛及柄泽曾积极参与对华的细菌战争,平樱曾积极参与对苏的细菌破坏活动。

此外,川岛、柄泽及西俊英还亲身参加过对活人进行惨无人道的罪恶实验。

上列诸人犯有苏联最高苏维埃主席团一九四三年四月十九日法令第一条上所定之罪。

三友、菊地及久留岛在专为准备与进行细菌战而成立的日军特种细菌部队内充任工作员,参与过各该部队制造大批屠杀人命之细菌武器的罪恶活动。

此外,三友又曾亲身参加对活人进行惨无人道实验的残害人命的罪行,并亲身参与了对苏的细菌破坏活动。

上列诸人犯有苏联最高苏维埃主席团一九四三年四月十九日法令第一条上所定之罪。

所有以上各被告均应受军事法庭审判。

滨海军区军事检察官上校法官毕列左夫斯基

一九四九年十二月十六日

关东军司令部关于在平房附近设立
特别军事区域的训令

第一五三九号训令

一九三八年六月三十日

兹奉命知照,本问题已作如下决定:

一、平房石井部队房屋(围墙以内),均指定为特别军事建筑物。

二、依据"满洲国军机保护法施行规则",附件要图上所标明甲号地段应认定为第三种区域甲号地段。上述规则禁止事项均适用于该地段。

三、在附件要图上所标明乙号地段内,禁止建造二层以上之新房屋。

四、对民用航空(满洲航空株式会社)指定有航空线及禁航地带。

五、甲号地段和乙号地段境界以及禁止事项由满洲国治安部宣布之,军事建筑物所在地区由防卫司令官宣布之。

六、本训令只通知直接有关各部队;不得作任何公布。

附件省略

译者:一等翻译员历史学硕士

颇得巴洛娃(签名)

关东宪兵队关于"特殊输送"件通报

紧要案件部第一二○号

一九四三年三月十二日

兹奉命通报,本问题虽应按一九三八年一月二十六日关东宪兵队司令部警务部第五十八号文件处置,但在选定应派犯人时望参照下面附件所定标准办理。

发送:关东宪兵队各队长(包括各个独立分队长,除开第八十六队长和教导队长)。

译者:一等翻译员历史学硕士

颇得巴洛娃(签名)

附件

类 别	罪 状 性 质	具 备 条 件			
		履 历	品 格	我们的估计	其 他
间谍(破坏份子)	依其罪行程度可以预料该犯被提交法庭审判时必处死刑或无期徒刑者			无被我方吸收和调派回去工作的价值者	
	曾以间谍或破坏分子资格屡次潜入满洲境内和直至被拘时止始终进行此种活动者		怀有亲苏或反日心理者	无被我方吸收和调派回去工作的价值者	

	依其罪行程度可以预料该犯被提交法庭审判时将被释放或经短期禁闭即可释放者	住所不定又无亲族的游民。鸦片中毒者	怀有亲苏或反日心理者。性格不逊者	并无悔悟表示而有重犯罪行的严重危险者	
	以前进行过此种活动者	当过游击队员或干过含有同等危险作用的活动者		无接受感化的希望者	
	与他种秘密活动有关者或因参加机密事项而其生存极不利于军队与国家者				
	与应受"特殊输送"的犯人同一思想者				罪情虽轻，但不宜将其释放者
思想犯（民族运动和共产运动犯）	依其罪行可以预料该犯被提交法庭审判时必处死刑或无期徒刑者				
	与他种秘密活动有关者或因参加机密事项而其生存极不利于军队与国家者				
备　考	各宪兵队长依上述标准来确定怎样处理某一犯人时,应根据满洲国内部情况,周密考虑到这点对国政上、社会上、社会道德上将有何反映,把这一切估量清楚之后,便可向关东宪兵队司令官坚决申请援用"特殊输送"办法。				

译者:一等翻译员历史学硕士颇得巴洛娃（签名）

关于"特殊输送"时护卫事宜命令

关东宪兵队作战命令第二二四号

八月八日十六时

（一）依据关东宪兵队作战命令第二二二号所派第二批"特殊输送"人员约九十名，于八月九日抵山海关站。到达山海关站后即派客车箱一辆输送，客车于八月十日十一时十五分由山海关站出发（客车箱挂在山海关沈阳线列车上）。十三日零时十三分抵达孙吴站。

（二）由山海关至孙吴站间沿途护卫前项人员之责，由锦州宪兵队长担任。

被输送人员中除留下六十名送达目的地外，其余诸人在到达哈尔滨站时即交付石井部队长。为此，须事先将应交付石井部队长的人员区分出来，以免在交付时发生延误。

前项被输送人员应由承德宪兵队派出军官一名，平野部队派出下士官兵二十五名，关东宪兵队教导队派出卫生下士官一名负责护送。另由锦州宪兵队派翻译一名随往。

（三）承德宪兵队长派承德宪兵分队柴尾大尉，平野部队长派下士官兵二十五名（内有曹长一名），关东宪兵队教导队长派卫生下士官一名，所派诸人均须于八月九日内到达山海关，听候锦州宪兵队长指挥。

（四）哈尔滨宪兵队长须与石井部队长取得密切联系，保证在哈尔滨站及以后途中竭力防范外国侦探，并采取必要监督办法。

（五）平野部队及关东宪兵队教导队所派人员之路费，概由关东宪兵队司令部支给。

（六）其他事项即依据关东宪兵队作战命令第二二二号办理。

关东宪兵队司令官　城仓少将

平野宪兵队作战命令第一号

八月八日十七时

（一）根据关东宪兵队作战命令第二二二号实施第二批"特殊输送"事宜应按关东宪兵队作战命令第二二四号第一项办理。

（二）平野部队应派出一部分人员保证第二批"特种输送"。

（三）稻邑曹长率宪兵二十四名（名单见附件）及卫生下士官一名火速由新京出发，到达山海关后，听受锦州宪兵队长指挥。

出发前在关东宪兵队司令部领取刑具（脚镣八十一具，手铐五十二具，捕绳四十根，护送绳二十五根），并在沈阳宪兵队内领取手铐三十具，护送绳四十根，携带前往。

（四）路上给养按满洲暂行供给条例第五表另增一半，由关东宪兵队司令部支给。

（五）其他事项遵照关东宪兵队作战命令第二二二号办理。

平野部队长　平野大尉

译者：　一等翻译员历史学硕士
颇得巴洛娃（签名）

被告和证人在法庭上的供词

庭审记录

——一九四九年十二月二十五至三十日　伯力城

滨海军区军事法庭——

由少将法官契尔特科夫任审判长,上校法官伊里尼茨基和中校法官沃罗比耶夫任审判员,中校法官舍尔巴科夫任后备审判员,科尔金上尉和瓦拉弗科中尉任书记,经国家公诉方代表者三级国家司法顾问斯米尔诺夫以及被告方辩护人柏洛夫(替被告人山田辩护),山尼科夫(替被告人梶塚辩护),兹维列夫(替被告人高桥辩护),波罗维克(替被告人川岛辩护),波加切夫(替被告人佐藤辩护),鲁克杨杰夫(替被告人柄泽及尾上辩护),波尔霍维金诺夫(替被告人西俊英及平樱辩护),普罗珂坪科(替被告人三友、菊地及久留岛辩议)等律师参加——

在伯力城公开举行的庭审会上审理了山田乙三、梶塚隆二、高桥隆笃、川岛清、西俊英、柄泽十三夫、尾上正男、佐藤俊二、平樱全作、三友一男、菊地则光及久留岛祐司被控一案。

十二月二十五日午前十二点钟,审判长宣布庭审会开幕。

审判长宣布说,正待审理的是山田乙三、梶塚隆二、高桥隆笃、川岛清、西俊英、柄泽十三夫、尾上正男、佐藤俊二、平樱全作、三友一男、菊地则光及久留岛祐司因犯苏联最高苏维埃主席团一九四三年四月十九日法令第一条所定罪状被控一案。

书记报告说,所有在受审前被拘禁的诸被告,均已押解到庭候审。

审判长向各被传到庭的翻译员彼尔棉科夫、金、茨菲洛夫、白科夫、奥柯洛得尼科夫等说明他们在庭审时的责任,然后又预告各位翻译员说,如有故意讹翻即应按苏俄刑法第九五条治罪,随即从各翻译员手中收取各自关于此点签押的字据。

审判长开始检点各被告是否均已在场候审,当时各个被告相继对审判长所发问题回答如下:

山田:山田乙三,一八八一年生在东京,将军,一九○二年在士官学校毕业,一九一二年在陆军大学毕业,从一九○三年起在日本军队中服务,最后的职务是日本关东军总司令。一九四五年被苏军俘获。

公诉书我已收到。

梶塚:梶塚隆二,一八八八年生在田尻町城,一九一四年在东京医科大学毕业,医生,军医中将,从一九一四年起在日本军队中服务,最后的职务是关东军医务处长。一九四五年九月被苏军俘获。

公诉书我已收到。

高桥:高桥隆笃,一八八八年生于秋田郡百合县本庄城,一九二八年在帝国大学农业系毕业,医生,兽医中将,从一九一五年起在日本军队中服务,最后的职务是关东军兽医处长。一九四五年九月一日被苏军俘获。

公诉书我已收到。

川岛:川岛清,一八九三年生于千叶郡山武县莲沼村,曾在医科大学毕业,医生,军医少将,从一九一六年起在日本军队中服务,最后的职务是日本关东军第一战线司令部军医处长,一九四五年八月二十日被苏军俘获。

公诉书我已收到。

西:西俊英,一九○四年生于鹿儿岛郡萨摩县樋胁村,曾在东京医科大学毕业,医生,军医中佐,从一九二七年起在日本军队中服务,最后的职务是关东军防疫给水部训练科科长并兼任该科驻孙吴城支队长。一九四五年九月被苏军俘获。

公诉书我已收到。

柄泽:柄泽十三夫,一九一一年生于长野郡小县丰里村,曾在东京医科大学毕业,医生,军医少佐,从一九三三年起在日本军队中服务,最后的职务是日本关东军第二军团军医处工作员。一九四五年九月一日被苏军俘获。

公诉书我已收到。

尾上:尾上正男,一九一○年生于鹿儿岛郡出水县米津町城,曾在东京医科大学毕业,医生,军医少佐,从一九三二年起在日本军队中服务,最后的职务是日本关东军第七三一部队第六四三支队长。一九四五年八月十七日被苏军俘获。

公诉书我已收到。

佐藤：佐藤俊二，一八九六年生于爱知郡丰桥城，一九二三年在医科大学毕业，医生，军医少将，从一九二三年起在日本军队中服务，最后的职务是关东军第五军团军医处长。一九四五年八月间被苏军俘获。

公诉书我已收到。

平樱：平樱全作，一九一六年生于石川郡金泽城，在东京医科大学兽医系毕业，兽医，兽医中尉，从一九三九年起在日本军队中服务，最后的职务是日本关东军第一〇〇部队工作员。在一九四五年九月间，被苏军俘获。

公诉书我已收到。

三友：三友一男，一九二四年生于琦玉郡秩父县原野村，曾在农业学校毕业，无专门知识，军曹，从一九四一年八月起在日本军队中服务，最后的职务是日本关东军第一〇〇部队工作员。一九四五年八月十五日被苏军俘获。

公诉书我已收到。

菊地：菊地则光，一九二二年生于爱媛郡，受过九年级教育，曾在农业学校毕业，从一九四三年起在日本军队中服务，上等兵，最后的职务是日本关东军第七三一部队第六四三支队卫生兵。一九四五年八月间，被苏军俘获。

公诉书我已收到。

久留岛：久留岛祐司，一九二三年生于香川郡小豆县苗羽村，受过八年级教育，没有受过专门教育，在日本军队中最后担任的职务是日本关东军第七三一部队第一六二支队卫生兵。一九四五年八月二十三日被苏军俘获。

公诉书我已收到。

审判长宣布法庭人员姓名，然后就讯问各当事方，问他们关于法庭人员人选及法庭书记人选有无反对意见，国家公诉人、辩护人及被告人声明说，他们关于法庭人员人选及法庭书记人选并没有什么反对意见。

审判长讯问诸辩护人和被告人，问他们关于国家公诉人人选有无反对意见。辩护人及被告人回答说他们关于国家公诉人人选并没有什么反对意见。

审判长讯问各当事方，问他们关于翻译员人选有无反对意见。国家公诉人、辩护人及被告人回答说他们关于翻译员人选并没有什么反对意见。

书记报告说，被传并且已经到庭的有下列证人：田村正、小关重雄、佐木幸助、濑越健一、仓原一悟、橘武夫、古都良雄、金泽一久、堀田镰一郎、三根生清泰、斋藤正辉、福住光由、桑原明、樱下清、畑木章、三品隆行等人。

审判长检点到庭证人是否确实,当时各证人对审判长所发问题回答如下:

田村:田村正,一九〇五年生,大佐,关东军司令部干部部长。

小关:小关重雄,一九二一年生,日本关东军第七三一部队中的雇员。

佐木:佐木幸助,一九二一年生,伍长,在日本军队中当过普通兵士。

濑越:濑越健一,一九二〇年生,中尉,药剂师。

仓原:仓原一悟,一九一五年生,军曹,哈尔滨宪兵队中的工作员。

橘武夫:橘武夫,一八九六年生,宪兵大佐,满洲国政府宪兵事宜顾问官。

古都:古都良雄,一九二四年生,第七三一部队孙吴支队训练班学生。

金泽:金泽一久,一九一七年生,军医大尉,第七三一部队第六七三支队第一部部长。

堀田:堀田镣一郎,一九二〇年生,军需少尉,第七三一部队海拉尔支队工作员。

三根生:三根生清泰,一九二二年生,第七三一部队第六四三支队中的雇员。

斋藤:斋藤正辉,一九一七年生,第七三一部队第六四三支队中的雇员。

福住:福住光由,一九二四年生,兽医少尉,第一〇〇部队中的医官。

桑原明:桑原明,一九二七年生,第一六〇部队中的雇员。

樱下:樱下清,一九二一年生,第一〇〇部队中的雇员。

畑木:畑木章,一九二四年生,第一〇〇部队中的雇员,后来在军队中当过普通兵士。

三品隆:三品隆行,一九〇三年生,大佐,第三十九师参谋长。

审判长向各证人解释他们在庭审时的责任,然后就预告各证人说,若拒绝供述或显系伪供即应按苏俄刑法第九二及第九五条治罪,当即从各证人手中收取各自关于此点的签押字据,随后就命令法庭守卫长把各个证人从法庭会场里引走。

审判长宣布说,被传到庭的有如下法庭医学检验人:苏联医学研究院大学士茹科夫——费勒什尼科夫、军医上校克拉斯诺夫、伯力医科大学细菌学系主任科萨列夫教授、同一学系助教里甫金娜、兽医中校亚历山大洛夫、微生物学家科兹洛福斯卡娅。

审判长讯问各当事方,问他们关于检验人人选有无反对意见。国家公诉人、辩护人及被告人回答说,他们关于检验人人选并没有什么反对意见。

审判长向各检验人说明他们在庭审时的责任,然后就预告各检验人说,若故意作出虚伪结论,即应按苏俄刑法第九五条治罪,随即从他们手中收取他们各自对此点签押的字据。

审判长讯问各当事方,问他们是否想要申请法庭再传一些证人和检验人或取得他种证据及文件。

国家公诉人和辩护人回答说,他们此刻并无此种申请,不过他们请求给他们保留在庭审进程中提出申请之权。

各被告回答说,他们没有任何申请。

审判长向各被告解释,说他们在庭审进程中有权向证人和检验人并向其他被告发问题,并可对问题实质发表意见。

在十三点钟时宣布休息十五分钟。

在十三点十五分时,庭审会又宣布继续进行。

法庭开始庭审。

审判长宣读公诉书和军事法庭预备会议决定。同时又把公诉书经过播音机用日语宣读一遍。

在十四点五十分时宣布休息十五分钟。

在十五点五分时审判会又宣布继续进行。

审判长:被告山田,你明白向你宣布的罪状么?

被告山田:明白。

问:你承认你确犯了向你宣布的罪状么?

答:承认。

审判长:被告梶塚,你明白向你宣布的罪状么?

被告梶塚:明白。

问:你承认你确犯了向你宣布的罪状么?

答:承认。

审判长:被告川岛,你明白向你宣布的罪状么?

被告川岛:明白。

问:承认你确犯了向你宣布的罪状么?

答:承认。

审判长:被告西俊英,你明白向你宣布的罪状么?

被告西俊英:明白。

问:你承认你确犯了向你宣布的罪状么?

答:承认。

审判长:被告柄泽,你明白向你宣布的罪状么?

被告柄泽:明白。

问:你承认你确犯了向你宣布的罪状么?

答:承认。

审判长:被告尾上,你明白向你宣布的罪状么?

被告尾上:明白。

问:你承认你确犯了向你宣布的罪状么?

答:承认。

审判长:被告佐藤,你明白向你宣布的罪状么?

被告佐藤:明白。

问:你承认你确犯了向你宣布的罪状么?

答:承认。

审判长:被告高桥,你明白向你宣布的罪状么?

被告高桥:明白。

问:你承认你确犯了向你宣布的罪状么?

答:承认。

审判长:被告平樱,你明白向你宣布的罪状么?

被告平樱:明白。

问:你承认你确犯了向你宣布的罪状么?

答:承认。

审判长:被告三友,你明白向你宣布的罪状么?

被告三友:明白。

问:你承认你确犯了向你宣布的罪状么?

答:承认。

审判长:被告菊地,你明白向你宣布的罪状么?

被告菊地:明白。

问:你承认你确犯了向你宣布的罪状么?

答:承认。

审判长:被告久留岛,你明白向你宣布的罪状么?

被告久留岛:明白。

问:你承认你确犯了向你宣布的罪状么?

答:承认。

审判长：法庭要听听各当事方的意见，究竟在庭审时期他们认为应按什么程序来审理本案。

国家公诉人，你关于这个问题的意见怎样？

国家公诉人：根据苏俄刑事诉讼法第二八一条，我提议按如下程序进行庭审：按如下次序开始审问各被告：川岛清、柄泽十三夫、山田乙三、西俊英、梶塚隆二、佐藤俊二、平樱全作、三友一男、高桥隆笃、尾上正男、菊地则光、久留岛祐司。

往后的庭审按如下程序进行：先审问证人田村和古都，随后向检验人发问题，然后审问各个证人：橘武夫、仓原、堀田、濑越、佐木、小关、金泽、三根生、斋藤、桑原明、樱下、福住、畑木、三品隆。

然后听取检验人的结论并实行讯问他们。

审判长：各位辩护人，你们关于庭审程序问题的意见怎样？

辩护人柏洛夫：辩护人并不反对检察官所提出的庭审程序，而认为它是可以接受的。

检察官所提出的庭审程序当即译成日语宣布。

各被告方面没有提出过反对这种庭审程序的异议。

军事法庭就地商议后决定：庭审开始是按如下次序审讯各被告：川岛清、柄泽十三夫、山田乙三、西俊英、梶塚隆二、佐藤俊二、平樱全作、三友一男、高桥隆笃、尾上正男、菊地则光、久留岛祐司。

在审讯过各被告人后就审问证人田村和古都。

随后把法庭、国家公诉人、辩护人及被告各方面向检验委员会所提出的相当问题，交付检验委员会去解答，然后就审问各个证人：橘武夫、仓原、堀田、濑越、佐木、小关、金泽、三根生、斋藤、桑原明、樱下、福住、畑木、三品隆。

然后听取检验委员会的结论，并按即定程序实行讯问检验人。

法庭所通过的这一决定当即译成日语宣布。

在下午四点钟时，审判长宣布休息到下午七点钟。

被告川岛受审经过

十二月二十五日晚庭审讯记录

国家公诉人：你是什么时候在第七三一部队中服务的呢？

被告川岛:我在第七三一部队中服务,是从一九三九年四月起,至一九四三年三月止。

问:你担任过什么职务呢?

答:我遵照日本陆相命令在第七三一部队中担任过总务部部长,同时兼任过该部队第四部部长职务。

从一九四一年六月起,我就停止执行总务部长职务而担任第七三一部队第四部即所谓生产部部长。

在这一整段期间内,我遵照第七三一部队长的命令,陆续执行过第一及第三两部部长职务。

问:可见,你几乎是在该部队所有一切基本部内都服过务。你任过总务部部长,后来任过第一部即研究部部长,第三部部长,末了又在很长一个时期内任过第四部部长。是不是?

答:是,对的。

问:那就是说,你是一个很熟悉第七三一部队机构及工作情形的人。对不对?

答:是,可以说正是这样。

问:第七三一部队是遵照谁的命令及在什么时候成立的呢?

答:第七三一部队是遵照日皇敕令在一九三六年间成立的。

问:这就是日皇颁布的那道密令吧?

答:是,正是如此。

问:请你向法庭说说,该部队在平房站使用的办公房舍及生产场所,究竟是在什么时候建筑的呢?

答:我记不清楚了,但我记得大概是在一九三六年间建筑的,那时颁布了关于成立第七三一部队的敕令,并指明了部队人员数额及要建造的房屋。

问:该部队中有哪几部是设在哈尔滨,而有哪几部又是设在平房站呢?

答:第三部即防疫给水部和医院,是设在哈尔滨的;而该部队的其余各部,包括第一、第二、第四等部在内,都是设在平房站的。

问:拨发了多少款项作为第七三一部队的费用呢?

答:我已记不清楚准确的数目,不过我知道第七三一部队在一九四〇年间收到的费用共为一千万日圆。

问:这一千万日圆总数中,究竟有多少款项是用在第七三一部队实验工作上呢?

答:这点我也记不清楚了,不过据我推测,约有五百万日圆是花费到实验工作方面了的。

问:第七三一部队的人员数额是多少呢?

答:我只记得,据日皇敕令规定,该部队连同各支队人员总额约为三千人。

问:请你对法庭说说,第七三一部队干过什么事情,该部队所负的真实任务是什么?

答:第七三一部队主要是进行准备细菌战的科学研究工作。

问:你作出这样的结论,究竟是根据什么理由呢,究竟是根据第七三一部队工作中的那些具体特征呢?

答:这样的结论,我是根据该部队人员成份,根据它所具有的那种设备及其实际工作性质作出的。

问:该部队所进行的工作,是否是秘密的呢?

答:是的,这种工作是秘密的。

问:第七三一部队是怎样守卫的呢?

答:第七三一部队在平房站的驻屯地,曾遵照总司令命令宣布为关东军特殊军事地区。在部队驻屯的地方及其附近,禁止旁外人居住和行走。只有部队中的人员才能在那里居住及行走;至于旁外的人,非经关东军总司令特别允准,不得进入该部队里去;禁止飞机经该部队驻屯地上空飞行。

问:请你向法庭说说第七三一部队的机构,并请你详细说明这点。

答:第七三一部队分为本部队司令部及几个支队。我先从部队司令部说起。司令部分为八部,即第一部、第二部、第三部、第四部、器材部、训练部、医疗部及总务部。

问:第一部担任的是什么事情呢?

答:第一部所负的职能,是进行准备细菌战的各项主要研究工作。

问:在所谓"实验室条件下"用活人进行实验一举,究竟是由哪一部担任的呢?

答:在实验室条件下用活人进行实验一举,是由第一部担任的。第七三一部队用来拘禁受实验者的监狱,也是归第一部管辖的。

问:第七三一部队的监狱是设在什么地方的呢?

答:这个监狱是设在基本房舍构成的四方体中间的。

问:就是说,这个监狱是设在部队房舍紧闭四方形圈子内部而使旁人无法看见的。是不是这样?

答：是的，是这样。

问：这个监狱是设在一座房屋内呢？还是设在几座房屋内呢？

答：是设在两座房屋内的。

问：第二部所担任的是什么事情呢？

答：第二部所担任的事情，是在野外条件下实验第一部所制造的致命细菌。

问：装有细菌的炸弹、自来水笔式或手杖式施放鼠疫跳蚤器及其他各种细菌器具，是由哪一部制造的呢？

答：是由第二部制造的。

问：第二部下面设有一些什么专门性的分部呢？

答：除了我已说过的那项由第二部担任的机能，即在野外条件下进行实验之外，该部下面还设立有一个分部，专门繁殖跳蚤，以供传染鼠疫之用。

问：第二部是由谁主持的呢？

答：在我接任时，第二部是由太田大佐主持的。

问：田中工程师参加过该分部繁殖跳蚤的工作么？

答：是的，他参加过。

问：安达站附近的打靶场，是归哪一部管辖的呢？

答：当我在该部队供职时，打靶场并没有专受什么一定部的直接管辖，不过这打靶场可说是隶属于第二部的。无论如何，在这打靶场上进行实验最多的，是本部队第二部及其工作人员。

问：在安达站附近打靶场上，是用什么人来进行实验细菌的呢？

答：在打靶场上所作的实验，照例是用活人来进行的。

问：第七三一部队自备有航空队么？

答：是的，自备有。

问：这个航空队内有过什么式的飞机呢？

答：据我所知，第七三一部队内有过重型轰炸机两架，轻型轰炸机一架或彷佛是两架，旧式轰炸机两架和他种旧式飞机数架，此外还有运输机多架。

问：第七三一部队的航空队及飞机场，是归哪一部管辖的呢？

答：归第二部管辖。

问：细菌炸弹用的磁质外壳，是由哪一部制造的呢？

答：是由第三部制造的。

问：第七三一部队第四部所担任的是什么事情呢？

答：第四部所负的主要职务，是繁殖和培育细菌，此外它还制造痘苗和防疫血清。

问:你证实说第四部所负的基本任务是大批繁殖致命细菌以供细菌战之用么?

答:是的,正是如此。

问:第七三一部队各个支队布置在什么地方呢?

答:这些支队都是布置在靠近苏满边界的地方(让我从东往西指出这些地方)——首先是林口,其次便是海林站、孙吴城及海拉尔城。

问:为什么一切支队都设立在靠近苏联边界的地方呢?

答:在一旦开始对苏联进行细菌战的场合,这些支队就应成为据点,所以这些支队就布置在靠苏联边界很近的地方。

问:在德国反对苏联的战争开始之后,第七三一部队在工作方面领到过怎样的指示呢?

答:一九四一年夏季,第七三一部队长石井曾召集本队各部部长去开会,他在会议上通知我们,说收到了日军参谋总长的指示信,其内容约如下述:第七三一部队在准备细菌战方面,特别是在大批繁殖鼠疫跳蚤方面,已达到相当成绩。鼠疫跳蚤有巨大的战略意义,因此要在这方面加紧研究工作。同时部队长向我们训示,说目前部队工作中最大弱点之一,就是大批繁殖跳蚤的生产能力很低,因此必须集中全部注意力去大批繁殖跳蚤。

问:据石井说,这是参谋本部的直接指令吧?

答:是的,正是如此。

问:现在我们来考察各个专门问题。你任第四部部长一职的时间有多久?

答:共有两年。

问:那么,你是明白知道第四部的专门设备及生产能力的吧?

答:是的,我知道。

问:就各种基本传染病菌说来,第七三一部队第四部在一月之内能制造出多少细菌呢?

答:这是个相当难答的问题,但我应该说,在充分利用第四部所有生产能力及全部设备的条件下,该部在一个月之内可制造出:鼠疫细菌三百公斤或伤寒症细菌八百至九百公斤,炭疽热细菌五百至七百公斤,霍乱症细菌达一吨。

问:请你说说第四部所具有的生产设备。

答:第四部内有两套设备,这两套设备的生产能力是相同的。

问:第一套设备中用来蒸煮营养液的锅炉容量怎样。

答:八具锅炉的容量各为一吨。

问:就是说,第四部利用一套设备可同时制造出营养液八吨么?

答:是的,对呀。

问:第二套设备中的锅炉容量共为多少呢?

答:也是这样多的容量。

问:第一套设备中共有多少培养室,而第二套设备中又共有多少培养室呢?

答:第一套设备中有五个,第二套设备中有四个。

问:繁殖细菌所用的培养器,是由谁拟制出来的呢?

答:培养器是由石井将军发明的。

问:石井式培养器在第四部内共有多少具呢?

答:准确数目我记不清楚,但我知道此种培养器数量足够大批制造细菌之用。

问:你说到可能制造的致命细菌数量时,究竟是根据什么出发的呢?

答:是根据锅炉容量,其他各种设备生产能力以及培养器数目出发的。

问:究竟需要多少时间才可繁殖出某一种细菌,如伤寒症菌、霍乱菌、炭疽热菌及鼠疫菌呢?

答:繁殖鼠疫细菌和炭疽热细菌需要四十八小时,而繁殖霍乱菌、伤寒症菌及其他各种细菌则需要二十四小时。

问:在一个培养器内每次可繁殖出多少炭疽热细菌呢?

答:有五十至六十公分。

问:在一个培养器内每次可繁殖出多少伤寒症细菌呢?

答:有四十至四十五公分。

问:鼠疫细菌可繁殖出多少呢?

答:三十公分。

问:霍乱细菌呢?

答:大概是五十公分。

问:第四部制造的细菌是怎么保藏的呢?

答:若只要短期存放时,就把细菌保藏在冷藏室内。

问:你们把一批一批细菌寄发出去供应对中国居民进行细菌攻击战需要时,究竟是怎样包装此种细菌的呢?

答:先把细菌装到特制的瓶子内,每一瓶内可容五十公分。然后把这种瓶子放在用金属制的盒子内,再把这种盒子装到内面放有冰块的特制大箱内,每一口大箱可容几个盒子。

问:请你把第七三一部队用以大批繁殖跳蚤的方法及专门设备说明一下。

答:为大批繁殖跳蚤起见,第二部建设有四处专门的房舍。这种房舍内经常保持着摄氏表零上三十度的温度。用来繁殖鼠疫跳蚤的,是些高三十公分宽五十公分的铁盒子。这种盒子内撒有一层米壳来保养跳蚤。当这种准备工作完结后,先把几个跳蚤放进盒子里去,并同时放进一个白田鼠供跳蚤滋养,白田鼠被紧紧系住,不能伤害跳蚤。盒子内经常保持着摄氏表零上三十度的温度。

问:每一培养器在一个生产周期内能繁殖出多少跳蚤呢?

答:准确数量我已记不清楚,但我记得大约是有十至十五公分。

问:这种生产周期继续多久呢?

答:两三个月。

问:在专门繁殖寄生虫的那个分部内共有多少培养器呢?

答:准确数目我已记不清楚,但我能断定说有四千至四千五百不等。

问:那就是说,第七三一部队利用所有全部设备时,在一个生产周期内能繁殖出四十五公斤的跳蚤么?

答:是的,确实是如此。

问:这种跳蚤是预备在细菌战开始时干什么用的呢?

答:这种跳蚤是预备要染上鼠疫的。

问:亦即当作细菌武器去用么?

答:是的,对呀。

问:打算用什么方法把鼠疫跳蚤当作细菌武器来使用呢?

答:在我服务期间被认为最有效方法的是从飞机上撒放跳蚤。

问:在到中国远征时也是从飞机上撒放跳蚤的么?

答:是的,确实是这样。

问:这是些染有鼠疫的跳蚤么?

答:是的。当时利用鼠疫跳蚤在中国进行细菌攻击的目的,是要引起鼠疫流行病。

问:可见在德国对苏联战争开始时石井曾下令首先加紧繁殖跳蚤,这样了解是不是对呢?

答:对的。

问:究竟是怎样把鼠疫传染到跳蚤身上的呢?

答:先把鼠疫液撒到田鼠身上使其染上鼠疫,然后就用这种田鼠来传染跳蚤。

问：在你接任之前，第七三一部队第一部部长一职是由谁担任的呢？

答：是由北川大佐担任的。

问：你就是由他手中接任第一部职务的么？

答：是，对的。

问：在所谓实验室条件下用活人进行实验，就是第一部干的事情么？

答：是，对的。

问：被告，请你说说，第七三一部队究竟是从何处领到活人进行实验的呢？

答：据我所知，该部队从哈尔滨宪兵署那里领过活人。

问：请你说说，关于第一部用活人进行实验一事，你知道一些什么？

答：拘禁在第七三一部队内部监狱中的犯人，都被利用来进行各种以准备细菌战为目的的研究工作。研究工作的性质是设法加强各种致命传染病细菌的毒害力，探求对活人使用此种细菌的方法。我没有亲自参加过这种实验，所以我不能说明详情细节。

问：这种实验是在什么地方进行的呢？

答：是在监狱内进行的。除了监狱之外，还有专门用活人进行实验的实验室。

问：监狱内同时能够拘禁多少人呢？

答：有二百人至三百人，但也可能拘禁四百人。

问：在一年期间送到该部队监狱里去的人数计有多少呢？

答：我不知道关于这点的统计材料和准确数字，但每年大约有四百至六百人。

问：当某一被拘禁的人染上某种细菌之后，部队附设的监狱内医疗过他没有呢？

答：医疗过。

问：而他痊愈后又有过什么遭遇呢？

答：在把他医疗好之后，通常是又用他去进行别种实验。

问：这样一直干到那人死时为止么？

答：是的，正是这样干法。

问：每一个落到第七三一部队监狱的人都不免要死掉么？

答：是的，正是这样。在我所知道的这监狱存在的整个期间内，没有哪一个被拘禁的人是从那里活命出来了的。

问:受过这种残忍实验的人,是属于什么民族呢?

答:主要是中国内地人和满洲本地人以及少数俄国人。

问:在受实验的犯人中间有过女子没有呢?

答:有。

问:当你于一九四一年四月间视察监狱时,你在那里看见过女子么?

答:看见过。

问:这些女子是属于什么民族呢?

答:我想她们都是俄国人。

问:在被拘禁的女子中间有过带孩子的女子么?

答:这批女子中间有一个女子是带着一个婴儿的。

问:她是同婴儿一起被押到第七三一部队监狱的么?

答:我听说她是在监狱内生下孩子的。

问:这个女子也是没能活命出狱么?

答:当我在部队内服务时是这样的,所以这个女子的遭遇正是这样。

问:你还记得关东军军需处长古野将军及关东军副参谋长绫部将军视察第七三一部队的情形么?

答:我记得。

问:关东军司令部中这两位高级官佐视察过第七三一部队所有一切房舍以及部队内部监狱么?

答:是的,视察过。

问:第一部在用活人进行实验时多半是试验什么传染病菌呢?

答:主要是试验鼠疫。

答:除了在实验室条件下进行实验之外,第七三一部队还用活人进行过别种实验么?

答:是的,在野外条件下进行过。

问:这种实验是在什么地方进行的呢?

答:是在安达站附近特设的打靶场上进行的。

问:请你把你关于这种实验所知道的一切都一一说出吧。

答:在安达站附近实验装有鼠疫跳蚤的"石井式"磁壳炸弹效能一举,是在我刚被调到第七三一部队来供职以后不久,即在一九四一年夏天进行的。

问:请你继续说下去。

答:用来进行实验的场所曾严加卫护,禁止行人通过。场所周围设置有特别的岗哨,专门守卫这个地方,不许任何一个旁外的人进到那里去。

在这种实验时用来进行实验的十五个人,从部队内部监狱运到之后,就被绑到实验场上专门栽入地里的柱子上。为使飞机容易发现目标,即易于找到打靶场起见,所以在打靶场上插有许多小旗并放起一簇乌烟。一架特备的飞机由平房站方面飞来了。飞机飞到打靶场上空时,投下了二十来枚炸弹,这些炸弹离地一百至二百公尺高的空中全都爆炸,于是装到炸弹内面的鼠疫跳蚤就落到了地面上。当时鼠疫跳蚤散满了整个打靶场。

掷下炸弹后又等候过相当长久的时间,让跳蚤能尽量散开而传染到受实验的一些人身上。随后对这些人施行过一种消毒手续,就用飞机把他们送到第七三一部队设在平房站的内部监狱去,在那里对他们加以监视,看他们是否染上了鼠疫。

关于此种实验的结果,我要说出如下一点:我从负责主持此种实验的领导人太田大佐口中知道,这次实验没有达到良好结果,因为当时温度太高,致使跳蚤所起的作用很低微。这就是我关于那次实验情形所能说明的一切。

问:关于举行这次实验的命令是由谁拟定的呢?

答:这一命令是第二部部长拟定的。我以总务部部长,即以部队秘书处主任资格看过这一命令,并把它呈交部队长去批准。部队长批准了这命令。

问:在打靶场那里实验得最多的是那几种细菌呢?

答:是鼠疫细菌。

问:你现在还证实你在预审时供认说你们曾用细菌武器反对过中国的那些话么?

答:我证实我这些话。

问:请你说说你们屡次到中国去进行远征的情形。

答:我首先就要说明我在第七三一部队内服务的那个时期的情形。当时第七三一部队在一九四一年间有一次而在一九四二年又有一次派队伍到华中去过,在那里用致命细菌武器反对过中国军队。

问:请你继续讲下去。

答:我已说过,第一次远征是在一九四一年夏季举行的。第二部部长太田大佐有次通知我说,他要到华中去,并且他当即与我告别。过后不久,他回来时又对我说过,在华中洞庭湖附近的常德城一带,曾用飞机向中国人投放过鼠疫跳蚤。这样,据他所说,就算是举行了一次细菌攻击。

此后太田大佐向第七三一部队长石井做过一次报告,他做报告时有我在场。据他报告说,第七三一部队派出的远征队在常德一带用飞机投放过鼠疫跳蚤,结果发生了鼠疫流行病,有相当数量的人染上了鼠疫病,但究竟有多少人,我却不知道。

问:第七三一部队内有多少工作人员参加过这次远征呢?

答:约有四五十人。

问:在一九四一年举行这次远征时,是用什么办法把鼠疫传染到地面上的呢?

答:当时用的是从高飞的飞机上撒放鼠疫跳蚤的办法。

问:究竟是用的投掷细菌炸弹的办法,还是用的从飞机上撒放跳蚤的办法呢?

答:是用的撒放跳蚤的办法。

问:关于第七三一部队在一九四二年派遣远征队到中国去一层,请你把你所知道的情形一一说出来。

答:在一九四二年六月间,第七三一部队长石井中将召集部队全体指挥人员会议,当时他向我们宣布,说很快就要派遣远征队到华中去,以期探究使用细菌武器的最好方法。这个远征队是遵照日军参谋本部所下命令组织起来而派走的,其主要任务是要研究所谓地面传染方法,即在地面上施放细菌的方法。随后关东军总司令就下令责成专门派遣一个远征队到华中去。

根据这一命令,第七三一部队长石井中将又召集本部队全体指挥人员会议,当时他向我们说明应怎样具体举行这次远征,并责成第二部部长村上中佐去拟定进行这次远征的计划。这个远征队的人数规定为一百至三百人。决定要采用的细菌,是鼠疫菌、霍乱菌及副伤寒症菌三种。

从六月底到七月初的期间,该远征队分成好几个小队乘坐飞机和火车抵达驻屯在南京的"荣"字部队。

这个远征队的细菌攻击动作,应与日军在华中浙赣一带的动作同时举行。动作期间原定于七月末。但因日军在浙赣一带采取的战略退却式的动作稍微迟了一点,所以这次细菌袭击动作是在八月底举行的。第七三一部队派往华中的这个远征队是以"荣"字部队为基地,并在那里建立了一些据点。

这次细菌攻击动作,是要在玉山、金华及浦江一带举行的。在这一动作完毕后,我才知道当时是用撒放方法对中国人施行了鼠疫、霍乱及副伤寒症细菌攻击。鼠疫细菌是用跳蚤散布的,而其余的细菌,则是直接将其放到蓄水池、水井、河流等等中去的方法散布。我知道这次细菌攻击动作是完全按照计划进行而完全成功了的,但关于这次动作的详细结果,我是不知道的;我从石井中将口中知道,这次动作是成功了的。

问:在准备一九四二年的远征时,第四部执行过什么任务呢?

答:当时第四部所执行的任务,是供给第七三一部队派出的远征队以各种细菌,此种细菌培制有一百三十公斤,随即用飞机送到华中去了。

问:请你具体说说,第四部究竟是培制了一些什么细菌呢?

答:我们只培制了副伤寒症和炭疽热两种细菌。

问:你亲自读过梅津将军在一九四二年间责成派遣远征队到中国内地去的命令么?

答:是的,我读过。

问:关于一九四〇年派遣远征队到中国内地去一事,你知道些什么?

答:石井中将曾拿一份中国医学杂志给我看,杂志上面记述着一九四〇年间宁波一带发生鼠疫流行病的原因。他把这份杂志给我看过之后又对我说,第七三一部队派出的这个远征队在宁波一带从飞机上撒放过鼠疫跳蚤,结果是在那里引起了鼠疫流行病。

问:石井那次与你谈话时怎么估量过一九四〇年远征的结果呢?

答:他认为此次远征是有成效的。

国家公诉人:我请法庭允许我拿出包含有地图的第二十卷文件。

(国家公诉人拿出第二十卷文件,接着便把注有标号的地图交给被告川岛过目)。

交给你看的是中国地图,你在这些地图上面标明了你们举行过细菌攻击的那些地点。你证实说你们正是在中国这些地区内对中国居民施行过细菌攻击么?

被告川岛:是的,我证实这点。

问:这就是由你画上有相当记号的那些地图吧?

答:正是。

问:你证实说正是在这些地区内对中国举行过细菌攻击么?

答:我证实这点。

问:准备细菌战一举究竟由于什么原因不是在日本而是在满洲进行的呢?

答:因为满洲是与苏联接壤的地区,所以在战争一旦开始时从那里最容易最方便使用细菌武器。除此而外,满洲又是最方便于进行细菌战武器试验的地方。

问:究竟为什么在满洲最"方便"进行此种试验呢?

答:满洲之所以是很方便的地方,是因为那里充分具备有受实验的材料。

问:什么是"受实验的材料"呢? 就是那些被送到第七三一部队里去进行实验的活人么?

答:正是如此。

问:在第七三一部队内给那些遭受实验灾殃的活人规定过什么符号式的名称呢?

答:他们被称呼为"木头"。

问:这些人是按照他们的姓名被拘禁在该部队内部监狱里的么?

答:不是,他们都带有牌号。

问:所有这些人都必得死掉么?

答:正是如此。

问:你既是细菌专家,想必知道散布致命传染病菌作为作战武器是不免要造成惨酷灾祸的吧?

答:是的,我曾了解到这点。

问:你曾了解散布鼠疫及他种传染病菌所引起的惨酷灾祸可能殃及各中立国么?

答:是的,我曾了解到这点。

问:你既是一位医生,想必是曾了解到用活人进行实验一举根本不合人道吧?

答:是的,我曾了解到这点。

问:你曾有一个时期任过专用活人进行实验的第一部部长,尔后又担任过大量制造传染病细菌的第四部即生产部部长么?

答:是的,正是如此。

问:你承认自己在这方面的罪过么?

答:我承认。

国家公诉人:我再没有什么问题要问了。

辩护人波罗维克:如所周知,你是从一九一六年起就在日本军队中服务的。请你确切说明一下,在军队内服务原是你们家里世代因袭的传统么? 你的父亲干过什么,他也是一个军人么?

被告川岛:我的父亲是经营农业的。

问:你在预审时及在这里军事法庭审判会上供述时,都曾说那个尔后命名为第七三一部队的细菌部队，是早在一九三六年间成立的。我请你略为说明一下这一期间内你在日本军队中担任的是什么职务。

答：当时我是在东京近卫师军医处内供职。

问：你担任的是什么职务呢？

答：我担任的是军医处副处长一职。

问：你在预审期间及在此地供述时，都说日皇在一九四〇年颁发的敕令上规定要增加第七三一部队人员数额并扩充其工作规模。我请你说说，你在一九四〇年间担任的是什么职务。

答：当时我担任第三十八师军医处长。

问：那么，据你所说，当第七三一部队开始成立以及大大扩充工作规模的时候，你还不知道有该部队存在。我这样来了解你的话，是否正确呢？

答：完全正确。

被告柄泽受审经过

十二月二十六日早庭审讯记录

国家公诉人：被告柄泽，请你说说，你在第七三一部队中服务是从何时起至何时止，以及你在那里担任的是什么职务呢？

被告柄泽：我在第七三一部队中服务是从一九三九年十二月起，至一九四四年八月止，主要是在第四部即生产部担任职务，起初是当该部普通工作员，后来担负生产工作长职务，及至生产分部长铃木少佐离去后（这是在一九四二年末或一九四三年初的事，我记不清楚了），我就代替他担任生产分部长职务了。

问：那么，你是在第七三一部队里一共服务过五年之久，对么？

答：对，大约有五年。

问：所以，你是很熟悉第七三一部队编制及生产部工作情形的吧？

答：是的，我很熟悉第七三一部队第四部的工作情形。由于我在第七三一部队中供职很久，所以我同时也大致知道该部队其他各部所负任务和职能。

问：第七三一部队担负过一些什么任务呢？

答：第七三一部队所负的基本任务，就是积极准备细菌战争。

问：该部队内经常用活人进行实验，是何目的呢？

答：这样做的目的是要研究各种细菌及其在细菌战中的应用，即研究各种细菌的效力,繁殖和应用细菌的方法,大批制造细菌的方法,以及保存这些细菌的方式。

问:你并且证实说第七三一部队在中国进行过细菌攻击么?

答:是的,我证实这点。

问:你证实你先前说明第七三一部队第四部是个大批出产细菌战武器的制造厂的那些供词么?

答:是的,我证实这点。我已经说过,第七三一部队第一部是从事于研究细菌战方面的种种问题,第二都是从事于研究在野外条件下使用细菌武器的效能问题,第四部是从事于大批生产致命细菌及其保管事宜。

问:在实验室条件下用活人来作实验,是由哪一部负责进行的呢?

答:是由第一部负责进行的。

问:用活人来作实验,究竟是单只在监狱内进行过,或者是也在别处进行过呢?

答:这种实验是用两种方式进行过的:既在监狱内进行过,又在打靶场上进行过。

问:在打靶场上用活人来作实验,是由第七三一部队中哪一部进行的呢?

答:是由第二部进行的。

问:我请你说明一下第七三一部队所有的生产设备及其生产能力和生产细菌的方法。

答:当时我担任的是第四部生产分部长职务,因此我要首先说说这一分部所有的生产设备。

这一分部内用以大批生产细菌的设备,是由两个系统构成的。我先从第一个系统说起。这种设备首先是一些专门制造供繁殖细菌用的营养液的大锅炉。这种大锅炉共有四具,每一具的容量均约为一吨。先把营养液放到"石井式"的特种培养器内,而后再把培养器放到特种消毒器里面;这种消毒器共有十四具,每一消毒器内可放置大约三十个培养器。所以,在尽量放满的条件下,十四具消毒器内可同时放置四百二十个培养器。为了使培养器散热起见,设备有两个冷藏室。在营养液凝固之后,则进行栽种细菌苗。这种细菌繁殖之后,就将其取下来。专门设备有两个房间来进行此事。

问:在一个月内培养过多少细菌?

答:在充分利用第四部的生产能力及在良好条件下,理论上在一个月内可培养出鼠疫细菌达三百公斤,但实际上为此总共只利用过五百个培养器,这五百个培养器在一个生产周内可能培养出十公斤鼠疫病菌,因为每一个培养器出产量是二十公分。

问:在充分利用全部设备的条件下可能培养出多少伤寒症细菌呢?

答:每月平均由八百到九百公斤。

问:炭疽热病菌呢?

答:大约六百公斤。

问:霍乱病菌呢?

答:约为一吨。

问:副伤寒症细菌呢?

答:与伤寒症细菌出产量相等。

问:赤痢细菌呢?

答:与上同。

问:那就是说,在第四部所有一切大锅炉内一次可制出八吨营养液,对不对?

答:是,对的。第一个系统内为四吨,第二个系统内也能制出四吨。

问:第七三一部队各支队是驻屯在什么地方呢?

答:第七三一部队各支队是驻屯在海拉尔、孙吴以及离牡丹江城很近的林口站和海林站。

问:这些支队是驻屯在靠近苏联边界的地方么?

答:是的,正是如此。

问:你亲自到这些支队里去过么?

答:我到过每一支队里一次。

问:你是负责什么任务到这些支队里去的呢?

答:我到各支队里去是要查明那里有没有安置生产设备的地方。

问:即是为要在每一支队内大批培养各种细菌么?

答:毫无疑义,部队长正是打算要这样作的。

问:你说的是北野将军么?

答:是的。

问:为什么当时必须派你到各支队去视察呢?

答:在我这次出巡之前,部队长北野将军向我说明了出巡的目的。第一个目的是要扩增部队大批制造细菌的生产能力,第二个任务,是由于当时对美国已开始战争,为应付美国航空队方面的轰炸起见,必须预先把部队的生产设备分散于各地,以备甚至受到敌机空袭时也不致停止继续生产。

问:请你说说,第七三一部队是否进行过考查美国人对于传染病的抵抗能力呢?

答:我记得这是一九四三年初的事。当时我在沈阳军医院内养病,部队中一位姓凑的科学工作员前来看我,他对我谈到他自己的工作情形,并说他住在沈阳是要研究美国战俘对于传染病的抵抗能力大小问题。

凑是由第七三一部队专门派到盟军战俘集中营里来考查盎格罗撒克逊人对于传染病的抵抗能力的。

问:为此而实行检验过美国战俘血液的性能么?

答:正是如此。

问:科学工作员打多在一九四三年间干过什么事情呢?

答:他到内蒙古去过,在那里检验过蒙古人的血液,也是为了研究蒙古人对于传染病的抵抗能力问题。

问:你亲自到场视察过用活人进行实验的情形么?

答:我两度参加过在安达站附近打靶场野外条件下用细菌传染活人的试验。第一次是在一九四三年末用炭疽热细菌进行试验。在这次试验时使用过十个受实验的活人。他们被押到打靶场上时,就被绑到彼此相隔五公尺的柱子上,然后就用一枚放到离他们五十公尺远地方的破片弹施放细菌来传染他们。这个炸弹是用电流来爆炸的。这次实验的结果,是一部分受实验者遭到了传染。对他们采取过种种办法后,就把他们送回第七三一部队中去。后来我从报告中知道,那些用作实验对象而染上了炭疽热细菌的活人,都死掉了。

第二次试验是在一九四四年春季举行的。这次是试验鼠疫细菌使用法。传染办法就是经过呼吸器管来传染。这次处置受实验活人的手段,也是与实验炭疽热细菌时一样。

问:是绑到柱子上么?

答:是的,正是如此。在离这些实验者十公尺远的地方,放置有一个盛满鼠疫细菌液的铁桶。这个铁桶爆裂了。但据我所知,在这次实验后查明,传染没有成功,病菌没有通过呼吸器管。

问:培养跳蚤的事情,是由第七三一部队里哪一部进行的呢?

答:第二部。

问:是否设立有专门培养跳蚤的分部呢?

答:这种工作是由第二部第三分部进行的。

问:第二部第三分部部长是由谁担任的呢?

答:这分部部长是由科学工作员田中少佐担任的。

问:部队长石井四郎的长兄所担任的是什么职务呢?

答:他是管理第一部直属监狱的。

问:请你把你关于第七三一部队历次派远征队到中国内地去动作的情形所知道的一切都说明一下。

答:据我所知,第七三一部队曾有两次,即在一九四〇年和一九四二年间,派遣远征队到中国内地去动作过。

第一次远征是在一九四〇年举行的。这是在下半年的事。我的直属上司即生产分部长铃木少佐,曾吩咐我们制造伤寒症细菌七十公斤和霍乱症细菌五十公斤。我从铃木少佐口中知道,这批细菌是为供给由石井将军率领到中国内地去的特殊远征队而制造的。

我以第四部生产分部一个小队长资格,担任过保证这个远征队以必要数量细菌的工作。同时我还知道该远征队随身带去了五公斤的鼠疫跳蚤。

我记得,石井将军率领的那个远征队开到了华中汉口一带,在那里把鼠疫跳蚤和各种细菌当作武器去实际使用过。

因为这次实验是在敌军领土内进行的,所以实验结果未能确切查明。

但当时为了搜集关于此次动作效果的情报,特留下了一个由野崎少佐带领的专门小队,结果野崎少佐弄到了几份记载有关于宁波一带瘟疫流行消息的报纸。

问:这报纸上记载有什么消息呢?

答:据我记得,这报纸上写过,在宁波一带发生此次瘟疫之前,有数架日本飞机在上空飞过时掷下过某种东西。

问:你亲自看见过这段新闻么?

答:是的,我亲自看见过。

第二次远征是举行于一九四二年间,约在一九四二年年中。我的直属上司铃木少佐曾吩咐我备制一批副伤寒症和炭疽热细菌,究竟当时把副伤寒症细菌和炭疽热细菌分别备制过多少,现在我已记不清楚了,但我记得总共为一百三十公斤。我们所备制的各种细菌分批用飞机和火车运到第七三一部队远征队基地所在地的南京城去了。

问:远征队的这个基地是设在南京"荣"字部队内么?

答:是的。我知道"荣"字部队替这个远征队备制过一些细菌,但究竟当时备制了多少以及当时备制的是些什么细菌,我都已记不清楚了。此外,我还知道,这个部队从自己的卫生人员中间分出几个人去协助过远征队。

问:你叙说派到中国内地去的各次远征队时,为什么不说及一九四一年举行的那次远征呢?

答:关于这点,在法庭昨天的晚庭上已经查明了。在一九四一年举行的这次动作中只使用过鼠疫跳蚤,而我们对于此事既没有直接关系,所以未曾对我们说及这点。

问:请你说说,一九四二年派到中国内地去的远征队,是由谁率领的呢?

答:这个远征队,是由部队长石井将军率领的。

问:在这次远征时期,石井将军亲自到中国内地去过?

答:是的,他去过。

问:除他而外,当时部队领导人员中还有谁到中国内地去过呢?

答:据我知道,参加过这次远征的还有碇常重中佐,科学工作员田中以及其他等人。

问:关于石井开始用活人进行实验一层,你知道一些什么? 这种实验是从什么时候开始进行的呢?

答:我不清楚知道,但据我想,这种实验是在所谓沈阳事件发生后就立刻开始进行的。

问:石井本人关于此事对你说过什么没有呢?

答:我很清楚记得,当我在一九三九年加入这个部队时,有人向我说过这点。

问:请你说说,当你在第七三一部队中服务时期,关东军中有哪些高级官佐到该部队里去过?

答:到该部队去过的有关东军前任总司令官梅津将军,有从前是中将而后来升为大将的木村参谋长,有宫田中佐即竹田宫,有日本关东军前任医务处长军医中将梶塚等人。

问:请你说说,你亲眼看见过那些受实验的活人被押到部队里的情形么?

答:我曾执行过部队值日官职务,所以我曾两次看见过押送人来的情形。

问:被拘禁到第七三一部队监狱去的那些人们中间,是否有人生还到外面去过呢?

答:据我所知,没有人生还到外面去过的。

问:那就是说,所有被监禁的人都死掉了么?

答:是的,正是如此。

问:当受实验的人死掉之后,又把他们的尸体送到什么地方去呢?

答:送到部队所设的焚尸炉里去。

问:请你说说,为什么每次在打靶场上用活人进行实验时总有担任第四部工作员职务的你在场呢,究竟你是由于担负有什么职责而必得去呢?

答:因为在野外条件下使用的一切细菌都是由我那个分部生产出来的,所以我主持过运送这些细菌到打靶场去的事情。除此而外,我还乐于看看这些细菌的效能究竟怎样。

审判员伊里尼茨基:在该部队内用活人进行实验,究竟是为了什么目的呢?

答:进行这种实验的目的,是要探究最有效力的细菌武器并增强其致命性能。

审判长:被告柄泽,你在十二月六日受审时曾经供称,说在满洲建立第七三一部队一举乃是日本军阀准备对苏联进行细菌战的具体表现。你证实你自己这段供词么?

被告柄泽:我证实这点。

辩护人鲁克杨杰夫:被告柄泽,请你说清楚,你究竟是在何时以及怎样到日本军队去服务的呢?

被告柄泽:我于一九三一年间进东京医科大学是以陆军省官费生资格被录取的,因此我是靠领陆军省津贴费学习的。这就责成我在该校毕业后必须以军医资格去负军役。

问:请你确切说明一下,为什么第七三一部队长正是委派你到各支队去调查进行大规模制造细菌所需要的条件呢?

答:我已经说过,我很早就已担任着制造细菌的工作,所以部队长认为我对于这一工作很有经验,最适合于执行此种使命。

问:你现在怎样估计你在第七三一部队内担任的那种制造杀人武器的工作呢?

答:从负有治病救人使命的医生观点来说,我认为这是一件很恶劣的事情。

被告山田受审经过

十二月二十六日早庭审讯记录

审判长:被告山田,你在日本军队中服务期间担任过一些什么职务呢?

被告山田:我从一九四四年七月到一九四五年八月担任过关东军总司令一职。

问:在这时以前,你担任过一些什么职务呢?

答:在一九〇三年间,我被升为日军少尉,而在一九三〇年间,我被升为少将。

问:当时你担任的是什么职务呢?

答:我被升为少将以后第一年间是担任骑兵学校教务部部长。

问:尔后你担任的是什么职务呢?

答:尔后我任过骑兵第四旅旅长。

问:此后又担任什么职务呢?

答:此后我任过陆军交通学校校长一年。然后又担任过参谋本部第三处处长职务一年,随后又担任过参谋本部总务处处长职务一年零一个月。从一九三五年十二月至一九三七年三月间,我任士官学校校长,而从一九三七年三月至同年十二月间,我任过驻牡丹江城(满洲)的第十二师师长。从一九三八年一月至同年十二月间任第三军团司令官,当时该军驻在牡丹江城。从一九三八年十二月至一九三九年十月间,我在华中任日本派遣军司令官,该军司令部当时设在南京。从一九三九年十月至一九四四年七月间,我任日本陆军训练总监。在此时期内,我还兼任过最高军事参议院委员职务,而从一九四三年起又任日本防务司令官。我说错日期了,让我改正一下:从一九四一年八月至同年底,我任日本防务司令官,尔后,即从一九四四年七月起,我任关东军司令官。

国家公诉人:在你接任前是由谁担任关东军总司令的呢?

被告山田:是由梅津将军担任的。

问:被告山田,请你说说,关东军内有过哪些细菌部队?

答:关东军内有过两个细菌部队:第七三一部队和第一〇〇部队,这两个部队都是直接受关东军总司令节制的。

问:那么,当梅津将军任关东军总司令时,细菌部队是受他节制的,而自从你在一九四四年七月接任关东军总司令一职时起,细菌部队就直接受你节制了。是不是这样呢?

答:正是这样。

问:不在第七三一部队服务的旁外人员,例如关东军的参谋官佐,究竟要得到谁的允准才能到这个部队的驻扎地点去呢?

答:为此需要有我的书面允准。

问:你是在什么时候初次听到关东军医务处长梶塚将军和关东军兽医处长高桥将军的报告的呢?

答:约在一九四四年七月末。这是他们在我到任后初次作的报告。

问:梶塚将军和高桥将军在他们的报告中,对你说过第七三一部队和第一○○部队内的秘密工作么?

答:是的,他们两人都说过。

问:你现今可不可以回忆一下梶塚将军第一次报告的内容呢?

答:梶塚将军对我报告了关东军司令部医务处所进行的工作,就中他也向我报告说第七三一部队在进行准备细菌战的事宜。例如,他曾向我报告,说在第七三一部队内进行着研究细菌武器和制造细菌武器的工作。

问:请你说说,你在一九四四年八月间巡视过第七三一部队么?

答:是的,巡视过。我到达该部队之后,视察过该部队全部场所,而特别使我发生深刻印象的是该部队的产品,即用飞机投放的细菌炸弹,以及超过一切预料的细菌武器制造规模。在第七三一部队场所近旁有一处飞机场,我记得当时飞机场上停着有轻轰炸机数架,因此当时我就作出了一个结论,认为该部队所进行的准备细菌战工作是处在极高水准上。

问:当你视察该部队的营舍时,当地人员会把该部队内所繁殖的跳蚤摆出给你看过么?

答:是的,我看见过这种跳蚤,而且我记得当时那里所培养的这种跳蚤为数极多。

问:随同你在该部队驻扎地点视察的官佐,曾向你报告过该部队所繁殖的这些跳蚤的用途么?

答:是的,他们曾向我报告,说这些跳蚤是专供传染鼠疫细菌用的。

问:你在巡视石井部队时看见过石井式细菌炸弹模型么?

答:是的,看见过。

问:这种炸弹是预备供什么用的呢?

答:这种炸弹是预备供散布鼠疫跳蚤用的。这种炸弹在必要的高空爆裂后,染有鼠疫的跳蚤就散落下来传染地面。

问:这种炸弹是在何处实验的呢?

答:这类实验是在安达站附近的打靶场上进行的。

问:当你巡视第七三一部队时,北野将军向你报告过该部队各支队的工作情形么?

答:是的,报告过。北野将军曾通知我,说第七三一部队所有各支队也在制造供进行细菌战用的武器。

问:关东军干部部长田村大佐曾在一九四五年六月间遵照你的指示去视察过第七三一部队么?

答:是的,他在一九四五年六月间巡视过第七三一部队。

问:田村大佐向谁报告过他这次巡视的结果呢?

答:田村大佐向我做过报告。

问:可见,你根据你所收到的各次情报以及你亲身巡视第七三一部队的结果,原是知悉第七三一部队和第一〇〇部队研究及大批制造细菌武器的种种工作情形的,是不是这样呢?

答:是的,我知道这两个部队在进行研究和使用细菌武器的工作。

问:在一九四九年十一月三日的预审时,你曾供称,说驻扎在满洲境内的第七三一部队主要是为准备对苏蒙中三国进行细菌战而成立的。你证实这段供词么?

答:是的,我证实。

问:请你说说,细菌武器,是预备用去单只反对苏联的么?

答:不,不只是反对苏联。同时还认定可能使用细菌武器,去反对任何其他敌国和敌军。

问:你所说的究竟是哪些"其他敌国"呢?

答:具体说来,就是反对美英两国。曾认定也要用细菌武器反对它们。

问:从这一观点上看来,驻屯在满洲的第七三一部队原是准备对好几个国家进行细菌战的中心。是不是这样呢?

答:是的。

问:从一九四四年七月时起,是由谁指导第七三一部队进行准备细菌战及制造细菌武器的活动的呢?

答:是由我即关东军总司令指导的。

问:在指导第七三一部队及第一〇〇部队活动方面,关东军司令部作战部究竟是起的什么作用呢?

答:是在准备细菌战方面对这两个细菌部队施行战略作战上的指导。

问:作战部和侦探部中的某些参谋官佐,例如宫田中佐,究竟是为着什么目的常到第七三一部队去呢?

答:在实现对于该部队准备细菌战工作进行的战略作战指导时,必需经常知悉该部队工作情形,为此目的,即为了要熟悉情形,就时常派遣过作战部和侦探部的官佐到那里去。

问:可见,受你管辖的关东军司令部作战部原是经常监督过第七三一部队制造细菌武器的工作,并规定过在作战方面使用这种武器的具体方法的,是不是这样呢?

答:是的,正是这样。

问:请你说说,当你阅览前任总司令梅津将军移交下来的文件时,你在他那个保险柜内没有发现过"石井式"细菌炸弹的图样么?

答:这只是关于"石井式"细菌炸弹的一篇报告书,上面附有这种炸弹的图样。当时我是从作战部长那里收到这些文件的,尔后我就把这些文件保藏在自己的柜子里。我阅览过这些文件。

问:你巡视第七三一部队时亲眼看见的"石井式"细菌炸弹模型,是否与附在报告书上的那个图样相符呢?

答:是的,完全相符。我记不清楚了,但附在报告书上的炸弹图样,与我在该部队内所看见过的那种炸弹模型,是完全一样的。

问:请你讲讲北野将军在一九四四年秋季向你作的那次报告的内容。

答:我记得这是在一九四四年十月间的事。第七三一部队长北野少将当时向我报告了试验和研究用飞机撒放办法把鼠疫跳蚤当作细菌武器使用的结果。在作报告时放映过说明这点的影片。

问:当北野少将这次做报告时,有谁在场呢?

答:当时在场的有关东军参谋长笠原中将,作战部长松村大佐及参谋官宫田中佐。

问:你在一九四九年十二月一日曾经供称,说北野少将在作报告时陈述了以用鼠疫跳蚤进行细菌战为目的的一切实验和研究工作,你证实你这段供词么?

答:我证实这点。

问:第七三一部队内所制造的那种细菌武器效力,是用什么方式来检验的呢?

答:采用过各种方式,其中有一种就是用活人及牲畜来检验细菌武器的方式。

问:你曾知道细菌武器是用对活人作实验的方式来检验么?

答:是的,我曾知道这点。

问:田村大佐视察第七三一部队以后回来时,曾向你报告说该部队监狱内拘禁有一批预备用来进行实验的人么?

答:是的,他曾报告过这层。

问:宪兵队是直接受关东军总司令节制的么?

答:是的,宪兵队是直接受我节制的。

问:日本驻满洲各地的军事团是受关东军总司令节制的么?

答:是的,是受关东军总司令节制的。

问:你知道第七三一部队用以进行实验的活人正是从宪兵队及日本军事团那里领到的么?

答:在预审时拿出各种文件给我看过之后,我才知道第七三一部队原是从宪兵队和日本军事团那里领到大批活人去进行实验的。从前我个人以为送到第七三一部队去的都是些已被判处死刑的犯人,所以我当时得出了结论,认为这些人都是由满洲国法庭判处了死刑的。

问:那么,你是想说,在尚未拿出文件给你看之前,你曾认为被送到第七三一部队去杀害的那些人乃是由法庭判处了死刑的犯人,对不对?

答:对,我想说我当时正是这样了解的。

国家公诉人:我请求法庭把一九四三年三月十二日文件摄照本拿出来给被告山田看一下。此项文件保存在案卷第二十一卷,第九〇至九二页上。

（当即拿出该项文件给被告山田过目）

被告山田,交给你看的是关东宪兵队一九四三年三月十二日命令的摄照副本。请你仔细看看这项文件。被告山田,交给你看的这项文件岂不是证明当时把活人押到第七三一部队去杀害是未经任何调查及审判的么?

被告山田:是的。

国家公诉人:我请求法庭把关东宪兵队关于用"特殊输送"办法遣送九十人去杀害的第二二四号命令的副本宣读一遍。这项文件保存在案卷第十七卷内,第三五至三八页上。

审判长:现在就宣读关东宪兵队作战命令第二二四号。同时这一文件将用日语翻译。各被告可用给他们预备的收音机收听。

国家公诉人:被告山田,请你说说,这道命令是由关东军总司令属下的宪兵队颁发的么?

被告山田:这是在我接任关东军总司令以前由当时关东宪兵队司令官城仓少将颁发的命令。

问:我了解这点。但当你已接任关东军总司令职务时,你是否取消了把活人送往石井部队去的这种办法呢?

答:没有,我没有取消这一命令,但我曾认为这道命令是个暂时性的,往后就会失效的命令。

问:你曾认为这是一个暂时性的命令。现在你看过刚才拿出来给你看的这个文件后,是否已确信在一九四三年时经常由关东宪兵队送人到石井部队去消灭么?

答:是的。

问:关东宪兵队当时是受那在你以前任关东军总司令的梅津将军节制么?

答:是的。

问:田村大佐在一九四五年间向你报告他遵照你的命令巡视第七三一部队的经过时,是否向你说过在第七三一部队内部监狱中拘禁有大批预备用来进行实验的活人呢?

答:是的,田村大佐向我报告过这点。

问:当北野少将向你报告研究细菌武器的情形时,他是否对你说过第七三一部队内用活人进行实验的事实呢?

答:是的,他对我报告过这点,可是这次报告究竟是在什么时候做的,我已记不清楚了。他当时向我作的是关于试验用飞机撒放鼠疫跳蚤的工作结果的通知,而并不是一个详细的报告。

问:无论如何,从田村报告中可以分明看出第七三一部队内的实验是用活人进行的么?

答:是的。

问:可见,此地所谈到而当梅津将军任关东军总司令时在第七三一部队内所进行的那种残暴实验,是在你担任总司令时也进行过的,是不是?

答:是的。

问:请你说说,包括关东军在内的日本军队中究竟采取过哪些使用细菌武器的基本方法呢？

答：据我计算是采取过三种方法：首先是用炸弹投掷的方法，第二是从飞机上直接撒放的方法，最后是在地面上撒放的方法。

问：关东军内研究细菌战方法的工作是如何进行的呢？

答：为研究细菌武器使用的方法起见，在关东军司令部属下成立有专门委员会，其中人员是参谋长，作战部长，相当部队的部队长以及个别参谋官佐。当委员会把问题肯定解决时，就把解决结果报告给总司令。

问：当关东军总司令批准某种使用方法或某种武器时，他对于这层是否还要向上级做报告或通知呢？

答：没有以关东军总司令名义做过这类报告，但关东军司令部关于此类问题是向日军参谋本部作过通知的。

问：关东军司令部，是否收到过日本陆军省关于扩增制造细菌武器的指令呢？

答：是的，收到过这样的指令，据我记得是在一九四五年三月间收到的。

问：军医中将石井究竟是因为什么缘故而又在一九四五年三月间重新被委任为第七三一部队长呢？

答：这一委任乃是陆军省和参谋本部所定计划的具体化。

问：你收到陆军省指令后，是否吩咐过作战部长松村大佐设法保证制造细菌并为第七三一部队补充必需数量的专门家官佐呢？

答：是的。但关于增派人员一层，我是吩咐干部部部长田村大佐去办理的。

问：你在一九四九年十二月六日受审时曾经供称，说用细菌武器反对苏联一举是预备用飞机传染苏联各个特别重要地区及经过军事破坏办法来进行的。你证实你这段供词么？

答：是的，我证实。

国家公诉人：我请求法庭把案内证人前关东军作战部长，前日本陆军少将松村的供词宣读一下。这段供词是载在案卷第三卷第九八页上的。

审判长：军事法庭就席商议后决定如下：宣读松村在十二月七日预审时所说出的供词（案卷第三卷，第九八页）。

国家公诉人：松村曾供述说在你任关东军总司令官时期批准过将来进行细菌战争的两种基本方法，即利用装有鼠疫跳蚤的"石井式"细菌炸弹的方法和用飞机撒放鼠疫跳蚤的方法，你证实他这段供词么？

被告山田：我证实。

问:当时你个人认为经你批准的进行细菌战的各种方法中哪一种方法最有效呢?

答:当时我认为使用细菌武器的最有效方法是用飞机投掷炸弹的方法以及从飞机上撒放鼠疫跳蚤的方法。

问:你记得关东军兽医处长高桥中将关于第一〇〇部队在北兴安省进行细菌侦察情形的报告么?

答:是的,我记得。

问:松村在预审时曾经供称,说高桥在这次报告中阐明了自己关于实际使用细菌的意见,就中还说明了他认为在必要时应该把细菌投到三河区和呼伦池东南一带水泊内的主张,你证实他这段供词么?

答:是的,我证实。

问:在靠近苏联地区内进行细菌侦察,是何目的呢?

答:是为了准备应付可能的战争。

问:你从一九三九年十月至一九四四年七月间当过日本陆军训练总监么?

答:是,对的。

国家公诉人:说到这里,我请求法庭把一九四四年一月间陆军训练总监部在日本公布的那个关于破坏队阵中教范宣读一段。该文件保存在案卷第二十二卷内,第二一页。

审判长:宣读参谋本部和陆军训练总监部于一九四四年一月间颁布的军事破坏队阵中教范(案卷第二十二卷,第二一页)。

国家公诉人:被告山田,请你说说,该文件是由受你管辖的陆军训练总监部拟定的么? 是不是?

被告山田:是的,这个教范是陆军训练总监部协同参谋本部拟定的。

问:这个文件岂不是证明你在一九四四年一月间,即在你受任为关东军总司令以前,已经知道有人在使用细菌武器进行军事破坏么?

答:是的,正是如此。

问:你是在什么时候签署命令要消灭第七三一部队和第一〇〇部队的呢?

答:约在一九四五年八月九十两日。

问:可见只是因为苏军部队举行急速进攻,才使第一〇〇部队和第七三一部队没能继续活动吧?

答:是的,正是这样。

辩护人柏洛夫:你什么时候知道这两个部队是于一九三五——一九三六年内

遵照日皇密令成立的呢?

被告山田:关于此事发生的准确日期,我是从证人与被告人供词中知道的。

问:你曾能以关东军总司令资格停止第七三一部队和第一〇〇部队的工作并解散这两个部队么?

答:关东军总司令是无权停止这两个部队的工作和将其解散的。

问:你现在怎样估计你已承认自己确实犯过并因你确实犯过而被提交法庭审判的那些罪行呢?

答:我应该回答说,我认为我所作的一切都是坏事,让我更正确一点说,都是很坏的事。

问:我是你的辩护人,可以认为你这样回答是意味着你对你所犯的那些罪过表示翻悟么?

答:是的,我希望人家这样来了解我的回答。

证人田村受审经过

审判长:证人田村,你受过预告,如果你说出假口供时,你就应该受处罚,所以你应把你所知道而与本案件有关的一切事实都告诉法庭,你应始终说实话。证人田村,请你说说,你是在何时被苏军俘获的呢?

证人田村:在一九四五年九月一日。

问:当时你住在何处以及你所担任的是什么职务呢?

答:当时我住在长春市(满洲),担任关东军司令部干部部长职务。

问:当时你带有什么军级呢?

答:大佐。

国家公诉人:证人田村,关于第七三一部队的目的与任务一层,你从关东军参谋长泰彦中将方面得到过什么通知呢?

证人田村:泰彦中将曾通知我说,关东军第七三一部队虽然正式叫做防疫给水部,但该部队主要任务是准备对苏联进行细菌战。他曾屡次嘱咐我说,在分配干部方面要特别注意这个部队。

问:你是在什么时候,在什么情况下以及受谁人委托去巡视第七三一部队的呢?

答:关于巡视第七三一部队的指令,是前关东军总司令山田将军于一九四五年六月间在哈尔滨飞机上发给我的。

问:山田将军究竟是因为什么缘故发给了你这一指令,为什么要去巡视第七三一部队呢?

答:在一九四五年五月间,第七三一部队长石井寄交关东军司令部由总司令查收的文书,石井在这一文书上请求给予第七三一部队为加紧工作所需的各种条件。同时石井又请示增派军医到第七三一部队去并扩充该部队员额。此后我就等候机会,以便与石井本人会见而详细去考查这个问题。在总司令到齐齐哈尔去参加训练班学生毕业典礼时,我就获得了这一机会。我们到达哈尔滨时就遇到了石井将军。

问:请你说说,你是怎样进行视察第七三一部队的呢,你亲自在该部队内看见了一些什么呢?

答:我抵达石井部队后,就视察了一切生产房舍,即该部队的各个实验室和拘禁犯人的监狱。在视察生产部的生产房舍时,我看到了用来大批制造细菌武器的生产设备。此外我还看见那里培养有预备用来繁殖跳蚤的鼠类。我在该部队的营房内看见有细菌炮弹和细菌飞机炸弹模型。除此而外,我在石井办公室内,阅览了一些说明细菌武器效力的图表及图样。同时我还视察过该部队内部监狱,看见过一部分囚室。我在那里看到了四五十名被囚禁的人,他们都是中国内地人和俄国人。在这批被囚禁的人中间,我看见了一名女子。

问:被囚禁者所处的环境怎样,他们在这种囚室内分布得怎样,每一间囚室内拘禁多少人,这种囚室内情形怎样呢?如果你还记得,那就请你说说。

答:我从走廊内经过囚室门上的小眺望窗,看见一部分被囚禁者带有脚镣。有一些人在走动,大部分人则躺在地上。究竟每一间囚室内有多少人,我已记不清楚了。

问:关于第七三一部队内部监狱囚室内所拘禁的人是预备用来干什么一层,石井将军向你说了一些什么话呢?

答:石井将军向我说过,这些被拘禁的人都是预备用来实验各种细菌效力的。我曾看见受实验的犯人们中间有两三个人形容非常难堪。

问:证人田村,请你说说,预备用来进行实验的人是由什么机关送到第七三一部队去的呢?

答:我从石井口中知道,这些人都是由宪兵机关和日本军事团送去的一些被拘留和当作应处死刑的罪犯看待的人。

问:证人田村,我请你说说,当你巡视第七三一部队时,石井关于该部队所负任务以及该部队执行战斗指令的准备程度一层,曾向你报告了一些什么。

答:当时石井向我说过,各种细菌的效力已在实验室条件下以及在野外条件下用活人举行的实验中检验过了,细菌武器乃是关东军手中的一种最雄强的武器。他通知我说,第七三一部队已有充分的作战准备,所以它在必要时,即一旦战争开始时,就能用大量致命细菌去直接攻击敌军,并且该部队能用飞机对敌军后方的城市进行细菌战动作。

问:证人田村,请你说说,你巡视了第七三一部队之后,关于该部队活动的规模及其对于积极进行细菌战的准备程度,你个人得到了一种什么印象呢?

答:在视查了第七三一部队所有一切房舍及该部队内的设备之后,我对该部队的工作规模极感惊奇,这种规模超过了我的一切预料。我在该部队内所看见的工作情形及生产设备,使我深信石井所说该部队有充分作战准备等语是正确的。

问:关于你巡视第七三一部队所得的结果,你向谁做过报告呢?

答:我向山田总司令做过报告。

问:我请你说说你向山田报告的内容。

答:我曾向山田报告说,在各个生产房舍内都设置有生产设备并进行着大批制造细菌的工作,进行着培养鼠类来繁殖跳蚤以及制造细菌炮弹飞机炸弹等工作。我向山田总司令报告过我在监狱内所看到的情形,说我在视查过的那部分囚室内看见有四五十名被囚禁的人,他们都是中国内地人和俄国人,其中有一名俄国女子。我曾通知山田将军说,我所见到的这些被拘禁的人都带有脚镣,并且据部队长石井将军所说,他们都是被用来实验作为细菌武器的致命细菌效力的。

问:关于第七三一部队对于进行细菌战的准备程度一层,你是否向山田将军报告过呢?

答:是的,报告过。

问:你向他报告了什么呢?

答:我向山田总司令报告说过,我从石井将军口中知道,第七三一部队对于进行细菌战一举已有充分准备。同时我还向山田将军报告说过,在视查了第七三一部队的生产房舍和监狱之后,我深信石井所说该部队有充分作战准备等语是正确的。

证人橘武夫受审经过

审判长:证人橘武夫,你已被预告过,如有伪供之处,即应受处分。你对法庭只应说实话。你是在什么时候被苏军俘获的呢?

证人橘武夫:是在一九四五年八月十五日。

问:你当时担任的是什么职务呢?

答:担任满洲国政府顾问职务。

问:你当时带的是什么军级呢?

答:宪兵大佐。

（旁听席上表示惊动）

国家公诉人:请你说出你担任佳木斯市宪兵局长一职的时期。

证人橘武夫:从一九三九年起,至一九四一年止。

问:关于运送被拘禁者到第七三一部队去一事,你知道一些什么呢?

答:我在一九四〇年担任过佳木斯市宪兵局长。当时我初次知道了有第七三一部队存在及其所进行工作的性质。当时我已知道第七三一部队名义上叫做关东军防疫给水部,实际上却进行着准备细菌战的工作,其所采用的一种办法就是用活人来进行实验。当时我已知道,该部队是在准备大批消灭敌军有生力量并准备进行细菌战。

当我任佳木斯市宪兵局长时,我们常把那些因有某种犯罪嫌疑而被宪兵机关拘捕的犯人挑选一部分送到第七三一部队去受实验。我们遵照宪兵队司令部指示把这种人加以相当预审后,不经庭审,不把他们的案件交给法庭,就径直把他们送交第七三一部队去。这是带有特殊性质的办法,所以此种手续就叫作"特殊输送"。

遭受此种"特殊输送"的,是如下几类犯人:首先是被控为替外国当间谍罪或有与外国侦探机关相勾通的嫌疑者,以及所谓红胡子,即中国游击队员;其次是反日份子以及不可救药的刑事累犯。我们曾把这种人用"特殊输送"办法送到第七三一部队去。在我担任佳木斯市宪兵局长职务的期间内,我所主持的宪兵局送到第七三一部队去的人不下六名,他们以后都没有回转来过,因为他们受过实验后都死在那里了。

问:你是不是在实行发送的时候就已经知道你们送到第七三一部队去的那些人定会受到传染流行病的痛楚实验呢?

答:我曾知道,这种人是送到第七三一部队去用作实验材料试验细菌效能的。

国家公诉人:我请求法庭把先前已在法庭上宣读过的那个文件交给证人橘武夫过目。我是请求法庭把关东宪兵队司令部一九四三年三月十二日关于"特殊输送"一事颁发的通告日文原本第一页交给证人橘武夫过目。此外,我还请求法庭将这一通告上的附件,即将标题为"思想犯(民族运动和共产运动犯)"的第二栏,交给证人橘武夫过目。

(翻译员把该文件摄照本交给证人橘武夫观看)

证人橘武夫,你看见过这一文件么?

证人橘武夫:是的,我从前看见过这一文件。

问:这一文件调整过"特殊输送"的程序么?

答:是的。

问:并且也确定过各种应受"特殊输送"的人么?

答:是的。

问:换句话说,这一文件确定过应被输送到第七三一部队去杀害者的程序,是不是呢?

答:是的。

问:在保存于案卷第九二页内的这一文件上,可看到如下字样:"思想犯(民族运动犯和共产运动犯)",以及"罪状虽轻,但不宜将其释放者"等语。

(当即用日语宣读这段引句)

国家公诉人:我交给你看的这一文件,你承认是调整过"特殊输送"程序的正式文件么?

证人橘武夫:是的,我承认这点。

问:你知道宪兵队内那些参加过确定什么人应受"特殊输送"一事的工作员么?

答:是的,我能指出他们的姓名。

问:请你说吧。

答:刚才交给我看过的这一文件,是于一九四三年间拟定的。当时我在关东宪兵总局担任工作员职务。当时我是在关东宪兵总局刑事科供职,从关东军司令部发来的指令上责成我们拟定这样一个文件。一九四三年三月间我到沈阳城去视察过那里的宪兵队。当我出差时期,在我所主持的刑事部内工作的辻本信少佐编订了这一文件。我回职后看见过这一文件,现在我可证实它确实是这样。

问:当时规定过有办理"特殊输送"手续的实际办法没有呢? 宪兵队关于此事颁订过什么文件呢?

答:刚才交给我看过的这一文件,曾印成多份分发给满洲各地宪兵局。凡应受"特殊输送"的犯人,都是被拘禁在各地宪兵局直属的拘留所内。然后就把对犯人审讯的摘录和宪兵局申请允准将该犯人交付"特殊输送"的请示文送交宪兵总局。此事在那里审核之后,就命令那提出申请的宪兵局把这种人用"特殊输送"名义送到第七三一部队去。当地方宪兵局把这种文件呈交宪兵总局时,则这种文件就先由秘书处转交刑事部,再由刑事部转交我所主持的反侦探科。本科职员辻本信审查过这种文件而作出了决定之后,就把此种决定交给我看,而经我花押批准之后就转呈给刑事部长。刑事部长收到关东宪兵队司令官批示之后,就以宪兵队司令官的名义下令把这一文件发送到原先呈提该文件的那个宪兵局去办理。

问:你在关东宪兵队司令部供职期间曾批准过把人经过"特殊输送"手续押到第七三一部队中去么?

答:我审理过这种案件,研究过这种案件。我记得由我主持发遣过一百余人。

问:宪兵队送人到第七三一部队去杀害,是经关东军司令官批准后进行的么?

答:当然是这样,关东宪兵队是遵照关东军司令官的指令来进行此事的。宪兵队通常是把罪犯案件交给法庭或军法处去审判的,但在此种场合却由特别命令代替了法律,不经审判就把人送走。

问:关于根据你的部下辻本信所拟定的指示,应经过"特殊输送"押到第七三一部队去遭杀害者是从事民族解放运动的人士这点,你可证明么?

答:经过这种输送的人,是各种各类的犯人,其中也有参加民族解放运动的人,但他们都是共产党员或民族主义者。

(旁听席上发出愤慨吼声)

问:证人橘武夫,请你说说,当时究竟是怎样把人送往第七三一部队去的,对于输送、押解、守卫、保守秘密等方面规定有什么手续。

答:我已经说过,首先是由地方宪兵局向宪兵总局提出请示允准"特殊输送"的申请文。为此曾拟定一种备考书而将其写成三份,一份保存在地方宪兵局内,两份呈寄宪兵总局。在得到宪兵总局正式批准"特殊输送"之后,从那里送回一份备考书,而把犯人仍旧关在宪兵局拘留所内。后来,当收到第七三一部队要求送去当作实验材料,即送去应受"特殊输送"的犯人时,就把犯人连同一份备考书送到哈尔滨去,而在哈尔滨火车站上把犯人转交给宪兵人员。这些犯人是由宪兵负责押送的。

问:押送这种犯人是把他们锁上脚镣呢,还是把他们捆绑着呢?

答:没有锁过脚镣。

国家公诉人:既然证人橘武夫这样回答,我就要请求法庭把关东宪兵队一九三九年八月八日颁发的那个已经宣读过的第二二四号作战命令第二部分宣读一下。此项文件对于我向证人发的问题有直接关系,所以我请求法庭把此项文件宣读一下。

审判长:军事法庭决定宣读此项文件,同时还用日语加以宣读。

(各被告戴上听筒)

审判长宣读了上项文件俄文译本。同时这项文件又用日语加以宣读并交给证人橘武夫过目。

国家公诉人:证人橘武夫,现时当你看过文件原本之后,也许你要证实说在"特殊输送"时曾使用过手铐脚镣及绳索吧?

证人橘武夫:我根本不知道有过这一文件。也许这里是由于特别原因使用过镣铐。但我在任时是未曾使用过镣铐的。

问:看样你是想说,你们曾经把人送去遭受杀害,其他各宪兵局是使用过镣铐,而唯独你所管辖的宪兵局却从未使用过这种镣铐。你莫非想说这话么?

(旁听席上发出愤慨喧声)

(证人橘武夫默不作声)

国家公诉人:你怎么回答这个问题呢?

证人橘武夫:在我任佳木斯宪兵局长时,手铐是使用过的,但脚镣却没有使用过。

(旁听席上发出喧嚷声)

证人仓原受审经过

审判长:证人仓原,你签过了说你只应讲实话而如有伪供时即应受处分的字据么?

证人仓原：是的。

问：证人仓原，你是怎样来到苏联的呢？

答：我在一九四五年八月被苏军俘获后，就于一九四五年九月十二日经过五站被送到苏联。

问：你被俘以前是在何地服务呢？

答：在哈尔滨宪兵局。

问：当时你担任的是什么职务呢？

答：我担任的是宪兵局特务部内一个分部长职务。

问：你有过什么军级呢？

答：宪兵军曹。

国家公诉人：证人仓原，请你说说，你是什么时候被派到第七三一部队去的，在该部队内服务过多久以及担任过什么职务？

证人仓原：从一九四〇年三月起我在第七三一部队直属宪兵队内当过一年宪兵。我的职务是要灵活待奉该部队的工作人员。

问：此外你还担负过什么职务呢？

答：除此而外，从哈尔滨押送犯人到第七三一部队去，也是由我负责作的。这种犯人在该部队内是称呼为"木头"而用来进行实验的。

问：就是说，那些经过"特殊输送"办法送到第七三一部队去受实验的人，是由你从哈尔滨押送到该部队中去的么？

答：是的。

问：请你说说押送这种人到第七三一部队中去的手续。

答：先由宪兵局用电话通知我们，叫我们去取人。这种通知都是由田坂曹长转达的。

在第七三一部队宪兵组内服务的，除我之外还有两人，即总共有我们三个人。

由田坂曹长发给我们指示后，我们就乘坐特备的押送汽车到哈尔滨火车站去，到那里后，我们就走进火车站宪兵所去，当即在火车站宪兵长面前从其他各地——如林口、佳木斯等——宪兵人员手中领取预定送往第七三一部队中去的人。

问：押送因犯到第七三一部队中去，是在什么时候进行的呢？

答：多半是在夜间。我们把这种犯人领到手后，就把他们装到押送汽车上运到平房站第七三一部队的驻屯地去。到达驻屯地后，我们就停留在大门外面,派一个人到守卫所去通知岗兵,再由岗兵用电话通知内部监狱值日官,然后这值日官就派一个人来把这些犯人押到监狱里去。

问:当时的狱长是谁?

答:是雇员石井,即部队长石井将军的长兄。

问:你亲自到第七三一部队监狱里去过么?

答:是的,我到监狱里去过两次。

问:请你说说这监狱里面的情形。

答:第一次我到这监狱里去是在一九四〇年三月间。这时我还刚才到第七三一部队中服务。我在到达该部队后,听说部队设有一所内部监狱,当时我就想去看看这个监狱,于是就请求本组首长宪兵队长田坂曹长准许我到监狱里去看看。他就去请求狱长雇员石井的允准,石井表示了同意,结果我们三人——田坂、石井和我——就视察了这个监狱。首先我们走到了第七三一部队主要房舍近旁,这房屋是个四方形,中间位置有一个从外面看不见的监狱。监狱占了左右两栋房屋。我第一次去看时只到过左边那栋房屋。我们走进这房屋之后,通过了一条走廊;左面是看守室,右面是楼梯,再经过一个房间后便是一些囚室。

问:在视察监狱房舍时,你曾向囚室内面探望过么?

答:我没到囚室内面去过,但我经过眺望窗向里面看过。

问:监狱内拘禁的是什么民族的人呢?

答:这主要是中国内地人,但这中间也有俄国人,而在中国内地人中间还有五个女子。

问:可见,石井部队监狱内曾拘禁过女子么?

答:正是。我忘记说明我有次曾从哈尔滨火车站押送过一个女子。同时我又忘记说明这监狱房舍是两层楼房。

问:你亲自看见过用活人进行实验么?

答:是的,看见过。我初次看见用活人进行实验是在一九四〇年十二月间。这种实验是由第一部职员吉村科学工作员指明给我看的。这种实验是在监狱附设实验室中进行的。

当我走进监狱附设实验室时,我看到一条长凳上坐着有五个受实验的中国人,其中有两个人已完全脱掉了手指,他们的手掌是乌黑的,而其余三个人的手上则露出骨头。虽然他们还有手指,但剩下的只是指骨。吉村对我说,他们这种情形是由于受过实验冻伤的结果。

问:你知道那些落到了部队监狱内的人们命运怎样么?

答:人们一被押进这监狱去之后,就从来没有送回去过。

问:你在石井部队服务时期听到过有从该部队内部监狱里释放一个人的事实么?

答:我从未听到过这样的事实。

问:就是说,所有一切被押进该监狱的人,不管是男子或女子,都是不免要死掉的么?

答:正是。

证人堀田受审经过

十二月二十九日早庭审讯记录

审判长:证人堀田,你签过了说你只应讲实话而如有伪供时即应受刑事处分的字据么?

证人掘田:是的。

问:你是什么时候被苏军俘获的呢?

答:一九四五年八月二十日。

问:当时你在什么地方呢?

答:当时我在海拉尔城,在防疫给水部海拉尔支队供职。

问:你在那里担任的是什么职务呢?

答:军需职务。

问:你当时是在役军人么?

答:是的。

问:你带有什么军级呢?

答:当时我是军需勤务实习官。

国家公诉人:证人掘田,请你说说,你是在第七三一部队军需部内服务的么?

答:是的。

问:你是什么时候到第七三一部队的呢?

答:我是一九四四年十一月二十九日到达第七三一部队的,经过一个星期后就开始执行我所负的职务;我在第七三一部队内供职一直到一九四五年八月止。

问：你到达第七三一部队时首先去见的是什么人呢？

答：我首先去见的是第七三一部队长军医少将北野。这是一九四四年十一月三十日的事。

问：你到达第七三一部队后曾与什么人谈过话么？

答：是的。同该部队训练部长西俊英中佐谈过话。

问：西俊英中佐同你谈论过什么呢？

答：我于一九四四年十一月三十日见过部队长，接着又见过训练部长军医中佐西俊英。当时我奉到指令要在部队训练部内受七天的训练。在这一星期内，西俊英中佐指导我们研究了内部勤务规章及关于第七三一部队的内部勤务教范。

问：西俊英中佐向你说过该部队工作性质么？

答：是的，他告诉我说，第七三一部队在进行研究细菌的工作，并说凡是有关于第七三一部队工作情形的一切，都必须严守秘密。

问：请你确切说明一下，你在第七三一部队军需部供职期间是不是到过该部队那些房舍和支队呢？

答：我在第七三一部队军需部供职时期，曾到过该部队第一部、第三部及安达站附近的打靶场。至于说到各个支队，那么我于一九四五年二三两月间到过设立在孙吴、林口及牡丹江等地的支队那里。当时我与军需官佐藤少佐一块去检验过军需供给情形，而到一九四五年八月我便被调任为海拉尔支队军需官了。除此而外，我还到过位置在哈尔滨附近南屯一带的医务部和第三部。此外，到仓库去领货时，我到第七三一部队运输分部去过两次。

问：你知道第七三一部队设在安达站附近的打靶场是干什么用的么？

答：这处打靶场是用来进行准备细菌战的实验工作的。

问：细菌实验工作是用什么人来进行的呢？

答：我知道，进行这种实验时利用过第七三一部队内部监狱里所拘禁的犯人。

问：这监狱位置在什么地方呢？

答：这监狱位置在第七三一部队四方形三层主要房舍中间。监狱房舍是两栋二层楼房，房舍号码是七号和八号。

问：第七三一部队用来进行实验的活人，究竟是从那里押送来的呢？

答：据我所知，这种人是由各地日本军事团及宪兵机关那里送来的，此外还从中国战俘中送人到监狱里去过。

问：你视察过第七三一部队的仓库么？

答：请你说明究竟你所指的是什么仓库？

问：我所问的是该部队设在安达站附近的仓库。

答：我已记不清日期，但我记得这是一九四五年夏天的事；我与军需员富塚一起到过安达站附近的打靶场，当时我们应在那里检查军需供给工作情形。

我们检点了那里现存的一切材料、货物及器材。

在视查一处库房时，我发现了一些铁板，于是我就向雇员富塚问到这种铁板是干什么用的。他回答说，这种铁板虽非军需品但存放在仓库内，是预备在用人进行实验时使用，使用的办法是将铁板盖到受实验者胸前和背后，免使他们受伤。

此后，雇员富塚曾拿出一捆棉被给我看，并请我把这捆棉被在可能范围内当作不能使用的废物一笔勾销。这捆棉被总共约有八十条；上面显露出许多凝结的血团。这些棉被已破得不成样子。当我问到为什么这样时，他回答说，这些棉被也是在用活人进行实验时用来掩盖受实验者躯体的。

问：你在这些棉被上亲眼看见过受实验者所流而已凝结了的血团么？

答：是的。

问：请你说说，部队长石井四郎是什么时候到达第七三一部队的呢？

答：一九四五年三月间。

问：石井到任之后，该部队工作方面发生过什么变更么？

答：该部队工作方面从石井将军回任第七三一部队长职务时起所发生的变更，我不能确切说明。然而我知道他到达部队后曾时常向我们说过摆在第七三一部队面前的各项重要任务。他说，一九四五年六月至九月间就要发动对苏战争，对于这一据他所说是具有决定意义的战争必须加紧准备。此外，我还知道，后来繁殖鼠类的工作确实是加紧了。

问：你曾作过什么有关可能增殖鼠类数量的统计么？

答：是的，我作过。

问：这种统计是遵照谁的指令进行的呢？

答：是遵照部队长石井的指令。军需分部部长佐藤少佐曾命令我计算一下，为要在九月以前培养出三百万个鼠类，究竟需要有多少饲料和营养素。

问：可见，石井将军曾打算要在一九四五年九月以前把部队内的田鼠和家鼠数量增加到三百万只。对么？

答:对,他拟定了这样一个计划。

问:关于耗费于第七三一部队工作方面及人员给养方面的款项,你知道一些什么呢?

答:我曾从军需分部部长佐藤少佐及军需官中村方面听说过,第七三一部队一九四五年预算中的支出项共为一千万日圆。此外我还知道,这一千万日圆中有三百万是用去供养第七三一部队人员的,而其余七百万则是用去制造细菌和进行研究工作的。从后一数目中又分出二三十万日圆去供各支队消费。

问:可见,用于准备细菌战的款项,即用于实验和大批繁殖细菌的款项,是在该部队的预算中占着主要地位。对么?

答:对。

问:请你说说,在第七三一部队内曾用活人进行过不是直接与细菌学有关的实验么?

答:同我一起在部队训练部受训的有一位军医官目黑,当时我们两人同住在一个房间内。有一次他手中拿着一个文件回到房间里来。这文件就是关于实验冻伤的报告。他同时还拿出一些照片来给我看过,照片摄照的是两三个受过冻伤实验的人,其中有一张照片上摄照的是一个身穿皮袄头戴皮帽而坐在类似水桶的一个器皿旁边的人。摄照在另一张照片上的是一个中国人,他光着脚躺在床上。他的一只脚是好的,另一只脚是冻伤了的。好像是要用这两只脚来比较一下,以便查明实验冻伤的效果。

问:可见,第七三一部队中除了用活人进行细菌实验之外还用活人进行过冻伤实验么?

答:是的,正是这样。

问:请你说说,监狱内所拘禁的那些预备进行实验的人,是驯服顺从挨受这种实验的呢,还是也有过被拘禁者表示反抗的情事呢?

答:一九四五年夏天,目黑曾请我到他那个实验室内去作客。我耽搁了一些时候,后来当我走到他那里时,忽然看到他非常惊慌并有点气愤的样子。当我问他为什么这样气愤时,他就解释说监狱内的犯人进行过抵抗。我经过第三层楼房走进到监狱里去。当时我是第一次到监狱里去观察。

房顶上有两个人手持步枪,从上面看守监狱。监狱门口站立有四五个人,也是手持步枪。所有这两个人以及四五个人的小队,都是特务队人员。但当我走到那里的时候,监狱内已是平安无事了。

过两三天后,目黑告诉我说,有一个受实验的人大闹过一顿,用带门环打了实验员一下。

问:以后又怎么处置了这个被拘禁的人呢?

答:这个被拘禁的人打了实验他的那个工作员之后,就从囚室内钻出来沿着走廊跑去,他抢去了钥匙,开开了好几间囚室。有一部分被拘禁的人钻出来了,但这只是一些勇敢分子。并且这些勇敢分子都被枪毙了。

问:就是说,所有对实验员进行过反抗的人都被枪毙了,对么?

答:是的,对。

国家公诉人的演词

十二月二十九日晚庭记录

审判长:本案庭审宣告结束。法庭现在就来听取各方面的意见。

国家公诉人演词以及各被告辩护人的发言,将用日语广播出去。

各被告可以听这些演词的日语广播。

现在由国家公诉人,三级国家法律顾问斯米尔诺夫同志讲话。

国家公诉人演词写入记录上。

演词同时用日语广播。

国家公诉人、三级国家法律顾问斯米尔诺夫的演词

(一)本审判案的意义

审判员同志们,军事法庭委员同志们!

诸位在这几天以内极周详审讯过的这一案件的意义,远不只是查明此地被告席上诸犯的个人罪状,及确定他们所负责任的程度而已。

不庸争辩的,是有一条反和平反人类的极恶大罪的链条,把前日本关东军总司令山田将军和那些执行日本军阀凶恶计谋的人,即日本关东军各特种秘密部队中的细菌学家们结连在一起的。

但是,在庭审过程中已经查明,这根链条并不在此地被告席上就告中断。

细菌战系由万恶日本帝国主义所策划和准备起来,它乃是反对爱好和平各国人民的总侵略阴谋中的一部分。

帝国主义的日本在多年以内,都曾是远东方面侵略势力的主要策源地。

在东京举行而于一九四八年结束的日本主要战犯案国际审判中,业已十分明确地查明:日本曾在许多年内准备进犯苏联。该国际军事法庭判决书上写道:

"本法庭认为,日本在这一时期中(即自一九二八年起),始终都在拟定和策

划反苏的侵略战争;这侵略战争乃是日本国策的主要成分之一,其目的就是要侵占苏联的远东领土"。

日本帝国主义者受到那班与国内封建军阀上层集团结成一片的日本巨大垄断联合组织,即所谓"财阀"们的教唆指使,预先就把苏联远东地区以至"直到乌拉尔止的西伯利亚"划进了所谓"大东亚共荣圈"。

但是,在日本参谋本部办公室内,在帝国总体战研究院实验所内,或在日本帝国主义者那鼎鼎大名的"研究会",即所谓"国策研究会"各专门委员会内,"策划"反苏的侵略举动是一回事,而在实践中来实现这种侵略举动,却是另一回事。

日军参谋本部曾多次拟定和重新拟定过反苏侵略战争的计划,但这些计划之所以一再延缓实现,决不是由于日本将军们爱好和平,也决不是由于那些为了多贪图一厘利润而不惜干出任何罪行的日本财阀,怀有什么人道主义思想。

在苏联远东地区和平之所以能够支持下去,这只是由于英明的斯大林政策,由于几届斯大林五年计划胜利完成,以及由于布尔什维克党和苏维埃政府始终一贯地关怀着巩固苏联武装力量的结果。

帝国主义日本并未停止过准备反苏的侵略战争。

一九三一年间,日本侵入满洲并将其占领,是意味着日本侵略势力发展到了一个新的阶段。对日本帝国主义者说来,武力占领满洲一举本身并不是目的,而是一种准备占领新领土和实现新侵略行动的手段。满洲曾是日本帝国主义者用以进犯苏联和侵入中国内地的最重要进攻基地。

正因为如此,所以他们自从占领满洲而在满洲建立了自己统治地位的时候起,就开始把满洲准备起来,使之成为侵犯我们祖国的进攻基地。

当时就在满洲集中了日本帝国主义的主要突击兵力,即关东军。日本工业所出产的最新军用技术都运往满洲。被占领的满洲境内密布了飞机场网和战略交通道路网。此外,法庭知道,当时正是在满洲境内展开了日军准备细菌战的秘密部队,即日本帝国主义势力的秘密武器。

一九三六年间,帝国主义日本与希特勒德国所结成的反和平的罪恶阴谋联盟已经最终确定了,当时它与德国缔结了军事政治同盟,即所谓"反共产国际公约"。

此后不久,法西斯意大利也加入了这一公约。

据东京国际法庭判定,当时这一盟约首先是为了反对苏联的。"反共产国际公约——日本主要战犯案判决书上载道,——是此后若干年内日本政策的基础。日本与德国缔结的这一军事同盟曾在日本反苏政策中起过重大的作用"。

当时,日本当权集团自以为他们那种为要攘夺苏联滨海区,占领苏联远东区,并奴役伟大中国人民的罪恶计谋很快就能实现了。

日本关东军在数量上迅速增大起来,并用最新的军用技术加以装备。于是满洲就变成了反苏战争的军火库。

一九三七年间,日本军阀挑起了所谓"卢沟桥事件"后,随即侵入中国内部。

这次侵略行动,如像以前各次侵略行动一样,也是不宣而战的。直到一九四二年间,当时日本对中国进行的这一流血战争虽已使千百万人遭到牺牲,但日本官方材料上仍然把它叫作"中国事件",也像日方把占领满洲一举叫做"满洲事件"一样。

一九三八年间,日本军阀在哈桑湖一带对苏联举行进犯。哈桑湖南山地区的战斗动作继续了十天之久。在这十天的短促激烈战斗中,所有参加作战的日军精干部队都被苏军迎头击破了。那次武力试验结果显然对日本军阀不利,所以日本军阀仓惶退却,并公然把他们所发动的这次遭到了失败的侵略战争叫作"张鼓峰事件"。

一九三九年间,关东军遵照日军参谋本部命令在哈勒欣河一带发动了战争来反对蒙古人民共和国和苏联。战斗开始于一九三九年五月,一直继续到九月止。参加作战的是关东军的精锐兵团,并有大量空军、炮队和坦克部队协助。这次斗争结果,苏蒙武装力量歼灭了该日军的大部。哈勒欣河一带的战争,也如哈桑湖一带的战争一样是帝国主义日本遭到了失败。

可见,日本帝国主义者两次发动过反苏侵略战争,结果是两次都在野战中被击溃,而亲身尝到了苏军强大的歼灭打击力量。

虽然如此,但日本帝国主义者还是没有停止准备罪恶侵略举动来反对苏联及其他爱好和平国家,以图建立"大东亚"国家,即建立日本殖民帝国,而使其中各战败国人民处于必遭贫困灭亡的奴隶地位。

日本帝国主义者和希特勒食人生番一起,妄想建立世界统治。为了达到这个目的,他们准备使用最残忍惨酷大批消灭人命的手段。他们妄想在人类文明的废墟上奠定自己的霸权。在希特勒德国和帝国主义日本所缔结的同盟这样一个反和平反人类的万恶阴谋中,细菌战原是一种根据预定计划要把世界上一部分人口消灭,而把另一部分人口完全征服的手段。

帝国主义日本的主子们把反动资产阶级科学界的腐败份子找来实现他们这种恶毒的计划。

众所周知,细菌武器也如化学武器及原子武器一样是进行侵略战争的工具,并且是异常残酷和极惨无人道的工具,因为受此种武器杀害的,将主要是和平居民,即妇女、儿童和老年人。

正因为如此,所以全体进步人类在指斥任何侵略战争的时候,特别激烈地指斥细菌战、化学战和原子战,并要求禁止使用这种根本是违反起码人道观念的战争工具。

正因为如此,所以苏联和大多数其他文明国家曾担保说自己在战争中决不使用化学武器和细菌武器,为此而签署和批准了一九二五年六月十七日"关于禁止在战争中使用窒息瓦斯、毒气及细菌武器"的日内瓦议定书。

苏联从建国之日起就终始不渝和贯彻到底地为持久的民主和平而奋斗。苏联是保卫和平的真正支柱和宣扬社会主义人道思想的喉舌,它始终引导世界民主势力行进,坚决反对使用大批消灭人命的残忍手段。正因为如此,所以不管英美联盟中那些挑拨新战争的人们怎样拼命捣乱,苏联迄今已经数年来一贯力求在联合国机构内,达到无条件地禁止使用原子武器。

这次审判案已经查明,日本军阀曾经十分积极地准备过细菌战,极力探求过最有效的细菌战武器及其使用方法。

日本帝国主义在准备细菌战时,建立了制造细菌武器的强大设备。日本军阀们也像希特勒党徒一样,把本应服务于人类进步的最新技术用去达成其残忍杀害人命的目的。

在法庭医学检验委员会结论中特别说道:"必须着重指出,各该部队所使用过的某些病菌在自然环境内的一定条件下,可能形成多少强固的传染病策源地,这种传染病策源地现在本来已被科学成就所消除或受到了限制,但各被告却曾力图用人工法重新造成此种策源地"。

那班恶魔——其中一部分坐在本案被告席上——就曾这样竭力想使人类回复到疫疠流行的时代去,回复到霍乱和鼠疫蔓延的时代去,回复到中世纪最黑暗的时代去。

不免令人注意的,是日本帝国主义者所使用的这种大批杀人手段完全与希特勒德国战犯如出一辙。同样不免令人注意的,是日本战犯所作的暴行与希特勒德国战犯一样亵渎科学尊严和践踏科学所持的人道主义原则。

当苏军与希特勒德军单独搏战,摧破敌人抵抗而向西方锐进的时候,沿途遇到过特莱布林克地方烟雾迷漫的废墟,迈丹尼克地方的毒气狱,奥斯威兹姆地方的焚尸炉,这都是由罪大恶极的德国法西斯分子所建立的万恶杀人工业。

在这些杀人营特设的"医务所"中,法西斯的实验医生们曾对许多无法自卫的牺牲者进行致命病菌和毒药效能的试验,把活人赶到寒水里慢慢冻伤,迫使他们在气压试验室内受尽折磨死去。在波兹南细菌学研究院实验室内,希特勒匪帮的细菌学家培养过散布鼠疫的细菌,并准备使用细菌武器来毒杀千百万和平居民,因为细菌战的目标首先是要害死和平居民,使他们受到奇重的苦痛,在敌人后方引起瘟疫。

当时唯一赖有苏联武装力量所给予希特勒分子的歼灭打击,才使人类避免了希特勒恶魔准备造成的细菌战惨祸。迨至希特勒军事机构已被粉碎之后,苏联军队忠实执行自己所负的盟友义务,用神速打击歼灭了万恶日本帝国主义的主要突击兵力——关东军,因而也就再度使全人类免除了细菌战的惨祸。

在距哈尔滨二十公里的地方,有过一个很大的军用市镇,其各建筑物已经炸坏和烧毁了。在预审和庭审过程中业已查明,那里曾驻扎有关东军的一个特种细菌部队——第七三一部队或"石井部队"。这个部队曾在多年内有系统地准备过细菌战,从选择各种致命病菌,在成千无法自卫的牺牲者身上试验此种病菌效能以及研究培养各种细菌的办法起,直到大量制造进行大规模细菌战所必需的一切武器止。

我们知道,本案被告、前关东军总司令山田将军,曾认为石井部队已有充分作战准备,足以贯彻任何一种任务。我们同样知道,石井部队的这种"作战准备"究竟是意味着什么。

据山田供称,日军参谋本部曾批准过使用细菌作战的三种主要方法,即由战斗机散播细菌,从飞机上投掷特种细菌弹,以及按施行细菌破坏法在地面上传染居民点、蓄水池和牧场等等。

细菌武器的根本特性就是它的作用范围并不局限于前线,并不局限于敌方武装力量,甚至不局限于某一遭到侵犯的国家的境土内。日本帝国主义者所要发动的细菌战,不仅会使被侵犯国人民遭受无穷的灾难,并且会使各中立国人民遭到此种灾难。这点原已包括在日本战犯们的恶毒计划内,因为在他们看来,各中立国也不免要成为他们施行新侵略的对象。

可见,帝国主义日本当权集团在妄图建立世界统治,妄想建立一个由日本来领导的"大东亚国家"时,本来已经准备要使用这人类的死敌,即使用最危险不过的、无影无形的毒菌来反对人类。为了实现这种万恶的向外扩张的侵略目的,曾在特种孵育室内养育了无数万的跳蚤,将其染上鼠疫之后,或装在特种炸弹内,或由飞机直接散布,以便传播传染病。为了实现这种万恶的目的,曾装置有强大的专门设备，单是第七三一部队第四部在一个"生产"周期内，就培养出几十公斤细菌，即若干万万亿的微生物，以资用去传染各蓄水池和牧场，以及投到城市和乡村中去毒死成千成万的和平居民。

为了实现这种万恶的目的，竟使许多中国爱国分子和苏联人苦痛万分无可幸免地死去，他们被戴上脚镣，在日本恶魔实验家手内无法自卫，遂一一惨死于石井部队内部监狱里面。

为了实现这种万恶的目的，致使许多中国妇女和儿童在石井部队远征中国内地时因染上霍乱和鼠疫被害死了。

（二）日本帝国主义者组织特种部队来准备和进行细菌战

在法庭审判中，已详尽查明了在满洲建立日军特种秘密细菌部队的历史，并已充分判明了各该细菌部队的组织系统、任务和实际生产能力。

细菌战的准备，是日军占领满洲后不久就开始了的。

最初，日本军阀建立了一个不大的细菌实验所，所长为日本军事细菌学家石井四郎，这人前此已在军医学院研究过细菌武器，他在日本军界素以激烈主张细菌战见称。据被告梶塚供述，石井从最初开始这一罪恶活动时起，就获得有日军参谋本部战略部方面的支援。石井所进行的一切研究都是严加隐讳的。因为单是石井的名字就足以暴露该实验所的活动方向，所以他改名为东乡，他的机关便称为"东乡部队"。

据被告柄泽所供，还在那个时候，石井就已在活人身上从事罪恶的实验，直接用被日军俘去的中国游击队员来试验病菌效能。

一九三六年间，由日军参谋本部呈请并由天皇裕仁敕令设立了几个强大的细菌基地，以期实现上述阴谋和从事先前已由石井在实验室中开始进行过的罪恶实验。于是在满洲建立了两个巨大细菌部队交由关东军指挥，其任务就是要大批生产细菌战武器，以便保证日军能进行大规模的细菌战。

各该细菌部队在几年之内曾几次改换名称。当然，日军统帅部不能让它们用自己本来的名称，不然就不仅会引起全世界人的公愤，而且也会引起本国人民的公愤。所以这两个杀人的细菌工厂，始终都用通常医务机关或兽医机关名义来加以掩饰。例如，名叫"东乡部队"的石井实验所，便在"关东军防疫给水部"这样一个灰色名称下扩展成了准备细菌战的庞大研究院。

有个时期，该部队叫做"加茂"部队。尔后它获得了军队的普通番号，便称为"满洲第七三一部队"。第二个细菌部队起初名为"关东军兽疫预防部"，以后改名为"第一〇〇部队"。

这两个部队都设有很多支队。日军统帅部按一定计划把这些支队分布在与日本反苏战争计划上所定主要打击方向相适应的最重要战略地区。证实这点的,有本案中所拥有的日本关东军总司令梅津将军一九四〇年十二月二日发布的甲字第三九八号其一命令,内容是说要在海林、林口、孙吴及海拉尔等地新设立第七三一部队四个支队。

然而,日本军阀虽是把各该秘密细菌部队各主要支队集中在军事计划上所定反苏主要打击方面,但他们——这点在庭审过程中已充分查明,——准备细菌战并不仅是为要反对苏联。

从一九四〇年起,石井部队曾几次向中国军队举行过细菌攻击。在进行这几次攻击时,试验过各种使用细菌武器的方式,其中包括有用飞机散播鼠疫跳蚤,直接从空中施放细菌,以及按军事破坏法传染蓄水池、食品和居民点等。

日本曾经有系统地准备过用以反对蒙古人民共和国的细菌战。

被告山田在庭审时供认,日军曾蓄意对其他国家人民,其中也包括当时处于与日作战状态中的美英两国军民,举行致命细菌的攻击。

证实这点的还有法庭上收到的其他材料。一九四五年四月,石井将军接到日军参谋本部责成加紧准备细菌武器的密令之后,就在第七三一部队高级军官会议上公然宣称,说向美英两国进行细菌战是决不可免的。

石井在分析南洋战区情况时指出,细菌战将于一九四五年间开始。当时他声称:

"为要达到有利于日本的战局转变,我们必得使用最后的手段,包括细菌武器在内"。

早在一九四三年间,第七三一部队科学工作员凑曾被派往战俘营里去,以便就地检验美国兵士血液及其抗疫性。

从一九四五年春起,石井部队准备细菌战的全部工作都是在极大规模地制造细菌武器,这种规模无疑是表明预定开始细菌攻击的期限已经很近了。

唯一由于苏联武装力量粉碎了关东军的结果,才使日本帝国主义者失去了用细菌武器去反对各盟国人民的可能。

关东军各该秘密细菌部队的罪恶活动,不仅有法庭上受审各被告和受讯各证人的供词来证明,并且还有第七三一部队和第一〇〇部队机构本身,及其特种技术设备和工作规模等加以证明。

在这方面特别显著的例证,就是第七三一部队。

第七三一部队乃是一个包含有约三千科学技术人员的强大军用细菌联合

制造厂。

所谓给水和防疫，都不过是掩盖石井部队活动实质的幌子。

石井部队中主管防疫与给水事宜的，只有那个为了掩饰世人耳目而故意设在哈尔滨城内显著地方的第三部，但在距哈尔滨二十公里处的偏僻车站平房一带，却建筑有一个大军用市镇，其中有强大的专门技术和完善的仪器设备，这个市镇内的全部活动，都是专门为要探求和制造秘密细菌武器。

公诉方已向法庭提示过关东军参谋长关于在平房站一带建立一个特别军事区的通令（第一五三九号，一九三八年六月三十日）。

第七三一部队的全部活动均严守秘密，甚至连飞机也不能在平房站附近上空飞行，因为那里——据上述通令第一条所说，——布置有石井部队内那些"具有特别军事意义"的建筑物。通令第四条上规定了飞机的特别航行线，以及禁止飞行的区域。

石井部队驻扎地四周，筑有很高的土墙和铁刺网，以便与外界隔离。该部队主要建筑物是一个四方的大寨子，它掩蔽着院内的监狱，监狱内则用活人来进行罪恶的试验。有一条特别的地下交通壕从监狱通到那由警务囚车送来必遭惨死者的地方。

附近各村庄居民，都经宪兵严密检查过。

该部队工作员只有带着公务通行证才能进入本部队区域。局外人——甚至日军高级军官——也只有携带关东军总司令签署的特许证时，才能进入这个地区。为了不致引起附近居民怀疑和猜测到第七三一部队活动的真象起见，该部队军官们都不佩带部队内固有的医务人员识别章，而只穿着普通军服。

在庭审过程中已经详细查明了第七三一部队的活动情形。深藏在平房站附近军用市镇城墙内面而与外界完全隔离的该部队各部，都是与"给水"和"防疫"事宜毫不相干的。

第一部，即研究部是从事于发明细菌战武器。为了这个目的，在各专门实验室内进行过各种研究和试验并培养过日本细菌学家们认为是在战争中使用时最有效的细菌。

第一部管辖有一个秘密监狱，监狱内关着有受实验的人，并且进行过骇人听闻的实验，关于这种实验情形，我往后就要说到。

第二部，即试验部，是从事于实际检验研究部研究所得的结果。为进行这种工作，试验部拥有一个设在安达站附近的试验打靶场和一个特别航空队。

试验部内专门研究把细菌传播到敌方去的细菌弹。那里曾发明和试验过陶器弹和特种细菌炮弹,以及用以从飞机上带下致命物的特种降落伞。该部队人员从事制造各种自来水笔式和手杖式的特种喷射器,以供传送毒菌或散播瘟疫跳蚤之用。看来,当时这种研究并不是没有成就的,因为日本帝国大本营陆军处第二部在一九四四年拟定的军事破坏队武器一览表草案上,已载明了这种自来水笔式喷射器为每排四支和连部三支。

为从事军事破坏起见,石井部队制造过含有炭疽热菌的巧克力糖。

第二部管辖有一个特别分部,其中极大量地培养过用去传播鼠疫的跳蚤。关于这点,我往后还要更详细讲到。

第四部,即"生产"部,乃是一个真正的细菌制造厂,它的生产力竟能培养出极大量的细菌。凡第一研究部和第二试验部工作所得的结果,都由该部来具体实现。凡选定作为细菌战用的传染病菌,经过试验并在试验过程中证明有效时,就在这里大量地实行培养。

审判员同志们,诸位从以前该部领导人,即被告川岛和柄泽两人供词中业已听到:第七三一部队曾拥有一切必要设备,能在几天以内制造出三十公斤鼠疫微生物和相当数量的他种病菌。

第四部在一个月之内能生产出约三百公斤鼠疫菌,六百公斤炭疽热菌和一千公斤霍乱菌。

单是这种骇人听闻的数目字已足证明,第七三一部队所负的任务就是要大批制造供侵略战用的细菌武器。

法庭医学检验委员会结论完全证实了这种说法。检验委员会指出说,"第七三一部队第四部中的设备,能够生产极大量活的传染病微生物⋯⋯该设备在一个生产周期内至少能够培养出三万万亿微生物"。

该设备机构及其数量使第七三一部队能够同时实现几个生产周期,所以甚至中等速度繁殖力的微生物细菌也是每月可能制造出许多万万亿。

"所有这些巨大数量的传染病微生物,包括有传染鼠疫、霍乱、伤寒等等的微生物在内,——检验委员会结论上继续说,——都是用去制造细菌武器,以便大批歼灭人类的"。

庭审材料证实,石井部队内细菌学家们所最注意的,是对炭疽热、霍乱,特别是鼠疫传染病媒介物作罪大恶极的试验。

由于对活人进行过多次惨无人道的实验,以及在远征中国内地时向和平居民举行过细菌攻击的结果,该部队长石井就采定了如下两种散播鼠疫的重要方法:第一,从飞机上投掷装有传染鼠疫跳蚤的陶器弹;第二,用特种装置从飞机上散播鼠疫跳蚤。

规定了大量培养能传染鼠疫的跳蚤的办法。石井认为规定此种办法是该部队的特别功绩。跳蚤被装在一种特别的孵育器内，靠吮吸关在那里的鼠类血液而繁殖起来。

据川岛供称，在一个所谓"生产周期"内，从每个孵育器内可以取得约十公分跳蚤，即大约有三万个跳蚤。

据川岛口供证实以及本案其他材料判明，单是该部队第二部中由某工程师田中主持的一个特别分部内，就有四千五百具这样的孵育器。这也就是说，单是石井部队本队——各支队除外——在一个"生产周期"内，最低限度可以培养出四十五公斤跳蚤。

从法庭医学检验委员会结论中可以看出，这个数目就相当于"好几千万"传染致命鼠疫的跳蚤。

被告山田在受审时供称，他巡视过石井部队后所得到的特别深刻的印象，就是那里有生产细菌的强大设备，以及其中养育有——据山田本人说——"极大量"活跳蚤的特别箱子，这些跳蚤受到传染后就用去传染鼠疫。

当这个前关东军总司令攀登到高台上去瞭望该部队第一号打靶场和飞机场的时候，他很感兴趣并很满意地听过当时陪送他的那些军官所作的报告，说染有瘟疫的跳蚤是在另一个特别打靶场上用飞机散布法来从事试验的，试验结果证明，这种跳蚤是很有效的细菌战武器。

"该部队内细菌研究工作的巨大规模及其制造细菌武器的强大生产能力，——山田在供词结语中说，——竟使我极端惊异"。

山田说他只是亲身巡视石井部队之后才知道该部队在准备细菌战方面拥有"强大生产能力"，并深感惊异，然而山田所说的这番话未必能使我们相信。

从山田本人供词中可以看出，他刚被任命为关东军总司令后，就在前任关东军总司令而现今已由国际军事法庭判决的日本主要战犯梅律将军私人保险柜内，发现了与其他极秘文件一并保存的装鼠疫跳蚤用的"石井式"细菌弹图案和说明书。这种炸弹是经梅津将军批准了的，山田也同意了他的这位前任人的意见。在巡视石井部队时，山田亲自看过这种炸弹模型。

早在前关东军医务处长被告梶塚向山田详细作过关于第七三一部队研究和准备细菌武器这秘密工作的报告之后，山田本来就应当完全明白石井部队在制造残杀人类的武器方面的"强大能力"了。

可是，这里已确凿查明，山田亲身巡视第七三一部队后，他便完全同意了石井老早就在发挥的用鼠疫跳蚤来进行细菌战的罪恶计划。

山田本人也不否认这点,他供称:"从飞机上用特种装置散布染有鼠疫的跳蚤,以及从空中施放特种跳蚤炸弹的方法,是在我任职期间就已经最终改进好了的。

一九四四年八月继石井之后任第七三一部队长的北野将军,向山田专门报告过在安达站附近打靶场上试验鼠疫跳蚤的结果。

据前关东军司令部作战部长松村将军供称,一九四四年末,由山田召集,就在他这关东军总司令办公室内举行了一次司令部高级军官会议,讨论在战争发生时使用鼠疫跳蚤的问题。这次会议的出席人,有山田,有关东军参谋长笠原行雄,副参谋长池田将军,作战部参谋,即天皇裕仁堂兄竹田宫及关东军司令部作战部长松村。北野将军做过关于把鼠疫跳蚤作为细菌武器使用的各种方法的详细报告。

从山田供词中可以看出,关于为实现细菌战目的使用染有鼠疫跳蚤的问题,并且是经关东军司令部一个特别委员会审查过的。

一九四五年三月间,石井又被任为第七三一部队长,并奉到日本陆军省关于加强细菌战准备的训令,于是他回到满洲后就特别注意于大量培养跳蚤和繁殖鼠类。

石井在他所召集的该部队第一次军官会议上就已宣称,在细菌战中可能用以收到最大成效的正是"田中分部所制造的武器",即传播鼠疫的跳蚤。当时就给该部队各支队发出过秘电,要他们竭力培养跳蚤。

第七三一部队内为各支队工作员开办过特别训练班来研究培养跳蚤的方法。此后各支队就开始加紧培养这种寄生虫,然后就送到石井部队里去。

因为跳蚤在孵育器内要靠吮吸鼠类血液来繁殖,所以该部各支队都奉到命令要加紧捕鼠。法庭从证人森田供词中知道,单是在第七三一部队驻海拉尔的一个支队内,一九四五年夏季同时就养育过约一万三千只鼠类。

据前任该部队军需官证人堀田供称,一九四五年间,石井曾打算要用约三百万只老鼠来繁殖跳蚤,因此堀田负责筹算过采办必要数量的饲料。

毫无疑义,石井所有这一切行动都是得到日军参谋本部嘉许和批准的。

早在一九四一年间,由于实施"关特演"计划和准备反苏战争的关系,石井已根据日军参谋本部直接命令向该部队工作人员提出任务,要极大规模地加紧培养跳蚤的工作。

被告川岛关于这点供称:

"石井转告我们说,参谋本部对本部队工作成果极为称赞,并指示我们要特别注意改进并继续研究细菌作战武器。石井将军作过这番通知后,就号召我们更加紧工作,以便提高部队内繁殖跳蚤的生产率,更加扩大跳蚤产量。

同时石井又指出说,本部队在最顺利情况下,每三四个月内已能繁殖六十公斤跳蚤,但现在必须扩大跳蚤产量,以求在同一期间能生产出二百公斤。石井将军向我们解释道,所有上述扩大细菌武器生产的办法都是必须的,因为国际情况已发生变化,即德国对苏战争已经开始,以及因为关东军中已在实施着'关特演'计划"。

第七三一部队及其各支队中在一九四五年初实行展开的准备细菌战的狂热工作,即增加病菌生产量,大批积蓄传染鼠疫的活跳蚤和养育供养跳蚤并使其受传染的鼠类这一工作,也是遵照日军参谋本部和日本陆军省直接指令进行的。这点已经由被告山田、梶塚、西俊英、尾上以及证人松村及其他人等的供词所充分证实了。

我之所以如此详细地讲到第七三一部队大量培养传染鼠疫跳蚤的卑恶工作,是因为从那些已由诸位审察过的证据中可以看出,这种细菌武器在日本侵略者所准备的细菌战中占有一个极重要的地位。

石井部队和日军在其他细菌部队的全部活动,都确凿证明了日本帝国主义者曾抱有一种反和平反人类的真正骇人听闻的阴谋,即预定要使用细菌战致命武器的阴谋。

只有恶意讥嘲,才能把专门造就使用细菌战致命武器去歼灭无法自卫居民和使许多地区成为焦土的那种匪徒干部的一部,称为所谓"教育训练部"。

诸位在庭审时已经听到一个曾在第七三一部队内受过训练的杀人犯古都良雄的供词,此人在石井部队远征中国内地时,曾亲手把他事先放上伤寒菌的三千个馒头发给饥饿的中国战俘吃了。

石井部队内训练过直接进行细菌破坏工作和参加细菌攻击的人,即训练过一些仔仔细细,刻薄寡情和为所欲为地杀害人命的专家。

日军主要秘密细菌部队,即石井将军部队的情形就是如此。

第一〇〇部队的机构大体上也是如此。该部队内所有各部的号数虽有所不同,但该部队所进行工作的实质却并不因此而有所改变。这个部队里也进行过探求最有效细菌武器的工作;这里也试验过各种细菌的性能;这里也大量生产过在实验后被认为是有效的细菌武器;末了,这里也大批培养过善于使用细菌武器的干部。

第一〇〇部队与那个全部活动都是为了消灭人命的石井部队不同的地方，就是前者同时还研究过传染动植物的手段，并在这方面准备过细菌战武器。然而，除此以外，——这点已在庭审过程中被证实，——第一〇〇部队也如第七三一部队一样，用活人进行过实验。第一〇〇部队内所准备的如鼻疽和炭疽热这类流行兽疫病，对于遭受细菌攻击区域的居民乃是一种莫大的危险。

日军第三个秘密细菌部队——其活动情形已由法庭查究过了，——就是南京"荣"字第一六四四部队。"荣"字第一六四四部队也如日军其他秘密细菌部队一样，多次改换过名称，有个时候曾叫作"多摩"部队。

据交给法庭查览过的各种材料证实，南京部队也拥有过为进行细菌战目的大批培养细菌的强大设备。

南京部队有个时期也由石井主持过，而这也就预决了该部队活动的方向，因为从本案材料可以看出，石井所进行的全部工作都是为了准备细菌战。后来，南京部队是由被告佐藤主持的。

关于南京部队在活人身上进行惨无人道的实验一事，我往后就要讲到。

现在已经充分证明，"荣"字第一六四四部队曾经帮助过石井部队向中国军队进行毒菌攻击。

可见，南京部队也和石井部队一样是个秘密细菌部队，不过在生产能力方面要比石井部队稍弱一些。

至于说到第七三一部队，那么法庭上所收集和查究过的一切证据，都证明它是日本帝国主义者在大陆上建立的一个主要秘密细菌中心，它曾有系统地进行过研究细菌武器和准备细菌战的工作，并拥有为进行这种工作所必需的庞大技术设备。

许多供词都证明第七三一部队是准备细菌战的主要中心。

关东军总司令部根据日军参谋本部的指令，曾采取决定，在发生日苏战争时，就用装有鼠疫跳蚤的飞机弹攻击苏联远东各城市，并用飞机散布细菌法来传染苏军各后方地区。

这个残忍罪恶计划设计人，即前关东军作战部长松村将军供称：

"在与苏联发生战争时，细菌武器就应当在沃罗希洛夫、伯力、海兰泡和赤塔等城市一带使用"。

与苏联国界邻近，——这也就是第七三一部队正是在满洲展开活动的首要原因。

但被告川岛还说出了第二个原因。为了从事于进行细菌战的罪恶研究工作,需要有很多人来作牺牲品。这种用活人来进行的丧尽天良和惨无人道的实验,本应严守秘密。

所以被告川岛说,石井部队在满洲展开活动的第二个原因(我摘引该犯供词)如下:"就是那里有可能获得大量非日籍的活人来做进行细菌试验的材料,并且满洲地域也很广阔"。

(三)在活人身上进行罪大恶极的实验

审判员同志们!

现在我就带着对那些惨死在日本恶魔毒手下的牺牲者深致哀悼的心情,进而检察石井部队在活人身上干出的那些不久前还是极端秘密隐讳的滔天罪行。

这方面的情形在庭审中已经充分查明了。

成千累万由日本宪兵机关转交给试验者恶魔们去摧残的活人惨遭慢性杀害的事实,不仅已由各被告和证人的供词所充分证实,而且已由那些被苏军掳获的日本宪兵队档案真本文件所充分证实。

我们现在已知道石井部队内用活人进行实验的详细情节和程序,同样,对于凡是按所谓"特殊输送"手续被解到石井部队里去的不幸人们中没有一个人生还的事实,也是丝毫不庸质疑。

所有被拘禁在该部队内由石井四郎之兄充当狱长的内部监狱里的人们,受过试验后就只能落到焚尸炉里去。

日本宪兵队发遣到石井部队监狱内去被消灭的,有不同民族,不同性别,不同年龄的人,其中有老人,有青年,有男子,有妇女,甚至还有小孩。

他们中间有些人落到该部队手中后经过几天就断送了生命。其他的人要受尽若干月的惨痛后才得死去。

这些被日本宪兵队抓去交给实验者任意摧残的人们,肉体上遭到不堪言状的痛苦,并且时时刻刻都受到死的威胁。从苏军所缴获的日本宪兵队文件中,我们知道某些牺牲者的姓名。我们知道有牡丹江的一个铁路员工孙朝山,有木匠吴定兴,修理匠朱志猛,有个是中国的爱国志士沈阳人王英,他们所犯的罪就是他们不肯容忍日寇在中国土地上横行霸道。

我们还知道有个中国共产党员,山东黄县人崔德恩,他之所以惨死在石井部队里,就是因为他不顾日本宪兵的严刑拷打,始终忠实于本国人民,始终没有变节。

我们还知道有个大连的正直店员钟民慈,他被日本宪兵当作嫌疑犯抓去,说他从邮政局寄过一篇揭破日寇暴政的文章到报馆里去。

苏联军队一个兵士德姆琴科的英名是令人永志不忘的,他曾落到日本宪兵手中而始终忠实于他身为苏联公民的职责,始终忠实于他所发过的军人誓言。德姆琴科虽受到严刑拷打,但终于拒绝把关于苏联的任何消息告诉拷问他的那些日本宪兵。"那时,——据前日本'保护院'集中营副主任证人山岸说——我便决心把他消灭掉,所以我就把他送到第七三一部队里去了"。

关于这样惨死在石井部队牢狱里而大半是中国人和俄国人的姓名,还可以列举出许多来。

但是大多数牺牲者的姓名,我们却不知道。因为凡属落到石井部队监狱里的人,立刻就失去了姓名。只给每个人一个号码,一直到他死去为止。当他受过实验后死去时,第一部的司书就把他的号码从名册上勾销,被毒死者的尸体便放到焚尸炉里去焚化,而从这死人身上解下来的镣铐就拿去给往下一个牺牲者戴上。

被告川岛向法庭据实供称,在日本人占领下的满洲,石井部队对于用以进行实验的人是从未感到缺乏的。日本宪兵队的原本报告便证实了这点。

法庭收到有关东宪兵队司令部一九四三年三月十二日所下关于应将各类人犯按"特殊输送"手续送到石井部队去消灭的绝对秘密训令,这实在是一个最无耻和最残忍的文件。这个训令上载明有应行消灭者,不只是一切"怀有亲苏或反日心理的"份子,并且是凡属日本宪兵认为有反满洲政府活动或情绪等嫌疑的人,甚至是——据该训令上说——"依其罪行程度可以预料该犯被提交法庭审判时将被释放或经短期禁闭即可释放"的份子。

应按"特殊输送"手续消灭的,还不仅是那些有反日活动嫌疑的人们本身,并且还有——据该训令上所说——"凡与应受'特殊输送'的犯人同一思想者……其罪情虽轻,但不宜将其释放者……"。凡是训令上特别条文中所指明旳"有关民族运动和共产运动的思想犯",即一切优秀进步人士一落到宪兵手中,都应按这个训令加以消灭。

训令"备考"上强调说,对于训令上所列举的各类被捕人,各宪兵队长可向关东宪兵队司令官"坚决"申请援用"特殊输送"办法。

从该训令中显然可以看出,石井部队内所消灭的人,不仅是积极抗日的份子,甚至是一切因全无罪证而不能提交日本法庭审判的嫌疑份子。

所谓"满洲国"宪兵署顾问证人橘武向法庭供述时,详细讲过"特殊输送"手续,按这个手续说来,一个人的生死问题,是由宪兵队长擅自处理,即由他批在宪兵拘票上的几个字来决定。

实行把确定处死的人发遣到石井部队里去的不只有日本宪兵机关,而且还有所谓"日本军事团",即日军侦探机关。

例如,在庭审过程中已经查明,驻哈尔滨日本军事团中心机关下面,曾设立有专门禁闭俄国人的所谓"保议院"集中营,那里经常把每批十多个俄国人发遣到第七三一部队里去杀害。这是些不愿服从日本侦探机关要求,即不愿进行仇苏活动的人。这些人确实怀有反日情绪,但审判他们是毫无理由的,因为甚至按日本法律说来,他们也没有犯任何足以交给法庭惩办的罪行。这些人的命运,完全由"保护院"集中营主任饭岛和副主任山岸擅自处理,只经他们一个简单字条,就可以把任何被拘禁者押送到第七三一部队里去,一去之后就永不复返了。

我已经说过,被送到第七三一部队里去消灭的不仅有男子,而且还有女人。

前关东军司令部干部部长,即一九四五年夏季被山田派往第七三一部队去巡视过工作的田村大佐供称:

"当我视察生产场所时,他们把我引到内部一所房屋里去,这里有些特式牢房,内中关得有一些戴着脚镣的活人,据石井亲口向我解释,这些人是用来作实验的……在这些要受实验的人中,我看见有中国人和欧洲人,还有一个女人。据石井将军亲口向我说明,这个女人和这些欧洲人乃是俄国人,他们都是由日本驻满宪兵队和军事团送到部队里来的,据日本讨伐机关决定他们都是应被消灭的犯人"。

法庭已查看过各种证据,其中证明自第七三一部队监狱设立以来的全期间内,经常都有许多由各日本军事团和宪兵队抓住而必遭消灭的俄国女人和中国女人被押送到这监狱里来。

上面所说的那个带有婴孩、姓名不详的俄国女人,在严刑拷打下惨死在石井部队里,她那令人悲痛的形象实在是使我们任何人也不能忘记的!被告川岛在法庭上供述过这位不幸的俄国人母亲所受到的痛苦情形。原来她被解到该部队时已身怀有孕。孩子就生在这监狱里。她陷在这些万恶实验者毒手内达两年之久,受尽骇人听闻的苦楚,忘记自己身上的疼痛,经常都在担心孩子的命运。结果是母子两人都死掉了,因为——据川岛在这里供称,——凡是落到该部队监狱内的人,是没有一个能活着出去的。

凡是按"特殊输送"手续必遭消灭的人们都用特别囚车厢或专门汽车被解到哈尔滨,沿途戒备森严,严守秘密。宪兵队颁发有特别命令,严厉嘱告说,凡是按"特殊输送"手续解送的人,沿途都要戴上脚镣手铐,或用细绳把脚手紧紧捆着。

法庭已查看过关东军宪兵队司令部一九三九年八月八日所下第二二四号作战命令原本,该命令证实,当时是把三十个被监禁者"特殊输送"到石井队里去,而输送被监禁者到第七三一部队去的手续是与我刚才向法庭报告过的情形完全相同的。诸位也就能够相信到,押送这些被监禁者的手续该是办得如何缜密,押解这些在劫难逃者到必死之地去的护送人员,该是挑选得如何仔细。

在进行罪恶实验时被日本细菌学家所消灭的牺牲者人数是极多极多的。据被告川岛(他是决不会乐于夸大这种牺牲者的数量的)供称,单在第七三一部队里每年遭杀害的就达六百人,就是说,从一九四〇年起至日军投降之日止,丧失性命的至少有三千人。据已经交由法庭查阅过的证据,内中包括有该部队在近几年间所进行过的实验材料证明,被告川岛所说的牺牲者数目,乃是最低限度的数目。

种种文件证实,所有驻满各日本宪兵队和军事团都一批批地把被监禁者押送到石井部队里去,每批是由几人到几十人不等。

石井曾竭力设法增大按"特殊输送"手续送往该部队的牺牲者数目。当宪兵队领导人前来该部队时,石井亲身带他们去视察该部队,为的是要使他们相信,凡是宪兵队发遣到这里来的人都真正是被歼灭了,新送来的牺牲者也定会遭到同样的命运。在哈尔滨宪兵队司令春日部下当过副官的证人木村,已供述过当时石井同春日两人进行过的这样一次谈话经过。

由此可见,石井部队内大批消灭活人的事实已由本案材料充分证实,现在我就来讲到该部队内在活人身上进行实验的那种惨无人道的办法,说到这种办法时,真是不禁令人战栗,不禁令人痛恨。

审讯材料证明,第七三一部队既在所谓"实验室条件下",即在内部监狱和监狱所属各实验室里,又在安达站附近该部队特种细菌打靶场上,用活人进行过罪恶的实验。

在实验室条件下从事实验时,主要是由第一部工作员负责;在打靶场上进行实验时,则由第一部、第二部和第四部负责,但此种实验主要是由第二部工作员进行,他们在无法自卫的牺牲者身上实验过各种新式细菌武器。

总之在各种实验中,都使受实验者遭到最难堪的痛苦。

在实验室条件下进行试验,是把最危险的传染病,如鼠疫、炭疽热、鼻疽、各种伤寒及其他病症等等,注射到受实验者的身上。

这些恶魔们对活人进行此种试验时,在某些场合也曾重复过科学上所知道的试验方法,但这种试验本来只是在动物身上进行的。例如在研究痘苗效能时,这班日本试验家们曾挑选出大群被捕的人,把其中一部分人先种上痘苗,接着又把被捕者全体都传染上相当的病症,然后试验家们就来等待传染后的结果,即察看那些没有被种上痘苗的人是死亡还是得重病。当试验新痘苗时,多半是所有受过试验的人都死去了。牺牲者的尸体经过病理学的解剖研究后,就在焚尸炉里焚化,然后又对另一批被监禁者来进行罪恶的实验。

证人古都叙述过这样一次试验防伤寒痘苗的情形。他奉第一部部长田部命令把水里染上伤寒病菌,然后就把这水分给五十个被监禁的中国人喝下去,其中一部份人是事先注射过防伤寒药剂的。这次试验结果是多数被试验者都因染上伤寒症死去了。

所有这一切罪恶实验情形都曾加以详细登记。往往把实验结果拍成照片,或录在电影片上。实验记录中每次都载明有被实验者所属的种族。

审判员同志们,我想请诸位注意到庭审中业已查明的一种情况。

现在业已证明,第七三一部队在活人身上不仅进行过与准备细菌战有关的惨无人道的试验,而且进行过其他同样是惨无人道的使人痛苦万分的实验,这种实验虽与进行细菌战没有直接关系,但其规模是很大的。此种实验的目的,就是要研究人的身体在一定条件下的抵抗力限度,研究只是日本关东军司令部各专门部或医务处才感到兴趣的那些有关预防与医治非流行病症的个别问题。

为了在活人身上进行此种实验起见,第七三一部队内设有一个测量在高空中人体抵抗力限度的气压试验室。这样一来,石井部队的实验家们也曾进行那全无心肝的德国秘密政治警察实验家拉希尔博士所进行过的同样实验,亦即纽伦堡国际法庭所公正认为是希特勒恶魔对活人进行的一种最残酷和最惨无人道的实验。

被放在气压试验室里的人,总是受到不可思议的痛苦而慢慢死去了的。

据被告西俊英供称,在气压试验室内消灭犯人时的情形,都极仔细地被录在电影片上。

显然,该部队内只有按日本空军司令部所给予的任务,才会把人放在气压试验室里进行实验。

第七三一部队内还重复过拉希尔在达壕杀人营里用活人进行过的另一种惨痛实验,即遵照医务处指令进行的冻伤实验。石井部队在多年以内大规模地实验过冻伤。

这里有许多被告和证人都详细说出了这种残忍实验的情形。此种实验都是用俄国人和中国人作为对象。

受试验者被带到严寒露天里，有时强迫他们把双脚双手都放在水内。强迫一部分受实验者走动，而另一部分受实验者则迫令其站在原地不动。那个试验者（我们现在已知道他的名字，他就是石井部队里的所谓"科学工作员"吉村医生）用一根木棍敲着人们的光手赤脚藉以确定是否已达到完全僵冻的程度。

当手脚都完全冻伤之后，受实验者就被带到狱房里去，其中一部分人是不加医治而因患坏疽病死去了的。对另一部分被监禁者则割去其冻伤了的手脚，然后加以治疗，以便把他们医好后又用来进行另一种试验，或是在他们痊愈时将其杀死。

冻伤实验的经过情形，都摄有照片。试验结果报告书则送往关东军医务处。

前该部队"训练"部长西俊英向法庭供出了该部队所摄冻伤实验情形的电影片。影片上放映出，人们怎样被解往寒风冷冻的小坪上去，怎样伸出一双双赤裸裸的胳膊对着严风。吉村用一根棍子敲着他们的手，藉以确定双手是否已完全冻伤。

日本医生们为了准备在冬季条件下对苏作战，所以极广泛地进行过此种残酷的冻伤实验。为此目的而专门修筑有一栋房子，内面有用人工方法管制低温和寒风的设备。

这些实验虽与准备细菌攻击一举没有直接关系，但都是在活人身上进行的一种最残酷和最惨无人道的实验。

在该部队第一部各实验室内，至少有三十个细菌学家专门从事研究各种细菌的问题。业已证明，那里每一个细菌学专家都曾在活人身上进行过实验。

我没有可能讲到该部队在所谓"实验室条件下"对活人进行的各种实验，但是我要提醒法庭说，在进行此种骇人听闻和惨无人道的实验时，同时使用过该部队监狱内的两百到三百个被监禁者，其中没有一个人能够活着出来，并且每年送到这个内部监狱去遭死的至少有六百人。

我已经说过，这个监狱是由该部队第一部管辖的。用作实验的被监禁者中有一部份人被转交到第二部去进行广泛的罪恶试验，第二部则在一个特别打靶场上，即在最切近于战斗环境的条件下，从事此种试验。

在进行此种试验时，实验者都藏在距实验地点约一公里远的安全壕内。受试验者则蹲在一个开阔的小坪上，脚手都被捆住，或者被紧绑在栽到地里的各铁柱上。

在使用细菌爆破弹时,实验者们并不想要让牺牲者立刻死去。所以各被试验者头部及其身体上所有生命攸关的地方,都用特种金属板或厚棉被盖住。

这些浸满了人血的被条和金属板都被保存起来,经过消毒之后就放在该部队储藏室里,留作下次实验之用。诸位从证人堀田镣一郎供词中,已经知道了这种情形。

在安达站打靶场上对活人进行试验时,采用过几种办法。

最通常的办法是投掷细菌弹,或从低空飞行的飞机上,直接散布细菌和染有鼠疫的跳蚤。

在另一种场合,则是把细菌弹放在距被绑在柱子上的人有一定距离的地方。细菌弹是用装在实验者所在战壕内的电气设备来爆炸。

实验开始后经过一点半到两点钟,就将被实验者身上的绳索解脱下来。然后用警务囚车把他们运到该部队内部监狱去,就在那里来观察他们的病况。

在绝大多数场合,凡在打靶场上受过实验的人,是不加任何医药帮助的。打靶场条件下所实验的乃是极有效的致命武器,所以实验者们对于凡是使全体被试验者都遭惨死的试验极为赞赏。

凡第一部所研究出的大多数致命细菌的效能,都在打靶场条件下用活人来试验过。

然而在打靶场上进行实验时,最为注意的乃是那些日本人认为最适宜于进行大规模细菌战的细菌,即鼠疫菌、炭疽热菌、霍乱菌等等。

一九四五年一月间,被告西俊英参加过这样一次实验,其目的是要查明坏疽病在零下二十度的严寒天气里的传染可能性。主持那次实验的,是第二部部长碇常重大佐和科学工作员二木。

有十个被监禁者摆成半圆形被绑在铁柱上。他们的头部和腰部都用铁板和棉被防护着。然后就用电流将细菌弹爆炸。

由于此次试验的结果,所有这十个牺牲者受了几天极端痛苦后都死去了。

同时,法庭还知道许多次在打靶场上时常进行的对活人传染鼠疫的实验详情。

所有这种实验都是使受实验者遭到惨死。

我不来说明在打靶场上用活人进行试验的个别情节。这些罪大恶极的实验,都是审判员们记得的。

第一〇〇部队也用强迫手段在活人身上进行过这种惨无人道的实验。被告人三友以及证人福住、樱下和畑木供认说,这个部队里曾在被监禁者身上试验过各种毒药效能。据被告三友供称,当受此种罪恶实验的不幸牺牲者的身体已经虚弱到再不能进行实验时,就把他们杀死,而将其尸体埋在死马掩埋场上。三友本人就毒死了一个受实验的俄国人,是用注射氰化钾的办法把他毒死的。另外有三个俄国人被试验得虚弱无力的时候,就由日本宪兵当着三友的面把他们枪毙了。

对活人施行的这种空前残暴举动,是由第七三一部队和第一〇〇部队工作人员在日本宪兵队和各日本军事团直接参加下干出的。审讯材料已充分证明,无论是各该细菌部队,亦无论是宪兵队或日本驻满各军事团,都是一概受前日本关东军总司令被告山田直接管辖,所以各细菌部队对那些受残酷实验的牺牲者所干出的种种暴行,其甘心惨杀成千成百人命的罪恶,都应由山田负完全责任。领导第七三一部队和第一〇〇部队进行此种活动的两被告梶塚和高桥,也要同山田一起分负这一责任。

在活人身上进行实验,乃是审讯关于日本当权集团及其雇佣杀人犯所作穷凶极恶罪行的本案中之骇人听闻的一页。

在此种凶恶罪行中,凡人道主义学者,即为了人类福利来同死亡作斗争的战士们曾用最大努力和无数牺牲所达到的现代科学成绩,竟被用去惨害和歼灭人命.

只有天良丧尽,道义堕落,在日本帝国主义面前表示奴颜婢膝,专门仇视人类的人,才能干出这种违反人道性的万恶罪行。石井部队中根本不把那些被送来消灭的人看成是人,却给了他们一个侮辱万分的诨号,称他们是"木头"。

军事法庭判决书

代表苏维埃社会主义共和国联盟名义定出的判决书

一九四九年十二月二十五至三十日,滨海军区军事法庭——由少将法官契尔特科夫任审判长,上校法官伊里尼茨基和中校法官沃罗比耶夫任审判员,科尔金上尉任书记,经国家公诉方代表人三级国家司法顾问斯米尔诺夫以及被告方辩护人波罗维克、柏洛夫、山尼科夫、兹维列夫、波加切夫、普罗珂坪科、鲁克杨杰夫、波尔霍维金诺夫等律师参加——在伯力城公开举行的庭审会上审理了日本战犯被控一案,本案被告为:

(一)山田乙三,一八八一年生于东京,日本人,将军,前日本关东军总司令;

(二)梶塚隆二,一八八八年生于田尻町城,日本人,军医中将,医学博士,前日本关东军医务处长;

(三)川岛清,一八九三年生于千叶郡,山武县,莲沼村,日本人,军医少将,医学博士,前日本关东军第七三一部队生产部长;

(四)西俊英,一九〇四年生于鹿儿岛郡,萨摩县,樋胁村,日本人,军医中佐,细菌科医生,前日本关东军第七三一部队训练部长;

(五)柄泽十三夫,一九一一年生于长野郡,小县县,丰里村,日本人,军医少佐,细菌科医生,前日本关东军第七三一部队生产部分部长;

(六)尾上正男,一九一〇年生于鹿儿岛郡,出水县,米津町城,日本人,军医少佐,细菌科医生,前日本关东军第七三一部队第六四三支队长;

(七)佐藤俊二,一八九六年生于爱知郡,丰桥城,日本人,军医少将,细菌科医生,前日本关东军第五军团军医处长;

(八)高桥隆笃,一八八八年生于秋田郡,百合县,本庄城,日本人,兽医中将,生物化学家,前日本关东军兽医处长;

（九）平樱全作，一九一六年生于石川郡，金泽城，日本人，兽医中尉，兽医，前日本关东军第一〇〇部队科学工作员；

（一〇）三友一男，一九二四年生于埼玉郡，秩父县，原野村，日本人，上士，前日本关东军第一〇〇部队工作员；

（一一）菊地则光，一九二二年生于爱媛郡，日本人，上等兵，前日本关东军第七三一部队第六四三支队实习卫生兵；

（一二）久留岛祐司，一九二三年生于香川郡，小豆县，苗羽村，日本人，前日本关东军第七三一部队第一六二支队卫生兵兼实验员；

上列十二人均犯有苏联最高苏维埃主席团一九四三年四月十九日法令第一条上所定之罪。

滨海军区军事法庭根据预审和庭审材料查明：帝国主义日本当权集团，曾在多年以内准备进行侵略战争来反对苏维埃社会主义共和国联盟。

一九四八年在东京结束的对日本主要战犯审讯过程中已经查明进行反对苏联的侵略战争乃是日本当权集团力求强占苏联领土政策中的一个基本部分。

日本帝国主义者因醉心于日本种族优越和在日本支配下建立"大东亚共荣圈"的狂妄思想，并图谋协同希特勒德国一起用侵略战争建立世界统治地位，曾不惜采取一切违害人类的极横蛮罪恶手段来达成这个目的。

日本帝国主义者在其反对各爱好自由人民的罪恶侵略战争计划中，曾预定要使用细菌武器去大规模消灭对方军队及和平居民，包括老弱妇孺在内，方法是散布鼠疫、霍乱、炭疽热等致命的流行病及他种严重疾病。

为了上述目的，在日本军队内成立有特殊部队来制造细菌武器，并训练过专门军事人员和军事破坏工作匪帮，到遭受日军侵犯的国家领土上去用细菌传染城市和乡村、蓄水池和水井、牲畜和庄稼。

还在一九三一年间，即自从日本占领满洲而将其变成进攻苏联的基地时起，在日本关东军编制内已经为准备细菌战而成立有一个密号为"东乡部队"的细菌实验室，由身为残忍细菌战思想家和组织者之一的石井四郎主持。

在一九三六年间，即当日本反苏战争的军事准备工作加紧时，日军参谋本部又遵照日皇裕仁敕令在满洲境内建立了两个细菌机构，其目的不仅是要探究进行细菌战的方法，而且是要制造足供日军使用的细菌武器。

这些机构都是严守秘密，并为隐藏起见而命名为"关东军部队防疫给水部"和"关东军马匹防疫部"。后来它们被改名为"第七三一部队"和"第一〇〇部队"。

这两个部队都设立有许多支队,分别交归关东军各部队和各联队支配,而驻屯在日军对苏作战计划上所规定的主要打击方面。

其实,这些支队原是些战斗单位,能随时遵照指挥部命令去使用细菌武器。

第七三一部队和第一○○部队连同其各个支队,都是直接受关东军总司令管辖的。证明这点的有附入本案文件的前关东军总司令梅津将军一九四○年十二月二日颁布的关于成立第七三一部队四个新支队的命令。

第七三一部队是布置在离哈尔滨二十公里远的平房站附近特设的一个严加守卫的军事市镇中,这是一个准备细菌战的强大研究所,拥有科学工作员和技术工作员约计三千人,以及多处用最新技术和完善仪器装备的实验室。

该部队的使命及其实际工作性质,可从其机构上看出。该部队分成若干部,其中只有设在哈尔滨市内的第三部才是主管军队给水事宜的。

第一部(即研究部)所负职能,是研究和繁殖各种效力最大的致命细菌,以便用作举行细菌攻击的武器。

第二部(即实验部)曾用活人进行过检验培养出的细菌性能的工作,制造过预备把细菌撒放到敌军方面的炸弹和特种施放器模型,繁殖过鼠疫跳蚤以便在敌军领域散布鼠疫流行病。该部内设置有四千五百具繁殖器(孵育器),用来在老鼠身上繁殖跳蚤。在这批繁殖器中可能于短促期间内繁殖出大量鼠疫跳蚤。第二部为进行罪恶实验而管辖有一个位置在安达站附近的特备打靶场和配备有专门器皿的飞机的航空队。

第四部(即生产部)所负任务是要繁殖各种已用实验方法研究出来的细菌,俨然是一座出产各种烈性传染病菌的制造厂。

该部曾拥有强大技术设备,以便大规模繁殖足供进行细菌战用的各种细菌。

该部生产能力每月平均可以繁殖出三百公斤鼠疫细菌。

第五部(即训练"教育"部)内培养过能够使用细菌战武器和用散布细菌办法引起鼠疫、霍乱、炭疽热流行病及他种疾病的干部。

由此可见,第七三一部队大量制造烈性传染病菌,预备用作细菌战武器,以期毁灭对方许多地区和杀害无数和平居民。

据法庭医学检验委员会结论上所说,这样大规模繁殖细菌的目的是预定要进行积极的细菌战。

第一○○部队驻屯在离长春以南约十公里远的孟家屯地方,也如第七三一部队一样进行过那种罪恶工作。

第一○○部队生产部内设有六个分部,其中:第一分部制造炭疽热细菌;第二分部制造鼻疽细菌;第三和第四分部制造可能引起他种牲畜传染病的细菌;第五分部繁殖毒害禾苗谷穗的细菌,目的是要把禾苗谷穗消减;第六分部制造牛瘟媒介物。

同时在预审和庭审过程中又已查明,在华中和华南动作的日军部队中也成立有两个专门制造细菌武器的秘密部队,并为保守秘密起见而取名为"荣"字部队和"波"字部队。这两个部队的活动性质完全与第七三一部队及第一○○部队活动性质一样。

日军指挥部曾预料到在使用细菌武器时将有使自己军队受到传染的危险,所以在各营及各团内成立有防疫部队,受各军团军医处长节制。这原是准备细菌战总计划的一个组成部分。

在第七三一部队和第一○○部队内研究进行细菌战的方法和武器时,曾用活人进行过残忍罪恶实验,以期检验细菌武器效力。在进行这类实验时,日本恶魔用横蛮方法害死了落入他们毒手的成千人命。

第七三一部队和第一○○部队在几年以内用那些在实验室里繁殖出来的鼠疫菌、霍乱菌、伤寒症菌、炭疽热菌及坏疽病菌等进行传染活人的实验。大多数染上病菌的人都在惨痛情况下死掉了。而那些痊愈过的人,则被用去重复实验,结果也是都被害死了。

被用来残忍杀害的人,是日本宪兵队用所谓"特殊输送"办法押送到第七三一部队特设内部监狱里去的。这种死于日本恶魔毒手的牺牲者,都是些被视为有反日活动嫌疑而注定要遭杀害的中国爱国志士和苏联公民。日本凶手真是残暴万分,例如他们居然把拘禁在监狱内而预备进行罪恶实验的人叫做"木头"。

据被告川岛供述,单只在第七三一部队内每年就至少有六百个被拘禁者惨遭杀害,而从一九四○年起至一九四五年日军投降时止,被害死的不下三千人。

同时又用整批被拘禁者进行过罪恶实验。在安达站附近的打靶场上,常把大群犯人绑在铁柱上,然后就在其近旁把装有鼠疫菌、坏疽病菌及他种病菌的细菌炸弹爆裂去传染他们。

例如一九四三年末,由被告柄泽参加在打靶场上进行过炭疽热传染十个中国公民的实验。一九四四年春,又由他参加在这打靶场上用一批活人进行过传染鼠疫细菌的实验。一九四五年一月间,又由被告西俊英参加在同一打靶场上进行过用坏疽病菌传染十个人的实验。

受被告高桥总领导的第一〇〇部队内也用活人进行过类此的残忍实验。

例如在一九四四年八九两月间,第一〇〇部队内曾把细菌放到饭食里去传染了八个中国公民和苏联公民,不久他们就全部死掉了。

除了用烈性传染病菌对活人进行传染的罪恶实验送外,第七三一部队还对被拘禁者进行过冻伤四肢的实验。大多数不幸遭到这种残暴实验的人,都是在被染上坏疽病和脱掉四肢后就死掉了。

试验细菌武器效能的工作,并不只是以在第七三一部队和第一〇〇部队内部进行实验为限。同时日本帝国主义者还在对中国的战争中和对苏联的军事破坏动作中具体使用过细菌武器。

一九四〇年间第七三一部队特编的远征队,曾由石井将军率领开到华中战争地区去,在那里曾把鼠疫跳蚤用特制的器具从飞机上撒放下来,结果在宁波一带引起了鼠疫流行病。

这次害死了成千数中国和平居民的罪恶动作,曾摄照成影片,后来这部影片曾在第七三一部队内放映给日军高级将校——被告山田也在内——看过。

一九四一年间,第七三一部队又派遣一个远征队到常德城一带去动作过,结果常德一带也受到鼠疫细菌的传染。

一九四二年间,日军又在中国境内使用过细菌武器。这次由被告柄泽和川岛参加准备过的第七三一部队远征队,是与曾有一个时期受被告佐藤指挥过的"荣"字部队协同动作的,这次用各种烈性传染病菌传染过当时日军在华军压击下被迫退出的地区。

第一〇〇部队曾于多年以内再三派遣细菌班到苏联边界上去动作,这些细菌班中曾有被告平樱和三友参加。这种细菌班对苏联进行过细菌军事破坏,办法是把细菌投入靠近边界各地蓄水池中,包括三河区在内。

由此可见,在预审和庭审过程中已经查明,日本帝国主义者曾准备在对苏联及对其他国家开始侵略战争时,就大规模使用细菌武器,藉此而把人类卷入新灾祸的苦海。

他们在进行准备细菌战争时不惜采取一切罪恶手段,在进行使用细菌武器的罪恶实验时杀害过成千数的中国公民和苏联公民,在中国和平居民中间散布过各种烈性疫症。

军事法庭认为本案各被告个人所犯罪恶已经确凿查明如下：

（一）山田乙三，从一九四四年起至日本投降时止任日本关东军总司令，曾领导其所辖第七三一部队和第一〇〇部队准备细菌战的罪恶活动，鼓励过该两部队在进行各种使用细菌武器实验时横蛮杀害成千人命的行为。

山田采取过各种措施，使第七三一部队和第一〇〇部队能对进行细菌战有充分准备，使其生产能力能充分保证日军以细菌武器。

（二）川岛清，在一九四一至一九四三年间任第七三一部队生产部长，即任该部队领导工作员之一时，参加过准备细菌战工作，曾知道该部队各部工作情形，并亲自领导过大批繁殖致命细菌，以期充分供给日军以细菌武器的工作。

一九四二年间，川岛参加过组织在华中作战地区内实际使用细菌武器的工作。川岛在第七三一部队内服务期间，始终都亲身参加过用拘禁在该部队内部监狱里的活人进行烈性病菌的残忍实验而将其大批害死的罪恶工作。

（三）柄泽十三夫，曾担任过第七三一部队生产部分部长职务。他曾是细菌武器制造工作积极组织者之一，同时又是准备细菌战工作的参加者。

在一九四〇年和一九四二年间，柄泽参加过组织远征队对中国和平居民散布瘟疫病症的工作。

柄泽屡次亲自参加过使用细菌武器的实验，结果害死了许多被拘禁的中国公民和苏联公民。

（四）梶塚隆二，从一九三一年起就主张使用细菌武器。他在一九三六年任日本陆军省军医署科长时，曾促成过建立和编成专门细菌部队一举，而石井将军（当时还是大佐）就是由他推荐委任为该部队长的。

从一九三九年起，梶塚接任关东军医务处长而直接领导过第七三一部队的工作，供给它以制造细菌所必需的一切物品。

梶塚经常到第七三一部队去巡视过，洞悉其全部工作，曾知道用细菌传染活人进行实验时所作出的残暴罪行，并赞许过这种罪行。

（五）西俊英，从一九四三年一月起至日本投降时止担任过第七三一部队驻孙吴城第六七三支队长，亲自积极参加过制造细菌武器的工作。

西俊英在兼任第七三一部队第五部长时，曾训练过细菌战专门干部，以供关东军各部队直属特别部队任用。

他曾亲自参加过杀害被拘禁的中国公民和苏联公民，办法是用烈性传染病菌来传染他们。

为隐藏该支队及第七三一部队所作罪恶活动起见，西俊英于一九四五年当苏军逼近孙吴城时就下令焚毁该支队所有一切房舍、设备及文件，而他这一命令也就立即执行了。

（六）尾上正男，在任第七三一部队驻海林城第六四三支队长时，曾进行研究各种新式细菌武器和制造各种器材，以供第七三一部队使用。

由他领导培养过细菌专门干部。

尾上曾知道第七三一部队内大批杀害被拘禁者的事实，并以自己的工作助长了此种滔天的罪行。

一九四五年八月十三日，尾上为隐藏该支队罪恶活动痕迹而亲自焚毁了该支队所有一切房舍、器材和文件。

（七）佐藤俊二，从一九四一年起，任广州隐称"波"字部队的细菌部队长，在一九四三年间又被任为与此相同的南京"荣"字部队长。佐藤在先后主持这两个部队时，参加过制造细菌武器和准备细菌战的工作。

后来佐藤担任关东军第五军团军医处长时又指导过第七三一部队第六四三支队，明知该部队和该支队工作带有罪恶实质而协助过该部队和该支队制造细菌武器的工作。

（八）高桥隆笃，在任关东军兽医处长时，曾是细菌武器制造工作组织者之一，直接领导过第一○○部队所进行的罪恶活动，因而应该对用各种烈性传染病菌传染被拘禁者而进行的残忍实验一举负责。

（九）平樱全作，在担任第一○○部队工作员时，亲自进行过关于制造和使用细菌武器的研究工作。

他屡次参加过在苏联边界地方进行专门侦察以期探究对苏联举行细菌攻击最有效方法的工作，当时他曾把细菌投到各该地区蓄水池中，包括三河区在内。

（一○）三友一男，以第一○○部队工作员资格直接参加过制造细菌武器的工作，并亲自对活人进行过检查各种细菌效力的实验，用此种惨痛手段害死这些受实验的活人。

三友参加过在三河区一带对苏联进行的细菌军事破坏活动。

（一一）菊地则光，以实习卫生兵资格在第七三一部队第六四三支队实验室内供职时，直接参加过探究新式细菌武器和培养副伤寒和痢疾病菌的工作。一九四五年间,菊地在造就供进行细菌战用的干部训练班内受过专门训练。

(一二)久留岛祐司,受过专门训练后在第七三一部队支队内担任实验员时,参加过培养霍乱病菌,脱皮伤寒病菌和其他各种传染病菌,以及实验细菌炸弹的工作。

滨海军区军事法庭根据以上所述各节,认为已充分证明上列各被告确犯有苏联最高苏维埃主席团一九四三年四月十九日法令第一条所定之罪,同时依据苏俄刑事诉讼法第三一九条及第三二〇条规定,并估计到每一被告犯罪程度,

兹判决如下:

对于山田乙三,根据苏联最高苏维埃主席团一九四三年四月十九日法令第一条判决禁闭在劳动感化营内,期限二十五年。

对于梶塚隆二,根据苏联最高苏维埃主席团一九四三年四月十九日法令第一条判决禁闭在劳动感化营内,期限二十五年。

对于高桥隆笃,根据苏联最高苏维埃主席团一九四三年四月十九日法令第一条判决禁闭在劳动感化营内,期限二十五年。

对于川岛清,根据苏联最高苏维埃主席团一九四三年四月十九日法令第一条判决禁闭在劳动感化营内,期限二十五年。

对于西俊英,根据苏联最高苏维埃主席团一九四三年四月十九日法令第一条判决禁闭在劳动感化营内,期限十八年。

对于柄泽十三夫,根据苏联最高苏维埃主席团一九四三年四月十九日法令第一条判决禁闭在劳动感化营内,期限二十年。

对于尾上正男,根据苏联最高苏维埃主席团一九四三年四月十九日法令第一条判决禁闭在劳动感化营内,期限十二年。

对于佐藤俊二,根据苏联最高苏维埃主席团一九四三年四月十九日法令第一条判决禁闭在劳动感化营内,期限二十年。

对于平樱全作,根据苏联最高苏维埃主席团一九四三年四月十九日法令第一条判决禁闭在劳动感化营内,期限十年。

对于三友一男,根据苏联最高苏维埃主席团一九四三年四月十九日法令第一条判决禁闭在劳动感化营内,期限十五年。

对于菊地则光,根据苏联最高苏维埃主席团一九四三年四月十九日法令第一条判决禁闭在劳动感化营内,期限两年。

对于久留岛祐司,根据苏联最高苏维埃主席团一九四三年四月十九日法令

第一条判决禁闭在劳动感化营内,期限三年。

本判决书可在被判诸人收到判决书副本后七十二小时内,依上诉手续向苏联最高法院军法处提出抗告。

审判长:少将法官

契尔特科夫

审判员:上校法官

伊里尼茨基

中校法官

沃罗比耶夫

东北人民政府卫生部搜集日本细菌战犯罪行资料

东北人民政府卫生部关于调查"七三一"及"一○○"细菌部队罪恶活动的报告

一九五二年十一月三十日

一、"七三一"及"一○○"部队的本来面目及其性质

（一）日本帝国主义者建立毒恶的庞大细菌部队

（二）进行惨无人道的活人实验

（三）日本帝国主义在对华和反苏战争中使用了细菌武器

（四）妄想掩盖细菌战的罪恶活动

二、"七三一"部队被破坏后所搜集到的材料

（一）"七三一"部队被破坏后的概貌

（二）杀人的魔窟——四方楼

（三）炼人炉

（四）石井炸弹

（五）大规模的育鼠所

（六）血债的坟墓

（七）伪档案

三、"七三一"部队旧址遗留的细菌弹片

四、关于"七三一"部队罪行的见证

（一）日本细菌战犯用活人实验的实事铁证如山

（二）日本细菌战犯为了制造细菌武器进行大量培养鼠蚤的事实确凿

（三）见证书

五、哈尔滨平房一带发生鼠疫与"七三一"部队散播保菌鼠的关系

（一）人间鼠疫流行的概况

一、"七三一"及"一〇〇"部队的本来面目及其性质

（一）日本帝国主义者建立毒恶的庞大的细菌部队

在第二次世界大战以前，日本帝国主义者和希特勒食人生番一起，妄想建立世界统治，他们准备使用最残忍惨酷大批消灭人命的手段。他们妄想在人类文明的废墟上奠定自己的霸权，日本帝国主义的主子们把反动资产阶级科学界的腐败分子找来实现他们这种恶毒的计划。

日本帝国主义者在占领我国东北不久，就由日本军阀建立了一个细菌实验所，所长即为日本军事细菌学家石井四郎，这人在军医学院研究过细菌武器，当石井从最初开始这一罪恶活动时起就获有日军参谋本部战略部方面的支援，石井所进行的一切研究都是极端秘密的。因为单是石井的名字就足以暴露该实验所的罪恶活动方向，所以石井改名为东乡，他的机关便称为"东乡部队"。有个时期该部队又改为"加茂部队"。

一九三六年日本天皇裕仁以秘密的敕令给日本军参谋本部和陆军省在我国东北建立两个大规模的细菌部队，一个即以石井实验所为基础建立的部队［借］为保守秘密起见，称为"关东军防疫给水部"，另一个称为"关东军兽疫预防部"，一九四一年当希特勒匪徒开始进犯苏联后，这两个部队即以秘密番号，将"关东军防疫给水部"改称"七三一部队"，将"关东军兽疫预防部"改称"一〇〇部队"。第七三一部队由后来升为军医中将的石井四郎领导，第一〇〇部队由兽医少将若松领导。这两个部队均为关东军建制内，并直属于关东军总司令。

七三一部队乃是一个包含有约三千科学技术人员的强大军用细菌联合制造厂，所谓给水和防疫都不过是掩盖石井部队活动实质的幌子。

七三一部队的组织如下:

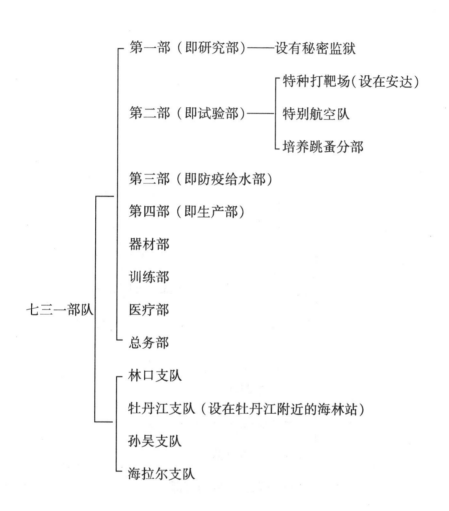

第一部（即研究部）——设有秘密监狱

第二部（即试验部）——特种打靶场（设在安达）
                    特别航空队
                    培养跳蚤分部

第三部（即防疫给水部）

第四部（即生产部）

器材部

训练部

医疗部

总务部

七三一部队

林口支队

牡丹江支队（设在牡丹江附近的海林站）

孙吴支队

海拉尔支队

一〇〇部队有六〇〇—八〇〇人，其组织如下：

```
                              ┌ 设计分部
                         总务部├ 研究分部
                              └ 实验场
                         第一部
                              ┌ 第一分部（细菌分部）
                              │ 第二分部（病理分部）
                         第二部│ 第三分部（实验动物分部）
                              │ 第四分部（有机化学分部）
                              │ 第五分部（植物学分部）
                              └ 第六分部（专门研究细菌战）
                         第三部
                         第四部
一〇〇部队
                         ──大连支队
                         ──拉古支队
                         ──东安马匹防疫部
                         ──东宁马匹防疫部
                         ──克山马匹防疫部（原设在海拉尔）
                         ──鸡宁马匹防疫部
```

七三一部队主管防疫给水事宜的,只有那个为了掩饰世人耳目,而故意设在哈尔滨城内显著地方的第三部。即在第三部生产作坊内,也制造名叫"石井氏飞机弹"的特种细菌弹壳。其他各部均设在距哈尔滨二十公里处的偏僻车站平房一带。

第一部,即研究部,是从事于发明细菌武器研究工作,专门在实验室内进行过各种研究和试验。并培养日本细菌学家们认为是在战争中使用时最有效的细菌,即鼠疫菌、霍乱菌、坏疽菌、炭疽热菌、伤寒菌、副伤寒菌及其他病菌。在这种研究过程中,不仅用动物,而且用活人来进行实验,为了达到这个目的,并设有一个能容三四百人的秘密监狱。

第二部,即试验部,是从事检验研究部研究所得的结果专门在野外条件下实验第一部所制造的致命细菌,为此在安达设有一个特种打靶场,专门用活人在战斗环境内试验细菌武器。

第四部,即生产部,也就是大量培制足供细菌战需用的细菌工厂,凡第一研究部和第二试验部工作所得的结果,都由第四部来具体实现大量培制。

训练部是专为日军战斗部队及别动队造就使用细菌武器的人员,培养能够使用细菌战武器和散布细菌办法引起鼠疫、霍乱、炭疽热流行病及他种疾病的干部。

七三一部队下面分设有许多交由日本关东军各部队和各兵团指挥的支队,这些支队都位置在与苏联毗邻的各主要战略方面,各支队的主要任务,是要准备在战争中实际使用各该细菌部队所制造出的细菌武器。

一○○部队名义上称为兽疫预防部,其实它亦是一个细菌部队,它是一个用许多细菌学工作员、化学家、兽医和农艺家配备起来的一个试验工作队,这部队内所进行的全部工作,都是在准备反苏的破坏性的细菌战,该部队及各支队人员曾进行一种科学研究工作——专门探求大量使用各种细菌和烈性毒药来大规模歼灭牲畜和人命的方法。

为了达到这个目的,在这部队内专门养有马匹、乳牛及其他牲畜,并且还单独拘禁有一些活人,专门作为实验之用。

日军统帅部曾拨出巨款给七三一部队应用,仅一九四○年即为一千万日圆,一九三六年即开始在平房建立,而于一九三九年建成的大规模军用市镇,这个建筑四周有很高的土墙和铁刺网,以便与外界隔离,该部队主要建筑物是一个四方的大寨子,它掩蔽着院内的监狱,这个监狱用活人来进行罪恶的试验,并有一条特别的地下交通壕通到那由警务囚车送来必遭惨死者的地方。

这座军用市镇是非常庞大,约占四十五平方公里,他拥有很多的建筑物和强大的仪器,仅第四部就有以下基本设备。

第四部分为两个分部,每一分部都能独立生产细菌,第一分部有以下基本设备:制细菌营养液的大锅炉四具,每具容量为一吨,营养液消毒器十四具,每具长三公尺,直径一公尺半。每一消毒器内可容三十个由石井发明的特种培养器,有两个冷却细菌营养液的房间,每个房间能同时容下一百个培养器。还有五个调温器,共可容六百二十个石井式培养器。第二分部内有大锅炉两具,每具容量为二吨,消毒器八具,每一消毒器可容六十个培养器,此外还有其他设备。第四部内还有保存现成产品的冷藏器。此外还有九个培养室。

将第四部所有的生产设备利用起来,在一个月之内可制造出鼠疫细菌三百公斤,伤寒症细菌八百至九百公斤、炭疽热细菌五百至七百公斤、霍乱症细菌一吨。

第二部建设有四处专门的房舍,这种房舍内经常保持着摄氏表三十度的温度。用来繁殖鼠疫跳蚤的是高三十公分,宽五十公分的铁盒子,盒子内经常保持摄氏表三十度的温度,这种铁盒子约有四千至四千五百个,每两三个月为一生产周期,每一个生产周期即能繁殖出四十五公斤带有鼠疫的跳蚤。

第一部研究作为细菌战使用的细菌有鼠疫菌、霍乱菌、坏疽菌、炭疽热菌、伤寒菌、副伤寒菌及其他细菌。

一〇〇部队也有大规模的设备和仪器,其一年即预定制出炭疽热细菌一千公斤、鼻疽细菌一百公斤、锈菌一百公斤。此外还生产牛瘟菌和斑驳病菌及羊痘病症传播物。

(二)进行惨无人道的活人实验

七三一及一〇〇部队为检查细菌武器效能曾采用的基本方法,就是有系统地和大规模地用活人来进行惨无人道的罪恶实验。

这种罪恶实验,曾施之于我国参加抗日运动的爱国分子及苏联公民身上,因此七三一部队设有一个能容三四百人的秘密监狱。

用活人实验的方法是极其惨忍和毒辣的,方法也很多,有用含有伤寒病菌的甜水,用普通水冲淡,然后分给被他们监禁的中国战俘喝,以检查细菌致命的效能。在野外条件下,也就是在特种打靶场,先把被监禁的人一一绑在打靶场内的铁柱子上,然后在距离五十公尺以外的地方藉电流将装有鼠疫或炭疽热的细菌弹炸开,使这些人感染鼠疫或炭疽热病,此外他们也用坏疽病炸弹使活人感染。被感染的人都痛苦万分的死去,惨死者的尸体就在七三一部队监狱近旁特别装设的焚尸炉被焚化了。在监狱里也给俄国人和中国人作过传染斑疹伤寒的实验,为了要查明在零下二十度的严寒天气下可否用坏疽病进行传染。不让这些受实验的人立刻被炸弹炸死,就把他们的头部和背部用特种金属板和厚棉被盖着,双脚和臀部则露在外面,电门一开,使炸弹爆炸,使受实验的人脚上和臀部受伤。这些人经过几天都惨痛的死去了。七三一部队还用活人试验冻伤,是在每年最冷的月份,即在十一月、十二月、一月及二月进行,先把受实验的人赶到寒冷的露天里,迫使他们把手放到冷水桶里,然后再把手拖出来,在寒冷的露天里带着浸湿的手长久站立,或者是把穿着衣服而光着脚的人赶到外面去,使他们在夜间最冷时在露天里站立,为了证明确已冻僵,用小棍敲打被冻的部分,到和敲打木板的声音一样时,才算冻好。然后把他们赶进房内,先把脚放在大约五度的水里,然后再把水的温度逐渐升高,以探求治疗冻伤的办法。这些被试验冻伤死掉的人数也是非常大的。为了试验鼠疫经呼吸器官来传染人,先把人绑在柱子上,离人十公尺远的地方放置一个满盛鼠疫菌的铁桶,使它爆炸感染活人。为了试验在野外条件下试验活人感染,用飞机投掷装有细菌的磁壳炸弹,在试验后,对病人也进行过医疗,但是好了以后还要继续遭受试验,直至死掉而止,被试验的人有男人和女人,此外还制有含有炭疽热细菌的巧克力,是预备进行军事破坏工作用的。

一○○部队也同样用活人进行罪恶的试验,实验时所用的药品有朝鲜"朝颜"、"海乐英"及"蔥蔴青"这类毒品都是渗进到食物内去,给受实验的活人吃,经过三十分钟或一连睡眠五小时之久,所以受实验的人们经过两个星期就软弱得再不能使用了,就注射十分之一的氢化钾将他们害死。

七三一部队除了用活人实验之外,并由其所属部队人员大量捕野鼠作为试验及繁殖跳蚤之用,同时强迫被日本帝国主义统治的东北老百姓和学生强制给他们大批捕野鼠作为实验之用。

日本宪兵队机关和日本驻满洲各军事团经常把被囚禁的中国人、满洲本地人和苏联公民送到各细菌部队里去,为保守秘密起见,在宪兵队的正式文件上规定出一个专名词,叫做"特殊输送"。这些被送到细菌部队里去的人,无论如何从来是没有一个人能活着走出这个杀人工厂的。在七三一部队里对被实验的活人,为保守秘密起见也以"木头"这个称号来代替。被监禁的人都是瘦弱不堪,尚有许多缺少手指或脚趾以及四肢腐〔烂〕或四肢被割掉的人,这就是受过冻伤试验的人。

这些用作实验的活人,每年都有五六百被送进去,仅一九四〇年至一九四五年间,通过这个杀人工厂,因染受细菌而被消灭的至少有三千人。

(三)日本帝国主义在对华和反苏战争中使用了细菌武器

一九四〇年七三一部队长石井率领一个特别细菌远征队,用飞机在宁波一带撒布染有鼠疫的跳蚤,这次的远征队还准备有七十公斤伤寒菌和五十公斤霍乱菌。

一九四一年七三一部队又组织了一次远征队到华中常德地区撒布了染有鼠疫的跳蚤。这次并准备了一百三十公斤副伤寒菌和炭疽热菌。日军在南京所设的"荣"字细菌部队也曾参加了这次动作。

为了准备进行反苏的细菌战争,七三一部队和一〇〇部队于一九四二年特别侦察过苏联边境地区,也曾派遣细菌别动队到苏联边界附近活动,一〇〇部队并用鼻疽细菌传染了离苏联边界不远的结尔布勒河。

(四)妄想掩盖细菌战的罪恶活动

七三一部队及一〇〇部队这种罪恶活动,为了怕世人发觉七三一和一〇〇部队的工作人员都不佩带兵种标号,只穿军服,恐怕发觉他们的罪恶活动,不但外人不能接近这个军用市镇,就连飞机也不准由上空飞过,周围有严密的卡哨看守,即连其内部人员也有不能知道全部设备及活动情况的人,其他部队等人员非经关东军司令官特准的也不能进入该地。一九四五年八月当伟大的苏联红军开始向日本帝国主义统治的我国东北进攻时,在八月九、十两日关东军总司令鉴于军事行动业已开始,便决定以秘令将七三一及一〇〇部队毁灭,并将该部队人员撤往汉城妄图掩盖其惨无人道的罪恶活动。但是这些罪恶的匪徒,终[究]掩盖不了他们的血迹,其中一部匪徒业于一九四九年十二月二十五日至三十日,在苏联伯力城举行了前日本陆军军人因准备和使用细菌武器被控一案,予以审判,并已判决。但石井、北野、若松等罪魁至今仍在美帝国主义的护庇下逍遥法外,并与美帝国主义重新合谋制造细菌杀人武器,并且在朝鲜及我国地区疯狂使用。但是他们这种罪行也同样要遭到全世界爱好和平人类的正义审判,并将彻底粉碎这些惨无人道绝灭人性的匪徒。

二、"七三一"部队被破坏后所搜集的材料

中国人民在苏联红军的英勇援助下,战胜了日本帝国主义,惨绝人寰的日本法西斯匪徒们在其遭到惨败的前夕,为了掩盖其反人道的罪恶行为,消灭他

们的罪证,当撤退时即把这所规模宏大的建筑——"七三一"细菌杀人工厂破坏成一片废墟,他们认为这样就可以卸却罪证的责任,然而细菌战犯们万恶胎彰的罪行是逃脱不了人民的眼睛,从这一片废墟里和所搜集到的档案文件,可以找出完全可以认出细菌战犯本来面目的罪恶遗迹:

(一)七三一部队被破坏后的概貌

这所工厂建筑在距哈尔滨市南廿公里的平房车站附近方圆达四十五平方公里,分南、北二厂。当日寇日趋死亡的前夕(一九四五年九三前)把其中一部重要物资、设备以及有关材料等等运走后,竟将这所杀人的工厂经三天三夜(据附近中国老百姓谈)连续轰炸烧却,破毁成为一片废墟,从废墟和塌毁的建筑上可以看出南厂过去建筑有飞机库和飞机场,现破毁的滑走路和修理场犹存,里面尚有许多飞机零件。北厂原系专门细菌工厂,其周围建筑之五、六尺高土墙和墙外所掘之三、四尺深沟现尚陈旧的存在,其中即是一所规模宏大的试验室,四面筑有高大的楼房,因此当地老百姓管他叫"四方楼"(也有叫圈楼的),于楼房中间空场的地方,据一个曾参加测量这一工程的日本技师伯木仁谈"为化验用水特挖一个一〇八米深的井。为此特请国内清水专家来此地化验认为此水能行后才开始修建的。"这一所规模宏大的四方楼虽已被破毁,但尚未全部倒塌仍部份存留高大的残缺墙壁,从残缺墙壁来看,完全是洋灰铁筋筑成的。附近尚有已被破毁的发电厂炼人炉、育鼠所以及铁路和汽车路等之残迹。

这块地区过去是被日寇极端严密的封锁着,进入场内必须经过四道关卡,如果是□生人,不论是有意无意,只要踏进这个地区范围就有生命之危险,就连在厂内工作的中国工人往往因走迷或走错了路被捕受审挨打受刑,特别是这所四方楼除指定的日寇工作人员外其他人是绝对不可能进去。一旦由其门前经过则强迫俯首或转头不准看、听厂内的一切情况。

日寇更把周围几十里路的村子划为甲、乙禁区,凡在两禁区出入的人都要有证明,否则一体禁止通行。

(二)杀人的魔窟——四方楼

这所杀人的四方楼染满了中国人民的鲜血,在其外侧中国人民曾挖出一个大汽锅型的东西,高一丈二、三尺,直径约七尺,上端有盖,里边全镶白磁,中间有蛇行管,可能是石井为了进行侵略的细菌战研究出的一种大量孵育细菌的孵育器。

四方楼的地下室通路很多,老百姓说:"夏天这里恶臭进不来人"可能尚有埋人之处,在一间白屋子里发现一个小型电气孵育器,并在这里拾到注射器针头,地下有破碎片,可能系试验管培养皿等的玻璃碎片。断砖残墙下面还有鼠皮、鼠骨。四个一尺多高金属制的大烧瓶,被掘出后里面恶臭难闻有两个尚存有干燥的血块。

这所四方楼是随着他们的秘密罪恶任务逐渐繁重和紧要,而逐渐增设和加强,他的区域严密封锁,生恐泄露其罪恶的秘密和暴露细菌战犯们的罪行,再加上日本帝国主义法西斯的残酷的统治,因此这里的全部罪恶活动,是当时中国人民所不可能知道的,然而中国人民很早就注视着帝国主义所建筑的这所杀害中国同胞之工厂,不管其如何严密的封锁,冒着法西斯的统治,究竟还是见到和听到了许多这所工厂残害人民的罪恶事实。

解放后他们纷纷向政府控诉:日寇曾以成火车成汽车往这所楼里运送中国人民,在厂子里,做劳工的中国人民只见进,不见出,时常发现丢人的事件。并曾亲眼看见从里边往外抬尸体。在厂内做多年劳工的中国农民傅景奇也曾在第一仓库里边也看见身无一丝的无数中国人民尸体,在那里摆排着。各种动物之血被抽出后,也送到四方楼去。中国人民由日寇木村的口里套出杀人的口供——四方楼是为战争制造杀人武器的。(见"七三一"部队罪行见证。)

由于仅能搜集到四方楼塌毁后的上述残迹和当时中国老百姓的见闻,就完全可以证实四方楼是令人指发罪恶滔天的杀人魔窟。

(三)炼人炉

"七三一"细菌工厂共设有两个炼人炉,一个在四方楼内已被破坏无迹可考,另外一个在北厂的东北角,一所不大的红砖房,房子外形依然存在,炉灶三尺多高,四尺多长,上面已被破坏,可见有约一尺平方铁制炉口旁边尚有一个高烟筒的原形,在厂子附近居住的老百姓伪满日寇统治时期经常看见这个烟筒冒着黄色的烟,也经常看见大汽车往里拉人。每遇到刮风天顶着风也可闻到一种烧尸体的恶臭气味。无疑的许多无辜的中国人民的生命被这所恶魔的建筑日日夜夜所吞食。

(四)石井炸弹

石井曾研究出一种使用跳蚤传播鼠疫的方法,用来做为细菌武器,他设计了一种特别的陶瓷炸弹,名为"石井炸弹",利用空军投下,炸碎后跳蚤四逸以传播鼠疫。

在四方楼的旁边堆有"白色、淡褐色残缺不全破碎瓷器炸弹,大小不一,一般长约一尺。直径四、五寸的瓷螺丝口其上并附有帽头,有的是用瓦制,特别大的,有的是白瓷制的,非常精致,中心有磁管,仅由其残留一部的炸弹及碎片,即可以证明过去曾大量制造。

(五)大规模的育鼠所

"七三一"细菌工厂,北厂的东角上有四行房舍,四周筑有长约四百米,宽一百三十米,高一米的坚固洋灰围墙,围墙四周每个门口都筑有将近一米的深沟。在每行数十间的长房舍墙上有距离相等的四方洞。

以上都是被其破坏后,尚可见到的情况。并在地上发现堆有许多零散的大小鼠笼。其中以小鼠笼为最多,为一种特殊编制的,每笼可装黄鼠一只,上前端有活口盖,上侧有提手,携带方便,且可做单独饲养。

伪满统治时期,日寇曾不断把大批各种鼠类,运往"七三一"部队。一九四一及一九四二年之后,更加紧从东北各地搜集大批活黄鼠运往"七三一"部队。东北解放后,日寇竟公然将大批鼠类放出,四逸附近村屯,使过去无有或极少有黄鼠的地区,发现了许多的黄鼠,并使得从来没有过鼠疫发生的非鼠疫区,平房附近居民遭致鼠疫的祸殃,造成人间鼠疫的流行。

在第三、四列房舍的附近,乱堆着洋铁桶,义发源农民刘相昆之妻,刘佟氏在九三当时曾在该厂里碰倒一个破洋铁桶,发现这个洋铁桶里盛有约半桶多的跳蚤,并蹦其一身。事实证明了这里是大量育养殖传染和传播鼠疫的鼠类和跳蚤。

(六)血债的坟墓

哈尔滨市香坊区正黄五屯,距平方"七三一"工厂,仅二华里许,该屯村外北方附近,在一块土地上,可见无数坟丘,那里掩埋着无数中国人民的尸骸。那就是日本法西斯匪徒们以中国人民进行惨无人道的活人冻伤试验的活生生的证据。

一九四四年间,由关里和锦州一带,以火车运往"七三一"部队上千的中国人民遭致日寇法西斯匪徒们以冻伤试验,死亡达一半之多。正黄五屯居住的中国人民亲眼看见死亡后的中国人民就被掩埋在那里,其后日寇更不断陆续在那里掩埋中国同胞的尸骸。

(七)伪档案

七三一部队为培育带菌跳蚤,准备大规模地进行危害中苏两国人民及世界和平人民的细菌战争,曾于一九四五年在东北强征三十万支黄鼠,在清查伪满龙江省伪反动政府的文件档案中,发现有满洲六五九部队长石井四郎及伪满洲国兴农部次长给龙江省次长的文稿。一九四五年二月十一日,石井四郎向龙江省次长发出"满防经一七三"号商讨搜集黄鼠的书面文件和计划书。该文件"实施要领"章第四条对于搜集黄鼠的规定为:"关于各省(伪满所属省份)供应之协定由第六五九部队长行之,关于各县旗供应之协定由六五九部队经理科长行之"同年二月廿六日和三月十八日伪满洲国兴农部次长稻垣征夫两次发出"第一二林薪炭二五号"公函给伪龙江省次长,通知按"搜集要领"搜集黄鼠提出在一九四五年内需活的黄鼠三十万只。指定由各县、旗的村屯中的兴农合作社负责收买送交六五九部队,并决定由协和青少年团(系伪满协和会下属的青少年团体)协助此项工作。指定龙江省的龙江、泰来、富裕、讷河等县搜集黄鼠五万只,限自五月廿五日至六月三十日完成。伪兴农部次长三月十八日给伪龙江省次长的公函上,标明这一公函也发给了伪四平、奉天、滨江、北安、锦州各省次长。

在文件档案中,并发现在同年四月一日石井四郎与伪满洲国兴农合作社中央会理事长松岛鉴所订立的"供应军用黄鼠协定书"的文稿,该协定书是根据一九四五年二月廿四日在日寇关东军司令部关于此事之协商而订立的,规定由铁路附近的国民学校负责捕鼠,由各车站合作社收买,并直接交给日军。该协定书于四月二日即送给伪龙江省次长同样指定龙江省的龙江、泰来、富裕、讷河等县搜集黄鼠五万只,即自五月廿五日至六月三十日完成。在档案中并有龙江省分配给各县的捕鼠数字。

六五九部队向各地征集黄鼠时,一般多是以学校为基点。大连市弥生国民女子高等学校(现大连第一中学)的女学生一九四五年五月间被迫出外"奉公"捕鼠。该校亦被日本关东军占用饲养老鼠,并强迫学生给老鼠捉跳蚤,当时大连市的每个伪警察派出所也都设有收鼠箱,专为日军搜集黄鼠。安达县全县壹万伍千多个小学生也被迫整天到野外去捉老鼠,并将老鼠送到鞠家窑和飞机场。在庆安、沈阳、辽阳、长春、锦州、哈尔滨、海城等地,也都是以学校为基点按街户搜集老鼠。此外不论大、中、小学每个学生一次还要缴二西西血粉,一只黄鼠,一只老鼠。很多学生因为捉不到或不能如数完成任务,就被认为"国民道德"课程不合格,甚至有的被以"思想不良"或"反满抗日"的罪名论处。

三、"七三一"部队旧址遗留的细菌弹片

在七三一部队旧址遗留的细菌弹片经检中国科学院长春综合研究所及大连工业化学研究所检验如下：

化 验 结 果 报 告 书　　　No.772

东北科学研究所大连分所　　　　　　　1952 年 11 月 20 日

请　　求　　者	东北卫生部防疫处
请　求　日　期	52,11,7,
化　验　品　名　称	弹片三种

上开化验品之化验结果如下：

	硬度	气孔率	急冷急热	
白兰色	7—	1.4%	340	表面有小纹
			900	八次有大纹
				九次破碎
黄白色	7—	0.82%	900	七次有纹
				十次有大纹
				十次破碎
小黄块	5 +	21%	900	十次不裂

化验者	赵玉璋　王昭年　王本	所长办公室	
室主任		备　　注	

东 北 科 学 研 究 所
化 学 试 验 报 告　　　　　检验室

受理番号		定性或定量	定 量	195　年　月　日收到
委托单位		卫生部		1952 年 11 月 18 日发出

分拆结果　　试料别　产地别			黄大块	白大块	黄小块
SiO_2	%		80.23	75.84	69.11
Al_2O_3	%		14.66	18.27	26.89
Fe_2O_3	%		1.19	0.74	1.85
CaO	%		2.59	3.34	1.46
MgO	%		0.20	0.31	0.33
$Na_2O + K_2O$	%		1.44	0.81	0.95
PbO	%		0.17	0.10	–
灼热减量	%		0.10	0.30	0.87
鉴定方法概要			试料粉碎后以 Na_2CO_3 熔融,HCl 干涸两次,通去 PbS,PbS 溶解于 HNO_3,再洗细为 $PbSO_4$ 以 NH_4 水处理加 $K_2Cr_2O_7$,洗细最后用碘定法,Fe_2O_3,Al_2O_3,CaO 及 MgO 按常法分析,$Na_2O + K_2O$ 用斯密士法以平均换算系数计算。		
意　见					
备　考			黄大块、白大块表面有　未单独分离		

东北科学研究所　所　长　　　　　　　　　　检验室　主　任　　张有昌
　　　　　　　　　副所长　　　　　　　　　　　　　　担当者　　高殿岐
　　　　　　　　　　　　　　　　　　　　　　　　　　　　　　　余金洞
　　　　　　　　　　　　　　　　　　　　　　　　　　　　　　　萧　玉

四、关于"七三一"部队罪行的见证

"七三一"部队的罪恶活动始终是不敢让中国人民知道的,而且当时在日寇法西斯的各种残酷的统治下,毫没有自由的中国劳动人民也不敢过问的,同时日寇对中国人民在该厂活动的限制是随着他的秘密活动的进展而逐渐严格的。该厂是一九三六年开始建筑的,而这个修建工程,帝国主义者又不能不依靠剥削中国的广大劳动工人为它修建,但它又深怕中国人民发现与暴露其罪恶的阴谋。因此,他们就不惜采取一切违反人道的毒辣手段来残害为他们修建的中国劳动人民。当该厂修到重要的地方或其内部要安装机器时,就不用中国的工人或者用中国的一部分工人,但完成一定的任务之后,即将他们秘密的杀害了,企图掩盖他们的罪恶秘密。一九三九年建成之后,对中国人的限制就更加严密了。不仅用四面岗哨围绕在重地"四方楼"的附近,监视中国工人的出入与行动,而且据说一般日本人没有特别证明也难进入该地。但是它还有不得不用中国的劳动人民为其工作的工作,因此,就选择了一些他们认为比较好欺骗的年龄小的工人组成"少年队"可以进入土墙内工作,但在工作中还施行种种的威胁与限制不许随便说话与四外观望,总之是没有自由的。

当一九四五年日寇宣布投降的前夕,细菌战犯为了毁灭与掩盖它们的罪证,不仅炸毁了细菌工厂的所有设施,而且将在那里工作的所谓"中国劳工"也用机枪杀害了许多,甚至将多年为日寇伪忠实走狗的翻译也被秘密的杀害了,其目的是深怕掩漏其罪恶的活动,想要蒙蔽世界人民的耳目。

实事日寇的企图是企图罢了,所有这一切的残暴手段,虽然一时的蒙蔽了中国一部分的劳动人民对这些细菌战犯的真象了解,但是中国的劳动人民并没有完全被其欺骗,而且也利用了日寇的某些空隙,也发现了战犯们的一些罪恶活动,然而当时处在被统治的情况下,一旦有些可疑,就有生命的危险。因而既或有少数知道其内部详细情况的人,也早被其杀害了,其次有些在其中工作多年的工人,比较知道多一点的在解放以后,都离开了该地,现在一时也难查寻,因此,只有从曾在该厂工作过而又幸免被其杀害,并曾见过他们罪恶活动的,现在能够找到的少数中国劳动人民来证明日本细菌战犯们的滔天罪行的一部份。这里需要说明这些人所见到的,虽然不是全面的和系统的,因为那时也不可能了解到全面的和系统的,但是它总可以而且完全可以充分的证明和暴露日本细菌战犯的滔天罪行,而且这些证明是确凿的,因为这是中国人民亲眼见到的事实。为此,兹将目前现有的材料列述如下:

（一）日本细菌战犯用活人做实验的事实是铁证如山

据住在平房站的农民李月校说："我曾在这个厂子的外围即'八三七二'部队飞机场里给日本鬼子做过多年劳工。在一九三七年七月间某日有一个名叫陈有的瓦匠他是我的老乡，由七三一部队偷逃到我处说：从去年（一九三六年）我们一共三百多人被抓到这里来给鬼子修'四方楼'，可是现在只剩下几十名了，隔几天鬼子就给秘密的弄死几个，用炼人炉就炼了，所以经常丢人。如果再做下去，都得送命。所以他怕死在里边而偷跑出来了"。由此，可以证明日本细菌战犯为了掩盖其罪恶的活动，秘密的杀害劳动工人或用作活人试验的事实是没有任何疑义了。而且再从哈尔滨市香坊区平顺村老五屯农民付景奇和在该厂做过劳工的其他工人亲眼看见的一些事实中更能进一步的证实这个问题的真象。

曾在该厂做过烧锅炉和侍奉日本人工作的董常雨老乡说："伪康德六七年（即一九三九、一九四〇）某日晚，日寇拉了三、四火车，不知什么东西，当卸火车时把中国人都赶走，不让看当卸完之后在车上发现了几只破鞋。以后又在一九四二年于三十六栋炼锅炉时某晚日本鬼子命令把窗户帘都放下，我偷偷看见四、五个汽车，在每一个汽车上都卸下来五、六个被绑着的中国人……"。由此可以证明日本细菌战犯的确是由外面向"七三一"部队运过人。

其次有曾在石井班少年队里工作过多年的付景奇说：一九四二年某日趁日本人吃午饭时，他好奇的心情，进到秘密的"第一仓库"里，看到在西头的大房间两侧，摆着两排尸体。还有在该厂赶马车的老农民关成贵于一九三八年六月间某日在"四方楼"门口查砖时，日本鬼子命令他们到土墙外去，但他没有来得及出去，于是躲在砖垛后面，看到由外面来十个汽车都带着布棚，站在"四方楼"的门口，从楼里抬出许多无声的人，用毯子盖着，每车装了十个左右。从上述这些事实，完全可以充分证明：日寇"七三一"部队确实是用过活人做为他们研究细菌武器的试验品，而且被试验者确被杀害了。

日寇这些罪恶活动不仅中国人确实看见了，而且中国的劳动人民也从日本人的嘴里也了解出，那里的秘密活动是什么？据哈尔滨市平房区义发源村农民陈芳荣说：我曾在石井部队工作四年，那里养着很多的耗子、骆驼、江猪、马、牛、羊等……动物，统归石井班管理。我认识一个曾在"四方楼"里工作过的日本人叫木村。我常和他在一起喝酒，当他喝醉酒时我问他那些动物作什么用？他说："那些动物都是用他们的血作试验用，死后就烧了，绝不让外人知道"。他并告诉我到"四方楼"是做毒瓦斯用的(？)用它打仗,扔下去人就死了。这里所说的"毒瓦斯"虽然没有说出是制造细菌的,但是他的意义肯定是制造杀害人民的武器。

此外日本人曾用中国人做冻伤试验的事实也可以从上述付景奇所看见的事实加以证实的。他于一九四四年初冬曾见到过由锦州一带运来一二〇〇多名中国"劳工",下车后日本人宫籐(大佐或中佐)就命令鬼子往他们身上浇凉水,结果冻死了一多半。

类似上述这些事实,还可以举出许多例子,但是就以这些就可以证实了日本细菌战犯的滔天罪行的。

(二)日本细菌战犯为了制造细菌武器进行大量培养鼠蚤的事实确凿

日本细菌战犯为了准备大规模的使用细菌武器,残杀人类,所以曾向东北的居民征收过大量的黄鼠,作为大批培育带菌的跳蚤用。关于这点不仅凡在该厂附近的居民可以证明,而且在那里工作过的中国工人都曾亲眼看见过,尤其从黑龙江省人民政府清查敌伪档案中所发现的有关日寇细菌战犯石井四郎征收三〇万匹黄鼠的文件更可以充分的证明了这点。此外,现在于哈尔滨市香坊区义发源村农民王殿选,伪满曾在哈尔滨市邮政局做押邮政车的工作中,不仅看到于一九四一年及一九四二年开始从日本的新潟县运来成箱成笼的小白鼠,运到平房区的加藤部队而且以后又看到经常由滨洲线(哈尔滨——满洲里)如安达一带向哈市平房发来很多的大眼贼(即黄鼠)。所以日寇向中国人民征收黄鼠,用做培养细菌的事实是没有疑问的。

一九四五年日寇投降时,为了毁灭其滔天的罪证,将该厂炸毁后,当地居民到该厂捡东西时,刘相昆的老婆刘佟氏曾在该厂内的一个房舍中拌倒了一个洋油桶,其中装着多半桶黄色的跳蚤,蹦了她一下身,后来跑到高粱地里去弄掉了。遗憾的是当时的中国劳苦人民因受帝国主义的长期统治与压迫,缺乏卫生知识,因此对日本细菌战犯的罪证没有认识,因此没能收集这方面的实物。但是从现在已经觉悟了的中国人民所亲眼看到的一些事实,也可充分证实日本细菌战犯的血腥罪行的。

(三)见证书

见证书

我今年三十三岁由十九岁上劳工就在七三一部队工厂,在石井班头叫石井

三郎,给鼠笼子其他零活,一直干到八一五,我看见日本人的罪恶事实,有以下几点:

一、在十九岁刚到厂子的时候秋天看见在四方楼里有些机器搅血,当时我年纪小让我进去作活日本人没在楼前偷着看见的。

二、在十九岁当年春天在第一仓库摆乐箱子的时候没加小心箱子拌坏了冒出一股烟气把我们小孩熏迷昏了,还流眼泪打□喷、咳□上不来气。

三、在廿一岁那年看见日本人把四个驴拴在程子沟的木椿上,不一会儿来一架飞机扔下四个像啤酒瓶子一样的东西冒黑烟把四个驴熏死三个。

四、在廿二岁那年有一天日本人出去吃午饭时我进到第一仓库里边看见在西里屋摆三尸体。

五、在康德十一年阴历九月间由锦州来的一千二百多个劳工叫宫篯叫日本人浇凉水冻死一多半。

六、在厂子里工作时看见抽动物血以外有次抽过我的血。

以上是我亲眼看见的事实。

哈尔滨市香坊区平顺村老五屯

付景奇

一九五二年十一月十五日

控诉日本细菌战犯罪行事实材料

伪满时候我在石井部队吃劳金,一共四年,今天我才明白那是个日寇制造细菌毒物的杀人工厂。那里的耗子、骆驼、江猪、马、牛、羊……各种动物养的很多,统归石井班管制。这些动物我虽然不知道强盗们究竟做什么用,但常见到炼马炉里总是炼着各种动物的尸体。

里面有个日本人叫木村的,我常和他在一起喝酒,我问他养那些动物做什么用,他怕我泄露"机密"不告诉我。但有时喝醉了酒时他告诉我说:"那些动物都是用他们的血制作试验用,死了就烧了,绝不让外人知道"。厂子里有个"四方楼",那是中国人不能去的地方。我也问过他他说:"那是制造毒瓦斯(?)的",他并且告诉我制毒瓦斯就是用那些动物的血,打仗要用毒瓦斯,扔下去人就得死。他在告诉我这些情况后总是怕我泄露"机密"似得说:"外边的说了不行,死了死了的有"。

今天,事实证明了强盗们是在暗暗的干着杀人的勾当。什么制造毒瓦斯,不明明是培养细菌吗? 在四六年和四七年义发源连着发生鼠疫死亡了四十七口人的原因在哪呢? 我认识了这就是现在被美帝所使用的细菌战犯石井四郎的滔天罪行。

哈市香坊区义发源村

陈芳荣

见证书

我在三家子居住已经四十多年了,从伪康德三年我就在"七三一"部队里赶马车赚钱维持生活。从康德五年开始我就每天都能亲眼看见日本人在"四方楼"后边有一个"十六栋"房子的附近,用注射针管抽各种动物的血液如马、骆驼、驴、兔子、老鼠(大眼贼和白耗子),江猪(荷兰猪)和猴子等,把抽出来的血送到"四方楼"里去了,不知道做什么用。以后在康德五年六月间,有一天我赶车拉砖卸在"四方楼"的门旁,正在查砖的数目时,忽然有一群拿着上刺刀的日本兵,把我们赶车拉砖的中国人都撵到土墙的外边,可是我没来得及往外跑,就躲藏在砖堆的空里,不一会就来了十个带白布棚的大汽车站在楼的门口,这时我偷看看见,日本人从"四方楼"里,用担架往汽车上装人,用黄毯子盖着身上,仅把脚露在外边,一直装完十个汽车,每个大约能装十个人左右,等汽车走后,才让我们出来了。此外,在"四方楼"的大烟突冒烟以前都把中国人撵出去,每次都是如此。以上是我亲眼看见的事情,立此为证。

哈尔滨市香坊区平新村三家子屯

见证人 关成贵

一九五二年十一月十四日

见证书

我十五岁从沈阳来就在平房北厂一直干了七年,曾作过烧锅炉和侍奉日本人的工作。康德六、七年(准确的年头记不清楚啦)某日晚日寇拉了三、四火车,不知什么东西,卸火车时,把中国人赶走,不让中国人看,卸完了才让回来干活,在卸完的火车箱里我亲眼看到还有剩下的几只破胶皮鞋和布鞋,一来有难闻气味的火车,就把在厂内干活的中国人赶走,不让看。康德九年我在三十六栋烧锅炉,某日晚十二点,日本鬼子命令把窗户帘都放下,我偷偷把窗帘掀开,看见四、五个汽车,在一个汽车上卸下来五、六个被绑着的中国人,后来我就不敢看了。以上的事实都是我亲眼看到的。

哈尔滨市香坊区平新村三家子屯
董常雨
一九五二年十一月十四日

见证书

在伪满我在哈尔滨邮局经常在车站作些押邮政车的工作,在伪满康德八年九月开始从日本的新潟县装来些成箱成竹笼的小白鼠,运到哈市平房的加藤部队以后又经常由滨州沿线发来很多的大眼贼,我为什么注意这个问题呢,因为这些东西都发到我家乡的附近的平房厂子,当时同事们都问我邮到那做什么呢? 但我也不知道,直到现在我才知道这是作细菌的。

哈市香坊区义发源村
证明人 王殿选

五、哈尔滨市平房一带发生鼠疫与"七三一"部队散播保菌鼠的关系

(一)人间鼠疫流行的概况

哈尔滨市除一九一〇年和一九二〇年两次肺鼠疫大流行时被污染过以外,从未发生过原发性鼠疫,这是肯定的事实。

但自日寇投降后,忽于一九四六年在"七三一"部队附近的村屯如义发源、后二道沟和大东井子便开始发生了第一次腺鼠疫,以后继在一九四八、一九五〇、一九五一年不断的发生过鼠疫,其发生地区均围绕在"七三一"部队细菌工

厂的附近。并且以"七三一"部队为中心,不断向外扩展,六年来先后共播及了八个屯子(大东井子、后二道沟、义发源、张棚窝堡、新发屯、正红旗五屯、杨家店、靠山屯),发生病人共达一三一名。而其发生屯距离"七三一"部队最远者为七公里。因此,该区域鼠疫的发生与该细菌工厂所散放出的啮齿动物是有绝对关系的,也可以说由此而发源的,人间鼠疫发生情况与"七三一"部队的关系,如图所示。

年 代	屯 别	发生病人	各屯与"七三一"部队之距离
一九四六年	大东井子	39	4公里
	后二道沟	36	3公里
	义 发 源	29	3.5公里
一九四八年	义 发 源	1	3.5公里
一九五〇年	张棚窝堡	2	7公里
	新 发 屯	1	4公里
	正红旗五屯	18	2公里
一九五一年	杨 家 店	1	5.5公里
	靠 山 屯	4	6公里
	正红旗五屯	1	2公里
计		131	

附(略图)

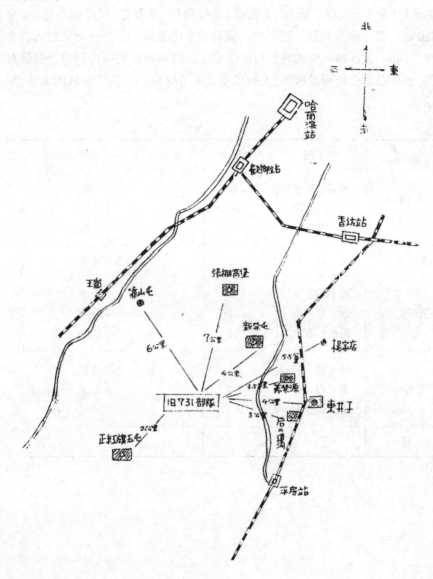

（二）平房地区啮齿动物情况：

一九四六年哈市平房地区未发生过鼠疫以前，对该地区的啮齿动物情况，没有调查与了解，而且也没有那个必要。但是据该地区的居民反应：鼠类活动的情况不多，尤其黄鼠（俗称大眼贼）更为少见，甚至有些村屯根本看不见的，然而他们认为自从日寇炸毁细菌工厂"七三一"部队放出许多啮齿动物以后，在该地区内黄鼠的数量突然增加的。这些事实虽然当时没有科学的调查研究，但是从群众的客观感觉与亲眼所见到的事实也可以证明，这个问题，确是和细菌工厂放出的啮齿动物的散布有着不可抵赖的关系。

自从发生鼠疫后，人民政府就领导着该地区的人民群众进行各种防治措施，使鼠疫发生逐年减少，渐趋于消灭的情况，而且鼠类也大大的减少了。但为了有计划的消减鼠疫，哈尔滨市卫生局组织了防疫队，自一九四八年开始除做一般防疫工作外，并进行了该地区啮齿动物调查研究工作。

平房地区所发现的鼠类及保菌情况：

自一九四八年哈尔滨市防疫队开始调查，在该地区共发现了七种鼠类，其中与传染鼠疫关系最大的，大灰鼠、黄鼠、鼷鼠等，所占的百分率是相当高的。（详如下表）

	一九四八年	一九四九年	一九五〇年
黄　　鼠	3.2%	2.8%	6.1%
大 灰 鼠	22.9%	4.9%	8.6%
鼷　　鼠	63.5%	33.9%	7.8%
大 眼 鼠	3.9%	49%	68.5%
小尾巴鼠	6.7%	9.7%	6.7%

除上表所列五种鼠类外，在一九五一年以后的群众捕鼠中又发现了沙土鼠和豹文鼠两种，但数目不多。

这里应当特别提出的是在一九五〇年和一九五一年，相继于该地区内检出保菌鼠，而且都是和传播鼠疫关系最密切的黄鼠、大灰鼠和鼷鼠。一九五〇年于张棚窝堡（距七三一部队七公里）检出保菌鼠三匹、大灰鼠一匹、鼷鼠二匹；于杨马架子检出一匹保菌的大灰鼠；靠山屯检出一匹保菌的黄鼠。一九五一年靠山屯检出黄鼠和大灰鼠各一匹保菌的。而且这些保菌鼠发生地区同样也都在七三一部队的周围村屯。

关于保菌鼠所以未能在人间鼠疫流行以前发现,是因为过去的中国受着帝国主义的长期统治,没有防疫机关担任此项任务的结果。

总之,平房地区由过去从未发生过鼠疫,而在日寇投降炸毁细菌工厂后,不仅鼠类增多,尤其是该地过去很少有的黄鼠突然的增加,而且也发现了保菌鼠和发生过原发性的鼠疫。从这些事实情况来看,完全可以证明平房地区鼠疫的发生,完全是由日寇"七三一"部队给遗留下来的。因为:

第一、一九四六年以前哈尔滨市除一九一○年和一九二○年两次世界流行肺鼠疫时被污染外,根本没有发生过鼠疫;

第二、日寇投降以前"七三一"部队曾培养过多量的带鼠疫菌、跳蚤和鼠类,而且一九四五年日寇投降当时,把细菌工厂自行破坏后,其中的保菌鼠毫无疑问的要向周围四处逃散,同时当地居民,已经亲眼看见过由该厂向外逃散过老鼠;

第三、平房地区几年来发生的一三一名,鼠疫病人,全是当地农民,每天下地生产,根本没有从外地感染的机会,因此完全可以证明是原发性的鼠疫;

第四、几年来发生过鼠疫的村屯都是围绕在"七三一"部队附近,最远的屯子张棚窝堡也不过是七公里。

第五、传播鼠疫关系最密切的,而又能冬眠的黄鼠,在一九四五年以前,当地老百姓是很少见的,有些屯子根本没有见过,但是一九四六年突然增加,多分布在距离"七三一"部队一○公里以内的地区;

第六、一九五○年和一九五一年,相继在距"七三一"部队七公里以内的地区张棚窝堡、杨马架子、靠山屯等处发现过保菌鼠,而且都是和传播鼠疫最密切的黄鼠、大灰鼠和鼷鼠。这就更有力的和更科学的证明了哈尔滨市鼠疫的发生和扩展是由"七三一"部队而传来的。

因此不仅证明了这点,更重要的是证实了日本帝国主义在中国的平房地区的细菌工厂千真万确的培养过和制造过细菌武器,而且也直接杀害了不少的中国人民。

(三)见证书

见证书

在光复后,我屯的田野里,大眼贼耗子不知哪来的那么些? 这是以前没有的情况,大家只是感到惊奇!

四六年,四十七口人患鼠疫死去了,经防疫队扑灭了这次鼠疫。接着防疫队不断的来我屯预防鼠疫,直到现在没有发生,大眼贼不断的减少。

现在明白了,是日本细菌战犯石井四郎,培养了带有细菌的耗子放出来毒害了我们的父母兄弟子女,我们愿作见证,因为这是我们目睹眼见的事实。

证明人　范　炳

张文俊

杨荣久

赵永富

李树桐

见证书

兹有我们从前在七三一部队作劳工见到饲养动物或大眼贼每天抽血所作什么不知道,经过看见以火车来大眼贼甚多,我们在此屯住的年限最多以前少见大眼贼稀罕,光复后日本鬼子把七三一部队厂子自己炸毁我们见到屯子左右发现大眼贼甚多,我们想法是他们放下的毒物我们屯最后发现传染鼠疫病是我们最痛恨他们的罪恶事实。

哈尔滨市香坊区平安村正黄二屯

黄国华

田步林

朱有维

穆传宇

一九五二年十一月十五日

东北人民政府卫生部为转报哈尔滨医科大学搜集日本细菌战犯罪行资料的呈

东卫保字第五二号

一九五〇年四月十八日

高、李、林、高副主席：①

　　兹将哈尔滨医科大学搜集之有关日寇细菌战犯在东北罪行资料，转呈鉴察。

王　斌

戴正华

白希清②

附：哈尔滨医科大学所搜集日本细菌罪行资料一份

关于细菌战犯之造原地及被害情况

哈尔滨医大

　　接到"东北人民政府卫生部通知卫教字十七号 1950 年 3 月 11 日"——为搜集日本细菌战犯罪行资料由——

---

① 东北人民政府主席高岗，副主席李富春、林枫、高崇民
② 东北人民政府卫生部部长王斌，副部长戴正华、白希清

我校即指定专人负责办理进行调查和号召,搜集各种关于日本细菌战犯罪行资料,并调查我校人员所知情况及提出人证,兹统计整理各种调查材料如下:

关于细菌战犯之造原地及被害情况

哈尔滨附近,平房,伪满时有日本军队境界,像国境线之规模,抓车夫,抓劳工,只见去不见归回,哈市第三国高学校三年级生亲尝冰冻细胞(将手放于机器内不知己手拿出后手变黑),祖国解放后农民亲自见由该处部队内跑出大量老鼠,平房即发生鼠疫,引起哈市鼠疫流行,死亡甚重。

(陈奎元男现住马家沟平安街 33 号哈医大俄文学系学生谈)

哈尔滨附近平房是日本的细菌战犯之细菌制造地

据赵成林(原哈市防疫所长现住哈医大细菌室工作)谈之亲身到场所见一九四六年哈市平房先发生传染病,第一名患者是由赵成林与防疫所长崔其盛同往诊断多方检查之证明结果是鼠疫,该患者发病原因,是该患者曾去伪日军在平房之部队内拾破烂东西(铁器及玻璃等大部为细菌培养应需之东西器材)回家后即发病,当时赵成林、崔其盛同防疫人员亲到现场观察确见很多培养细菌的器材(已炸坏)及无数养鼠的笼子,并还有其他不详之东西,当时即断定(各方面之物证事证)是细菌制造之场所。

赵成林在一九五〇年一月间同卫生局人员去平房取之已取得一部分带回卫生局,该地日战时为禁地,抓的劳工或到该处的(被逼来的)就是死路一条。

(赵成林现哈医大细菌室工作,李振江现在铁路中央医院化验员 男)

据许文山谈,亲身曾到过日本之细菌制造厂距他家十里路,哈市之平房附近伪满时是禁地,光复时炸声不断,楼房破坏(炸至日本走时)机器显微镜,鼠笼,堆积极多尤其死人及马,骆□等更多。

(许文山现在哈医大俄文系)

王爷庙附近有老鼠及驴等之动物放出(光复时)各地皆有细菌培养以此动物为传菌之媒介,因而发生鼠疫,传染死亡甚多。

(蒙和,现在俄文系)

王爷庙又名乌兰浩特,八一五时该地一带有日本病院博士、参议官白滨进行培养细菌,当苏军将至细菌放在粮仓内当仓库开放发放粮时即发生严重的鼠疫。

(博和现哈医大俄文系,其兄吴乐极,夫特喜是当时之防疫人员)

长春民生部已得到害东北人民的密件。

(博和说)

佳木斯城外,佳木斯市国高学校西边有一个面积很大周围设有电网其门永闭排试验所的其内部有很多死人(光复后谷同学现在俄文系,他在那时亲自所见)有很多地下室,日本走时(光复之际)将内有之人都给枪决了,并曾在 43,44,附近弄病地都荒了。

(谷,学生现在哈医大俄文系)

大连弥生国民女子高等学校(地址大连弥生町现是大连第一中)女同学外出奉仕(1945 年 5 月)该校被日本关东军占用养老鼠并逼同学给老鼠抓蚤子,每个派出所并都设有收鼠箱。

(李爱洁女现在哈医大学员,原住浪速町 79 号,是弥生国高学生亲尝其苦)。

(长春附近孟家屯一〇〇部队,五八部队)、(安达 713 部队都是培养细菌的造原地)

(郭兴现在哈医大)

各地被害情形

光复后一九四六年通辽,胡久营子村有六十户人家二百多人口,吃了日本剩下米面,首先的一家是墨吉德家,他家八口人,一天之中就死了三口(其母亲刘包氏,伯父阿里,祖父双喜)后染成金地一带传染病很多家死的无人敢埋,有的都死在家中都臭了,有的人害怕搬到野外住亦死到野外,后经检查(是防疫人员检查的)是腺鼠疫,该地有细菌又进行检查吃的面米中(是日本剩下的)有该细菌是日本走时将细菌及毒物撒在米面仓中跑的。

(墨吉德男现哈医大俄文系原通辽胡久营子人)

王爷庙之医大教授名白滨,日系人,培养百斯笃菌,光复后跑往长春。在没跑前,将菌及毒物撒在粮仓及布仓中,其他一些日本人亦这样做,后百姓吃米面时都中毒而死者多数,有的全家死绝,四家五家都没有一个人剩活的后蔓延至泰来白城子等地。

(萨木嘎)

长春市内及二道沟子,宋家子,在光复的八月间流行传染病很多死亡全家的(如赵素云之亲戚老□家四口人死的一个没剩),怀德县大榆树村一屯死了四十多家子,全家死亡的,附近死亡的有四百多人没有棺材都用柜子装出去啦。

(赵素云,原长春二道沟子,现哈医俄文系)

王爷庙附近,日本走时把细菌及毒物撒在面米中,光复的九月里此面已在百姓手中,吃后死者不计其数,有的果铺做了果子亦吃死些人,当时苏联军亦遭

— 330 —

死有很多。有一个老师,陶涛吃一个麻花果子即死,老狄家吃面全家只剩壹口人。

(吉特原住王爷庙第三街十组现哈医)

新民在一九四六年患霍乱死者甚多,吉林岔路河一九四六年患霍乱全家皆死者很多,每天死亡三十多人。

曾遭细菌战所施之细菌之地区,有的全家死亡有的成千成百无法计算者如下:

农安、辽阳、本溪、新民、沈阳、哈尔滨、岔路河、泰来、白城子、陶南、东丰、双城、抚顺等地。

细菌战犯在各地搜集试验之动物(如大眼贼、老鼠、家雀)和饲养用之血粉之地区如下:

庆安、沈阳、辽阳、新民、长春、吉林、康平、本溪、铁岭、锦州、哈尔滨、法库、抚顺、海城、瞻口、郑家屯等地。

以上地区都是以学校为基础搜集及按街户搜集之(不管大、中、小学校)一次是每个学生二两血粉一个大眼贼一个老鼠,还有的要五个家雀的,每户同于学生之一人之份,学生因此被逼得无法上学而退学者很多,逼学生上野外去捉几个星期几个星期的在外面,捉不来者有的以思想不良,反满抗日论,以身代鼠,以人血为血粉。

以上为总的情况。

关于平房细菌工厂纪实

东北人民政府卫生部
一九五〇年三月

第一部　平房细菌工厂纪实

一、"六十里地国境线"

日寇细菌工厂在平房车站附近(哈尔滨市南二十公里),整个这片工厂地区方圆共有四十五公里。分南北二厂,南厂距离车站只有三华里,是专门为了升降与修理飞机用的,场内建筑有飞机库和飞机场,现滑走路已破毁,但修理场犹存,里面尚有许多飞机零件。北厂距离车站约十华里,是专门细菌工厂,周围建筑有五六尺高土墙,现尚存在。墙外掘着三四尺深沟,其内有化验室等的遗迹。

在这块禁地范围内,过去是被极端严密封锁着,进入场内必须经四道卡子,如果是一个生人,不论他是有意无意,只要踏进这个地区范围,就有生命危险。过去在厂内工作的工友罗寿山说:"有一天我眼看着鬼子由大道上抓来三个商人,打得半天,把两个领往四方楼,剩下一个就送到狗圈里,眼看着就叫一群恶狗将一个活人吃了。"

并且鬼子更把周围几十里路的村子划分为甲、乙禁区,凡在两禁区出入的人,都要有证明,否则一概禁止通行。当火车通过时,在前一站客车箱就要放窗帘,车箱里有宪兵看守,如果偷看就要被捕,轻者挨打,重者有生命危险。这种办法只有日寇在国境线才这样搞,所以当地老百姓管此地也叫国境线。

二、杀人的窟魔"四方楼"

四方楼,即是大试验室,据一个曾经参加测量这一工程的日本技师伯木仁谈称:"四方楼作为内阁,西面三公里,东南北三面皆二公里,在四方楼当中挖一个一〇八米深的一个井,取出来水作为化验用。为此特请日本国内清水专家来

— 332 —

此地化验,认为此水能行后,才开始修建。"

据一般老乡说:这个北厂内一共有两个炼人炉,一个是在厂外约二里,一个就在这四方楼内。

这个"四方楼"是鲜血筑成的杀人工厂。据住在平房站的农民李月校说:"我曾在这个厂子外围给鬼子做过多年劳工。在一九三七年(康德八年)七月间某日半夜,有一个名叫陈有的瓦匠(是老乡)偷逃到我家,告诉我说:"从去年(一九三六年)我们一共三百多人被抓到这里来,给鬼子修"四方楼"(也有叫转圈楼的,即指此细菌化验室),可是现在只剩下几十名了,隔几天鬼子给弄死几名用炼人炉炼了,老丢人,再在里边做下去,都得断命。"

苗传江也是个老工友,他说:"经常每天天黑用大汽车拉人,往四方楼里去,见炼人炉冒烟。"

王忠志工友是以前给他们烧锅炉的,他说:"只看见每天往里抓人,不见放出。"

由于这些证明,我们知道它日日夜夜吞食着无数生命。

四方楼的建筑是很浩大,完全是洋灰铁筋。现在虽已破毁,但从很高的残缺墙壁,这楼附近尚有已被炸毁的发电厂,有铁路支线,有汽车路,在废墟中由于军工部修复工厂挖电滚、铁筋,在四方楼外侧下一角,挖出一个大汽锅型东西,高一丈二三尺,周围直径约七尺多,上端有盖,里边完全镶白磁,中间有蛇行管,可能系"石井孵育器"。这是石井为了进行侵略的细菌战,又亲自研究出的一种大量孵育细菌的方法。

四方楼的地下室通路很多,军工部看守同志说:"老乡们说夏天这里恶臭进不来人。"可能尚有埋人之处。在一角一间白屋子里发现一个小型电气孵育器,此室据军工部看守同志说:"他们在这里检着注射器针头。"地下尚有破碎之玻璃片,样子菲薄、透明、白色,可能系试验管、培养杯的玻璃碎片。

军工部看守同志说:"他们挖电滚,挖出四个金属制的大瓶子,里头恶臭,说是血,咱也不知道是啥。"后来拿出来,是一尺多高的金属制大烧瓶,有两个里面尚有已干固的血块。

从以上这些证明,四方楼无疑是细菌试验所,即是杀人魔窟。

三、"石井炸弹"

正如苏联照会文中所提石井直接地研究出一种使用跳蚤传染鼠疫的方法,用来作为细菌武器。他设计了一种特别的陶瓷炸弹。名为"石井炸弹",利用空军投下,炸碎后跳蚤四逸传染鼠疫。

在四方楼的旁边堆有白色、淡褐色残缺不全的破碎瓷器炸弹,大小不一,一般长约一尺，横径四五寸，外面有四道有小指宽的纵沟，下端是圆锥状，上面有直径一二寸的瓷螺旋口。有的是用瓦制，有特别大的是有白瓷制的，非常精致，中心有磁制电管。

由其残缺数量来看，可以证明过去曾大量制造过。

四、大规模的育鼠所

在北厂的东角上有四行房子，四周筑有长约四百米，宽三百米，高一米的坚固洋灰围墙。围墙四周每个门口，都筑有将近一米的深沟。在每行数十间的长房子，墙上建筑有距离相等的四方洞，有的地上堆有零散的大小鼠笼。

其中以小鼠笼为最多，为一种特殊编制，每笼可装黄鼠一个，上前端有活口盖，上侧有提手，携带方便，且可作单独饲养。

数量相当多。第三、四列房，房子外侧有一大堆，地上尚有零碎的破洋铁桶。据义发源一老乡说："八一五光复时，本屯都去抢东西，刘相昆老婆刘佟氏，到里头碰倒一个破洋铁桶，里头有半下子跳蚤，蹦了一下身，后来到高粱地脱下裤子才兜拉净了。"

由此可知，这里不但养大量保菌鼠，尚养大量保菌跳蚤。

五、炼人炉

北厂内一共有两个炼人炉，一个在四方楼内，已破毁无迹可考。另外一个就在北厂的东北角内，约二里，有一所不大的小红砖房，旁边有一个高烟突，房子外形依然尚存，烟灶已破毁，但炉口尚在，炉口有一尺见方大小铁制，炉灶有三尺多高，长径有四尺多，上面已破毁。高烟突原形保留。

据农民傅景奇说："烟突时常冒黄色的烟，每遇到刮风天，顶着风就可闻到一种恶臭气味。"

李月校过去是给工厂做零活的，他说："在康德四年由敦化、吉林、四平一带用火车拉来约一百名工人，到七月间这些工人完全都没有了，就见着炼人炉每天冒烟，闻着死人味。"

无疑的这些无辜的中国工人就是被它吞食了，化成了灰烬和黄色烟。

第二部　叙述记要

过去曾在工厂做工的人们诉说：

（一）柏木仁是昭和十一年十一月三日来东北担当测量工作，先计划修四方楼,作为内阁,西面三公里,东南北三面皆二公里,在四方楼当中挖一有一百零八米深的一个井,取出水来化验,为此特请日本国内清水专家来此地化验,认为此水能行后,方开始修建的。柏木仁给计划好了,就把他派往黑河工作去了。现在柏木仁在军工部平房工厂工作,为一日系人。

(二)王忠志工友是以前给他们烧锅炉的,他说:"只看见他们每天往里抓人,不见放出。"

(三)罗寿山工友说:"有一天我眼看着由大道上抓来三个商人就打得半死,把两个领往四方楼,剩下一个就送到狗圈里,眼看着就叫一群恶狗将一个活人吃了。"

(四)李月校今年五十三岁,住在平房站,他是石井部队的一个老工友,由开始到光复一直在厂内工作,他说:"这厂子开始修建时,由关里用火车拉来约三百多名瓦匠来修四方楼。其中有我一个老乡叫陈有,是一个最优秀的瓦匠,这时是康德三年,在康德八年七月间某日半夜,陈有逃跑到他家说:他们来三百多瓦匠,现在只剩下几十名了,隔几天他们(日寇)给弄死几名用炼人炉炼了,以后吃完饭由高粱地跑了,第二天宪兵到附近各屯抓陈有,后来也不知下落了。"

李月校是给做零活的,见着他们每天上班坐飞机。他又说:"在康德四年由敦化、吉林、四平一带用火车拉来约一百名工人,其中有一名工友在厂内拿一个玻璃瓶看,就被鬼子抓去打了一顿也给喂狗了。到七月间这些工人完全都没有了,就见着炼人炉每天冒烟,闻着死人味。八月又由哈尔滨弄来些工人也不见了,就见他们(日寇)每天拿些瓶子,里面有血,但是他们每天都把牛、马弄死些。"

(五)苗传江、齐林、陈方胜、王国柱这四个老乡是老五屯的,他们也给作过八年工,据他们见到说:"经常每天天黑用大汽车拉人,往四方楼里去,见炼人炉冒烟。再看见冬天用水往人身上浇,把衣服给脱下来,看多少时间死掉。有一天将六匹驴牵到南沟,拴在柱子上,坐着飞机往下撒黄色烟,这股烟风吹不动,由上往下一条线,不多时死了五匹,还有一匹半死,就拉回来化验了。"

(六)裴富工友在厂子里做了十年给卸货工作,他说:"有一次由关里来的火车拉箱子,有三百多箱。他偷看每箱用布口袋装四个人头,吓了他一跳,也没敢向别人说,怕要了他的命。在"八一五"当时厂内还有一千多工人,鬼子用机枪都给打死了,只剩跑出几十个人。鬼子用炮打了三天,把一切楼房、器械完全打坏。"

义发源屯老乡们的诉说:

义发源距此工厂较近,为四六年平房鼠疫的发源地。

（一）八一五光复后,大家都去抢洋捞,有一名刘佟氏到里头碰倒一个破洋铁桶,里头有半下跳蚤,蹦了一下身,后来到高粱地脱下裤子才兜拉净。

（二）老百姓说这两年地里黄鼠才多呢,往常不这么样。

（三）当初给鬼子拉脚,车到老远,他们就接过去,自己往里赶。

（四）现在看守的老乡说:"夏天四方楼地窖底下恶臭,进不去人。"

（五）农民傅景奇说:"在这个厂子的东北角内,有一所不大的小房子,旁边有一个烟突,烟突时常冒黄色的烟,每遇到刮风天,顶着风就可闻到一种恶臭气味。

参加一九四六年平房防疫工作的哈市医务人员的诉说:

哈市政卫生局防疫科长傅桂□说:"一九四六年鼠疫在平房发生当时,当地老乡都不明白这是什么病,后二道沟屯一家姓靖的农民九口人死了八口,只剩下一个小孩。后来由医务人员追究,才知道是因为经过日寇破坏后,细菌传播出来,大场子(即日本细菌秘密制造所)又跑出来很多耗子才发生的。"

松江省保健防疫科长佟德敬说:"大场子周围约有十五里,四周围有土墙,墙里边有一道用洋灰灌的大沟,内部建筑的也都很诡密。"

东坡齿科医院郑东坡说:"由残迹可以证实这是一种研究细菌的场所,破乱的玻璃仪器,还可以分辨其化验室,残墙断砖下尚有鼠皮鼠骨等。"

哈市府卫生局长张柏岩说:"这规模宏大的建筑,虽被日寇撤退时破坏成了废墟,但在残缺的建筑构造及残存的零件上,还可以认出本面目来。这里就是培养细菌,并且还是制造细菌武器的工厂。就在这些房子里发现很多培养细菌的试验管,从这里可以分析出那些房子是试验室或培养细菌室,在附近的草地上,还有一堆白色的、黄褐色的陶磁制的细菌弹壳(长约一尺,横径四五寸,外面有四道有小指宽的纵沟,下端是圆锥状,上端有直径一二寸的螺旋口),这就是石井炸弹。"

第三部　一九四六年平房鼠疫发生情况

一、鼠疫发生原因

平房区正黄旗五屯南方约十五里方圆的高地,伪满时为日寇的细菌工厂,伪满时连年向附近老百姓大量征要活鼠,"八一五"当时日寇将此建筑物破毁,鼠类跑出。

附近居民视白鼠好玩,拿回家中饲养,致在鼠族中传播的鼠疫,传至人体,造成平房地区、义发源、后二道沟、大东井子等地的鼠疫流行。

二、发生情况

四六年九月十三日平房区后二道沟屯初会长、郁校长来哈市府卫生局报告称:"该屯自六月中旬以来,连续发生死亡者,死亡状况很急。"哈市卫生局于九月十六日就派防疫所长崔其盛等三人到现地了解,并采取材料,经检查结果判定为真性鼠疫。此后哈市卫生局连续派防疫人员去地方展开防疫工作,在展开工作后,又发现义发源村、大东井子村也有同样情况发生,共蔓延了三个屯,在十月十三日才把疫情扑灭。(平房疫区参照附图)

三、死亡情况

四六年从六月到九月三个月内,老五屯、义发源、大东井子三个屯,几乎每天都死掉三四人或五六人,后来传染蔓延渐大,有的甚而全家死绝,如后二道沟(即老五屯)一姓靖家九口人死了八口,只剩下一个小孩子。仅根据三个屯的统计,就有一百零三人死亡。

(死亡情况表如下:)

病名 / 发生地 性别		大东井子	义发源	后二道沟	合 计
肺鼠疫	男	1	1	6	8
	女	2	1	5	8
	计	3	2	11	16
腺鼠疫	男	15	13	15	43
	女	10	21	13	44
	计	25	34	28	87
小计	男	16	14	23	53
	女	12	22	26	50
	计	28	36	39	103
合 计					103

平房疫区全图

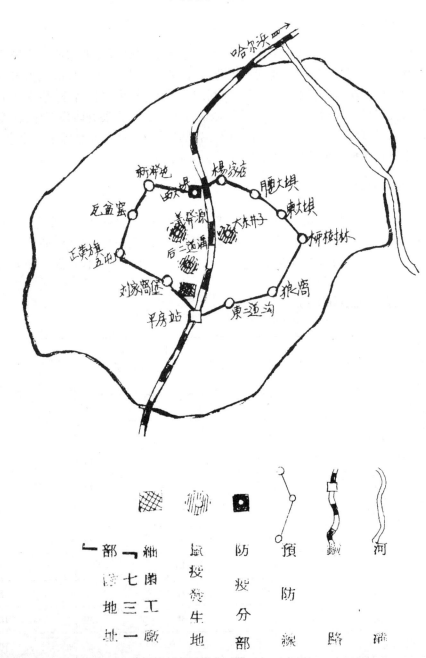

安达鞠家窑细菌工厂纪实

东北人民政府卫生部
一九五○年三月

一、秘密之地

鞠家窑在黑龙江省安达县城东三十五里,现在仅存一片荒地,满长着二尺多高的蒿草和一片片干枯的芦苇。据鞠家窑一居民吴殿有,他在该屯住了三十多年,他说:"伪满时这一块方圆有二十里,前边是飞机场,后边是'地包子',不远一个布帐篷,周围警戒得非常凶,谁也不行过小道子。"此处在伪满时四周都树立有写着"谁上这来,格杀勿论"的木牌子。吴殿有说:"伪满时有一个警察走到边上,都被鬼子抓去,给弄的满裤兜子血放回来。平时这些地方不远一个岗,还有骑洋马的鬼子转圈溜。"

在伪满时此地也非常秘密,附近老百姓谁[也]不知道是干什么的。据吴殿有说:"时常见着大汽车往这们来,大汽车都带蓬子,不知道是装的啥。"

又据吴殿有说:"有一个中国人给他们(日寇)当翻译,也不叫进去,翻译就住在我们屯子里。"

又据吴殿有说:"赶上星期,小鬼子出来,拿手巾、胰子向我们换鸡蛋吃,他们手都染着红色,问啥也不说。"

由于以上这些例子,他们是相当秘密的。

二、飞机场

飞机场方圆有七里,现已变成荒道。这个飞机场是用中国人民血肉筑成的。安达城区木业工人李永庭,曾被抓去做过木工,他说:"当修到里边重要部分时,日本人就不用本地人修,而完全叫那些被从关里抓来的工人修,到飞机场修好了以后,那些工人都被杀害了。"

这里时常来飞机,据吴殿有说:"一来飞机时,就见着飞机杨上先挂起红旗,一会四周二三十里都下卡子,谁也不行到那边去。"

又据吴殿有说:"有时来飞机不落下,看着在空中丢下一个小圆桶,有一碗多粗、一尺来高,掉下去后就冲起一道黄烟,有时冒绿烟,这股烟直上直下,风吹不动。"

由于以上指证,系此飞机场为试验场。据离机杨附近的修家窝堡居民鞠守忠说:"我在'八一五'刚解放时到飞机场去,看见一个地洞里有许多铁笼子和箱子装着老鼠,另一个被火烧过的大地洞,有不少装药用磁瓶子,瓶口封的很结实。"

三、"地包子"细菌工厂

地包子是老乡的称呼,其实应该叫"地窖房子"。它位于机场北部,这就是所有的建筑和设备的所在地。现仅存几个丘陵状的山包和几条纵横的深沟。虽然日寇在逃走时都烧光了,现在地上还有一块块被火烧黑的砖头和板片、木头,还有倾塌的水井、马棚、牛栏和猪圈的残迹。据当地居民组长杨老头说:"日本人在这里造的房子,都是房顶离地面才三尺高,为的是怕人看见。那些一条条的壕沟,就是那时的房框子。"

有一块大四方壕沟,沟深六七尺,有八九尺宽,是一个圆圈沟,中心和平地一样高,像回廊一样。旁边接着一个稍小的四方圆圈沟,有一条沟道连着后边一个澡塘,用洋灰造的,还有两口井。据吴殿有说:"壕沟四周都镶着砖,还有木架,木架烧了,'八一五'时老乡们把砖都挖走了。"

在这房子后边有马棚、猪圈,马棚最多,土包子后边有两间房子马棚,离此半里路,有三四个大马棚,全是三尺高的土墙。

据居民吴殿有说:"'八一五'时我们到大北头捡东西,还看见鬼子埋的马,有的露着尾巴。前边还立着木牌,写着字,挂两辣椒,上着供。"

这些马可能系试验用的。这些"地包子"据说就是制造细菌的工厂。

四、活动布帐蓬

在这一大片地区,除了少数房子外,据吴殿有说:"这些地方到处是布帐蓬,不远一个"。现在地上尚残存布帐蓬的地基,一个个的圆圈沟,到处都有,据吴殿有说:"布帐蓬也常搬,在这呆几天,也许搬到那边不定。"

这些布帐究竟做什么的呢?据吴殿有说:"'八一五'时我来捡东西,就在这里看见一些洋铁盒子,洋铁盒子里装着铁笼子,里头有烧死的老鼠。"由此可知这些布帐蓬是育鼠试验所。

一九四四年和一九四五年,驻在安达的日军通过伪满兴农合作社,向各户强要活老鼠和黄鼠,向学生要的更多,全县一万五千多小学生被迫成天到野外捉老鼠。一共捉到十几万只,都送到鞠家窑飞机场去。

日寇逃走前完全烧毁,但是圆圈沟足以证明其当时设备情况。

五、安达县老百姓的诉说

安达县城区的居民吴永祥说:"一九四三年冬天,日本人在正亚街抓了不少穷人,晚上押到无人地方用凉水浇,再拉到外边冻。过不几天,在南门和北门外,看见有六具尸体,都冻着很厚的冰。"

另一居民张凤九也说:"同一年冬天,日本人在正亚街还抓过二十多个要饭的,将他们赶到城外脱光衣服冻,冻了又用火烤,经过几次冻烤,那些乞丐都被弄死了。"

安达县政府卫生股一股员说:"一九四四年麦子上浆时,那时我还在小学读书,鬼子强迫我们到麦地里,往麦芽里注射药水,一棵注射半瓦,以后麦子都结黑穗。"

东北人民政府卫生部为转报黑龙江省人民控诉日本细菌战犯见证书及沈阳市搜集之日本细菌战犯介绍的呈

卫保字第四十七号

一九五〇年三月三十一日

高、李、林、高副主席:

　　兹将东北各地寇集之有关日寇细菌战犯在东北罪行之见证等材料,转呈鉴察。

部　长　王　斌

副部长　戴正华

白希青

附:一、黑龙江省人民控诉日本细菌战犯见证书一份

　　二、沈阳市北市区卫生所张博仁同志日本细菌战犯介绍一份(略)

黑龙江省人民控诉日本细菌战犯见证书

　　依据苏联滨海军区军事法庭一九四九年十二月二十六日审讯日本细菌战犯经川岛清供出,七三一部队有一个专门繁殖鼠疫跳蚤的部门,细菌杀人工厂一部设在安达附近,内分三部,一部专做鼠疫细菌,拿活人试验;一部专做鼻炭疽细菌;一部专作植物细菌,主要毁灭麦子。万恶法西斯留给人民的灾害至今没有断绝,并极为严重和惨痛,现将见证分述如下:

一、细菌工厂

1. 地址及建筑情形

在安达城东三十八里五区富本村鞠家窑东城甸子,该地高于平地约十五米,利用高岗自然顺水及四周无居民的自然作秘密工作条件(对该地经过当时的调查研究)。在一九四一——一九四二年间没有建筑房屋,仅到该地执行试验(试验死动物全以炸药蹦坑埋葬)。由一九四三年开始于该处建筑方圆七十米,三处□□的地下室,四处是平地起的建筑,一处消毒灭菌室,一处厨房,二处仓库。另外,有饲养马、牛、猪圈及动物室,其他住屋全以帐篷补充,全部方圆七里。

2. 秘密状况

该处极为秘密。在修地下室挖初步地下沟是动员附近三十里内民夫,第二部建筑全是他们自己建筑。该地下室由东、西、北由外边看与其他山岗无异,南面在五十米内能看到。[○·三]米由平地起的玻璃窗,远看即与平地无异,内部有无线电台。附近老百姓有个体验,每次来飞机前他们就于高杆上挂大红口袋,同时岗哨就放出来,老百姓往那看全都要用[枪]打(飞机不在那住,每隔三五天来一次)。其次,就是用带棚汽车不分昼夜运行(每次全是秘密的遮着)。他们试验死的大小动物用炸药蹦坑自己处理,距该处边境附近任何人不准进前。他们有二个翻译(孙、侯)全不住在一起,住在屯内老百姓家,日本人则住于山上。

3. 细菌工厂的证实

(1)药品试验见证

一九四一年,以飞机往下投装带颜色炸弹(磁的),炸弹落于地上,爆炸坑约○.三米多深,有红、黄、绿色,每一个颜色占五米见方面积,草上与地面[种]浓着颜色(鞠家窑吴殿有等人见证)。

(2)拿活人试验的见证

除唐泽富雄在法庭上供出在安达实行过二次外,在一九四四年秋,在安达街上抓要饭花子送至该地,一个也没有回来(见证李永廷)。在一九四三年,有一个老李头从山东来到安达谋生,被特务说八路探子抓在狱里,三月和同狱二十几名犯人,眼睛用布扎上,装在大汽车送至细菌工厂,途中跑回一人,其他全作了实验品(见证人安达县委会张凤久)。一九四三年冬天,在安达正亚街抓二十多名饭花子,晚上押到东门外无人地方将上衣脱光冻着,用凉水浇。在正亚街南城沟内发现四具尸体,浑身上下冻很厚冰,在北门外也发现同样尸体两具,(见证人吴永祥、张凤久)。

3.试验动物与植物见证

一九四四年——一九四五年,驻安达日本军通过伪县公署向老百姓要活耗子和大眼贼,老百姓每户一个,学校每一名学生五个活耗子(见证第二完小富康祥)。另外,还要家雀、鸽子、野鸡等,在南部洮南各地各学校每人要二两兽毛,还在一九四三年在该地附近每一排(十几户)要一只狗。那年大伙在佟家屯就推了一屋子(吴殿有见证)。在八一五解放当时,一些重要的房子都烧了。有一个地洞子养活不少耗子,都用铁笼子和箱子装着,被火烧的地洞子发现不少药瓶子,这些东西全是作鼠疫菌试验的(见证人吴殿有)。他们不仅作鼠疫菌试验还作马鼻疽试验。在一九四三年将安达马全买缺了(在该地的南甸子上埋着他们试验死的马坟尚在),有的坟他们也烧香点烛灯,不仅是埋马可能是人马全在一起(吴殿有见证)。一九四四年——一九四五年,日本军通过合作社向群众要麦子、高粱、包米、乌米,佟家屯妇女手因采乌米都□破了。向富本村学校每班要一百斤麦子、乌米。日本军并在安达县城南边设立一处五坰地麦地作毁灭麦田试验场,当麦子灌浆时日本军强迫学生用药水接种(隔一步远注射一棵或二棵),日后所有的麦子都变成了黑穗[病](麦粒黑色硬化),(富本村教师及吴殿有见证)。

二、细菌战犯留给人民的灾害

在一九四五——一九四六年,是细菌战犯遗留散布给人民灾害最惨痛最严重的一年开端。省内在一九四六年鼠疫蔓延了,洮南、洮安、镇赉、开通等四个县发生患者四千三百四十名,死亡一千四百七十名。从来没有发生过霍乱的县分在一九四七年也受到严重的灾害,共有齐齐哈尔、肇东、肇洲、肇源、洮安、大赉、安广、镇赉、泰来、开通、瞻榆、洮南等县霍乱共发生了患者九千二百一十二名,死亡七千五百四十二名,其他财产数目无法记载,惨状无法形容,如洮南县娄娄屯东台子孙家□等死尸横截道上于室内城内旅店天福悦□等,死光了漂泊寻亲找友的客人,闹的父死母亡、妻离子散等惨状只是一例。

苏联滨海军区军事法庭审讯日本细菌战犯完全符合黑龙江省人民、全世界人民利益,使中国人民更进一步体会到苏联政府和苏联人民深厚友谊与恩惠,如建信达草包工厂[傅]照令说:不叫苏联老大哥帮助解放东北,咱们安达站人现在恐怕连骨头都烂净了,中国受灾的人民绝不能忘了这血海深仇。我们更要加强警惕的保证和平,粉碎战争贩子的阴谋,防止法西斯再起。

哈尔滨市卫生局为报
日寇七三一部队控诉资料的呈

卫保字第八二号

一九五〇年四月十七日

东北人民政府卫生部长：

顷奉卫教字第十七号通知第二项：关于一九四六年哈尔滨平房流行鼠疫与日寇七三一部队的关系，业经我们调查完了，除将物证（细菌炸弹壳、饲养鼠笼子及培养器械等）已由你处派员取去外，兹将平房地区附近六个屯子遭受日寇七三一部的残害实际情况（农民自己提出来的控诉）各检同控诉书拾份报请备查。

此呈

> 局　长　张柏岩
> 副局长　李亚非

哈尔滨市香坊区平房村刘家窝堡屯
农会会长王文翰控诉理由

在民国二十五年(伪康德三年)四月间初步建立七三一部队。在同年青苗在地时,将我等土地无条件的归公,至秋后而影响我的吃穿无着。至民国二十七年(康德五年),又将我土地归公一部分按百分之五的给钱,为了镇压老百姓的口舌而压买之。在民国二十五年初步建立七三一部队时,在该地六十里内没有平房居住证明不许人行路,自称国境。在民国二十九年(康德七年)五月二十二日,来压命令立逼搬家,三日内到出,不到出者不管人等、物等尽用火焚烧,而逼我等有怨无处申,有苦无处诉,只弄得人无居处,马无安身,有亲友的则可,无亲友者只得搬在露天居住。同时将我屯附近的土地尽被压侵占。于民国三十一年(康德九年)旧历五月间下命令,附近各屯住户要老鼠。平均每人一日要五个老鼠,要活的,死的不要,共要三个星期。逼得男女无论有无工夫也得去抓老鼠,不然的话挨打或被压,说你不赞成满洲国。在未建立七三一部队前,我屯不知其做何用,自光复后见日寇将其所养的野兽及老鼠放在各地。现在在我屯之各处遍地有七三一部队的残存的大眼贼老鼠无数,我屯自发觉后也不知是从何处来的这些鼠呢?在康德七年间,新立屯发生一次霍乱。自祖国光复,同年在我屯之附近各屯(东井子、后二道沟、义发源)发生鼠疫。彼时,我们也不知是咋回事,这次在报纸报告才知道七三一部队的故点。而我屯受之痛苦实一言难尽了。希将我等所遭受的痛苦述清。

控诉人　哈市香坊区平房村刘家窝堡屯

农会会长　王文翰

一九五〇年

香坊区平房村义发源屯受伪满日寇惨害痛苦控诉书

　　我屯在四六年夏季被日寇放出的鼠疫菌染在我屯人民的身上,其病症形状特别严重,有病时不过三日内即亡。其病形有的吐血,有的拉肚,其病真使我们可怕。共死者其名如下:

刘玉堂	六口		亡者	刘相坤	年三十六岁	刘佟氏三十四岁 刘桂子八岁
杨树高	四口		亡者	本　人	年二十五岁	杨翠云十九岁
王殿明	五口		亡者	王姜氏	年四十四岁	王东才七岁　王领才三岁
高德升	六口		亡者	高德胜	年四十四岁	高淑琴十二岁
陈守义	一口		亡者	本　人	年五十四岁	宋代弟十八岁
赵凤荣	十口		亡者	赵桂琴	年十四岁	韩桂琴十四岁
刘　江	十一口		亡者	刘百岁	年五岁	刘志肥十一岁
王殿选	九口		亡者	王荆候	年五十一岁	
杨　春	十一口		亡者	本　人	年四十一岁	高禄(之妻)三十岁
王志斗	五口		亡者	王孙氏	年四十二岁	王小子五岁　王小子十八岁 王小南十七岁

赵凤春	八口	亡者	赵桂芝	年十二岁	赵桂英十四岁　赵小琴八岁 赵小四六岁
陈万均	四口	亡者	陈于氏	年三十岁	陈永富十五岁
于学孟	二口	亡者	于老太太	年六十一岁	
陈万良	八口	亡者	妻	年三十二岁	
王万达	七口	亡者	本　人	年三十九岁	王凤琴五岁
赵凤翔	二十一口	亡者	赵汝升	年二十一岁	张青坤二十一岁
林张氏	二口	亡者	林桂芝	年十六岁	
温树德	六口	亡者	温小子	年十二岁	小肥五岁
张志民	四口	亡者	张桑氏	年三十八岁	
张炳炎	十口	亡者	张范氏	年二十一岁	
王　才	一口	亡者	本　人	年二十五岁	

以上有死的人数　男共十六名　女二十二名　　　　　　　　合计三十八名

以上所死者,特别悲痛,现回想之,真是使我们痛恨。伪满时代日寇使这些毒辣手段来残害我们中国人民,真使我们各人对他严[正]处理也不解[渴]。今天要没有共产党,我们劳苦人民说不尽到什么目地。这时回想起来,真是使我们一刀劈啦他也不解事。以上事实情况特此证明,并无一点偏差。

义发源屯农会主任

七三一部队的恶极情况呈报控诉

部队在康德七年由锦州来的劳工有七百人到这个工厂干活,睡的是席棚,到下雨天时屋里都漏的满屋水,都不能睡觉。吃的大饼子和窝窝头,都不给吃饱。干活连打代骂,他看不顺眼就是一顿扁担,只打的流血也不敢动。不到半年光景劳工就死啦四百多个,死的时候连尸首都看不见。再有的是在场子西边修个炼人炉,只是犯错误就把你放在小屋子里去,不用分说就打死。在康德六年度,他把靠近的屯子都撵出去,正当冬季,如王屯共二百八十七户人口,共一千八百四十四人,只撵的东奔西逃,向三四岁的小孩冻死有七八十个。在光复第二年时,在他走后,他把所制造细菌都放出来,附近的屯子如义发源、五屯、后二道沟等都死了不少人。康德三年时,他把附近的地都占了,共计数三千三百多垧,放着打料荒也不叫我们种。现有一件,对平房国境地区没有证明书的,捉着就没有好,九死一生,受到的苦处三天三宿也说不尽。以上简单把我所知道的情况,讲了一下以上重点的情况。

控诉人　陈芳荣①
一九五〇年三月十八日

---

① 原文加盖"陈芳荣"个人名章

香坊区平房村
东井子屯农会主任高景义控诉书

　　在伪满时日本子在东北,哈尔滨市平房场子是日本子七三一部队制造细菌武器的场子,该场子非常机密,不准一个中国人到场子附近,谁亦不知道里头是做什么的。该场子日本子命令附近各屯老乡们给抓老鼠,于"八一五"中国光复时,日本子将该场子用炸弹崩毁,将其培养的鼠疫菌传播到邻近各屯,可怜的各屯同胞们死的太惨啦。如我屯死去三十八人,占全屯人口百分之二三,有的全家死去,有的抛妻离子,有的抛下老母无人抚养,真是惨苦。像这样罪大恶极的细菌战犯,我们同意将该毒杀人类的细菌战犯在国际法庭严重惩罚。

哈尔滨市香坊区平房村

东井子屯农民会代表全体群众

主任　高景义

一九五○年三月十九日

香坊区平房村东井子屯被害群众控诉书

控诉人,东井子屯被害的群众。我屯于一九四六年全村人口共三百二十八人,患鼠疫病症死亡的三十八人,占全屯人口百分之十一.三强,死亡情况如下:在患此病时四肢有疙疸,最多活不到四天即死亡,如我屯李海新全家夫妻及两个小孩不过十日全部死去。又如,刘占奎全家夫妻二人,其次还有老唐太太及老邓单身户,都全家死去啦。最可惨的,如我屯孙喜元他们一家六口人,把三个大人(父、母、姐姐)都死啦,抛下他们三个小孩子,最大的才八岁,二的六岁,小的四岁,这三个孩子无法度日生活,实在可怜,以后有本屯邻人郭良昆收养,才救其活命。李玉恒全家十二口人,不过七天的时间死去六口,抛下家中老幼、妇女,生活实在悲惨,等等的苦状实在难言。后经哈市人民政府防疫大队来家我屯救护布置一切防疫设备,人民才得到救护。我们全体群众控诉,希望将该细菌战犯在国际法庭严重惩罚。

被害家族姓名列下:

被害家族姓名	死亡人数	印①	被害家族姓名	死亡人数	印	被害家庭姓名	死亡人数	印
刘长有	1		李海同	1		李　俊	3	
李海库	1		李占有	1		李海新	4	全家死亡
李胜喜	1		李玉书	1		刘占奎	2	〃

---

① 档案原文中"印"项中除"全家死亡"和"王荣、高喜之"两家外,其他各被害家族均盖有个人名章。

李玉恒	6		李荫庭	1		唐老太太	1	全家死亡
赵永禄	3		王成柱	1		老 邓	1	〃
王景桂	1		王 荣	1		高喜之	1	
郭良昆	1		张国柱	1		孙喜元	3	
马庆云	2							
以上总计死亡三十八名								

一九五〇年

香坊区后二道沟屯农会主任王喜林控诉状

香坊区平房村后二道沟屯全体在铁蹄之下受十四年的压迫,鬼子临来的时候又给了人民阴谋毒辣手段来坑害人民。我屯受着很大的损失,有的人家二十余口死了三分之二,另外人家死的无人来抬埋,连棺材都买不起,多数用稻秸来捆出去的。该屯死有四十余口人,在那时也说不上研究是什么病,谁也说不上是咋回事。以后哈市防疫队来找屯才知道受着鬼子七三一部队场子传染的,连着一气闹了两个多月,经哈市防疫队来给捕灭。

今天我们中国人民已经算是抬起头来了,真正的站起来啦!

毛主席领导我们真正翻了身,那么这笔血债就得倚赖人民政府来给出气。

我们受着这些损失对我屯在生产当中——是受着一小部分损失的,在各方面发展上也受着损失的。这笔血债就得人民政府来给算清。我们人民已诉答复。

控诉者　香坊区后二道沟屯农会

主任　王喜林

一九五〇年三月十九日

靖如先	死亡人	当年二十八岁	李牛氏	死亡人	当年六十九岁
靖朱氏	死亡人	当年二十四岁	刘青山	死亡人	当年五十五岁
靖二丫头	死亡人	当年十岁	老刘头	死亡人	当年五十一岁
靖三丫头	死亡人	当年八岁	老徐头	死亡人	当年四十八岁
靖福刚	死亡人	当年十一岁	王训臣	死亡人	当年五十五岁
靖德顺	死亡人	当年六十八岁	姚许氏	死亡人	当年五十五岁
靖如山	死亡人	当年四十三岁	姚爽琴	死亡人	当年十七岁

靖大丫头	死亡人	当年十八岁	王淑贤	死亡人	当年二十三岁
靖德林	死亡人	当年七十一岁	姚来先	死亡人	当年七十一岁
靖如才	死亡人	当年三十九岁	姚雅斌	死亡人	当年十五岁
靖跟印	死亡人	当年六岁	郭良骥	死亡人	当年三十三岁
靖小丫头	死亡人	当年二岁	姚蒋氏	死亡人	当年二十七岁
张彦廷	死亡人	当年四十四岁	姚名先	死亡人	当年五十二岁
姚张氏	死亡人	当年四十七岁	老计头	死亡人	当年五十八岁
姚爽芝	死亡人	当年二十二岁			
傅 穗	死亡人	当年五十二岁			
郭晋明	死亡人	当年四十岁			
姚福贵	死亡人	当年二十二岁			
姚黄氏	死亡人	当年二十岁			
姚金光	死亡人	当年四十二岁			
姚爽清	死亡人	当年二十二岁			
张陈氏	死亡人	当年五十二岁			
张领兄	死亡人	当年十九岁			
徐洪有	死亡人	当年四十岁			
徐董氏	死亡人	当年四十二岁			
徐丫头	死亡人	当年六岁			
蓝玉珍	死亡人	当年十七岁			
李树云	死亡人	当年五十三岁			

共计全屯人数四十二名

（得传染病老太太哭了好几年，死的家中老的老，小的小，没有劳动力，生产苦苦种地两难，秋收无人，秋收叫工夫又没钱，一家的苦处说不尽。）

哈尔滨特别市香坊区平房分区　　王喜林（印）
后二道沟屯农民联合会

双城县周家区平顺村控诉七三一部队书

一、在村里和老百姓要耗子,挖大眼贼抽耗子血,牛、马、江猪、羊、猴子血。张廷荣说我在田中班,日本人名叫田中说抽犯人的血、抽骆驼及白耗子血之后,把所抽死的饲养牲畜全部送到炼马炉里烧掉了。

于康德五年九月十五号,被日本人七三一部队给老王家的房子占去,叫老百姓赶快搬家,而是在当年秋收的时候,否则如要不搬家就要用火给烧光。在三天之内就得搬完,否则就给平啦,老百姓不分昼夜的搬家,受到了很大的损失和残苦。到康德六年的时候,日本人在厂子里放出脏水,在屯前经过,在雨要下大了的时候,脏水泥土被流入井里,此水被人吃了之后就上吐下泻,病死了十八口人。如我屯的陈万金、文道怀、文凤兰、孙文氏、陈万喜、于文氏、于郑氏、刘恩有、裴张氏、张袁氏、潘韩氏、于井成小孩、孙成库、陈小英、金万富、孙成富的父亲、文道官的小儿子。又如王存生,在厂子里做劳工,在动力班烧锅炉吃不饱饭,一顿给三个小窝头吃,或一碗饭,推煤因吃不饱饭就被饿死了。

二、我们见到的于海城及锦西抓来的劳工,每顿饭只给三个窝瓜头或一碗饭吃不饱而饿死了很多,或得了传染病死掉,大约有三百余名。

双城县周家区①
平顺村政府主席　盛武俭
一九五〇年三月十九日

---

① 档案原文中此处加盖有印章

双城县周家区平安村群众控诉
七三一部队记录

　　村政府代表说:日寇七三一部队(石井部队)在我们屯子里强制要劳工是从一九四一年开始,在这以前是要一些长工(从修工开始)。我屯出长工的有十多名,到光复时都不干了,就是朱有礼一个人没有请下假来。强制要劳工以后是分一年两期,每期八〇名,一期为六个月,平均每日我们屯子里在七三一部队有八〇名劳工,我们干的活是哪用哪到,叫干什么干什么,完全归这个场子里的劳务班管理(劳务班长是宫滕勇夫中尉)。在这样多数的劳工里,我们的生活和牲口一样,有的时候还赶不上牲口,每天除了规规矩矩的给他们干以外,动不动的鬼子高了兴还打你一顿,每天没有一分钟不受鬼子压迫的,天天盼到期才能松一口气,这都是我们屯里短期劳工所见到的情况。

　　朱有礼说:(朱有礼在七三一部队干了九年,由长工——工头——劳务班中队长)我在场子干了九年除了四方楼没有进去以外(四方楼是厂子极重要的地方),大部场内我都知道这些,就各班来说:我知道的就有二十二个班(附表)比较重要的班是石井班、田中班,石井班是石井三郎少将领导(石井四郎的哥哥)这个班是大动物班,什么动物都有:牛、马、羊、猪、狗、骆驼、猴子等,这些动物养着完全是抽血,我曾帮助抽过,把马抽死后,就送到炼马炉去炼(炼马炉归石井班管)。田中班是田中大佐,是小动物饲养班有大小耗子、大眼贼最多,江猪等,还从火车卸下来的玻璃炸弹也放在这班里,这个班很重要,大官(指石井部队长等)每天都来看一遍。另外有个板井班是汽车队,这个班里有两个带着帆布罩的大汽车,和一辆车内坐位上带着铁脖链、铁腰链、铁脚链的。据说这些车是专门去哈尔滨市监狱拉运犯人的,拉来干什么不知道,我们也不敢问,也许是抽血用,抽死送到炼人炉去炼,我虽是然是个头目,但是也常常给他们办不好事的时候遭到他们的毒打或监禁,我请假不干他们还不给。

　　杨维昌说:我欠了四天工,就被监禁起来,光复时他们要把监房烧掉,幸亏光复的快,没容工夫,要不然不定烧死多少人呢。有一天山田中佐丢了钱,正当三九天让我们劳工脱光屁股检查,好几十个人光着"眼子"排一排冻着,一连气就冻上三个钟头,完了还要塞到锅炉里去。我都冻的发呆,他们拍手大笑,第二天来还让迎风站了半天,有一次一位远道来的老乡走错了路接近七三一部队被他们看见抓了去,毒打以后给关起来了,没几天就不见了。有一次有三名苏联人开着汽车坐错了道也被他们抓去上了刑给放了。他们的炼人炉我看见过,像个大铁柜似的,铁柜上有很多大铁匣子,铁匣正好能装下一个人,把人装上到满火油开开炉子炼。

李明林说:有一天我去晚了,劳务班的真田没容我说话,就披头盖脸的打了我一顿,完了还叫狗咬我,把我屁股咬的血直流,衣服咬得稀碎。

郎士宇、张庆本、于永海、于安[贵]四个老乡说:我们有病也得干,欠工就打,打完了带着病也得干。

邵长海说:我岁数大,当劳工也不行,真田这个王八旦叫他的狼狗咬我,他还打着。

杨维昌补充说:真田训练狗拿咱们劳工训练,多暂把你累得不能动弹时再换一个,场子里的阎罗殿就是劳务班。

朱有礼补充说:有一年他们把一些马(十多匹)弄到一个空场用飞机炸弹,炸死的炼了,没死的给治,干什么不知道。

附:损失金额表一份

七三一部队所属班别表一份

控诉人　双城县周家区平安村区政府
[村长]①
农民　朱有礼
杨维昌
李明林
郎七宇
张庆本
邵长海
于永海
于安[贵]
记录　唐　伯
一九五〇年

---

① 档案原文中此处每个人名后加盖有个人名章或手印

双城县周家区正黄二屯劳工损失金额表

本屯应征劳工额 （一日单位）	损失金额 （一日单位）	马车应征数 （日计）	损失金额
八十名	一百二两 年计四万三千二百	十辆	妨害生产 损失无限
备 考	共四年总计损失十七万二千八百圆　　　车无限		

七三一部队所属班别表

七三一部队所属班别	责任者氏名	
劳务班	宫滕	
田中班	田中	
动力班	太原	
工务班	小杉	
兵器班	小杉	
山口班	山口	
山谷班	山谷	
石井班	石井三郎	
植村班	植村	
二木班	二木	
运输班	板井	
航空班	金田	
第一仓库	左滕	
第二仓库	太原	
八木班	八木	
酒保	石冈	
宿舍	关根	
气罐		
汲水室		
病院汽锅	前田	
高等汽锅		
建设班	德水	
备 考	七三一部队长　石井四郎	

侵华日军"特殊输送"档案开放

让档案为历史作证

——黑龙江省档案局(馆)田汝正局(馆)长在黑龙江省人民政府新闻办公室记者招待会上的讲话

根据《中华人民共和国档案法》的有关规定,黑龙江省档案馆自即日起,向社会开放馆藏侵华日军关东宪兵队"特殊输送"档案。

一、侵华日军关东宪兵队"特殊输送"档案的形成

一九三八年一月二十六日,侵华日军关东宪兵队司令部警务部下发了第五十八号文件,对"特殊输送"问题作出了规定。"特殊输送",又称"特别输送",日文为"特移扱"。所谓"特殊输送",就是侵华日军各宪兵队、宪兵分队、宪兵分遣队,对被捕的爱国抗日者,直接进行秘密审讯,然后将审讯报告逐级上报关东宪兵队司令部,经司令官批准后,秘密地将其输送给"七三一"部队,进行惨无人道的细菌试验,直至残暴地杀害。

黑龙江省档案馆馆藏侵华日军关东宪兵队"特殊输送"档案,形成的时间为一九四一年至一九四四年。其中大多是一九四一年七月至九月间,东安宪兵队、虎林宪兵分队、虎头宪兵分遣队逮捕苏联红军军事情报人员,经秘密审讯后,向关东宪兵队司令部请示实施"特殊输送"而形成的。形成过程大体经过以下几个步骤:一是,宪兵分队、宪兵分遣队秘密审讯被捕人员,呈报审讯报告。二是,宪兵队队长签批意见,向关东宪兵队司令部转呈审讯报告。三是,关东宪兵队司令官审批报告,下达"特殊输送"指令。这部分"特殊输送"档案全部用日文书写,有油印件,有打字件,还有用钢笔书写的底稿。

二、侵华日军关东宪兵队"特殊输送"档案的发现

关东宪兵队作为日伪军警宪特机关的首脑,在日本军国主义对中国东北实行殖民统治的十四年间,形成了大批档案。一九四五年八月十五日日本投降前夕,关东宪兵队司令部撤离长春之时,为逃避罪责大肆销毁罪证,将档案投入锅炉内烧毁,或掩埋地下。现存的这些关东宪兵队"特殊输送"档案,仅仅是其中很小的一部分,是未来得及销毁而意外遗留下来的。一九六九年十一月,黑龙江省档案馆从黑龙江省清查敌伪档案办公室接收了这部分档案,保管至今。

一九九七年十月,黑龙江电视台和侵华日军"七三一"部队罪证陈列馆为拍摄爱国主义教育电视片,派人到省档案馆查阅档案资料,省档案馆为其提供了有关档案。侵华日军"七三一"部队罪证陈列馆研究人员金成民,从档案中查到了被侵华日军关东宪兵队实施"特殊输送"的部分人员的情况。省档案局、省档案馆对于这一档案利用成果给予了高度重视,立即组织人员对这部分档案进行了深入发掘。到目前为止,共发现侵华日军关东宪兵队"特殊输送"档案六十六件。档案中记载各宪兵队请示实施"特殊输送"处理的爱国抗日者共计五十二人,其中经关东宪兵队司令官签发指令的有四十二人。具体情况请参阅《黑龙江省档案馆馆藏侵华日军"特殊输送"档案简介》。

三、侵华日军关东宪兵队"特殊输送"档案的价值

档案是历史的真实记录。黑龙江省档案馆馆藏侵华日军关东宪兵队"特殊输送"档案,作为关东宪兵队自身实施其罪恶活动形成的历史文件,对于人们了解侵华日军罪恶历史具有独特的作用。

"特殊输送"档案,是侵华日军惨杀中国人民的又一铁证。为了揭露侵华日军"七三一"部队的罪行,黑龙江省人民政府于一九八二年批准建立了侵华日军"七三一"部队罪证陈列馆,收集、陈列了大批侵华日军"七三一"部队利用活人进行试验、研制细菌武器的图片和实物证据。在哈尔滨侵华日军"七三一"部队遗址,至今仍存有二十余处细菌工厂的残垣断壁。但由于侵华日军在日本投降前夕大肆销毁罪证,在我国一直未能发现侵华日军关东宪兵队向"七三一"部队输送活人的原始文字记载。这次发现的侵华日军关东宪兵队"特殊输送"档案,是批驳日本右翼势力否认"七三一"部队罪行的有力证据。

"特殊输送"档案的开放,为国内外深入研究日本军国主义侵华历史提供了新的史料。五十年代初,我国有关部门和专家即开始收集有关日本细菌战犯的资料,揭露侵华日军"七三一"部队利用活人进行细菌试验的罪恶事实。特别是近二十年来,国内外对这方面的研究取得了很大成果。但由于缺乏有关史料,对侵华日军关东宪兵队与"七三一"部队相互勾结,秘密惨杀爱国抗日者罪行的研究难以深入。这次发现的侵华日军关东宪兵队"特殊输送"档案,对于深入

研究和揭露侵华日军关东宪兵队和"七三一"部队的罪恶行径,将会提供新的线索。

四、侵华日军关东宪兵队"特殊输送"档案的利用

为了便于社会各界,特别是历史研究工作者查阅利用馆藏侵华日军关东宪兵队"特殊输送"档案,省档案馆根据《中华人民共和国档案法》及有关规定,制定了利用办法。

(一)侵华日军关东宪兵队"特殊输送"档案开放后,中华人民共和国公民持本人身份证、工作证或介绍信,即可直接到黑龙江省档案馆查阅利用这部分档案。外国组织和个人,可提前向黑龙江省档案馆提出申请,经批准后可以查阅利用这部分档案。

(二)为保护档案原件,黑龙江省档案馆已将馆藏侵华日军关东宪兵队"特殊输送"档案进行了缩微复制,以缩微复制件供利用者查阅。

(三)利用者如需复制这部分档案,黑龙江省档案馆负责办理。这部分档案缩微品和其它形式的复制件,加盖"黑龙江省档案馆复制件"专用章后,具有与档案原件同等的法律效力。

(四)侵华日军关东宪兵队"特殊输送"档案的公布权属黑龙江省档案馆。未经黑龙江省档案馆同意,任何组织和个人无权公布。违者由省档案行政管理部门依法给予处罚,情节严重者,由司法机关依法追究刑事责任。携带档案复制件出境的,应当办理有关手续。

一九九九年八月二日

"七三一"部队用活人作细菌
实验的罪行铁证如山

—— 一批侵华日军罪证原始档案公开展出

新华社哈尔滨八月二日电（记者 高淑华　王建华）　我国今天正式向外界公布了一批首次发现的侵华日军关东宪兵队"特殊输送"日文原始档案，并从即日起向国内外开放。

黑龙江省档案馆馆长田汝正说："由于侵华日军投降前夕大肆销毁罪证，我国一直未能发现日军'七三一'部队用活人作细菌实验的原始文字记载，这次发现的日军'特殊输送'档案，为描写侵华日军'七三一'部队利用活人进行细菌实验的罪行提供了原始铁证。"

黑龙江省政府今天公布的这批"特殊输送"日文原始档案资料，共六十六件，在我国均属首次发现。它们是侵华日军"七三一"罪证陈列馆和黑龙江省档案馆的研究人员自一九九七年十月以来在黑龙江省档案馆陆续发现的。

这些日文原始档案均印有"特移扱"字样。"特移扱"译成中文为"特殊输送"或"特别输送"，是侵华日军为保守"以活人作细菌实验材料"的秘密，在宪兵队的正式文件中规定出的一个专门名词。

今天公布的这些日文原始档案，形成时间为一九四一年至一九四四年，其中大多数是一九四一年七月至九月间的。档案中记载各宪兵队请示实施"特殊输送"处理的抗日人士共计五十二人，均为从事对日谍报的中国抗日志士，其中四十二人被关东宪兵队司令部司令官签发了"特殊输送"指令。每个指令下有一名到数名受害者不等。

这些油印、打印或用钢笔书写的档案中，受害者的姓名、性别、年龄、籍贯、住址、职业、身份和被捕时间、地点、原因以及各宪兵队长的"特殊输送"请示、关东宪兵队司令官的签发指令等均详细记载，其中王振达、朱云岫两位受害者的档案中还附有本人的照片。

　　黑龙江省档案馆研究馆员梁尔东说,此前,由于缺乏有关原始文字记载,中外学术界主要依据苏联滨海军事法庭对十二名日军"七三一"部队细菌战犯的审判供词,估计每年至少有六百人被日军用作了细菌实验活体材料。日军"七三一"部队细菌生产部长川岛清曾供认,从一九四〇年至一九四五年的五年间,因受细菌实验而死去的至少有三千人。他说,这批日文原始档案的发现,证明被日军"七三一"部队残害的人远远不止这个数字。以此次发现的一九四一年度档案为例,其最晚的一件于九月二十二日签发,编号为九三六号。如按每年发文编号从"一"开始的惯例推算,一九四一年年初至九月二十二日期间,至少有九百三十六名抗日人士被"特殊输送"处理。

　　日军"七三一"部队是一九三六年八月日本天皇敕令所建,原名"关东军防疫给水部",本部设在哈尔滨,部队长为石井四郎,一九四一年八月其番号变更为"满洲第七三一部队"。该部队在侵华战争中多次使用细菌武器,用霍乱、鼠疫、伤寒等传染病菌杀害我国抗日军民。据了解,一九四五年八月十五日日本投降前夕,关东宪兵队司令部为逃避罪责,将有关"七三一"部队的档案焚烧、掩埋,以消灭罪证。我国首次发现并予以公布的这批档案,仅仅是"特殊输送"档案中很小的一部分,是其来不及销毁而意外遗留下来的。这批档案,曾先后由中共东北局、公安部、黑龙江省公安厅保管,一九六九年开始由黑龙江省档案馆馆藏至今。

　　　　　　　　　　《新华每日电讯》一九九九年八月三日

"七三一"部队罪恶又一铁证

—— 侵华日军"特殊输送"档案在黑开放

本报哈尔滨八月二日电（记者 朱伟光 通讯员 武一鹤） 在抗日战争胜利纪念日即将到来之际,侵华日军的又一重要罪证——日军关东宪兵队"特殊输送"档案,今天由黑龙江省档案馆正式向社会开放。

所谓"特殊输送"是侵华日军各宪兵队、宪兵分队、宪兵分遣队将被捕的抗日爱国者进行审讯,然后经关东宪兵队司令官批准,秘密将其输送给"七三一"部队进行细菌实验。这一过程中形成的审讯报告和日军的各级指令就是"特殊输送"档案。

黑龙江省档案馆馆藏侵华日军关东宪兵队"特殊输送"档案大多是一九四一年七月至九月间,东安宪兵队、虎林宪兵分队、虎头宪兵分遣队破坏第三国际苏联红军军事秘密部特别工作班,逮捕其情报人员,向关东宪兵队司令部请示实施"特殊输送"形成的。共有档案六十六件,其中记载各宪兵队请示实施"特殊输送"的抗日爱国者共计五十二人。这仅是关东宪兵队"特殊输送"档案的一小部分,是关东宪兵队一九四五年撤离时,未来得及销毁意外留下的。一九六九年十一月,黑龙江省档案馆从该省清查敌伪档案办公室接收了这部分档案。一九九七年,有关人员在查阅研究这批档案时,证实了"特殊输送"档案的情况。本报当时曾予报道。这次开放的"特殊输送"档案是批驳日本右翼分子否认侵华日军"七三一"部队罪行的有力证据。同时也为国内外深入研究日本军国主义侵华历史提供了新的史料。

这批档案开放后,我国公民持本人身份证、工作证或介绍信,即可直接到黑龙江省档案馆查阅利用这部分档案。中外记者百余人参加了今天的记者招待会。

《光明日报》一九九九年八月三日

侵华日军"七三一"部队的又一罪证

——黑龙江公布"特殊输送"档案

本刊记者 邓小军　五十二个有名有姓的中国人,他们的籍贯、住址、职业、身份被详细地以日文记录在泛黄的纸上,其中四十二人的记录上还有"特移扱"(中文为"特殊输送")字样,两人附有照片。另外十人的记录上有被拟作"特殊输送"处理的文字。他们是五十多年前被侵华日军关东宪兵队以苏联谍报员等罪名抓捕的人员。

八月二日在黑龙江省人民政府新闻办公室召开的记者招待会上,黑龙江省档案馆公布开放了这些"特殊输送"档案,共计六十六件,中国、日本和韩国的记者把镜头对准了由工作人员展示的档案。

发现"特殊输送"　档案馆深入发掘

形成于一九四一年至一九四四年的这些档案是黑龙江省档案馆于一九六九年十一月从黑龙江省清查敌伪档案办公室接收保存的。一九九七年十月,黑龙江电视台和侵华日军"七三一"部队罪证陈列馆为拍摄爱国主义教育电视片,到省档案馆查阅档案资料,陈列馆的研究人员从档案中查到被侵华日军关东宪兵队实施"特殊输送"的部分人员的情况。

黑龙江省档案局、档案馆对这一利用成果给予了高度重视,立即组织力量对这部分档案进行了深入发掘。黑龙江省档案馆保存有近两万卷日伪时期的档案,包括伪省公署档案、伪警务厅档案、各株式会社档案及银行档案等,基本上是日文。两名懂日文的工作人员逐页翻阅档案,从"警务统制委员会全宗汇集"中发现侵华日军关东宪兵队"特殊输送"档案六十六件。

档案馆研究人员将这些档案大致分为四类:一是日军各地宪兵队、分遣队向关东宪兵队司令呈送的审讯苏联谍报员报告,二是关东宪兵队司令官签发的指令,三是宪兵队逮捕和输送人员一览表,四是密电译文。

审讯报告详细记述了被捕人员的姓名、年龄、籍贯、住址、家庭情况、从事情报工作的情况及谍报员之间关系要图,并提出了拟"特殊输送"的意见。关东宪兵队司令官原守在审阅这些报告后,几天以后即亲笔签发处置指令,密令将其适时"特殊输送"。鸡宁宪兵队的《一九四二年管内逮捕谍者一览表》记载了九名抗日谍报人员被"特殊输送"的事实。由东安宪兵队队长白滨重夫给关东宪兵队司令官原守的密电报告了按照指令实施"特殊输送"的情况。

随着"特殊输送"档案发掘工作的开展,一九九八年六月,黑龙江省档案局(馆)决定全面开发馆藏日伪档案,成立了领导小组,通过了"省档案馆公布、展览和提供利用馆藏关东宪兵队'特殊输送'档案方案"。随即《铁证——黑龙江省档案馆馆藏日本帝国主义侵华罪行档案资料展》的布展工作也加紧筹备。这是黑龙江省档案馆第一次举办的专题展览,三百七十五幅图片、照片及档案资料揭露了日本帝国主义的军事侵略、经济掠夺、武装移民的罪恶史实,展示了东北抗日军民的英勇斗争。

黑龙江省档案局局长田汝正说:"馆藏侵华日军关东宪兵队'特殊输送'档案,作为关东宪兵队自身实施其罪恶活动形成的历史文件,对于人们了解侵华日军罪恶历史具有独特的作用。'特殊输送'档案是侵华日军惨杀中国人民的又一铁证。为了揭露侵华日军'七三一'部队的罪行,黑龙江省人民政府于一九八二年批准建立了侵华日军'七三一'部队罪证陈列馆,收集、陈列了大批侵华日军'七三一'部队利用活人进行试验、研制细菌武器的图片和实物证据。在哈尔滨侵华日军'七三一'部队遗址,至今仍存有二十余处细菌工厂的残垣断壁。但由于侵华日军在日本投降前夕大肆销毁罪证,在我国一直未能发现侵华日军关东宪兵队向'七三一'部队输送活人的原始文字记载。这次发现的侵华日军关东宪兵队'特殊输送'档案,是批驳日本右翼分子否认侵华日军'七三一'部队罪行的有力证据。"

"特殊输送"与"七三一"部队

在档案中,记载了一名叫刘恩的人被"特殊输送"的情况。刘恩,男,时年三十九岁。原籍山东省栖霞县减格庄,当时住址密山县东安街花乐街,秘密身份为苏联谍报员。一九四一年七月十四日十三时在其住所被东安宪兵分队秘密逮捕。七月二十九日,东安宪兵队长白滨重夫以东宪高第六二九号向关东宪兵队司令官原守呈报审讯报告,提出"应尽快在当地给予严重处分,请关东宪兵队司令官指示"。八月七日,关东宪兵队司令官原守下达第四八八号指令:"根据东宪高第六二九号同意将苏联谍报员刘恩适时特殊输送。"八月十日,东安宪兵队长白滨重夫分别密电关东宪兵队司令官原守和哈尔滨宪兵队:"八月十一日六时三十六分,将苏联谍报员刘恩特殊输送哈尔滨,请哈尔滨宪兵队收领。"

这是在已发掘档案中记录时间最早的一个被"特殊输送"的人,文字上没有进一步说明他被输送到了什么地方,与他一样,其他四十一名被捕人员的档案上也只有"适时特殊输送"而没有说到了哪里。在新闻发布会上及在黑龙江省档案馆"铁证"展览室,日本记者提问大多也围绕这些人的最终去向,黑龙江省档案馆的研究人员回答说,他们无疑被输送到了"七三一"细菌部队做人体试验。

臭名昭著的"七三一"部队是日本帝国主义为准备细菌战而成立的。三十年代初由罪大恶极的石井四郎主持的东京细菌研究室就开始了细菌武器的研究,在"九一八"事变的前一年,为加快研究进程开始使用人体做细菌试验。一九三二年,石井四郎制定了一个恶毒计划,将试验工程转移到满洲,为的是便于得到大量的活体试验材料,一旦发生毒液泄露事故,可将风险转嫁给满洲,也便于进行细菌战。转移到哈尔滨平房一带的这个机构对外称"关东军防疫给水部",在关东军内部也只有少数人知道其中的内幕,被称为"加茂部队"、"东乡部队"、"石井部队",一九四一年八月正式改变番号为"满洲第七三一部队"。"七三一"部队极其残酷地先后将上万人以各种方式做了活体试验,被作为试验材料的是被日军随意抓捕的中国平民和被"特殊输送"来的抗日人士和各国战俘。

一九四五年八月八日苏联对日宣战,八月十日"七三一"部队慌忙撤退。在撤退之际留守人员开始烧毁资料文件,炸毁设施,并将仍然关押的好几百人及劳工用窒息性毒气毒死,用汽油焚烧尸体。"七三一"部队的一些队员被苏军俘虏押送西伯利亚,大部分则在撤退后被疏散回日本,并被告知绝对不准向外透露在部队所看到的一切。"七三一"部队幽灵般消失了。

"七三一"部队的罪恶令人发指。黑龙江省档案馆的研究馆员梁尔东说,以前对"七三一"部队罪行的揭露,主要根据日本战犯的供词和劳工的控诉回忆,没有档案资料,这是第一次公布这么多反映侵华日军关东宪兵队向"七三一"部队输送抓捕人员的档案,以此完全可以证明,被抓捕人员就是向"七三一"部队输送。

一九五〇年由苏联出版的《前日本陆军军人因准备和使用细菌武器被控案审判材料》一书说，日本宪兵队机关和日本驻满洲各军事团，根据它们所奉到的命令以及它们与各细菌部队长官商定好的手续，经常把被囚禁的中国人、满洲本地人和苏联公民送到细菌部队里去，以作供所谓"研究"之用的"特别材料"。为保守秘密起见，在宪兵队的正式文件上规定出了一个专门名词，叫做"特殊输送"。

这个文件就是一九三八年一月二十六日关东宪兵队司令部下达的"特殊输送处理"密令，一九四三年三月十二日，关东宪兵队司令部又下发了《关于"特殊输送"的通知》，再次强调了"特殊输送"，并详细规定了"特殊输送"对象的标准。因此，也就有了"特殊输送"档案。

《前日本陆军军人因准备和使用细菌武器被控案审判材料》记载，前"满洲国"军宪兵署日本顾问、证人橘武夫供称："……有一种被抓来审讯的人，按我所管辖的宪兵署特务部路线，是应当加以消灭的。这种人就是……游击队员、激烈反对日本驻满当局的份子等等。这些被捕的人并没有提交法庭审讯过，因为我们总是径直把他们送到第七三一细菌部队去消灭的……。"被告"七三一"部队细菌生产部部长川岛清供称："每年都有五六百犯人被送到第七三一部队里去。我曾亲眼看见，这部队第一部工作人员从宪兵队方面领到一批批的犯人。"由苏军缴获的一份日本关东宪兵队司令城仓少将于一九三九年颁发的第二二四号命令，内容显示要把三十个被监禁者"特殊输送"到石井部队里去。

尽管日军在投降前大量销毁各类文件材料，但仍有一部分"特殊输送"档案得以留存下来。黑龙江省档案馆此次公布的"特殊输送"档案便是其中之一。本刊记者在吉林省采访时，省档案馆工作人员介绍说，在他们保管的三千多卷馆藏日本宪兵队档案中，也发现有"特殊输送"的内容。

以档案为证，历史事实不容抹杀。日本右翼顽固势力否认侵华战争罪行、抵赖"七三一"细菌部队犯罪事实，公布开放"特殊输送"档案是对他们丑恶行径的有力反击。黑龙江省档案馆正准备编辑出版"特殊输送"档案史料。

《中国档案》一九九九年第十期

日军捉抗日者作细菌试验

本报专讯 中国昨天正式向外界公布了一批首次发现的侵华日军关东宪兵队"特殊输送"日文原始档案。

研究表明,从一九三九年九月七日起,日本宪兵机关经关东宪兵司令部司令官批准后,经常把审讯过的中国、苏联、蒙古和朝鲜的抗日人士,秘密输送给"七三一"部队,以供作所谓"研究"之用的"特别材料"。

黑龙江省政府昨天公布的这批"特殊输送"日文原始档案资料,共六十六件,在中国均属首次发现。它们是侵华日军"七三一"罪证陈列馆和黑龙江省档案馆的研究人员,自一九九七年十月以来在黑龙江省档案馆陆续发现的。

这批日文原始档案均印有"特移扱"字样。"特移扱"译成中文为"特殊输送"或"特别输送",是侵华日军为保守"以活人作细菌试验材料"的秘密,在宪兵队的正式文件中规定出的一个专门名词。

日军"七三一"部队细菌生产部长川岛清曾供认:从一九四○年至一九四五年的五年间,因受细菌试验而死去的至少有三千人。

这批日文原始档案的发现,证明被日军"七三一"部队残害的人远远不止这个数字。

以此次发现的一九四一年度档案为例,其最晚的一件于九月二十二日签发,编号为九百三十六号。

如按每年发文编号从"一"开始的惯例推算,一九四一年的年初至九月二十二日期间,至少有九百三十六名抗日人士被"特殊输送"处理。

据了解,一九四五年八月十五日日本投降前夕,关东宪兵司令部将有关"七三一"部队的档案焚烧、掩埋,以消灭罪证。

中国首次发现并予以公布的这批档案,仅仅是"特殊输送"档案中很小的一部分,是其来不及销毁而意外遗留下来的。

香港《明报》一九九九年八月三日

省档案馆宣布侵华日军作恶档案开放

本报讯　记者曾一智二日报道　在今天上午的黑龙江省人民政府新闻办公室记者招待会上,当省档案馆的工作人员举起厚厚的侵华日军"特殊输送"档案,就像举起沉重的铁证,昭示着侵略者的罪行。来自中央、省城新闻界以及日本、韩国十二家驻京新闻机构的数十名中外记者纷纷涌上前来,将历史的镜头在此定格。

省档案局局长田汝正宣布:黑龙江省档案馆自即日起,向社会开放馆藏侵华日军关东宪兵队"特殊输送"档案。据介绍,一九三八年一月二十六日,侵华日军关东宪兵队司令部警务部下发了第五十八号文件,对"特殊输送"问题作出了规定。所谓"特殊输送",就是侵华日军各宪兵队、宪兵分队、宪兵分遣队对被捕的爱国抗日者,直接进行秘密审讯,然后将审讯报告逐级上报关东宪兵队司令部,经司令官批准后,秘密地将其输送给"七三一"部队,进行惨无人道的细菌试验,直至残暴地杀害。

省档案馆馆藏侵华日军关东宪兵队"特殊输送"档案,形成的时间为一九四一年至一九四四年,其中大多内容是一九四一年七月至九月间,东安宪兵队、虎林宪兵分队、虎头宪兵分遣队逮捕苏联红军军事情报人员,经秘密审讯后,向关东宪兵队司令部请示实施"特殊输送"的情况。全部用日文书写,有油印件,有打印件,还有用钢笔书写的底稿。

一九四五年八月日本投降前夕,关东宪兵队司令部撤离长春之时,为逃避罪责大肆销毁罪证,现存的这些"特殊输送"档案,仅是其中很小的一部分,是未来得及销毁意外遗留下来的。一九五二年,中共中央东北局组织部、纪检委在收集日伪时期中共地下党组织和东北抗联材料时,将这部分关东宪兵队"特殊输送"档案收集起来,以后又几经辗转,一九六九年十一月,省档案馆从黑龙江省清查敌伪档案办公室接收了这部分档案,保管至今。

一九九七年十月,侵华日军"七三一"部队罪证陈列馆研究人员金成民,从档案中查到了被侵华日军关东宪兵队实施"特殊输送"的部分人员情况。省档案局、省档案馆立即组织人员对这部分档案进行深入发掘。到目前为止,共发现侵华日军关东宪兵队"特殊输送"档案六十六件。档案中记载各宪兵队请示实施"特殊输送"处理的爱国抗日者共计五十二人,其中经关东宪兵队司令官签发指令的有四十二人。

在我国一直未能发现侵华日军关东宪兵队向"七三一"部队输送活人的原始文字记载,这次发现的侵华日军关东宪兵队"特殊输送"档案,是批驳日本右翼分子否认侵华日军"七三一"部队罪行的有力证据。并为国内外深入研究日本军国主义侵华历史提供了新的史料。

据田汝正局长介绍,侵华日军关东宪兵队"特殊输送"档案开放后,中华人民共和国公民持本人身份证、工作证或介绍信,即可直接到黑龙江省档案馆查阅利用这部分档案。外国组织和个人,可提前向黑龙江省档案馆提出申请,经批准后可以查阅利用这部分档案。

今天下午,黑龙江省档案馆举办的日本帝国主义侵华罪行档案资料展《铁证》在档案馆正式展出。

专程为此自日本赶来的友好人士三岛静夫、矢口仁也先生及和田千代子女士表示:"这个资料是无法抹杀的,是重要的证据,可以据此来向日本政府追究责任,特别是那些否认'七三一'、慰安妇、南京大屠杀的人,这是向他们出示的有力证据。"

《黑龙江日报》一九九九年八月三日

我省开放侵华日军"特殊输送"档案
为深入研究和揭露侵华日军罪行提供铁证

本报二日讯（记者 刘丹栋） 馆藏了三十年的侵华日军"特殊输送"档案今天开始向社会各界开放。这是记者从省政府新闻办公室记者招待会上获悉的。

所谓"特殊输送"，就是侵华日军各宪兵队、宪兵分队、宪兵分遣队，对被捕的爱国抗日者，直接进行秘密审讯，然后将审讯报告逐级上报关东宪兵队司令部，经司令官批准后，秘密地将其输送给"七三一"部队，进行惨无人道的细菌试验，直至残暴地杀害。省档案馆馆藏侵华日军关东宪兵队"特殊输送"档案，形成时间为一九四一年至一九四四年。这只是侵华日军大量档案中很小的一部分，是日军撤离时未来得及销毁而意外遗留下来的。一九六九年十一月，省档案馆从省清查敌伪档案办公室接收了这部分档案，保管至今。一九九七年十月，研究人员首次从档案中查到了被侵华日军关东宪兵队实施"特殊输送"的部分人员的情况，到目前为止，共发现侵华日军关东宪兵队"特殊输送"档案六十六件，档案中记载各宪兵队请示实施"特殊输送"处理的爱国抗日者共计五十二人'其中经关东宪兵队司令官签发指令的四十二人。

"特殊输送"档案，是侵华日军惨杀中国人民的又一铁证，它的开放，为中外史学界进一步研究侵华日军"七三一"细菌部队罪恶历史提供了又一原始资料，这对于中日两国人民真实地了解"七三一"部队犯下的罪行，深刻地认识日本帝国主义侵华的历史，进一步发展中日友好关系，有着重要的意义。

《黑龙江经济报》一九九九年八月三日

侵华日军残害我国人民又一铁证

——"七三一"原始档案在哈首展

本报讯(记者 黄明辉) 我国首次发现的侵华日军关东宪兵队向"七三一"部队输送活人的原始文字记载,昨起在哈向社会首展。

据悉,截至目前,我省共发现这种"特殊输送"档案六十六件,档案记载了一九四一年至一九四四年间,五十二名爱国抗日者被日本各宪兵队请示"特殊输送"处理。

据介绍,所谓"特殊输送",就是侵华日军各宪兵队,对被捕的爱国抗日者直接进行秘密审讯,然后秘密将其输送给"七三一"部队,进行细菌试验直至杀害。

权威人士称,由于侵华日军在投降前大肆销毁罪证,在我国一直未能发现侵华日军关东宪兵队向"七三一"部队输送活人的原始文字记载。这次发现的档案,是侵华日军残害我国人民的又一铁证。

《哈尔滨日报》一九九九年八月三日

披露中国人被"特殊输送"详情

——中国黑龙江省公开"七三一"部队档案

哈尔滨(中国黑龙江省)二日石井利尚报导　中国黑龙江省人民政府于二日举行记者招待会,公开发表了关于旧日本军在"七三一"部队实施"特殊输送"和使用俘房作人体实验有关问题的档案。已确认的档案载明,宪兵队将有间谍嫌疑的中国人俘房五十二人,以"无利用价值"等理由予以"特殊输送"。

虽然过去俄罗斯的资料曾提出中国国内保存着日本有关"特殊输送"的档案,但将详细载有中国人俘房姓名的机密档案公开发表这还是第一次。战后经过了半个世纪才公开的这些档案,将成为弄清"七三一"部队真相的重要线索。

此次所公开的档案,是位于哈尔滨的黑龙江省档案馆所保存的一九四一年到一九四四年形成的六十六件档案。大部分是一九四一年七月到九月间"比较系统、完整的资料"(中方认为)。主要是记载被宪兵队逮捕的苏联间谍嫌疑分子,用火车"特别输送"给哈尔滨宪兵队本部的五十二人的详细审查结果。其中有两人被记载为中国共产党的间谍。

档案标明为宪兵队机密,均盖有红色的"秘密"或"防谍"等印章,并且明确留有有关部门审批的标记。有一名记载为"苏联谍报员"的王振达(当时二十五岁),在记录中还附有他的正、侧面两张照片。记录中标明,该人"无反省之意,无逆用价值,对日本有很大损害",因此决定给予"特殊输送处理"。

中方认为,"宪兵队逮捕爱国抗日人员后,进行秘密审讯,然后隐蔽地输送到'七三一'部队进行细菌实验,将其(俘虏)残酷地杀害"。但此次公开的档案没有输送后做细菌实验的记录。

中方强调,"关东军在长春撤退时,大部分证据被销毁,没来得及处理的本次公布的这些档案是为数很少的一部分"。

这些档案是中国研究"七三一"部队的研究人员于一九九七年秋在查阅省档案馆保管的文件时发现的。"因资料的研究、整理花费了时间"(黑龙江省档案局长田汝正语),所以发表晚了些。

日本《读卖新闻》一九九九年八月三日

"特殊输送"间谍嫌疑人员作人体实验

——中国公布有关"七三一"部队档案

哈尔滨(中国黑龙江省)二日加藤千洋报导 中国黑龙江省政府二日于哈尔滨举行记者招待会,公开发表了所发现的能够证明旧日本关东军"七三一"部队为研究细菌武器进行人体实验的秘密活动的档案,是能够作为证据的关东宪兵队的六十六件日方的内部文件。宪兵队组织将因为间谍嫌疑所逮捕的中国人,为了作人体实验进行"特殊输送",档案中载有说明向"七三一"部队输送的"特殊输送"的印章。这是当地的研究人员从黑龙江省档案馆的大批战时资料中发现的,是中国第一次公布关于"特殊输送"的旧日本军遗留档案。

朝日新闻 1999年8月3日

档案是一九九七年十月发现的,该馆对此进行了分析研究。从 一九四一年七月到九月期间,东安宪兵队、虎林宪兵分队、虎头宪兵分遣队逮捕的有关当时与苏联红军相通的间谍组织的档案最多。这是根据今年开始实施的档案法实施细则规定的,建国前或建国后的档案经三十年后也可向外国人公开的原则,才对外公布的。

内容主要是设在旧满洲(中国东北部)的关东宪兵队的分队、分遣队逮捕苏联间谍等五十二人的报告、电报,还有扣留间谍的年度成绩表等。报告的内容按规定写有姓名、年龄、住址、职业、秘密身份、逮捕地点等,向上级关东宪兵队司令部申请将其作为人体实验用而"特殊输送"(原文为"特移扱")。

报告中可见"无逆用价值"、"无悔改之意"、"有重新活动的危险"等"意见",后面还附有东安宪兵队长"同意分队长的意见,适合给予特殊输送处理"等的答复。

中方认为,其中的四十二人从记载中可以清楚地看出是被输送到哈尔滨郊外的"七三一"部队本部了。

档案中还有两个人的五张照片及逮捕嫌疑犯有关的地图等。上面还留有各宪兵队的负责人及文件传阅人的署名或印章,边上盖有"防谍"、"特移扱"等印章,可以说明是属于按机密处理的文件。

这次公布的档案,有能够证明将有关人犯确实是由现地以火车送到哈尔滨的文件。但没有其后是否实际上由哈尔滨运送到"七三一"部队以及最终是否被用作实验材料等的证据档案。

"七三一"部队是日中战争期间,旧关东军负责研究开发细菌武器的秘密部队。正式名称为"关东军防疫给水部"。本部设在哈尔滨郊区的平房,在旧满洲地区的海拉尔、牡丹江等地设有支队。在这里通称为"原木"的中国人及俄罗斯人估计有二三千人被用做活体实验。战争结束时,由于关东军销毁证据,以及为换取免除责任将资料提交给美军等原因,留在中国的原始资料几乎是很少的一小部分。

日本《朝日新闻》一九九九年八月三日

公布"七三一"部队有关档案

——载有四十二名中国俘虏被输送的详情

哈尔滨(中国黑龙江省)二日坂田贤治报导 中国黑龙江省政府于二日向国内外媒体第一次公布,发现日中战争时,旧关东军宪兵队司令部将所逮捕的四十二名中国俘虏输送到哈尔滨市郊外,进行细菌武器研究的关东军防疫给水部("七三一"部队)的有关宪兵队的档案资料。

档案记载着被认为是"苏联间谍"的五十二名中国人的姓名、年龄及审讯内容、家属成员等详细材料,其中四十二人有宪兵队司令官批准给予"特殊输送处理"的指令。以前,通过在一九四九年于前苏联伯力进行的战犯审判,已经知道有四十五个牺牲者的名字,但该省档案馆说这"五十二人是新发现的"。

"七三一"部队在战争结束前将有关细菌武器研究的资料大部分都销毁处理了,在中国国内发现系统的档案这还是第一次。通过对战犯审判及研究,所谓"特殊输送",就是指宪兵队将一些被捕的人秘密输送到"七三一"部队进行人体实验。

宪兵队的档案虽然没有记载将俘虏送到"七三一"部队的内容,但该省政府强调这是"侵华日军'七三一'部队罪状的有力证据"。公布的档案是一九四一年到一九四四年间旧关东宪兵队形成的内部文件,计六十六件。分队长或队长"认为无逆用价值,适合作特殊输送处理"等,请求上级机关作出决断,宪兵队司令官最后予以批准。

也有的是对要求在当地处刑的"严重处分"申请,而指示要予以"特殊输送处理"的,还有的用红字改写成"特殊输送"的。五十二人之中有十人还未查到"特殊输送"的批示,最后是如何处理的不清楚。档案中有各级负责人印章或署名,说明"特殊输送"是有组织进行的。

关东宪兵队的档案有统一编号,如一九四一年九月的文件记载是九三六号。黑龙江省档案馆编研处梁尔东副处长说:"如果这一编号是表示'特殊输送'的处理件数的话,那么在'七三一'部队牺牲的人数将有可能大大超过原来估计的三千人的数字。"

"七三一"部队受害者的一部分人正在向日本政府提起诉讼,要求损害赔偿。可以预想,由于多数牺牲者的姓名已经弄清,将出现新的民间要求赔偿的动向。

研究细菌战部队问题的神奈川大学教授(科学史)常石敬一说:"'七三一'部队有关的宪兵队记录,以前在莫斯科档案馆已经公开过大连、哈尔滨等几个队的资料'但具有实名的详细资料这还是第一次。这对今后进一步追踪调查是有益的。除此之外,中国档案馆应该还会有未被发现的资料。日本政府应该与中国共同进行这些资料的挖掘和追踪调查。"

外务省将对具体的事实关系继续进行调查

关于公布的档案内容,外务省的柳井俊二事务次官于二日举行的记者招待会上说:"具体的事实关系,今后想更进一步地调查"。外务省说今后"想通过照会中国政府或阅览档案等进行调查"。(中国课)

日本《每日新闻》一九九九年八月三日

"七三一"部队档案记载的俘虏的命运
无利用价值送作人体实验

哈尔滨(中国黑龙江省)二日共同社报导 旧关东军防疫给水部("七三一部队)于日中战争时,在中国东北黑龙江省哈尔滨郊外进行细菌武器开发,使用人体实验,将五十二名以间谍名义逮捕的中国俘虏,因无其他利用价值而送去作实验,黑龙江省政府二日公布了当时日方有关此问题的档案。

中国政府初次公开弄清的五十二人的姓名

中国第一次公开发表"七三一"部队遗留档案,在被用作人体实验牺牲的约三千人当中,过去通过审判战犯已知道四十五人的姓名,此次又新弄清五十二人,围绕人体实验的追究将进一步深入。

档案为一九四一到一九四四年间由旧关东宪兵队形成的极秘文件六十六件。以将俘虏向"七三一"部队进行"特殊输送"时的联络文件为主,其中记录了俘虏的姓名、简历和逮捕等详细情况。有的还附有俘虏的全身照片。

这五十二人是以旧苏联间谍等名义逮捕的,各地的宪兵分队以"因无逆用价值应予'特移'(特别输送)处理"向关东宪兵队司令官提出申请送往"七三一"部队的许可。其中四十二人有司令官的批准文件,明确表明实验是有组织地进行的。

据二日会见记者的黑龙江省档案局田汝正局长等介绍,旧关东宪兵队保管的档案大部分已于战败前夕撤退时被销毁,但有一部分免遭毁灭的现存于该省档案馆。一九九七年,哈尔滨"七三一"部队罪证陈列馆的金成民研究员 发现了这批档案。省档案馆进行发掘整理研究。据说该省今后将继续向国内外公布。

"七三一"部队于一九三六年开始通过人体实验等方法,开发鼠疫等细菌武器,并在中国的浙江省等地实行细菌战,其真相由原部队成员的最近证言中已逐步弄清,被害者的一部分已对日本政府提起诉讼,要求损害赔偿,并将于九月宣判。

最不可动摇的证据

描写"七三一"部队人体实验《恶魔的饱食》一书的作者森村诚一说:"以前由原'七三一'部队成员及中国方面的证言曾对牺牲者做过推测,正因为这次是实际情况,可说这是最宝贵的资料。我在一九八二年去中国采访时还没发现证明被害者身份的具体材料,特别是这次档案中附有俘虏的全身照片,可以说是'不可动摇的证据',非常感兴趣。这对彻底弄清该部队当前还模糊的情况是一个大贡献。"

民间要求赔偿的活动可能加速

哈尔滨(中国黑龙江省)二日共同社报导　因中国黑龙江省档案馆于二日公布了所保管的旧关东军防疫给水部("七三一"部队)遗留的日方档案,牺牲者家属们今后有可能加强向日本要求赔偿的活动。

据档案记载,各地的宪兵分队向旧关东宪兵队司令部申请将俘虏送交哈尔滨郊外的"七三一"部队去的"特殊输送"许可,司令部批准了。这就明确地证明了人体实验是有组织地进行的,这就有可能使批判日本军的活动重新掀起高潮。六十六份文件除详细记载了五十二名俘虏的姓名、当时的年龄、住址、原籍等以外,还记载有家属的名字,遗属就有可能自报姓名提出诉讼。一九九五年,有五位"七三一"部队人体实验和南京大屠杀牺牲者的家属向日本政府提出损害赔偿诉讼,九月即将判决。

黑龙江省新闻办公室指出,这次的文件是"反驳否定'七三一'部队罪行的右翼分子的有力证据",向国内外研究者们公开,将更进一步加深对"日本军国主义侵略中国"的研究工作。

日本《神奈川新闻》一九九九年八月三日

鼠疫菌调查报告书被发现
有助于弄清"七三一"部队细菌战的真相

为开发细菌武器而反复进行人体实验的旧关东军防疫给水部("七三一"部队),一九四〇年在中国东北部的农安、新京(现长春)以流行的鼠疫为中心,对鼠疫菌进行系统的调查并形成的报告书被发现。据说"七三一"部队将鼠疫菌确定为最有效的细菌武器,依据此报告书,作为弄清该部队细菌战真相的线索资料将受到关注。

资料是庆应大学教授(社会史)松村高夫于去年八月在该大学医学部图书馆仓库中发现的。在封底上写有《高桥正彦鼠疫菌论文集》字样,是一九五三年该大学装订的。高桥是当时"七三一"部队细菌研究部鼠疫研究的负责人、陆军军医少校。书中收录一九四二、一九四三年写出的《陆军军医学校防疫研究报告》二十七篇,总计约达九百页。到处都注有"秘"的字样。

一九四七年,美国经对"七三一"部队的两次调查,要求将两地区感染鼠疫死者的内脏标本提交给他们,对标本中的五十七个人的调查研究结果,以"Q报告"的名义保管在美国犹他州达奎军用实验场。报告序言中说,"高桥博士等实施了疫学、细菌学的调查。他们以日本语印刷的报告书,已于一九四八年七月提交给美国陆军"。但此前日本语的报告书一直下落不明。

五十七人的死者在"Q报告"中以大写字母表示,但由于它同高桥论文集实名名单中的性别、年龄、病名相一致,因此可以推测高桥论文集是"Q报告"的基础数据来源。

报告书中令人注目的是以《关于昭和十五年农安及新京鼠疫流行的发生》为题的报告中注明"昭和十八·四·十二"年月日的六篇。一九四〇年六月至十一月期间,在两地区凶恶地流行开的鼠疫,夺去了数百名中国人的生命。报告对这一流行,从疫学、细菌学、临床等所见为中心,用图表、曲线等交叉说明,对感染过程、分别各种鼠类将附着的跳蚤种类及数量等都作了详细的系统的叙述。

详细研究并且包括实战为目的的记述,接下来还有"为使'……人鼠疫'能够发生,必须使有菌鼠的保有率达到某种程度以上(这种场合约为零点五)这一点已经弄清"等着眼于实战中的客观的记述内容。

各篇报告还记载有"责任指导陆军少将石井四郎"的字样,说明这报告是在石井——"七三一"部队长(事情发生时)指导下完成的。

松村教授认为,"'Q 报告'中所说的'日本语的报告书'是系列化的报告,对其后的细菌武器开发将是会起作用的"

东京医科大学客座教授(细菌学)中村明子指出,"从查清感染源到防疫的多角度的调查研究,从现代看也是通用的水平。能够研究到这样细致的程度,是以应用为前提所致,这样认为是理所当然的"。

"由于旧日本军'七三一'部队撒布了他们研究、开发的鼠疫菌等的细菌而被害",持此主张的中国被害者的遗属们已经向东京地方法院提起诉讼,要求日本政府给予损害赔偿。原告预定将这个报告书作为证据文件于最近提出。

日本《朝日新闻(晚刊)》二〇〇〇年九月九日

七三一部队罪行研究论文与资料

"特别输送"之剖析

黑龙江省社会科学院　辛培林

　　第二次世界大战期间,日本在中国东北实行殖民统治及日军"七三一"部队实施细菌战的罪恶史中,违背国际法、反人道、反人类的暴行数不胜数。其中,尤为令人发指的是它使用了数以千计的中国人,也有俄国人、朝鲜人、蒙古人等,进行各种细菌武器的研究、制造、实验,直至实施细菌作战。对此,多年来,中日等国学者及原"七三一"部队队员用大量的确凿事实进行了揭露。例如:一九八三年秋,日本庆应大学博士生儿岛俊郎在东京神田旧书店中发现两份"七三一"部队使用活人进行实验的报告书,一份是《因"黄弹"射击引起的皮肤伤害及一般临床症状观察》,一份是《关于破伤风毒素及芽胞接种时的肌肉"时值"》。对这两份报告,日本的《每日新闻》和中国的《人民日报》等媒体也都迅速作了报道。原"七三一"部队队员,特别是曾亲自对中国人进行过活体解剖的解剖手田村良雄、镰田信雄等多次具体、详实地公开讲述了这一残害过程。一九九九年八月,日本庆应大学教授松村高夫又发现一九四五年一月用三名中国人进行鼠疫菌实验并致死的日军"七三一"部队军医少佐高桥正彦的《鼠疫菌论文集》。

　　以上所述,均是日军"七三一"部队使用活人进行细菌战实验的直接证据。然而,随着对二战期间日本战争罪行的揭露、战争责任的追究以及细菌战、"七三一"部队研究的深入,进一步了解"七三一"部队进行细菌实验所使用的活的中国人来源、日军为什么要采取"特别输送",如何深刻认识和剖析"特别输送"罪行就是非常重要、非常必要了。

一

　　"特别输送"又称"特殊输送",日文为"特移扱"它是由日本关东军司令官植田谦吉、参谋长东条英机、关东宪兵队司令官田中静一、警务部长梶荣次郎及"七三一"部队部队长石井四郎等秘密策划的。为此,一九三八年一月二十六日,侵华日军关东宪兵队司令部警务部下发了第五十八号文件,规定并实行"特别输送"。

一九四三年三月十二日,侵华日军关东宪兵队司令部警务部长又向各宪兵队下发了关于"特别输送"通知。通知中把犯人划分为"间谍"和"思想犯",并根据"犯人"的类别、罪状等确定了"特别输送"对象的标准,即:"依其罪行程度,预料到必须判处死刑或无期徒刑,并没有被收买和利用价值者";"一贯进行间谍或破坏活动分子,至今仍怀有亲苏反日思想,并没有被收买和利用者";"虽然预料到该犯提交到法庭审判后将被释放,但属于吸食鸦片的无家可归的游民,而且顽固地怀着亲苏反日情绪,并无悔悟表现,甚至有重新犯罪的严重危险者";"当过抗日游击队员或从事具有同等危险作用活动,无接受感化希望者";"因参加秘密活动,而其生存极不利于军队与国家者";"与'特别输送'的犯人同一思想,罪行虽轻,但不宜将其释放者"。①

根据上述各项规定,侵华日军关东宪兵队所属各宪兵队、宪兵分队对被捕的爱国抗日人士以及其他进步分子直接进行秘密审讯,然后将审讯报告逐级上报至关东宪兵队司令部,经关东宪兵队司令官下达关于处置苏谍的"特别输送"指令后,各宪兵队将被捕者秘密押送给哈尔滨宪兵队,由其交给"七三一"部队,进行惨无人道的细菌实验,直至残害致死。因为"不经庭审,不把他们的案件交给法庭,就径直把他们送交第七三一部队去,这是带有特殊性质的办法,所以此种手续就叫作'特殊输送'"。②

"特别输送"是侵华日军"七三一"部队使用活人进行细菌实验的第一步。本书公布的"特别输送"档案,将历史真相真实地再现于世人面前,这无疑是有着重大的现实意义和很高的学术价值的。

二

日本帝国主义利用"特别输送"惨杀中国人民的活动是极端秘密的,但其规模是很大的,数量也是很多的。

他们对"特别输送"对象的标准虽有明文规定,但无论是"通知"中的明文规定,还是实际上的所作所为,都带有很大的随意性,绝无严格的限制。最明显的表现是,除如前所述"通知"中,他们连"预料到该犯提交到法庭审判后将被释放,但属于吸食鸦片的无家可归的游民"及"罪行虽轻,但不宜将其释放者"也不放过外,还利用"特别输送"滥捕、滥杀无辜,以满足其私欲,达到其卑劣的目的,从而使"特别输送"这种残酷虐杀中国人民的方式成为日本宪兵队及特务机关"立功",取得"奖状"、"奖金"和"晋级"、"荣升"的手段。为此,他们人为地制造"特别输送"的条件。而"为了造成'特殊输送'的条件,唯一的手段就是残酷的刑讯,即把人抓来后,采用灌凉水、殴打、过电、手指夹铅笔等 刑讯,强迫其供认是谍报者"。③

一九四一年八月,新上任的关东宪兵队司令部第三科科长吉房虎雄中佐为了克服晋级大佐路上的障碍,想要拼命"干出成绩"来,就以"国境防谍"为借口,下令强化无线电侦察,并以奖状和资金为诱饵,要求各宪兵队以各种手段来增加"特别输送"的数字。于是,日本宪兵队的宪兵们也都红了眼。鸡西宪兵队长堀口正雄和半截河分遣队长津田准尉为了升官发财,便捏造了一个探听机密的罪名,强加在国境附近的三名善良的普通中国人身上;在长春当宪兵分队长的橘武夫捏造了一份包括相当多中国人的反满抗日黑名单,并一举把这几十名和平居民逮捕起来,进行各种拷问,没有任何证据,也按其计划"特别输送"了。这一"优秀成果"为他后来当上宪兵司令部的科长并晋升为大佐奠定了基础;鸡西宪兵队长上坪铁一日日夜夜想着荣升,一九四四年十一月初,他终于以刺探情报、进行反满抗日活动为借口,把住在平阳的善良农民张玉环及其父亲等十五人逮捕,并用一个多月的时间进行凶残的拷打,虽一无所获,然而仍把这件事变成自己的"成绩",将张玉环及其父亲等六人作为"特别输送"处理了。④

从黑龙江省档案馆馆藏"特别输送"档案以及中国中央档案馆《七三一部队"特别输送"记录》等文献资料中,可以看出"特别输送"的规模之大、范围之广、数量之多。

第一,日伪军警宪特全部参与"特别输送"的罪恶活动。"特别输送"与侵华日军"七三一"部队的关系十分紧密,是它的最严重暴行之一。然而,进行这一罪恶活动的不只是侵华日军"七三一"部队,也不仅有侵华日军关东宪兵队司令部所属的各宪兵队、宪兵分队及分遣队,而且还有伪满洲国的各警察厅、各级警察局、保安局、特务机关以及国境警察队等。分解"特别输送"的过程,可以看出,它经过了对被"特别输送"者的抓捕、刑讯、押送、接收、实验、致死等六个步骤,而以侵华日军关东宪兵队为主的日伪军警宪特则从事的是前三项活动,"七三一"部队进行的是后三项活动,可谓坑瀣一气,狼狈为奸。这说明,"特别输送"是日本帝国主义在中国东北实行殖民统治和镇压东北人民反满抗日斗争的一个重要组成部分;日伪军警宪特等法西斯统治机构也是侵华日军细菌战的参与者,其罪责难逃。

第二,被"特别输送"者民族、国别构成广泛。其中,不仅有中国人,而且还有为数不少的朝鲜人、俄国人、蒙古人以及荷兰人,甚至是无辜的妇女、儿童和游民也无法幸免,可见其残酷性。

第三,进行"特别输送"活动的时间长、次数多。其时间是从一九三八年始至一九四五年止,达七八年之久;每年近千次,每次"特别输送"的数量有的一二人,有的七八人,还有的达数十人。例如,一九三九年八月九日,侵华日军关东宪兵队司令部发出的第二二四号作战命令,一次就"特别输送"中国八路军被俘人员九十人,其中"特别输送"七三一部队本部三十人、孙吴支队六十人。而且,这是"依据关东宪兵队作战命令第二二二号所派第二批'特殊输送人员'"。⑤

第四,"特别输送"的人员数量巨大。据川岛清供称:"第七三一部队中,每年因受实验而死去的大约至少有六百人。""从一九四〇年至一九四五年间,通过这杀人工厂,因染受致命细菌而被消灭的,至少有三千人。"⑥吉房虎雄说:"从一九三七年起到一九四五年九月里,被石井部队杀害的至少有四千人。"⑦根据黑龙江省档案馆馆藏档案分析,上述数字明显过低。黑龙江省档案馆馆藏"特别输送"档案上所标明的关东宪兵队司令官下达的指令序号很有助于推断"特别输送"的次数和人数。其中,有的是一天发的一个指令,而下达"特别输送"的是两个人。如一九四一年八月六日的七八七号指令,"特别输送"的是季兴田、刘汉升二人;一九四一年八月十三日的八一五号指令,"特别输送"的是盛桂题、董殿全二人。有的则是同一天发的两个指令,而每一个指令就"特别输送"了一个人。如一九四一年九月十三日的九一八号指令"特别输送"的是原美臻,而同一天发的九一九号指令"特别输送"的是张汝成;一九四一年九月二十二日的九三五号指令"特别输送"的是于金喜,而同一天发的九三六号指令"特别输送"的是矫吉明。值得注意的是,这些指令的号码是按顺序排列的,可以说,它基本上记录了"特别输送"的次数,而且在很大程度上反映了"特别输送"的人数。也就是说,到一九四一年九月二十二日,"特别输送"可达九三六次,人数九三六人以上了。如果从一九三八年算起,至一九四五年,共八年时间,每年按"特别输送"一千人计算,"特别输送"的总人数不少于七千至八千人。正因为"特别输送"的数量如此惊人,川岛清才在伯力法庭上供称,"石井部队对于用以进行实验的人是从未感到缺乏的"。⑧

三

关于细菌战问题,早在一九二五年六月十七日于日内瓦就签订了《关于禁用毒气或类似毒品及细菌方法作战议定书》。这个"议定书"不仅明确规定"不得使用细菌方法作战",而且还指出"这项禁令成为公认的对国际良知和实践人有同样约束力的国际法一部分"。作为这个"议定书"的原始签字国的日本,却背信弃义,完全置之于不顾,在其本土进行细菌战的研究之后,又公然在中国哈尔滨平房修建了世界上最大的细菌战基地,成立了世界上最大的细菌战部队——"满洲第七三一部队",肆无忌惮地进行大规模的细菌战武器的研究、制造和使用。

为了镇压东北人民的反满抗日活动,日本帝国主义在伪满洲国的各高等法院和最高法院分别设立了"治安庭"和"特别治安庭",并规定第一审即为终审。它以这种所谓"合法"手段屠杀中国抗日志士,其"机动性"、"迅速处理"本来就已经达到了无以复加的地步,就其所谓"法律程序"而言,更不过是装装样子、走走过场而已。然而,"特别输送"就连这种样子也不装、这种过场也不走、这种"程序"也根本不履行。实际上,"按这个手续说来,一个人的生死问题,是由宪兵队长擅自处理,即由他批在宪兵拘票上的几个字来决定"。[9]这几个字就是"特别输送"档案上常见的"队长所见":"认为适合特别输送。"[10]

综上可见,日军及其特务机关为什么要实行"特别输送",其特殊性又在哪里,就昭然若揭了。这就是因为它所进行的是细菌战实验,是冒天下之大不韪,为国际公法所不容。尤其是使用活人进行各种细菌武器的研究、制造及实战的实验,即石井四郎所说的"秘密中的秘密",更是人类社会绝无仅有的、不可告人的勾当,必然遭到世界舆论的严厉谴责。同时,它也非常害怕暴露其恣意屠杀中国人民的残酷手段和凶恶面目。所以,它采取了这种极为特殊的办法,严格保守秘密,竭力掩盖暴行。

注释:
①中国中央档案馆编:《七三一部队"特别输送"记录》。
②⑥⑧⑨《前日本陆军军人因准备和使用细菌武器被控案审判材料》,第三八九、二十一、四六四、四六五、三一三页,外国文书籍出版局印行,一九五〇年。
③⑤中国中央档案馆等编:《细菌战与毒气战》,第八十九、九十五页,中华书局,一九八九年。
④⑦中国归还者联络会编:《历史的见证》,第七十三页,解放军出版社,一九七四年。
⑩黑龙江省档案馆馆藏档案:关于赵成忠"特别输送"件。

馆藏侵华日军"特殊输送"档案的价值

黑龙江省档案馆　梁尔东

侵华日军关东宪兵队"特殊输送"档案,是黑龙江省档案馆馆藏日伪警务统制委员会等全宗汇集的重要组成部分。据整理统计,馆藏档案现存关东宪兵队"特殊输送"档案八十六件。"特殊输送",日文为"特移扱",是关东宪兵队为"七三一"部队秘密输送活人进行细菌试验而使用的代名词。所谓"特殊输送",就是侵华日军关东宪兵队所属各宪兵队、宪兵分队、宪兵分遣队,将秘密逮捕的反满抗日者直接进行秘密审讯,然后将审讯报告逐级上报关东宪兵队司令部,经司令官批准并下达"特殊输送"的指令后,秘密地将其输送给"七三一"部队,进行惨无人道的细菌试验,直至残暴地杀害。鲜为人知的"特殊输送"档案,是关东宪兵队和"七三一"部队罪恶活动的历史记录,具有独特的重要价值。

一、"特殊输送"档案是揭露侵华日军"七三一"部队罪恶历史的最有力的铁证

侵华日军"七三一"细菌部队,是披着"关东军防疫给水部"外衣的日军特种部队,是灭绝人性地惨杀中国爱国抗日志士的恶魔。"七三一"部队是一九三六年由日本天皇下令在哈尔滨东南郊平房镇建立的。这支部队名义上编在关东军序列,实际上是由日本陆军参谋本部直接领导的,石井四郎任部队长,因此又称石井部队。一九三八年六月,石井部队本部正式移驻平房。一九四一年八月,石井部队秘密番号改为"满洲第七三一部队"。"七三一"部队在日本国内纠集了众多的医学、细菌学专家,灭绝人性地用活人作为细菌试验材料,无比残忍地进行活杀解剖,疯狂地进行细菌试验,秘密研制细菌武器。为保证"七三一"部队细菌试验所需的活人源源不断,关东宪兵队司令部警务部于一九三八年一月二十六日秘密下发了第五十八号文件,对"特殊输送"问题作出了规定。

规定凡是被宪兵队逮捕的反满抗日人员、谍报人员,经关东宪兵队司令官下达"特殊输送"的指令后,即由各宪兵队秘密输送到"七三一"部队作为细菌试验材料,残暴地进行细菌试验直至杀害。"七三一"部队的血腥暴行早已被揭露出来,载入史册,被钉在历史的耻辱柱上。一些被押上历史审判台的日本细菌战犯也直言不讳地供认了自己的罪行。然而,现在仍有那么一些日本右翼分子百般抵赖"七三一"部队的罪恶史实。日本政府一直采取否认和隐瞒的态度,否认"七三一"部队的存在。但"七三一"部队的罪恶事实是根本抵赖不了的。

黑龙江省档案馆馆藏档案中保存的侵华日军关东宪兵队"特殊输送"档案,为揭露"七三一"部队罪恶历史提供了最有力的铁证。第一,"特殊输送"档案是关东宪兵队向"七三一"部队输送活人形成的最原始的真实记录。档案全部用日文书写或印成。有油印件,有打印件,有复写件,还有用钢笔书写的"特殊输送"指令的底稿,充分反映了档案的真实性。件件档案皆史实,只言片语证如铁。第二,"特殊输送"档案原件上清楚地标示着各宪兵队、宪兵分队、宪兵分遣队和关东宪兵队司令部办理文书过程中留下的印记。一是载有各宪兵队长、宪兵分队长、宪兵分遣队长的 官方印记。如东安宪兵队长白滨重夫加盖的"东安宪兵队长印"、虎林宪兵分队长长岛恒雄加盖的"虎林宪兵分队长印"、虎头宪兵分遣队长桦泽静茂加盖的"虎头宪兵分遣队长印"等。二是载有关东宪兵队司令部办理文书人员加盖的圆形私章印记。如警务部长长友、课长吉房、办事员飞松等。三是载有关东宪兵队司令官原守的亲笔签字。此外,还有"关东宪兵队司令官点检"、"东安宪兵队长点检"字样的红色长条印记,以及"特移扱"、"防谍"、"秘"、"极秘"字样的长条形、方形、圆形印记。所有这些都是在文书处理过程中自然形成的,充分反映了档案的原始性。第三,档案真实地记录了关东宪兵队向"七三一"部队实施"特殊输送"的罪恶活动。如一九四一年八月六日,关东宪兵队司令官原守签发的第七八七号指令,密令东安宪兵队长白滨重夫将苏联谍报员刘汉升适时"特殊输送"。八月二十五日十七时,东安宪兵队长白滨重夫密电关东宪兵队司令官原守,称"苏联谍报员刘汉升以下七人于八月二十七日乘二十时三十分列车特殊输送哈尔滨。请哈尔滨宪兵队进行交接"。①哈尔滨宪兵队接收后,将其押送到日本驻哈尔滨领事馆地下室关押,之后秘密押送到"七三一"部队。"特殊输送"档案具有最原始、最真实的特点,是揭露"七三一"部队罪恶历史的最有力的铁证,彻底戳穿了日本右翼分子抵赖"七三一"部队罪恶事实的无耻谎言。

二、"特殊输送"档案是研究日本侵华史、"七三一"部队罪恶史的第一手资料

日本侵华战争对中国人民犯下的滔天罪行罄竹难书。"七三一"部队惨绝人寰地用活人进行细菌试验,是人类文明史上最残酷、最可耻的一页。一九四五年八月日本投降前夕,"七三一"部队企图以炸毁用于细菌试验的"四方楼"等建筑物,砸碎仪器,焚烧文件,掩盖罪证等,逃脱历史的审判。一九四九年十二月二十五日至三十日,苏联滨海军区军事法庭在伯力城对十二名日本细菌战犯进行了审判,首次揭露了侵华日军"七三一"细菌部队用活人进行细菌试验的罪恶史实,并出版了《前日本陆军军人因准备和使用细菌武器被控案审判材料》一书。这是一部侵华日军进行细菌试验和细菌战的重要证据和档案资料。五十年代初,中国有关部门和专家即开始搜集日本细菌战犯的资料,进一步揭露"七三一"细菌部队的罪行。一九五六年六月九日至十九日,沈阳特别军事法庭审判了被俘日本细菌战犯,使"七三一"部队的罪恶历史昭示天下。近二十年来,国内外收集"七三一"部队罪证和"七三一"罪恶史的研究取得了一系列成果,出版了一批专著。如《日军"七三一"部队罪恶史》、《日军"七三一"部队罪行见证》、《侵华日军细菌战纪实》等,以翔实的资料揭露了"七三一"部队的罪恶历史。黑龙江省档案馆馆藏侵华日军关东宪兵队"特殊输送"档案的公布,为研究日本侵华史,特别是研究"七三一"部队罪恶史提供了第一手资料,将进一步推动历史研究的深入发展。第一,"特殊输送"档案详细记载了东安宪兵队一九四一年七月至九月间的罪恶活动。这两三个月形成的"特殊输送"档案基本上是齐全完整的。其中有秘密逮捕审讯苏联谍报员的报告,有关东宪兵队司令官原守用红蓝铅笔亲笔签发的"特殊输送"指令的底稿,有东安宪兵队长白滨重夫给关东宪兵队司令官原守的密电译文等,具有十分重要的史料价值。第二,档案记载了秘密进行"特殊输送"罪恶活动的过程。从苏联谍报员赵成忠这一案例,即可窥探"特殊输送"的始末。赵成忠,男,时年三十三岁。原籍山东省高唐县十里堡,当时住址在东安省密山县鸡西街。职业烧砖工,秘密身份为苏联谍报员。一九四一年四月,两次到苏军兵营提供日满军情报。七月九日十九时,在其住所被半截河宪兵分遣队秘密逮捕审讯。七月十二日,半截河宪兵分遣队长日比野龟三郎以半截河宪高第一二五号向东安宪兵队长白滨重夫呈报了审讯报告。报告认为,"该人将来没有逆用价值,适合特殊输送"。白滨重夫签批队长意见:"因时局关系,我们认为应尽快将赵成忠特殊输送较妥当。请关

东宪兵队司令部指示。"②并将审讯报告转呈关东宪兵队司令部、四参、东安特务机关。七月二十五日,关东宪兵队司令官原守签发第七五五号指令,密令将赵成忠"特殊输送"。八月八日二十一时,半截河宪兵分遣队按照关东宪兵队司令官的指令,派下士官以下两人乘火车将赵成忠"特殊输送"至哈尔滨宪兵队本部。这些档案内容翔实,是研究关东宪兵队和"七三一"部队罪恶历史的第一手资料。第三,"特殊输送"档案为研究关东宪兵队和"七三一"部队惨杀反满抗日人员的人数提供了新的佐证。侵华日军"七三一"部队细菌生产部长川岛清曾供认,从一九四〇年至一九四五年间,因受细菌试验而死去的至少有三千人。据档案记载,仅一九四一年七月十日至九月五日不到两个月的时间里,虎头宪兵分遣队就向七三一部队"特殊输送"抗日谍报人员十三人。如一九四一年八月六日关东宪兵队司令官原守签发的第七八七号指令,就有季兴田、刘汉升两人被"特殊输送"杀害。这些档案为研究"七三一"部队罪恶史提供了最有力的铁证,具有较高的史料价值。

三、"特殊输送"档案为被害者遗属诉讼索赔提供了法律证据

侵华日军"七三一"细菌部队在中国利用活人进行细菌试验,残害了难以计数的爱国抗日者,罪恶滔天,罄竹难书,受害者家属提出追索损失赔偿是理所当然的。一九九七年八月,侵华日军细菌战中国受害者诉讼原告团一〇八人,与第二次诉讼原告团七十二人,合计一八〇人,首次就"日本'七三一'部队细菌战残害中国人"向日本提出国家赔偿诉讼,要求日本政府道歉和赔偿损失。日本东京地方法院始终持(一)罪证事实不能认定;(二)已超过犯罪的诉讼期;(三)不适应道歉和赔偿的态度,对侵华日军"七三一"部队犯下的罪行予以否认。同时,东京地方法院于一九九九年九月对于一九九五年八月提起诉讼的"'七三一'部队、南京大屠杀、盲目轰炸无辜等事件"做出了判决,驳回要求日本政府道歉和损害赔偿的请求。原告团及声援团体特别对判决书中"坚持要求战争中的损害赔偿,将留下新的战争的火种"不公正的判决提出了强烈抗议,并立即向东京最高法院上诉,现正在审理中。二〇〇一年一月,黑龙江省"七三一"细菌战研究专家出庭作证,揭露"七三一"部队在哈尔滨犯下的罪恶史实。黑龙江省档案馆馆藏侵华日军关东宪兵队"特殊输送"档案,为揭露"七三一"部队的罪行,为有关受害者家属诉讼索赔提供了有力的法律依据。档案中记载了被害者的姓名、年龄、籍贯、家庭住址、被捕时间、地点,特别是被"特殊输送"的时间和有关情况,是不可否认的历史铁证。在档案中记载的五十六人当中,年龄最大的

六十岁,年龄最小的仅二十二岁。原籍为山东省的三十二人,辽宁(奉天)省的六人,安东省的三人,吉林省的四人,河北省的四人,黑龙江省的一人,另有六人籍贯不详。这些铁的证据是日本政府无法否认的。日本细菌战研究学者认为,"日本反倒应该与中国政府合作,努力寻找受害者的遗属,用实际行动表明自己的责任。"③

根据黑龙江省档案馆馆藏侵华日军关东宪兵队"特殊输送"档案记载的线索,黑龙江省社会科学院杨玉林副研究员自二〇〇〇年六月开始调查采访"特殊输送"受害者家属。他先后走访了鸡西、鸡东、密山、虎林、饶河等六个市县三十多个区、镇、乡、村,现已寻找到李厚彬、王振达、朱云岫、唐永金、安鸿勋等被"特殊输送"者的遗属和知情人,获得了大量的资料,并撰写了《侵华日军细菌战"特殊输送"罪证调查报告》。档案资料、口碑资料铁证如山,是"特殊输送"受害者家属诉讼索赔的有力证据。

侵华日军细菌战中国受害者诉讼原告团总代表王选指出:"中国原告团此次诉讼的目的,就是要日本政府做出真诚的道歉。""我们绝不仅仅要求金钱上的赔偿,人们的生命是永远无法用金钱来赔偿的。日本一直生活在忘掉过去历史的幻想中,但这是不真实的。"④历史是不能忘记的。"特殊输送"档案的公布,再次将"七三一"部队的罪恶历史昭示天下,日本政府应该深刻反省,正视历史,承担责任,真正吸取历史教训。只有这样,才能为中日友好打下稳固的政治基础,使中日友好关系不断得到发展。

注释:

①黑龙江省档案馆馆藏档案《东安宪兵队致关东宪兵队司令官原守密电》,一九四一年八月二十五日。

②黑龙江省档案馆馆藏档案《半截河宪兵分遣队关于审讯苏联谍报员赵成忠情况的报告》,一九四一年七月十二日。

③《中国公开"七三一"部队资料迫日表态》,一九九九年八月五日《参考消息》。

④《二战阴影挥之不去,日本细菌战仍在坑害中国人》,二〇〇一年二月一日《中国青年报》。

关东军"特殊输送"解说

（日）近藤昭二　松村高夫　著

李锡生　译　徐广明　校

一、"七三一"细菌战部队概况

所谓"特殊输送"，日文为"特移扱"，是当时关东宪兵队的专用语，是将其逮捕的中国人等依据一九三八年一月二十六日发出的《关于特殊输送处理的通告》（关宪警第五十八号）的指示，"不经审判，不移送有关机关"，而由日本宪兵、警察等直接送交"七三一"部队[①]的一种特殊输送处理办法。当时的关东宪兵队司令部警务部长（一九三九年）齐藤美夫说，"特殊输送"是"必需向石井细菌化学部队引渡的押送引渡业务"[②]，目的是作人体实验。

"七三一"部队（正式名称是关东军防疫给水部）起源于一九三二年四月设立的陆军军医学校防疫研究室。石井四郎（毕业于京都帝国大学医学部）从一九三〇年去欧美考查细菌战研究开发归国后，向梶塚隆二（陆军省医务局卫生课长）、小泉亲彦（同上医务局长）、永田铁山（同上医务局军事课长）等游说细菌战研究开发的必要性，取得他们的支持，而设立了防疫研究室，并自任研究室负责人。设立的时间是在一九三二年三月日本建立"满洲国"傀儡政权的第二个月。

一九三二年到一九三三年间，日军在哈尔滨东南七十公里的黑龙江省五常县背荫河一带设立了以"守备队"为伪装的防疫班（称为东乡部队），并开始了细菌战的研究，同时也开始了对中国人的人体实验。但是，在一九三四年九月有十六名被收容人员成功地逃脱，暴露了其内部的秘密，因而将防疫班关闭，计划转移到哈尔滨东南十二公里的平房[③]。一九三五年夏季，日本军队进驻平房地区，开始为建设"七三一"部队根据地进行选址测量。东乡部队一度撤回东京，后又转移到哈尔滨市南岗。一九三六年四月二十三日，关东军参谋长板垣征四郎向陆军次长梅津美治郎提出报告，要求"为准备细菌战新建关东军防疫部"④,结果东乡部队于同年八月成为根据军令成立的正式部队"关东军防疫给水部",部队长由石井四郎担任。一九三七年七月七日,由于在北京郊外发生芦沟桥事件而爆发了日中战争,"七三一"部队也加速了建设步伐。翌年六月,依据《关于平房附近设定为特别军事地区的布告》(关东军参谋部命令第一五三九号),平房警察驻在所命令平房区中的一个村子黄家窝堡的农民于一个月内全部撤离。在赶走农民的同时,警察放火烧了农民的房屋,使这个有一百一十余年历史的村子在强权下被勾销。为进一步扩展这个"无人区",平房地区其它村子的村民也被勒令撤离,并强制占据了四个村计六百一十公顷土地,所圈土地内被赶出的农民达五百四十六户。被赶的农民有的在"七三一"部队现场干活,有的不得不流浪他乡⑤。

在所圈占的土地上,日军修筑了"七三一"部队本部的营房、各种实验室、监狱、专用飞机场、少年队宿舍、队员家属宿舍"东乡村"等。日本特殊工业提供了各种研究器材,铃木组和松村组承包了所有建筑事宜。一九三八年初,为保密起见,建筑工人都是从石井四郎家乡附近的千叶县山武郡或香取郡招来的。在"七三一"部队的中心,有个被称为四方楼的一百米见方的庞大而坚固的三层建筑,是一九四〇年完成的。这是一所为培养、制造细菌而设的冷暖风俱全的现代化楼房。四方楼中间是特设的监狱,东西长三十五米,南北宽十六米,中间夹着一条走廊,分建成二十间狱室的两栋狱房,称为第七栋、第八栋⑥。两所监狱收容人员二百人到三百人,最大能容纳四百余人⑦。在一九四五年八月日本战败时曾容纳四百余人。

"七三一"部队被编成八个部,其中枢部分为一部到四部。在四方楼里有第一部的细菌研究部(部长菊池齐)和第四部细菌制造部(部长川岛清)。从事细菌研究的第一部按不同细菌分为十几个课,搞伤寒的田部井和,搞霍乱的凑正男,研究冻伤的吉村寿人,研究赤痢的江岛真平,研究鼠疫的高桥正彦,研究病理的冈本耕造、石川太刀雄丸,研究病毒的笠原四郎,研究结核的二木秀雄,研究炭疽的大田澄,研究天然痘的贵宝院秋雄等分别担任各课的负责人。

第二部(部长为大田澄,战败时为碇常重)是进行实战研究的部。植物灭绝研究(八木泽行正)、昆虫研究(田中英雄)、航空班(增田美保)都属此部,感染鼠疫的跳蚤就是这个部负责繁殖的。另外,一九三四年在距离平房一百二十公里的安达建立了野外实验场,将受试者绑在木柱子上,用飞机投掷鼠疫菌或炭疽菌炸弹,使之炸裂,以进行感染效果测试的实验⑧。在流经哈尔滨市的松花江沙洲上,也曾做过同样的野外人体实验。

第三部(部长为江口丰洁)负责制造石井式滤水器,并和诊疗部的一部分在位于哈尔滨市南岗的陆军医院的南侧称为"南栋"的地方,建立了一处外表看似"七三一"部队的一个防疫给水的机构,而实际此处是在制造装置鼠疫细菌的陶瓷炸弹"宇治型炸弹"的弹筒。

根据第一部的细菌研究基础,第四部(部长为川岛清)负责大量制造、储藏疫苗和细菌。在第四部里培养、制造细菌的柄泽十三夫,制造鼠疫菌的野口圭一,制造炭疽菌的植村肇等均为其所属。第四部的细菌制造能力,据川岛清的证言,每月能造鼠疫菌三百公斤,伤寒菌八百至九百公斤,炭疽菌五百至七百公斤,霍乱菌一吨。柄泽十三夫的证言是,"如最大限度地利用第四部的生产能力,在最好条件下,理论上"能达到生产鼠疫菌三百公斤,而实际上仅为十公斤[⑨]。所制造的这些鼠疫等细菌,实际上已经撒播到中国的十几个城市。

除以上的四个部外,还有教育部、总务部、资材部、诊疗部等。诊疗部不仅负责部队人员的治疗,还进行对收容人员的人体实验。"七三一"部队的部队长大部分时间是石井四郎担任,一九四二年八月到一九四五年三月期间由北野正次担任。一九四五年三月到八月战败期间,石井又再次出任该职。

日军在一九三七年七月日中战争爆发后占领了北京、天津,同年八月占领了上海,十二月占领了首都南京,翌年五月占领了徐州,十月占领了武汉,就这样将侵略战线逐步扩大。此后,中国国民政府重新以重庆为首都,加强了对日本侵略者的抵抗,战争即呈胶着状态。中国共产党军队以华北为中心建立了游击区,使日军消耗了军力,战争转化成长期战。日本军队面临兵员消耗和物资供应不足的局面,现代化武器不足更加深刻化,而细菌武器能廉价生产,并且在投掷时容易隐蔽,因而受到重视。

正是在这种情况下,平房的"七三一"部队于一九四〇年十二月二日依照军令又成立了四个支队,即牡丹江(海林)("六四三"部队)、林口("一六二"部队)、孙吴("六七三"部队)、海拉尔("五四三"部队)等四个支队。加上平房的"七三一"部队,石井部队的总称为"六五九"部队。这些支队均靠近苏联边境,是准备对苏战争的。还有个第五支队即大连卫生研究所[⑩]。此外,在长春设立了一个"七三一"的姊妹单位关东军军马防疫厂,通称"一〇〇"部队[⑪]。这里虽是为军马的防疫而以动物的细菌研究为主,但也进行对人的实验。

上述的组织,包括它下属的支队,被称为哈尔滨(平房)防疫给水部。像这样的防疫给水部的组织在中国各地建了多处。到一九四〇年为止,设立的防疫给水部有北京("甲"一八五五部队)、南京("荣"一六四四部队)、广东("波"八六〇四部队)等处。这些部队均与"七三一"部队置于关东军司令部指挥下一样,在设立之时就分别置于华北派遣军、华中派遣军、华南派遣军司令官的指挥之下。北京、南京、广东的防疫给水部分别拥有几个或十几个支队,支队中有的同当地的陆军医院、同仁会医院、满洲医科大学等协作,形成一个整体的细菌战组织网络,与"七三一"部队在人员和组织上均具有极密切的协作关系,不仅是石井四郎本人,"七三一"部队的队员也经常直接去各地防疫给水部出差。日军的细菌战就是在这些部队直接或间接的参与下,在中国各地展开的。特别是同南京的"一六四四"部队的协作,在实际开展细菌战中发挥了很大的威力。

到一九四〇年九月,"七三一"部队已经确信感染鼠疫菌的跳蚤成为最有效的细菌武器。同年秋,一面用军用飞机向浙江省的衢县、宁波、金华空投感染了鼠疫菌的跳蚤,调研瘟疫发生的情况;另一方面在新京从地面散布鼠疫菌,确认有同样的瘟疫流行后,他们采取患者的内脏标本带回平房[12]。一九四一年十一月,又在湖南省的常德进行了空投[13]。据细菌作战的责任人井本熊男的日记所载,十一月四日,"七三一"部队航空班增田美保驾驶九七式轻型轰炸机,于日本时间午前六点五十分到达常德上空,"浓雾,H(高度)降低搜索,因 H 八〇〇附近有云层,改至一〇〇〇 m 以下实施之"[14]。另外,于一九四二年浙赣作战时,在浙赣铁路沿线的江山等地地面上散布了鼠疫菌、霍乱菌等。

一九四一年十二月,日本攻击珍珠港的同时侵略马来半岛。翌年二月占领了新加坡,立即在新加坡设立南方军防疫给水部("冈"九四二〇部队)。平房向该部队派遣内藤良一和贵宝院秋雄前去指导。该部队也设立了加尔各答支队等数个支队。这样,就在日军的序列中形成并确立了细菌战的体制。应当注意的是,这决不只是石井四郎个人的意向。

上面简要地描述了"七三一"部队和细菌战的概貌。那么,由"特殊输送"而收容到特设监狱的人体实验对象,则是为了最有效地开发细菌武器所用,而"七三一"部队开发制造的细菌武器,已经在中国的十几个地区实际使用过了。特别是集中在一九四一年七月到九月这一时期。一九四一年秋,在浙江省散布细菌的"成功",增加了日本陆军省和"七三一"部队的自信,使其已经处于对其后的攻击目标设定并准备好了的状态之下,这一点应该加以特别关注。经"特殊输送"送到"七三一"部队的人们,在人体实验后全被杀害,人数不下三千人[15]。因细菌战而直接被害的人数则高达这一数字的几十倍。中国人遭受了日军有关细菌战的双重屠杀。

二、"特殊输送"的机构

（一）"特殊输送"的指令

"特殊输送"是一九三八年一月初规定的，也曾称为"特别输送"。一九三九年八月关东宪兵司令部的"关宪作命第二二四号"指令中，就使用了"特殊输送"这一词⑯。本书中的刘世杰、刘文斗、张生文、刘恩等案件中则为"特移送"，而王明春的报告书中只简略写作"特移"，较早时期的都称作"特移扱"。

前面提到过的关东宪兵队司令部警务部长（一九三九年）齐藤美夫在战后于战犯管理所作了有关"特殊输送"的源起的供诉：

"一九三八年一月二十六日，我接到了关宪警第五十八号同石井细菌化学部队有关的宪兵队司令部的命令。我知道石井部队是用从宪兵队引渡来的人员进行细菌化学实验。我依照此命令采取了措施。"⑰

同样的还有，在一九四二年十月到一九四三年十一月担任东安宪兵队长的平木武，也就"特殊输送"作了如下供述：

"所谓'特殊输送'，就是将宪兵队逮捕的抗日地下工作者或是有严重反满抗日思想的人，经审讯后，由队长向关东宪兵司令官申请许可，将其护送到哈尔滨'防疫给水部'（石井部队），供其作细菌实验用。'特殊输送'制度在我到东安以前就已经实施了。一九四三年三月，关东宪兵队司令部对'特殊输送'的规定作了进一步的补充公布。"⑱

本书中的"特殊输送"案件，几乎都是这个东安宪兵队所掌管的（详情见后）。

平木所说的"补充公布"的规定，即《关于特殊输送的通报》（关宪高第一二〇号），是对前述的一九三八年一月最初的"特殊输送"规定的补充。其后于一九四九年十二月，在苏联进行的伯力国际法庭的审判中也提出了如下书面证据的照片。

"关宪高第一二〇号

关东宪兵队司令部警务部长

关于特殊输送件的通报

昭和十八年三月十二日

关于摘由之件是根据昭和十三年一月二十六日关宪警第五十八号文提出的，具体请按附件所示标准执行。特此通报。

发送:有关各队长(含独立分队长,八六、教习队长除外。)"

附录⑲

项　目	犯 罪 情 况	具 备 条 件			
		前　科	性　质	预　见	其　他
谍报员	转送司法机关可能也是死刑或无期徒刑者。			无逆用价值者。	
	因间谍活动出入国境数次以上,现仍活动者。		亲苏或抗日	无逆用价值者。	
	转送司法机关可能不起诉或判轻刑后出狱者。	住所不定,无赖之徒,无亲属,吸鸦片。	亲苏或抗日	无悔改可能,有再犯之虞。	
	有曾活动的前科者。	匪贼或应按此看待的恶劣分子。			
	保有其他工作关系或重要机密等,其生存对军或国家明显不利者。				
	适合特殊输送人物的同伙。				罪状虽轻,但不适宜释放者。
思想犯(民族、共产主义运动犯)	转送司法机关也可能判死刑或无期者。				
	保有其他工作关系或重要机密等,其生存对军或国家明显不利者。				
备　考	各队长在依上述标准处理每个人时,都要充分考虑满洲国情在国政上或社会上的影响,公德上的过敏反应等。经研究确信无误后,再向司令官申请特殊输送。				

　　在伯力审判时,给战败时成为俘虏的原关东宪兵队司令部的橘武夫大佐看了这个补充规定的照片。橘说,他当时在关东宪兵队司令部刑事部工作,关东军司令部给他发来一个起草这种规定的指令,等他从奉天出差回来时,辻本少佐已起草完成。这个文件"经打字,发到满洲各城市的宪兵队本部"了。

橘在苏联接受讯问时答复如下：

"问：给你看了关东宪兵队司令部一九四三年三月二日有关'特殊输送'通报的照片。对这一文件你知道些什么？

答：给我看的那个关东宪兵队司令部的《关于特殊输送件的通报》，我在关东宪兵队工作时不只一次见到过。据我的记忆，一九四三年初，关东军司令部给关东宪兵队发了通报，要求对逮捕的外国谍报员或无悔改可能的刑事犯给予'特殊输送'处理。此即意味着要移交给关东军七三一部队。（略）根据这个指示，关东宪兵队司令部警务部要拟定因'特殊输送'应移交第七三一部队的人员详细名单。这名单中记载包括其犯罪的内容、身世、各人的性格及我们对他们的处理打算等。《关于特殊输送件的通报》这一文件，是为对各关东宪兵队长作业务上的指导而发出的。"⑳

橘在伯力审判的法庭上作为证人出庭，坦白了他在佳木斯担任宪兵队长时期（一九三九年——一九四一年）的罪状：

"我在佳木斯宪兵队工作时，对因某些犯罪嫌疑被宪兵队拘留审讯的一定类型的人，我就将其作为实验材料送交七三一部队。我对这些人经预备性的部分审问后，不经审判，不移交其他机关，就按我所接到的宪兵司令部的指令将其送交七三一部队。因为这是特殊措施，所以被叫作'特殊输送'。

被所谓'特殊输送'的人均属下列类型：即犯有有利于他国的谍报行为罪状或与外国谍报机关有关系的嫌疑分子，以及所谓的匪贼，即中国的游击队、抗日分子一类，无改悔可能的刑事犯，屡教不改的罪犯等。这些人我都将其按'特殊输送'送交七三一部队。我在佳木斯宪兵队长任内，经我属下的宪兵队本部送交七三一部队的至少有六个人。这些人送去后都回不来供实验使用后死在那里。"㉑

至于实施"特殊输送"的宪兵队方面，则清楚地知道被送去的人是在"七三一"部队被用于人体实验的。

（二）"特殊输送"的具体操作——去哈尔滨之路

"特殊输送"实际上是怎么操作的？在平阳镇宪兵分队和齐齐哈尔宪兵分队担任过特高系的土屋芳雄说：

"未经审判而处刑的严重处分的对象，以及即使嫌疑消除了，也因为严刑拷打而体无完肤，无法将其交给家属，这样的中国人，就按'特殊输送'送七三一部队。送时与哈尔滨宪兵队联系，要他们来迎接，或者说要他们来交接。虽说是交接,可已不把'特殊输送'的对象当作人来对待,完全同货物一样。电话联系时的用语是'送去多少根原木'。"②。

至于具体的行文、办理手续、发送、警卫护送等方法如何? 对此,橘武夫在伯力法庭上曾作出证言:

"要进行'特殊输送'处理的人,先在宪兵队拘留所拘押,而后将对其审讯的记录摘要(调查书)以及'特殊输送'许可申请书送交宪兵队司令部。在那里经过对这些文件研究作出决定后,发出有关命令给该项申请的宪兵队本部,令其将这些人以'特殊输送'的名义送交七三一部队。此类文件由地方本部转发到宪兵队司令部后,经庶务部交给刑事部,再转给以我为首的防谍班。我这个班的勤务员辻本(作者注:即曾担任过东安宪兵分队长,在本书中提出对朱云岫作'特殊输送'处理申请的辻本信一少佐),对文件进行研究并提出决定的意见交给我,经我认可后再提交给刑事部长。刑事部长呈请关东宪兵队司令官获得裁决后,以宪兵队司令官的名义向提出该申请的宪兵队本部发出命令。"③

在宪兵队司令部内部的处理过程是:庶务部—刑事部—防谍班(决定)—司令官(批准)。另外,地方宪兵队与哈尔滨宪兵队的关系,通常是决定"特殊输送"以后,就与哈尔滨宪兵队取得联系,请他们接收。但也有哈尔滨宪兵队向各地方宪兵队要求送多少人来的情况。橘就有如下的证言:

"问:你在关东宪兵队工作时,是否有批准过按'特殊输送'把人送到七三一部队去的情况?

答:我讨论审核过这一类文件。我记得在我的任期内送交过的有一百人以上。

问:将人送交七三一部队后供其屠杀,这是由关东军司令官批准实施的吗?

答:当然是关东宪兵队根据关东军司令官的指令这样做的。按常规,宪兵队处理犯罪事件时,是要移交给法院或军事法庭的,但这种情况是特别命令代替了法律,不经审判就移交过去了。"④

关东军司令官作为最高责任者来发出指令这一点很重要。

下面以图示形式说明一下这个过程:地方宪兵队本部(拘留)—审讯笔录(调查书)及特殊输送许可申请书—宪兵队司令部(?)—关东军司令官命令(司令官批准)—哈尔滨宪兵队—"七三一"部队。这是通常的做法。但实际上也有个别事例不经关东军司令官,而由宪兵队司令部直接处理了的。

橘在这里说的所谓"特殊输送许可申请书",就是在本书中给赵成忠等各个被拘押人员写的《关于审讯情况的报告(通报)》,每份通告后面都附有"按特殊输送处理"的文件,那是"以关东军司令官的名义"给提出报告的地方宪兵队本部"发的命令"。

吉房虎雄是关东宪兵队司令部第三课长(一九四一年九月——一九四二年三月),他供述在任期内,"各宪兵队给司令官的报告,凡是关于申请送细菌部队的,都先由我审查后,再报司令官批准。有关向细菌部队输送事宜的一切文件,都由我的部下处理。具体的数字记不清了,但我认为送交细菌部队的至少也有九十人以上。"㉕

"特殊输送申请许可书"规定一式三份。橘曾作过如下的证言:

"问:证人橘,你说说向七三一部队送交人犯的方法,如:送出、警护、警戒、保密等等,具体是如何办理的?

答:如我已经说过的,宪兵队本部向宪兵队司令部提交'特殊输送'许可申请书。申请书要一式三份,其中一份地方宪兵队本部保管,另两份交宪兵队司令部。宪兵队司令部正式批准按'特殊输送'处理后,将申请书返还一份,人犯继续由宪兵队本部拘留。其后,在七三一部队要求送交实验材料时,即要求送交被认定为按'特殊输送'处理的人时,把人犯和一份文件一起送往哈尔滨,在哈尔滨火车站向宪兵队员移交人犯,警戒护送均由宪兵队负责。"㉖

有关"特殊输送"的信息传达,除用公文形式外,还使用密码电报。这在本书中刘恩及刘世杰的材料中都能见到。有关密码电报问题,比橘武夫更早的在关东宪兵司令部警务部工作的今关喜太郎(一九三九年十月——一九四〇年一月)也说:

"命令将五名抗日情报人员送往石井部队作细菌实验的指示,译成密码电报,交电报所发出。从一九四〇年十二月到一九四二年六月,我根据命令审查了佳木斯、东安、孙吴等宪兵队长提出的输送十五名抗日情报人员去石井部队的有关报告。审查完后,起草一份'准予执行用电报请示的事项'的命令稿交司令官,经批准后传达给上述各队,令其执行输送任务,使十五名抗日情报人员成为细菌实验材料。"㉗

关东宪兵队司令部有时也把有关"特殊输送"的命令发给关东宪兵队教习队。经常有大量从华北送来的"被讨伐的共匪"被按"特殊输送"处理。对其护送等的实际情况,前面提到过的关东宪兵队司令部警务部长齐藤美夫,留有如下的亲笔供述书:

"一九三八年八月八日,以关宪作命第二二四号下达了关东宪兵队司令官命令。其内容是:要从河北向石井细菌部队移交九十名中国人,押送到哈尔滨及孙吴。这个命令是根据关东军作战命令作出的,是我作为警务部长命令第三课起草的草稿,以司令官命令下达的。命令内容要点如下:

'宪兵教习队平野中佐负责指挥属下人员宪兵约三十人、护士下士官一人,在山海关从河北押送人员手中接收由河北押送来的九十名中国人,将他们押送去孙吴,途中在哈尔滨留下三十名,其余到孙吴。必须分别移交给石井部队的接收人员。'

我对当时这些被押送的中国人是供石井部队实验用的情况是清楚的,对协助石井细菌部队做化学实验这一点是了解的,并事实上指挥了押送及移交,帮助了石井细菌部队以化学实验屠杀中国人民。"㉓

接到这一命令的平野宪兵教习队,将此命令记载到《阵中日记》上,在伯力审判时作为证据交给了法庭。这是以关东宪兵队司令官城仓少将的名义发出的命令,同上面引用齐藤供述中的内容相对应,正式命令原文如下:

"关于特殊输送护卫的命令

关宪作命第二二四号

关东宪兵队命令

八月八日十六时于关东宪兵队司令部

1. 根据关宪作命第二二二号,第二次特殊输送人员约九十人,八月九日到达山海关火车站,八月十一日十一时十五分由山海关火车站发车(用客车一辆加挂在山海关到奉天的旅客列车上),于十三日零时十三分到达孙吴火车站。

2. 令锦州宪兵队长担任前项由山海关到孙吴间的护卫任务。被输送人员中除六十名外,其他在哈尔滨火车站交付给石井部队长。因此,要预先将交付石井部队长的人员分开,以便在交接时不出问题。

为了前项护卫任务,由承德宪兵队派将校一人,平野部派下士官兵二十五人,关东宪兵队教习队派卫生下士官一人,共同承担这一护卫任务。翻译一人由锦州宪兵队派出。

3. 承德宪兵队长将承德宪兵分队长柴尾大尉,平野部队长将下士官兵二十五人(包括一名曹长),关东宪兵队教习队将卫生下士官一人,必须于八月九日分别派到山海关,接受锦州宪兵队长的指挥。

4. 哈尔滨宪兵队长要密切与石井部队长的联系,对哈尔滨火车站及其后的运送当中的防谍和其他处理要做到万无一失。

5. 平野部队及关东宪兵队教习队派出人员的旅费由宪兵队司令部支付。

6. 其他具体事项依据关宪作命第二二二号文件办理。

关东宪兵队司令官 城仓少将㉙"

接到此命令的平野教习队，一个小时以后以平野大尉的名义发出了以下命令：

"命令 平宪作命第一号

平野部队命令

八月八日十七时于关东宪兵队教习队

1. 据关宪作命第二二二号指示的第二次特殊输送任务，具体见关宪作命第二二四号第一项所示。

2. 平野部队以其一部分参与实施第二次特殊输送任务。

3. 稻邑曹长负责指挥后附名单的二十四人及卫生下士官一人，速从新京出发到山海关接受锦州宪兵队长的指挥。出发前刑具(脚镣八十一副、手铐五十二副、捕绳四十条、护送绳二十五条)到宪兵队司令部领取，另从奉天宪兵队领取手铐三十副，护送绳四十条，一并带去。

4. 费用按临满第五表标准加百分之五十报销，由宪兵队司令部支给。

5. 其他事项均按关宪作命第二二二号文件办理。

平野部队长 平野大尉(以下略)㉚"

据此，平野部队带着脚镣、手铐各约八十副及捕绳等前往山海关，在那里接收了俘虏，到哈尔滨交付给石井部队三十人，其他六十人送到孙吴。当时，石井部队长以下主要干部因爆发诺门罕事件，均出动到哈尔哈河方面，孙吴也正加紧修建防范苏联的阵地和兵营，后来成为"七三一"部队孙吴支队的建筑物也在修建中。送来的人很可能是充当了修建此等工事的劳工。

"特殊输送"通常是由宪兵队运送到哈尔滨来，但也有时是"七三一"部队到当地去接收。

曾在吉村班属下宫川班(负责X光)的班员田中信一，于一九四五年三月十七日在谷宪兵军曹和伊藤八郎宪兵等率领下，与第一部各班所派遣的队员一起，到"满洲国"国境的山海关去担任接收和警护任务。他保存当时的照片，照片背面记载着"为防俘虏逃跑随时准备枪击的持手枪担当警戒的姿态"。据说，那时运送多少人是极秘的，宪兵对田中他们也没告诉准确数字，人数相当多，用货车运到哈尔滨火车站，再用卡车运走。

向"七三一"部队运送逮捕的犯人，不仅限于宪兵队，特务机关和保安局也送。哈尔滨特务机关的特调部专门负责逮捕俄罗斯人，将表面上称呼为"科学研究部"或"保护院"的机构里拘留的俄罗斯人送到"七三一"部队去。"保护院"是于一九四二年二月由哈尔滨市公署移交给哈尔滨特务机关管辖的设施，在战败时收容有一百五十人。这里扣押着潜入满洲境内、被国境警察队或警察部队逮捕的俄罗斯人，从他们那里搜集苏联的军事情报或经济情报。"保护院"除哈尔滨外在乌兰巴托也有，收容着被逮捕的蒙古人。特务机关长掌握着扣押在"保护院"里犯人的生杀予夺大权。对无逆用价值的或对收容人员进行煽动的，都送交"七三一"部队。

所谓"保安局"，是"满洲国"在关东军唆使下根据一九三七年十二月二十八日敕令第五一○号保安局官制而设置在治安部的秘密组织。在治安部大臣指挥下作为中央级的组织设长官和次官，在治安部指定的省设"地方保安局"，由省、县、旗级的职员担任其工作，通称叫作"分室"，但其实情和全貌连有关人员都说不清。

据说"有关职员中的一部分，身份完全是秘密的，故意调动到别的机关或特殊公司去，或使之到民间组织去就职等等，让他们担任搜集进行战争所需用情报的任务。（略）据说'分室'这个不着边际的称呼，也是为这种特殊工作的需要才使用的"。[31]"分室的工作人员几乎都是满洲国治安部管辖下的叫绿荫学院的间谍学校毕业的日本人，分别在谍报、破坏、防谍等各领域活动，十分活跃"。[32]

"分室"有独自的秘密拘留所，是用来对非法逮捕来的人进行怀柔后逆用"训练"（胁迫）的场所。哈尔滨市中央大街二二○号的"滨江省松花塾"（旧哈尔滨监狱）[33]，表面伪装名称叫"三岛化学研究所"或者是"满蒙资源开发公司"[34]等地方，实际是"分室"的收容所。战败后，原在奉天警察署的室田震作外事课长说："一旦分室将某人逮捕后，为了分室存在的秘密不被泄露，即使嫌疑消除了，我认为也没有一例被释放。现在来考虑，恐怕是被送到七三一部队去了吧。"[35]事实上，从东安省保安局及佳木斯的"三岛化学研究所"，还有从兴安北省的"分室"将拘留的中国人、蒙古人计四十人送到了"七三一"部队，这一具体例证已是十分清楚的。[36]

另外，还有把"抓浮浪"（后述）也送到"七三一"部队的事实。根据前面提到的吉房虎雄证实："由特务机关和伪保安局送去的爱国者加到一起，一九三七年以来约九年间，在石井部队屠杀的爱国志士至少也达到四千人。"[37]

下面，我们把上述"特殊输送"的操作过程，对照收入本书的刘恩等的材料来具体地分析一下。

（三）"特殊输送"操作过程的具体实例

刘恩（三十九岁），根据档案"东宪高第五九一号通告"记载，是因一九四○

年五月一日发生在密山县、虎林苏联间谍张旭武事件的关系人而被虎林宪兵分队逮捕。审讯结果,移交东安特务机关,以后按特务机关指示利用,伪装杂货商作逆用间谍。

一九四一年六月二十八日,宪兵队司令部发出命令,对间谍或嫌疑人要进行"整理"抓捕行动,由东安宪兵队管辖的东安分队、虎林分队、平阳镇分队、虎头分遣队等接连逮捕扣押了嫌疑分子。

刘恩也成为这一行动中的"整理间谍"对象。七月二十三日,东安宪兵队长白滨重夫在给关东宪兵队司令官原守的报告中,说他"逆用中没有见到什么成果,因特务机关方面鉴于时局的情况急切地要予以整理的要求,故于七月十四日由东安分队队员将其秘密扣押,并正在继续追查他通苏的事实"。报告书第一页的白滨的名字下面有"东安宪兵队长"的印,右边的"贞茂"是东安宪兵队特高课长要贞茂准尉的印章。上面一栏能看到司令部的长友部长和飞松系长的印。在这个报告书中,已经独断地决定了对刘恩的人身处置意见,在"意见"中提出了同另一人一起"预定等待审讯完了弄清其通苏事实后,按特殊输送处理"。这份材料就相当于(审讯)调查书。

六天后的七月二十九日,同样由白滨向原守提出了相当于许可申请书的《关于审讯情况的报告(通报)》("东安宪高第六二九号"),其中提出"该人无逆用价值,因此认为给予严重处分最为适当"。此处队长意见记载:"从管内的重要性看,因时局情况,认为从速在现地给予严重处分最为适当。"所说"严重处分"就是"处刑"。可能在当时因逮捕的人很多急于处理,所以请求"电报指示"。

从第二天写好的"第二次扣押的间谍嫌疑人名单"中来看,刘恩还没有移交到宪兵队本部,其中记载有"尚未扣押者因拘留所等原因预定将逐步扣押"。在一周后的八月六日,白滨给原守的报告书的附表中看到了刘恩的名字,意见是"严重处分申请中"。这里仍然急于处分,要求"请对所提出的申请从速(电报)予以批准。"

八月七日,司令部为答复这一要求,以司令官的名义给东安宪兵队长发来了"'苏联间谍'刘恩准予按'特殊输送'处理"的电报。此电报的复印件,同时发给了哈尔滨宪兵队(四八八号)。

此时,东安宪兵队正为处置逮捕的人犯而忙得不可开交。只"特殊输送"的就有,赵成忠由下士官二人护送,于八月八日午后九时到达哈尔滨火车站。接着,刘元杰、段凤楼、杨吉林、刘文斗等四人于九日午后六时三十二分到达哈尔滨火车站。这也必须由下士官以下四人护送(东安宪电一六五号)。

刘恩被"特殊输送"是在十一日。东安宪兵队长在前一天的八月十日午后二时零五分给宪兵队司令官和哈尔滨宪兵队拍发电报:"1.⋯⋯将苏联间谍刘恩用八月十一日六时三十六分到达哈尔滨的火车予以输送。2.请哈尔滨宪兵队做好接收准备"(东安宪电第一七三号)。

正如电报所示,刘恩确实已经被移交到哈尔滨宪兵队本部,这在八月二十日白滨给原守的报告书(东宪高第七六○号)中报告了"已由下士官以下二人进行了特殊输送"中得到了证实。这一报告书还报告了把赵成忠、刘元杰、段凤楼、杨吉林、刘文斗等也移交到了哈尔滨宪兵队。

从这一具体事例,就更明确地了解到通过东安宪兵队和关东宪兵队司令部之间的组织联系进行的"特殊输送"押送到哈尔滨火车站的具体操作过程。

(四)"特殊输送"的具体操作——哈尔滨到平房

到哈尔滨火车站后,是如何运送到"七三一"部队的?

作为随队宪兵被派遣到"七三一"部队的仓员悟,自一九四○年三月起在"七三一"部队宪兵班工作一年。他在伯力审判时出庭,对有关"特殊输送"的护送作证说,他通常是在部队第一栋本部入口一进去靠右手的宪兵室里值班,宪兵班有三个人。任务是"对部队工作人员的宪兵业务"和"护送从哈尔滨输送到七三一部队的人犯"。一经联系,就要去哈尔滨火车站。

"问:你谈一下向七三一部队输送这些人的手续。

答:首先,宪兵队本部给我们来电话,通知来接收人员。这通知是给田坂曹长的。除我以外,七三一部队宪兵班还有两个人,共计三个人。田坂曹长给我们指示,我们便乘专门护送车去哈尔滨火车站,先到车站的宪兵分遣所,会同车站值班的宪兵长从林口、佳木斯等其他城市的宪兵队员那里接收向七三一部队输送的人员。

问:向部队输送逮捕人员是在一天当中的什么时间进行?

答:主要是夜间。我们接收犯人后上护送车,为移交给七三一部队,开车去平房车站,到那里我们在门前停车,一人到卫兵所经与卫兵联系,卫兵给内部监狱值班打电话,再由值班派人把这些犯人护送到监狱。"③

本书中的刘恩与刘元杰等被送到哈尔滨火车站时,部队来接收的"特别护送车"的驾驶员,是第三部运输班成员越定男。他说,到达哈尔滨的这些中国人,收容在宪兵队分室、哈尔滨特务机关、哈尔滨宪兵队本部或日本领事馆地下

室,要到那里去领取。越在他所著的书《血泪染红的太阳旗》中写道:

"接收原木的场所有三、四处,哈尔滨火车站边上的宪兵队分室、哈尔滨特务机关、哈尔滨宪兵队本部,还有一处在哈尔滨市内由石砌的围墙围绕的乳白色二层洋房的地下室。那原来是哈尔滨日本领事馆。这里的地下室是原木的存放地,我因此而受到很大的震动。原因是如果说是领事馆,既便是在战争时期,它也可以说是代表日本外交门面的一所建筑物。

在铺着草席子的大房间里,剃光了头的原木们横躺竖卧。其中明显有拷打的痕迹,也有被打青或是受伤的。我也知道他们被残酷拷打。大多数原木们已预感到阴暗的命运,绝望的眼神显得无力,动作也迟缓。"[39]

战后,萩原英夫在战犯管理所画出了七栋、八栋的图形。他供述,一九三八年一月,他到平房时,七栋、八栋的"内部是入口处和最里面都分割为几个房间,而中间却是大礼堂一样没有间隔。第七、八栋被第三、四、五、六各栋围着,从外面完全看不见"。萩原说,他一九三九年一月回家时,"七、八两栋的工程还没有完,所以没收容用作实验的人"[40]因此,据一九三八年一月"特殊输送"的通报,已经押送到平房的人,可能是收容在哈尔滨特务机关、哈尔滨宪兵队本部,或是日本领事馆地下室。第七栋、第八栋完成后,这些哈尔滨市内的机关,可以认为是用来作一临时性的收容设施而使用的。一九九一年八月,笔者近藤和松村考查了已改作旅馆的旧日本领事馆地下室,经确认刑讯室还保留着,墙上还留有刑具。

另外,越定男对从哈尔滨到平房的护送车是如何装置的作了如下说明:

"运送原木的特别车有两台,都是一九三二年型美国通用公司荷兰兄弟牌子的左方向盘四点五吨的大车。这车的货箱用方形铁板覆盖,是特制的。铁板外面盖着国防色的罩,罩上还缝有赛路珞片的'窗',外表看与普通卡车相同,只是盖着罩子。车号牌能随意替换,是七三一部队拿手的伪装。

铁板箱中平时是全暗的,照明开关由驾驶员控制,从驾驶员处可向箱内观察。箱内用车的排气加温,装置在地板下面,因性能差,短程一般不用。地板上铺有草席。

另外,考虑长途输送,在车后部装有厕所。"[41]

到达平房部队后,经负责内部监狱的特别班之手,将其监禁到四方楼的院子里的第七栋、第八栋内。事务上的处理由部队的总务部负责,实验等研究性的具体问题,由从事冻伤实验的吉村班负责。抓来的人都丧失了名字,按编号处理,"原木"按一根两根来数。本书中不过只是搜集了很少一点记录,就从这些当中也可以看到"特殊输送"的真实情况。这实在是以宪兵队为中心的有组织地实施的残酷和疯狂的记录。

三、实施"特殊输送"的"满洲国"的宪兵体制

（一）从"严重处分"到"特殊输送"的转换

那么,这实施"特殊输送"的满洲宪兵体制,究竟是怎样的呢?

"满洲国"成立后,一九三二年九月公布了《暂行惩治叛徒法》和《暂行惩治盗匪法》,这就是宪兵活动的法律依据。

《暂行惩治叛徒法》第一条规定:"以扰乱国家宪法危及或削弱国家存在的基础为目的的结社组织者,按下列不同情况分别处置之:（1）首犯处死刑;（2）骨干分子及其他领导者处死刑或无期徒刑;（3）参与谋划加入结社者,处无期徒刑或十年以上有期徒刑。"另外,《暂行惩治盗匪法》规定,"军队剿匪可临阵格杀外,该军队的司令官可自行裁处"（第七条）。战场上的军事宪兵直属军司令官,可行使警察权。这一权限是很大的。"临阵格杀"是不经审判就处死,与"严重处分"相同。当然,要请示司令官,不能随便处置,但宪兵的判断有很大的随意性。

有这样法律依据的日本宪兵队,同有关机关紧密联系,全力以赴地搜捕"匪贼"。各地的日本宪兵队长主持警务统制委员会,"定时与领事馆警察、关东局警察、满洲国警察、铁道警护队等各警务机关会商,交换治安情报,各警务机关是逮捕匪贼或其他犯人的罪状审理机关"。"罪状审理的结果,决定有逆用价值者予以逆用,罪状重大的凶恶罪犯给予严重处分（暂行惩治盗匪法）以及释放回家等等。对盗匪的处刑,委员会经充分审查后,交付审判"。㊷

"满洲国"成立后,与苏联、外蒙古接壤,关东军在这个不明确的国境线上,因构筑工事等问题,屡屡与苏联国境警备队发生小的摩擦。东安省的虎头到兴凯湖、图们一线的边界非常模糊,日本方面国境警备队随意设定的国境线,苏方认为是侵犯国界而经常发生纷争。这一地区宪兵的任务,在对敌防谍方面比之军内部的警察业务更加被重视。

担任防谍业务的是宪兵队的特高系,分积极防谍系和消极防谍系两部分。积极防谍是实施能动的防谍行为,进行对间谍的侦察和本书中记述的"侦谍"及拘捕等。消极防谍者身份保密,从事对国家、公共团体、各机关的内部情况、战时能力等的保密工作、邮政检查（秘密地用竹片启开信封检查其内容）等。

特别是关东宪兵队的任务中,有一项独特的"对战时特别对策",其具体内容如下:

"1.渗透和推进建国理念,侧面援助协和会运动,揭露反满抗日分子,发现特异分子等的策划工作。

2.策划离间不同民族间的相互仇视和相互利用,调查其利害关系和民族固有习俗。

3.主要从侧面援助满洲国政府实施的各种补助金政策,军用粮林蔬菜供应的督导和奖赏处理。

4.查清反满抗日隐蔽分子动向。

5.调查国兵法及国民勤劳奉公队员的动向,对抽调劳工的反应等。

6.对进入满洲的国民党、中共的对策。"㊸

拥有这样大权限的宪兵,往往会插入普通警察的业务领域里去,但据说,陆军大臣、司法大臣、军司令官、宪兵队司令官等复杂的指挥系统造成许多交叉重叠,所以很难有外来的约束或责备。㊹

一九三六年四月以来,日军推行《三年治安肃正计划》,对抗日联军进行"讨伐"。据关东宪兵队司令部材料,在日中战争爆发时,"国内匪情约为一万五千人(土匪六千四百、政治匪二千一百、共匪六千五百)。共匪在三江省及相邻地区、东边道、间岛地方,土匪及政治匪在这些地区之外的热河省、滨江省等广大地区展开游击战。虽然日、满军警不断讨伐,还是疯狂地扰乱治安,因此,国内治安无法实现全面的稳定……"。㊺根据《满洲国警察史》的统计表,在一九三九年"匪贼"出现次数上升为六千五百四十七次,共为十八万六千零七十一人次。㊻

在这里特别需要注意的是,以日中战争爆发为转机,从以前的"严重处分"改为送交"七三一"部队的"特殊输送"的转变。

前面提到的吉房虎雄在战后于战犯管理所就"严重处分"向"特殊输送"的转变写了如下一段:

"'九一八'以后,日本帝国主义在东北(满洲)所谓的'严重处分',就是公然地允许任凭当地部队的判断就可以把中国人民任意惨杀。但因继续不断的抗日烈士的抗争,这个'严重处分'也不得不在一九三七年表面上予以禁止。

其后,关东军司令官植田谦吉、参谋长东条英机、军医石井四郎、参谋山冈道武及关东宪兵队司令官田中静一、警务部长梶荣次郎、部员松浦克己等之间,秘密地策划了这个与'严重处分'相关的屠杀中国人民的计划。那就是要尽可能简单地、不受限制地把中国人民作为细菌培养的活材料弄到手。

一九三八年初,关东宪兵队司令官发出了叫做'特殊输送规定'的命令。这个'特殊输送'就是,宪兵队及伪满警察非法逮捕中国人民,如果确定'合于重罪者',不须审判,由宪兵队转交石井部队作细菌实验的材料,直至被折磨死。"④

"特殊输送"是不经审判就可以做出处分决定,由此可以了解"满洲国"的司法制度是多么有名无实。由于这一转变,"七三一"部队就能有组织地得到实验材料了。

(二)日中战争爆发以后的宪兵体制

本书中被定为"特殊输送"对象的,原籍山东省和河北省的占相当多数。在二十年代已经贫困化的所谓"山东苦力"曾从华北大量流向满洲,但到日中战争爆发前已经显示为减少的倾向。一九三七年出台《满洲产业五年计划》,开始了满洲的重化学工业化。一九三八年春"满洲国"的《北边振兴计划》出台,翌年开始实施。

《北边振兴计划》是根据关东军对"满洲国"政府的要求作出的,在满洲北面国境方面关东军大大增强,其驻防地的交通机关及道路、电报、电话、电力以及其他城市的各种设施实际上几乎没有,需要装备和充实这些设施。一九三八年三月,在关东军干部的引导下,"满洲国"的总务长官、民政部、交通部的次长等政府首脑到密山、虎林、佳木斯、孙吴、黑河等实地视察,立案计划并作出决定,于一九三九年度实施。这样一来,就需要庞大的施工劳动力。据当时的"满洲国务院"总务厅主计处长古海忠之说:

"'北边振兴计划'是经费及资金总计高达十亿日元的大建设事业。本事业使用的劳工及现地居民最少每年需要达到三十万人以上。这些中国东北人民,为了与提高自己的生活文化毫无关系的关东军的驻防,换言之是为了满洲侵略而去从事在极其恶劣劳动条件下的艰苦的紧急工程,当然是劳动力受尽了剥削,而且是在人烟稀少、气候寒冷再加上没有卫生和其他必要的设施的北边各地,身心受侵害,甚至遭受加害。"④

《北边振兴计划》实施不久,一九三九年五月下旬爆发了诺门罕事件。宪兵队司令部的齐藤美夫警务部长开始强化治安。齐藤供述:

"诺门罕事件爆发同时,关东军下令国内非常警戒,由各部队抽出总计约三个大队的步兵去补充宪兵,配属于关东宪兵队。作为警务部长,我将其配属到各宪兵队,每队配一至两个中队,各队以补充宪兵为骨干编成警备部队,负责各所管辖地区内要警备的场所,如车站、码头、军需工厂、军事仓库、飞机场、燃料工场、燃料库、火药库、煤矿、粮库等的警卫及重要地区巡逻勤务。"⑭

一九三九年八月,关东宪兵队为对抗逐步科学化了的敌国,特别是苏联的谍报工作,创设了特设宪兵队,通称八六部队,依靠无线电探测、照相、法医、鉴定等,来科学地防范和揭发敌人的谍报工作。本部设队长、副官,以下编成六个分队,部队的本部设在新京宽城子中东铁路局旧址,一面搞三个月的基础训练,一面配备器材和开始专业训练。第一、第二分队为无线电探测班,担任法医细菌的第四分队(队长菅原三治郎少尉)全体队员,于一九四〇年二月被派到满洲医科大学,同年五月派到"七三一"部队学习法医学和基础防疫学,并接受实地训练。这个八六部队以后将要谈到,为了增加宪兵的业绩制造了牡丹江事件,把朱子盈等送到了"七三一"部队。

在诺门罕事件时,实行了强制募集、紧急募集劳工的办法,但随着日中战争长期化,在华北募集劳工更加困难了。特别是一九四〇年,满洲各产业都陷入明显劳动力严重不足的状态之中。一九三八年满洲劳工协会成立。以前一直是从华北募集劳工,一九四〇年达一百三十二万人为最高峰(离满劳动者为八十五万人),一九四一年减到九十二万,一九四二年恢复到一百万人,其后一九四四年骤然减少到三十五万人。为补充劳动力不足,一九三九年开始使用被俘虏的中国人做为在煤矿等处劳动的特殊工人,一九四一年以后逐步走向正式化。在本书中也有被宪兵队抓去的人没有被送到"七三一"部队,而是做了特殊工人的记载。一九四一年,北满的军需工程使用的中国人俘虏超过了一万人。一九四一年修改了《劳务新体制确立要纲》(九月)和《劳动统制法》等"满洲国"的劳动政策,为减轻对华北劳动力的依赖,确立了国内自给体制,实施把中国人奴隶化的"国民皆劳"。

诺门罕停战后,新的关东军司令官梅津美治郎让国境线不明确地区的驻防部队稍许后退,以免引起新的纠纷。但这仅仅是表面上的,实际上正逐步地进行对苏战争的准备。吉本贞一参谋长规定对此称作"关东军特种演习",简称"关特演"。一九四一年七月,由大本营发起"关特演",九月向满洲集结了七十万兵力。

发出"关特演"通知两天后,与此相呼应,关东宪兵队司令部发出对苏联间谍一齐整理的指令。这就是本书的"关宪高第六二五号"指令。

"关特演"前后,东安宪兵队的管区内军队非常拥挤。当时,在虎林有关东军第十一师团,裴德有第二十四师团驻防,在国境线有第十一、十二战车联队和骑兵第三旅团、第六独立守备队。守备虎头和庙岭阵地的国境守备队相当于一个师团的兵力。

小规模的宪兵队,在防谍业务上根本忙不过来,侦谍、拘捕、审讯等都相当粗糙。

一九四二年,虽然"关特演"结束而转为南进政策,但关东军依然继续使役四十万中国人。一九四三年,国民勤劳奉公制全面开始实施。一九四四年,实行了学生的勤劳奉公制。一九四三年的《保安矫正法》和《思想矫正法》是打算使役城市流动人口的办法,前者将"有犯罪之虞者"送进矫正辅导院,强制其劳动,后者将有政治犯罪可能性的进行"预防拘禁"并强制其劳动。一九四三年四月,奉天、哈尔滨、鞍山、本溪、抚顺五城市开始建立矫正辅导院。一九四四年,增设了齐齐哈尔、佳木斯、鹤岗、阜新、鸡宁等处矫正辅导院。仅在一九四二年后半年,成为两法对象的所谓"浮浪者"就有约三十万人。两法公布实施前,"抓浮浪者"是由宪兵和警察实施,并将"浮浪"作为劳动力送往军事工程或矿山。有了两法后,就更加残暴并扩大了规模。⑤

一九四三年五月,《保安矫正法》施行后,首都警察厅三田正夫就同新京宪兵队长橘武夫商谈并开始在新京市内"抓浮浪者",逮捕了约一千三百人,应宪兵队的要求,选了其中八人供"七三一"部队作细菌实验用而移交给了宪兵队,其余监禁在宽城子郊外杂草丛生的空地上建的鼠疫预防隔离所。有一千多人成功地逃走,未成功的二百人以后被送到兴安东省建筑工地。另外,一九四三年五月到一九四四年六月间,首都警察厅借实施《保安矫正法》之机,逮捕的中国无辜平民百姓中约有七十人,通过新京的日本宪兵队送交哈尔滨石井部队供细菌实验用而被残酷杀害。

一九四三年十二月二十七日,实行《治安维持法》。据关东宪兵队司令部的说明:"最近考查了思想犯的情况,为了能用最有效最适宜的方法彻底扫除这种犯罪,修改了《暂行惩治叛徒法》和《暂行惩治盗匪法》,将两者合并制定为新的《治安维持法》,非常有必要实施这项法律,以期万无一失地维持好当前时局下的治安。"同这以前的《暂行惩治叛徒法》的差异在于,《治安维持法》提出"以变革国体为目的,明显地对国体的观念进行探讨并散布否定国体事项为目的的犯罪,定性为这种犯罪。"⑤

(三)东安宪兵队的实际情况

本书中十分清楚地是按"特殊输送"处理的案件,东安宪兵队本部管内的有东安分队三人,虎林分队七人,虎头分遣队十人,半截河分遣队一人。另外,佳木斯宪兵队本部管内和北安宪兵队本部管内各一人,都是满洲东北部的宪兵队所为。一九四一年七月到九月间办理的案件,其中东安宪兵队的"特殊输送"资料最多,可以认为这是因为从伯力到兴凯湖附近,以乌苏里江为界,沿苏联国境线管辖的这一地区,是偷越国境的多发地区的缘故。

东安宪兵队本部是由密山临时宪兵队发展起来的。一九四〇年设了东安、平阳镇、虎林、宝清、林口等五个分队,在裴德、半截河、虎头、滴道各地设分遣队,并在二人班和鸡西设了分驻所。

一九四一年八月关东宪兵队改编时,按照司令部"宪兵队的管区,应尽可能与满洲国的行政管区一致"的要求,把佳木斯宪兵队的勃利分队移交给东安宪兵队成为第六分队,同时增设密山、饶河、杏树等分遣队,管区几乎覆盖东安省全境。

同年九月,关东军把二十军调到国境驻防,同时宪兵队司令部为了该军的军事警察业务,在东安和东宁间新增设鸡宁宪兵队,把东安的平阳镇、林口、勃利三个分队及分遣队归入鸡宁宪兵队属下。

鸡宁宪兵队办理的"特殊输送"情况见本书中"特殊输送"档案简介。其中一九四二年八月一日到三十一日"在押间谍"三十九人中,被"特殊输送"的是王勤山、马尚文、刘维平、王照儒、吴春福、唐永金、尹文生、赵新贵计八人。翌年一月一日到五月一日为止拘押的十六人中,被"特殊输送"的有吴天贵、周殿平(预定)两人。另六人正审讯中。

此后,东安宪兵队由三个分队和三个分遣队及密山一个分驻所来管辖东安省的东半部。[52]

本书涉及的时期内,在东安宪兵队本部(一九三九年十二月?)和平阳镇分队(一九四〇年十二月——一九四一年八月)工作过的长沼节二宪兵军曹谈到当地宪兵队的规模时说:"分队除队长外有庶务系长二人,特高系的军曹一人,伍长二人。宪兵配带白地红色宪兵二字的袖章,宪兵补(朝鲜人的宪兵辅佐)为白地黑字,宪补(中国人的宪兵辅佐)为黄色袖章。每人配马夫二人,是个一共十多人的部队。"东安的本部也就是十五人左右。[53]

宪兵队的规模小,管辖的地区偏僻。例如,虎林分队所在的虎林县,据一九三七年统计,人口二百户,一千三百人,几乎都是从山东、河北、奉天来的移民,另有很少数俄罗斯人。绝大多数是农民,经商的有二十二家。杂货店为最多,肉店、皮革店、裁缝店、鞋店、澡堂、药店、木材店等各有一家。因与苏联距离很近，通过一条乌苏里铁路向苏方出口大豆、豆油、马铃薯等农产品，进口物品中米和杂货较多。当时的资料记载，"虽然是个较为发达的农村水平，在人烟稀少的当地看来很像个城市"。⑤

在这样的靠近苏联边境的人口稀少地区，仅此少数的宪兵们却对居民们拥有着极大的权力。正如本书中可以大量看到的，他们是否在走私？是否偷运鸦片？是否以提供情报来换取走私的方便？宪兵们就是以这些嫌疑在侦察他们。

宪兵队的"防谍"活动之一，是一种发现抗日地下工作者的方法，叫做"秘标工作"。当时，国境地带法规定，在虎林县和密山县等这一地区居住的满十四岁以上的人，必须向警察署申请领取居住证明书，出门时必须随身携带。由外地来国境地带旅行的，必须持有警察署发给的旅行许可证才能进入。

"秘标工作"就是这个证明书用纸，有油墨做的秘密标记，利用这个来发现真假。这个秘标工作不是别人，正是本书中"特殊输送"报告（申请）写的最多的东安宪兵队的白滨重夫队长和山田义雄大尉两人在司令部时设想的方案，经前面提到过的齐藤美夫警务部长决定后实行的。东安宪兵队本部在战务课中设"检证班"，据说在虎头到牡丹江的火车上，频繁地查验这种利用秘标的证明书。

（四）宪兵用"特殊输送"来提高自己的业绩

宪兵队的审讯是极其残酷的，由于宪兵为提高业绩而被"特殊输送"的人数也就特别多。在平阳镇宪兵分队和齐齐哈尔宪兵队任勤务的土屋芳雄说，当时的审讯与其说是粗暴，不如说是极度残酷的。对此问题他有如下一段叙述：

"我想，尽管如此，也是一次粗暴的搜查。好像是中国共产党北满省委的成员，以某种形式进入了齐齐哈尔市，潜伏在合法部门，进行煽动反满抗日的非法活动，好像叫做人民战线运动这样一个名称。但这个战线到底在哪里，完全不知道。'一定是在什么地方。搜！要一网打尽。'这个一网打尽就是说抓一两个人是不行的。所以，见到可疑的对象暂不拘捕，开列出与这一对象接触和联系的人员名单，一起加以镇压。这一做法叫做侦谍培养。"⑤

土屋说，"如果可疑，不管什么都行"。也有的"只要是我们看不顺眼的，分明被诬陷也不去管他"。

有一次，只因不是本地人就说是"可疑"，便把三十岁左右的一个中国男人捆上带到宪兵队来了。于是，加以拷问，想让他招出什么。最初是用木棒殴打的方法，发现无效后把两手反绑吊起来，这人昏了过去。第二天用烙铁烧，这人痛苦地大叫,不能说话。第三天,被剥光从鼻子和嘴中往里灌水。第四天,让他跪坐在木方上,再骑上一个人,叫做"算盘刑"。翌日,又用钢针刺到手指的指甲与肉之间进行严刑拷打。审讯的残酷可见一斑。这样折磨的结果,"'只弄清了此人叫张文达,三十三岁,是从附近农村来买东西的',此外没有任何其他口供。班长资格的军曹已经把这个人作为抗日分子向哈尔滨宪兵队作了报告。但是,用尽了拷打也没办法得到更重要的情报。尽管如此,已经拷打得半死的这个人,也没能被释放。"⑤

幸而有一位"满洲国"国军的日本中尉来到把这个人带走。据说是作了"日本刀的试刀品"。正在逮捕者为如何处置而烦恼时,对宪兵来说这是一种最恰当的处理未完成工作的特殊处理办法。

在东安宪兵队工作过的长沼节二今天以忏悔的心情说:

"虽说是在战争中,但所作所为也太残酷了。'特殊输送'不管怎么说反正是很轻松的。否则,如果是送法院,就必须作出非常准确的能够作为证据的调查。但通常这是不易查到的。罪状轻微的不起作用,遇到死硬分子,他根本不能坦白。马马虎虎的证据送去后,不是不起诉就是判轻罪,最终一无所得,反而适得其反,造成他们更加顽固。在这一点上,'特殊输送'就轻松多了,因为只要向司令部送个报告书就完了,也不要供述和审讯的案卷。拿到'特殊输送'指令,把人犯送到哈尔滨,石井部队就给可靠地处置了。绝对不会有再活着或反抗等问题。对'特殊输送'上面也奖励。"⑤⑦

看了本书后,也感到确实如此,供述笔录等等一概没有,报告书也看不出有无自供,也没有逮捕现行犯的案例。或许可以推测,净是些宪兵队捏造的报告。事实上,在实际工作中虚假报告或为了提高业绩的浮夸等就是这么做的。后来,任关东宪兵队司令部副官的吉房虎雄就是这么写的:

"一九四一年八月新到任的关东宪兵队司令部第三课长吉房中佐,怕妨碍晋升大佐,便考虑拼命'提高成绩'。参观石井部队受到启发,想出只有用增加'特殊输送'这个办法。于是,发出了强化'国境防谍'和无线电探测等命令,不仅督促各宪兵队执行,而且用发奖金或奖状等各种方法,要求增加'特殊输送'。

对吉房作为主任发出的命令,属下的宪兵队长像饿虎扑食般趋从,宪兵都红了眼。于是'成绩'提高了,获得了'奖状'和'奖金',而且'晋升'、'荣转'。"

"一九四〇年,已经是佳木斯宪兵队长的橘武夫中佐(前面提到过的伯力证人),为比别人先晋升为大佐,他想必须在此地打下个坚实的基础。有关自己利益的问题向来非常敏感的他,想到这一地区一直是救国运动的根据地,就想以此为题材上演一幕好戏。他在新京任分队长时深入研究过宗教关系,特别是对'在家里'(集中于信仰中心的秘密结社)有过深入的研究,因此认为如果从这里入手,一定能成功地捏造出相当数量的反满抗日分子来,于是命令特务列出了与此有关的数十人的黑名单。

于是,他就一举将这数十名无辜的平民百姓逮捕了,尽管使用了所有的手段拷打,可这本是毫无根据的事,当然也不可能出现他想要的结果。于是,他就开始拿出早就计划好的'特殊输送'的绝招,把这几十名平民百姓送到了石井部队。这一所谓的'优秀成果'发挥了作用,成为他升为宪兵队司令部课长和大佐的基础。"⑱

前面讲到的关东宪兵队特设宪兵队(通称"八六"部队),一九四一年制造的牡丹江事件,也是宪兵夸大业绩的结果。当时与张文善同时被捕的朱子盈,由于在"七三一"部队牺牲,其妻子敬兰芝现在已要求日本政府道歉并赔偿。"八六"部队的第一次研修班,从各宪兵队指名抽调优秀宪兵实施三年教育,但据说这引起了各宪兵队长的反感。

"在各宪兵队长联席会议上,'八六部队进行三年教育,但到底有了什么样的成果',大家一齐对八六部队长山村大佐表示不满。关东宪兵队全部预算的一半投进去了,可现在还在教育过程中,还没合格。大家不服气,向山村大佐追究八六部队研修班的真正价值。山村忍气吞声回到部队。他想,必须很快地拿出个什么成果来,否则部队将被解散。于是,就决定在认为苏联间谍最多的牡丹江地区,边学习,边工作,搜索间谍电台。"⑲

在用电波探测器识别可疑电波演习的基础上,于一九四一年五月七日由新京出发,到达牡丹江后立即在当地宪兵指挥下,开始了探测活动。

"在牡丹江市内探测可疑电波的结果,查明在一个月中每星期五早晨两点为发报时间,但很快便停止了。是他们出了故障,还是发现了探测班的行动?经研究,古屋军曹判断为间谍的电台故障,要等待时机。约一个月后,怪电波重新开始发报。同样的信号,同样的频率。这样,根据探测班耐心的成功等待,获得了成果,于一九四一年七月二十五日逮捕了苏联无线电间谍张文善(当时三十七岁)等以下七人。"⑳

在伯力审判记录中,可以见到因"特殊输送"成为牺牲品的朱子盈的名字,他就是这时被逮捕的。这些人勉勉强强留下了名字,但是因宪兵为夸大业绩而成为牺牲品的"特殊输送"的无名的人,还有很多。

四、日本投降前夕"七三一"部队的破坏和宪兵队的瓦解

一九四五年一月,陆军省决定中止细菌战的战略实施。一九四四年,日军已经完全失去了制海权和制空权,南太平洋的据点接连丢失,因此,大规模实施细菌战已经不可能。但满洲方面仍不放弃对苏战争使用细菌的计划。一九四五年二月,关东军和"七三一"部队还在搜集培养鼠疫菌的鼠类,并进行繁殖。[61]"七三一"部队从平房移向南满的通化,计划以此为防线。一九四五年五月以后,"七三一"部队将所存重要档案的一部向通化及北朝鲜北部的江界疏散。

一九四五年八月九日零时,苏联对日宣战,关东军司令官山田乙三下达销毁证据的命令,"七三一"部队开始破坏设施,烧毁秘密文件,烧毁细菌、跳蚤、标本及器具、机械,杀害并烧毁特设监狱(第七栋、第八栋)中的"原木"等等,并立即得以实施。九日午后,将所收容的四百余"原木"开始烧毁,将灰装进草袋子扔进松花江。[62]四方楼内部的破坏到十二日中午后结束,傍晚即开始破坏四方楼的建筑物。最初因为太坚固破坏不了,十三日和十四日由驻防哈尔滨的"独立混成一三一旅团"的石原工兵大队,才完成了"七三一"部队建筑物的破坏。安达的野外实验场也于十四日破坏完了。[63]为了一千七百人的部队队员及家属,再加上物资优先让满铁运送去日本,十日就有三十三节火车进入部队的专用线开始了第一批的撤退行动,最后到十四日的午后七时陆续将人和物资运走。他们南下朝鲜半岛,八月下旬到达仙崎港等地。就这样,因为"七三一"部队是秘密部队,所以就最优先、最迅速地撤回了日本。原队员们作证说,石井四郎在部队解散时下了命令:"部队的秘密要带到坟墓里去,战后不许任公职,队员相互间不许联系。"这就是原队员们关于"七三一"部队问题在战后很长的时期没有开口的原因之一。

因"七三一"部队的破坏,大量感染了鼠疫菌的老鼠逃散,使"七三一"部队附近的村子流行了鼠疫。破坏后,附近村子突然出现大量鼠类,还发现了中国东北向来未见的白鼠。一九四六年六月到九月,部队周围后二道沟、义发源、大东井子等发生了鼠疫,死亡者达一百二十一人。[64]

最后,让我们看一看,在一九四五年八月战争结束的前夜,东安宪兵队是怎么样走上末路的。

一九四五年八月,关东宪兵队司令部召集了全满宪兵队长会议,大木繁司令官向东安宪兵队发出如下指令:

(一)因关东军作战配备的变更,八月一日起东安宪兵队撤销,主力一百余

人转归关东军第二特别警备队司令部指挥。

（二）现在监禁中的人员、侦察中的事件全部移交给东安特务机关。

（三）主力以外的宪兵，配属于第一方面军，军事警察业务同司令部交办的临时性业务合并。

（四）所管的文件、物品移交牡丹江宪兵队本部保存。

根据上述命令，将监禁的人员和侦察中的事件移交给特务机关。八月八日，东安宪兵队的主力同哈尔滨特务机关东安支队等编入第二特别警备队第四大队，鸡宁、东安、饶河等五个中队统一合并到第一方面军，但最后于八月十五日得知日本投降后，而向吉林逃走，在移动的途中被解除武装投降了。（本文完）

注释：

①部队是一九三六年以"关东军防疫部"名义开始创立，一九四〇年改称"关东军防疫给水部"，一九四一年八月起使用秘密名称"七三一"部队。本稿 一律使用"七三一"部队这一名称。

②《齐藤义雄（美夫）亲笔供述书》，一九五四年八月二十日，中国中央档案馆（一）一一九一二、二〇、一、第五号。中央档案馆、中国第二历史档案馆、吉林省社会科学院合编《日本帝国主义侵华档案资料选编(5)细菌战与毒气战》，中华书局，一九八九年，九十四页。新井利男、藤原彰编《侵略的证言》岩波书店，一九九九年，二百四十八页。江田宪治、儿岛俊郎、松村高夫编译《证言 人体实验？七三一部队及其周边》，同文馆，一九九一年，一二一～一二二页。

③关于背荫河防疫班的中国人逃走问题，刘海涛《关于满洲的状况的报告》（一九三六年一月）。这个报告的内容，在前面的《证言 人体实验》中的松村高夫"解说"二八三～二八四页曾引用。

④《陆军密大日记》中"关于在满兵备充实的意见"（常石敬一《七三一部队——生物武器犯罪的真相》，讲谈社，一九九五年，三十六页）。

⑤关于平房占地问题，关成和著，松村高夫、江田宪治、江田泉编译《七三一部队所占的村子？平房的社会史》（小内书房，二〇〇〇年），三十五～五十三页。

⑥从事特设监狱建设的萩原英夫是一九三八年一月到达平房的第一批建设班的二十人之一，在战后抚顺战犯管理所留下了他画的四方楼和特设监狱的三张图，第三张是"第七栋、第八栋(活体实验所)的内部构造"。萩原英夫亲笔供述书，前载《证言 人体实验》五十二～五十四页，以及松村高夫编《论战、七三一部队》，晚声社，一九九五年，八～十页。

⑦川岛清的讯问（一九四九年十二月二十五日），《关于细菌战用武器的准备及使用被起诉的原日本军军人事件的公判书类》（外国语图书出版所，一九五〇年）（以下略为《公判

书类》)三〇三页。

⑧川岛清的讯问(一九四九年十二月二十五日),《公判书类》二九四～二九五页。安达略图是小林英夫、儿岛俊郎编《七三一细菌战部队·中国新资料》,不二出版,一九九五年,二二〇页刊登。

⑨川岛清的讯问(一九四九年十二月二十五日),《公判书类》二九八页,及柄泽十三夫的讯问(一九四五年十二月二十六日),《公判书类》三一九页。

⑩大连卫生研究所,正式名称为南满洲铁道株式会社卫生研究所,于一九二五年设立,一九三八年随着满铁附属地行政权移交"满洲国",改为七三一部队所属。

⑪关于"一〇〇"部队,松村高夫、解学诗等著《战争和瘟疫·七三一部队带来的问题》,本之友社,一九九七年。中文版解学诗、松村高夫等著《战争与恶疫·七三一部队罪行考》、人民出版社(北京),一九九八年。第二章'关东军军马防疫厂—— 一〇〇部队情况再说明'(江田泉)详解。

⑫关于新京、农安的鼠疫流行,前载《战争与瘟疫》第三章"新京鼠疫谋略—— 一九四〇年"(解学诗)详解。同时参照《高桥正彦鼠疫菌论文集》(一九四二年)。

⑬关于向常德的细菌攻击,前载《战争与瘟疫》第五章"湖南常德细菌作战—— 一九四一年"(松村高夫)详解。

⑭吉见义明、伊香俊哉《七三一部队和天皇·陆军省》,岩波书店,一九九五年,三十页。

⑮人体实验的牺牲品,据川岛清的证言,只是在一九四〇年到一九四五年,就有三千人。

⑯《公判书类》二二一页。

⑰前载《侵略的证言》二三二页。

⑱前载《证言 人体实验》一四三页。

⑲《公判书类》二一五页。

⑳前苏联 KGB 保管资料,橘武夫讯问案卷(一九四九年十二月二十二日)。

㉑《公判书类》四六九～四七〇页。

㉒朝日新闻山形支局《纪闻 某宪兵的记录》朝日新闻社,一九八五年,一一四页。

㉓《公判书类》四七二～四七三页。

㉔《公判书类》四七三页。

㉕前载《证言 人体实验》一三五页。

㉖《公判书类》四七四页。

㉗前载《证言 人体实验》一二四～一二五页;前载《细菌战与毒气战》九六～九七页。

㉘前载《侵略的证言》二四八页。

㉙《公判书类》二二一～二二七页。

㉚《公判书类》二二七～二三一页。

㉛加藤丰隆《满洲国警察小史(第二编)》,原在外公务员援护会,一九七四年,十四页。

㉜岛村乔《三〇〇〇人的活体实验》,原书房,一九八一年(第二版),五十六页。另绿荫

学院为绿园学院之误。这是以陆军中野学校为样板，于一九四四年三月由保安局开设的培养间谍的机关（永富直明手记《保安局》，一九四四年）。

㉝前载《三光》一六四～一六五页。

㉞江先光《千人的战魔》，丛文社，一九八四年，六十九页。

㉟前载《三〇〇〇人的活体实验》五十七页。

㊱前载《证言　人体实验》一二八、一三一、一三二、一三七、一三八、一六二页。

㊲神吉晴夫编《三光日本人在中国的战争犯罪的告白》，光文社，一九五七年，三十三页。

㊳《公判书类》四七八页。

㊴越定男《血泪染成的太阳旗》，教育史料出版会，一九八三年，三十二～三十四页。

㊵前载《证言　人体实验》三十一～三十五页。

㊶前载《血泪染成的太阳旗》三十四～三十五页。

㊷全国宪友会联合会编纂委员会编《日本宪兵外史》，全国宪友会联合会本部，一九八〇年。

㊸前载《纪闻　某宪兵的记录》六十页。

㊹全国宪友会联合会编纂委员会编《日本宪兵正史》，全国宪友会联合会本部，一九八〇年，二十九页。

㊺关东宪兵队司令部编《在满日系共产主义运动》，一九四四年，三十九页。

㊻"满洲国"治安部《满洲国警察史》，一九四二年，五三〇页。

㊼前载"三光"二十九～三十页。本书的赵成忠和刘恩等被"特殊输送"之一九四一年八月，赵成忠的"特移扱"指令中的上栏可见吉房的印章。

㊽古海忠之亲笔供述书，一九五四年六月九日，前载《侵略的证言》一四三页。

㊾前载齐藤美夫亲笔供述书，前载《侵略的证言》二四五页。

㊿解学诗、松村高夫编著《满铁劳动史的研究》，日本经济评论社，二〇〇一年，第二章"满洲国、满铁、强制劳动"（解学诗）。

51前载《在满日系共产主义运动》八〇四～八〇五页。

52付大中《伪满史丛书 关东宪兵队》，吉林教育出版社，一九九〇年，三五五页。

53长沼节二访谈，二〇〇〇年六月六日。

54《满洲国地名大词典》第三版，一九四一年，二二八页。

55前载《纪闻　某宪兵的记录》七十七页。

56同上六十九页。

57长沼节二访谈，二〇〇〇年六月六日。

58前载《三光》三十～三十一页。

59前载《日本宪兵正史》七八七页。

60同上，七八八页。

61前载《战争与瘟疫》第七章"东北鼠疫大流行——一九四六～一九四八年"（郭洪茂）

三二四～三三一页。

㉒据一九四三年以来隶属于"七三一"部队教育部的沟渊俊美的证言,八月九日午后焚烧第七栋、第八栋收容的'原木'的臭味开始散出(沟渊俊美《平房在燃烧》一二九～一六八页)。另外,教育部的篠原鹤男、大竹康二关于"原木"的"处理"问题作证("七三一"部队研究会编《细菌战部队》,晚声社,一九九六年,九十三、一一四页)。另,越定男记述有将灰装入草袋扔进松花江。(前载《血泪染成的太阳旗》一五七～一六二页)。

㉓前载《证言 人体实验》一九五～一九六页。

㉔前载《战争与瘟疫》第七章"东北鼠疫大流行"三三三页～三三七页。

黑龙江省档案馆馆藏侵华日军
"特殊输送"档案简介

　　黑龙江省档案馆馆藏侵华日军关东宪兵队"特殊输送"档案形成于一九三九至一九四四年,共计八十六件。全部为日文档案。档案记载的经侵华日军各宪兵队请示进行"特殊输送"处理的抗日谍报人员共计五十六人,其中经关东宪兵队司令官签发指令向"七三一"部队"特殊输送"的四十二人。

　　一、刘恩,男,时年三十九岁。原籍山东省栖霞县减格庄,当时住址密山县东安街花乐街。秘密身份为苏联谍报员。一九四一年七月十四日十三时,在其住所被东安宪兵分队秘密逮捕。七月二十九日,东安宪兵队长白滨重夫以东宪高第六二九号向关东宪兵队司令官原守呈报审讯报告,提出"应在当地给予严重处分,请关宪司电报指示"。一九四一年八月七日,关东宪兵队司令官原守下达第四八八号指令:"根据东宪高第六二九号报告,准予将苏联谍报员刘恩适时作特殊输送处理。"八月十日,东安宪兵队长白滨重夫分别密电关东宪兵队司令官原守和哈尔滨宪兵队:"八月十一日乘六时三十六分到哈尔滨的列车,将苏联谍报员刘恩实施特殊输送。请哈尔滨宪兵队收领该人犯。"

　　二、盛桂题,别名品臣,男,时年三十五岁。原籍山东省掖县。职业经商,秘密身份为苏联谍报员。一九三四年八月加入苏联谍报组织。一九四一年在大连市西岗子庆升旅馆被大连宪兵队逮捕。七月十九日押送到东安宪兵队,之后转押至虎林宪兵分队。七月三十日,虎林宪兵分队长长岛恒雄以虎林宪高第三〇六号向东安宪兵队、关东宪兵队司令部呈报了审讯报告。八月十三日,关东宪兵队司令官原守下达第八一五号指令,密令将苏联谍报员盛桂题适时"特殊输送"。

　　三、董殿全,男,时年五十五岁。原籍山东省莱阳县后山村,当时住址东安省虎林县虎头村朴实屯。职业农民,秘密身份为苏联谍报员。原籍有妻子李氏、长子高铃、次子珠三人。一九三九年五月加入苏联谍报机关。一九四一年七月二十七日,在虎林县虎头村朴实屯被虎头宪兵分遣队逮捕。七月三十一日,虎头宪兵分遣队长桦泽静茂以虎头宪高第二二八号向东安宪兵队长白滨重夫呈报审讯报告。八月十三日,关东宪兵队司令官原守签发第八一五号指令,密令将董殿全适时"特殊输送"。

四、季兴田,别名盛山,男,时年五十一岁。原籍山东省掖县桂村季家,当时住址东安省密山县滴道村金刚路五牌。职业水果商,秘密身份为苏联谍报员。其父母及妻子均在原籍,长子在沈阳的袜子厂工作。一九三八年十二月加入苏联谍报组织。一九四一年七月在其住所被滴道宪兵分遣队逮捕后,移送虎林宪兵分队。七月二十三日,虎林宪兵分队长长岛恒雄以虎林宪高第二六九号向东安宪兵队长白滨重夫呈报审讯报告,并转呈关东宪兵队司令部、四参、东安特务机关。报告认为:"季兴田仍在本分队拘押,其性情顽固,无悔改之意,且无逆用之可能,故认为适合特殊输送。"东安宪兵队长白滨重夫阅后签批意见:"本队长同意分队长的意见,该人适合特殊输送。但鉴于列车运行时间的变更和管内实际情况,考虑还是在当地给予严重处分为宜。请关宪司指示。"八月六日,关东宪兵队司令官原守签发第七八七号指令,密令东安宪兵队长将季兴田适时"特殊输送"。

五、刘汉升,男,时年四十八岁。原籍山东省莱阳县,当时住址东安省虎林县虎头村朴实屯。职业农民,秘密身份为苏联谍报员。在原籍有母亲刘王氏和叔父刘子存二人。一九三四年四月成为苏联谍报员。一九四一年七月二十日,在虎头火车站候车室被虎头宪兵分遣队逮捕。七月二十五日,虎头宪兵分遣队长桦泽静茂以虎头宪高第二一七号向东安宪兵队长白滨重夫呈报审讯报告,认为"没有利用的价值,对日满军实为大害,适合特殊输送"。八月六日,关东宪兵队司令官原守签发第七八七号指令,密令将刘汉升适时"特殊输送"。八月二十五日十七时,东安宪兵队长白滨重夫密电关东宪兵队司令官原守:"于八月二十七日乘二十时三十分到哈尔滨的列车,将苏联谍报员刘汉升等七人实施特殊输送。请哈尔滨宪兵队办理接收人犯手续。"

六、张生文,别名张开,男,时年二十八岁。原籍山东省莱阳县张家寨村,当时住址东安省虎林县虎头村朴实屯。一九三九年五月,张生文加入苏联谍报组织。一九四一年七月二十五日在其住所被虎头宪兵分遣队逮捕。七月二十九日,虎头宪兵分遣队长以虎头宪高第二二四号向东安宪兵队长白滨重夫呈报审讯报告,认为"该人性情狡猾,无利用价值,故认为适合特殊输送"。白滨重夫阅后提出意见:"鉴于时局的关系,认为在当地给予严重处分较妥当。请关宪司指示。"并将审讯报告转呈"关宪司、四参、东特机、队下乙"。八月九日,关东宪兵队司令官原守下达第七九六号指令,密令将张生文适时"特殊输送"。

七、赵成忠,男,时年三十三岁。原籍山东省高唐县十里堡,当时住址东安省密山县鸡西街。职业烧砖工,秘密身份为苏联谍报员。一九四一年四月,两次到苏军兵营提供日满军情报。七月九日十九时,在其住所被半截河宪兵分遣队秘密逮捕审讯。七月十二日,半截河宪兵分遣队长日比野龟三郎以半截河宪高第一二五号向东安宪兵队长白滨重夫呈报审讯报告。认为该人"将来没有逆用价值,适合特殊输送"。白滨重夫签批意见:"因时局关系,我们认为应尽快将赵成忠特殊输送较妥当。请关宪司指示。"并将审讯报告转呈关东宪兵队司令部、四参、东安特务机关。七月二十五日,关东宪兵队司令官原守签发第七五五号指令,密令将赵成忠"特殊输送"。八月八日二十一时,半截河宪兵分遣队派下士官以下二人,将赵成忠"特殊输送"至哈尔滨宪兵队本部。

八、田立顺,男,时年四十岁。原籍山东省胶州县王台村,当时住址东安省虎林县独木河村。在一九三九年十二月担任吉祥屯警察署外勤特务期间,加入苏联谍报组织。一九四一年八月一日被诱至虎林国境警察队本部秘密逮捕,之后移交虎林宪兵分队审讯。八月十日,虎林宪兵分队长长岛恒雄以虎林宪高第三六八号向东安宪兵队长白滨重夫呈报审讯报告,认为"没有逆用价值,给予特殊输送较妥当"。白滨重夫签批意见:"我认为适合特殊输送,请关宪司指示。"并将审讯报告转呈关东宪兵队司令部。八月十九日,关东宪兵队司令官原守签发第八三一号指令,同意将田立顺"特殊输送"。

九、刘世杰,别名冠英,男,时年三十八岁。原籍吉林省永吉县城内,当时住址东安省密山县城内朝阳区十三牌。一九三五年十月由苏联谍报员黄兆珠发展为谍报员。一九四一年七月八日在密山国境警察队被东安宪兵分队秘密逮捕后,移交虎林宪兵分队。八月七日,虎林宪兵分队长长岛恒雄以虎林宪高第三四七号向东安宪兵队长白滨重夫呈报《关于审讯苏联谍报员刘世杰情况的报告》,认为给予"特殊输送"较妥当。白滨重夫审阅后提出意见:"我认为适合特殊输送。请关宪司指示。"八月十八日,关东宪兵队司令官原守下达第八二七号指令,同意将刘世杰"特殊输送"。

十、安鸿勋,男,时年四十二岁。原籍山东省利津县大王家村,当时住址东安省虎林县虎头村二十九牌。一九三八年十一月加入苏联谍报组织。一九四一年八月二日在虎林县虎头村兴隆街被虎头宪兵分遣队秘密逮捕审讯。八月十四日,虎头宪兵分遣队长桦泽静茂以虎头宪高第二五四号向东安宪兵队长白滨重夫呈报审讯报告称:"这种人留在国境地区有再度活动之虑,且无悔改之情,特殊输送较妥当。"东安宪兵队长审阅后,加盖"东安宪兵队长点检"印记,转呈关东宪兵队司令部。八月二十七日,关东宪兵队司令官原守签发第八五五号指令,根据虎头宪高第二五四号,同意将安鸿勋"特殊输送"。

十一、国恩章,别名国高,男,时年三十二岁。原籍山东省掖县过西村,当时住址东安省虎林县虎头村西顺街二十牌。职业明远春饭店厨师,秘密身份为苏联谍报员。原籍有父母国登文、任氏和弟弟国恩周三人。一九三四年七月被发展为苏联谍报员。一九四一年八月十一日在其住所被虎头宪兵分遣队秘密逮捕审讯。八月十六日,虎头宪兵分遣队长桦泽静茂以虎头宪高第二五八号向东安宪兵队长白滨重夫呈报审讯情况报告,提出"该人长年进行谍报工作,对日满军的危害极大。因此,特殊输送最为妥当"。白滨重夫审阅后签署意见:"关于该人的处置问题,同意分遣队长的意见,适合特殊输送。请关宪司指示。"并向关东宪兵队司令部转呈报告。八月二十九日,关东宪兵队司令官原守下达第八六二号指令:"根据虎头宪高第二五八号报告,准予将苏联谍报员国恩章作特殊输送处理。"

十二、李厚彬,别名敬元,男,时年三十二岁。原籍安东省安东县九连城村。当时住址东安省虎林县虎林街虎林区四十牌。一九三七年五月,加入苏联第五十七国境警备队谍报组织。一九四一年八月八日十时在虎林街四道街被虎林宪兵分队秘密逮捕审讯。八月十六日,虎林宪兵分队长长岛恒雄以虎林宪高第三八六号向东安宪兵队呈报审讯报告,提出:"目前,李厚彬仍在拘押,无逆用价值,适合特殊输送。"东安宪兵队长白滨重夫审阅后提出意见:"关于该人的处置问题,同意分队长的意见,适合特殊输送。请关宪司指示。"并将审讯报告分别转呈"关宪司、四参、东安特机"。八月三十日,关东宪兵队司令官原守向东安宪兵队长下达第八六八号指令:"根据虎林宪高第三八六号报告,准予将苏联谍报员李厚彬作特殊输送处理。"

十三、苏介臣,别名苏敬先,男,时年四十一岁。原籍山东省莱阳县曲格庄,当时住址东安省虎林县虎头村西顺街。职业饭店炊事员,秘密身份为苏联谍报员。一九三六年五月加入苏联谍报组织。一九四一年八月十六日在虎林县虎头村如意街被虎头宪兵分遣队秘密逮捕。八月二十日,虎头宪兵分遣队长桦泽静茂以虎头宪高第二六四号向东安宪兵队长白滨重夫呈报审讯情况报告,提出该人"无利用价值,且性情放纵,无悔改之意,最适合特殊输送"。白滨重夫审阅后签批意见:"关于该人的处置问题,同意分遣队长的意见,适合特殊输送。请关宪司指示。"并将报告转呈"关宪司、四参、东安特机"。九月二日,关东宪兵队司令官原守向东安宪兵队长白滨重夫下达指令,将苏介臣"特殊输送"。

十四、张振起,别名张老窝,工作名伊万,男,时年三十七岁。原籍山东省即墨县蛮家兰屯,当时住址东安省虎林县虎头村饭冢木材部。职业炊事员,秘密身份为苏联谍报员。其父张玉山及其弟张振车二人在原籍务农。张振起于一九三八年六月加入苏联谍报组织。一九四一年八月二十一日在虎林县虎头村兴隆街被虎头宪兵分遣队秘密逮捕审讯。八月二十五日,虎头宪兵分遣队长桦泽静茂以虎头宪高第二七〇号向东安宪兵队长白滨重夫呈报审讯报告,提出"张振起在本分遣队拘押,无利用价值。……但如果留在国境地区,有再次活动之虑。因此,鉴于时局的关系,最适合特殊输送"。白滨重夫审阅后签批意见:"关于该人的处置问题,同意分遣队长的意见,适合特殊输送。请关宪司指示。"九月四日,关东宪兵队司令官原守下达第八八三号指令,同意将张振起"特殊输送"。

十五、原美臻,男,时年四十岁。原籍山东省掖县三山原家,当时住址东安省虎林县虎林街安乐区二牌。职业饭店主,秘密身份为苏联谍报员。原美臻于一九三六年五月加入苏联谍报组织。一九四一年八月十七日在虎林县虎林街安乐区被虎林宪兵分队秘密逮捕审讯。八月三十日,虎林宪兵分队长长岛恒雄以虎林宪高第四二三号向东安宪兵队呈报审讯情况报告。提出"目前,原美臻仍在本分队拘押,无逆用价值,特殊输送较妥当"。白滨重夫签批意见:"关于该人的处置问题,同意分队长的意见,适合特殊输送。请关宪司指示。"九月十三日,关东宪兵队司令官原守签发第九一八号指令:"根据虎林宪高第四二三号报告,准予将苏联谍报员原美臻作特殊输送处理。"

十六、张汝成,别名韶九,男,时年四十七岁。原籍山东省掖县吕村,当时住址东安省密山县黄泥河子安乐屯三十牌。职业杂货商,秘密身份为苏联谍报员。妻赵氏、长子张永俊在原籍务农,次子张永杰与其同住。张汝成于一九三七年加入苏联谍报组织。一九四一年八月十三日在密山县黄泥河子村安乐屯被平阳镇宪兵分遣队秘密逮捕,八月十五日移交虎林宪兵分队审讯。八月三十一日,虎林宪兵分队长长岛恒雄以虎林宪高第四二四号向东安宪兵队长白滨重夫呈报审讯报告。认为该人"无逆用价值,适合特殊输送"。白滨重夫批示:"同意分队长意见,请关宪司指示。"九月十三日,关东宪兵队司令官原守签发第九一九号指令:"根据虎林宪高第四二四号报告,准予将张汝成作特殊输送处理。"

十七、于金喜,男,时年三十二岁。原籍山东省黄县北马集村,当时住址东安省虎林县虎头村兴隆街。一九四〇年七月加入苏联谍报组织。一九四一年八月三十一日被捕。九月五日，虎头宪兵分遣队长桦泽静茂以虎头宪高第二九〇号向东安宪兵队长白滨重夫呈报审讯报告，认为该人"无利用价值，这种人留在特殊地区，有再次活动之虑。因此，鉴于时局关系，作特殊输送处理较妥当"。东安宪兵队长白滨重夫将报告转呈"关宪司、三〇三六、四参、东特机"。九月二十二日，关东宪兵队司令官原守签发第九三五号指令，同意将于金喜"特殊输送"。

十八、矫吉明，别名子信，工作名高列维，男，时年四十四岁。原籍山东省黄县城西九里站，当时住址东安省虎林县虎头村平安街。职业劳工，秘密身份为苏联谍报员。一九三九年三月加入苏联谍报组织。后在驻虎日军部队干力工或在砖场做烧砖工。一九四一年八月二十日，矫吉明在东安省虎林县虎头村平安街被虎头宪兵分遣队秘密逮捕。八月三十日，虎头宪兵分遣队长桦泽静茂以虎头宪高第二七七号向东安宪兵队长白滨重夫呈报审讯报告，认为该人无利用价值，适合特殊输送。白滨重夫审阅后批示："同意分遣队长意见，适合特殊输送。请关宪司指示。"并向"关宪司、三〇三六、四参、东安特机、牡宪"转呈了审讯报告。九月二十二日，关东宪兵队司令官原守签发第九三六号指令，同意将矫吉明"特殊输送"。

十九、王明春，别名王元春，工作名王树森，男，时年三十四岁。原籍河北省保定府青元县于家庄。当时无固定住址。一九四一年五月加入苏联谍报组织。六月十八日十三时在鹤立县梧桐镇日军军事工事地区被兴山镇宪兵分队秘密扣留。七月四日，佳木斯宪兵队长宇津木孟雄以佳宪高第四一三号向关东宪兵队司令官原守呈报审讯情况报告，认为"王明春入满后即被扣留，虽没有实际危害，但确有执行苏联指令的意图。鉴于时局发展的情况，拟给予特殊输送，请予批准"。七月九日，关东宪兵队司令官原守向佳木斯宪兵队长下达第六七二号指令，同意将苏联谍报员王明春"特殊输送"。七月三十一日，佳木斯宪兵队长宇津木孟雄以佳宪高第四八七号再次向关东宪兵队司令官原守呈报《关于实施特殊输送的报告》，称已于七月二十八日将王明春等"特殊输送"。

二十、任殿曾，男，时年三十八岁。原籍山东省平度县西安屯，当时住址三江省抚远县东安镇下营。职业农民，秘密身份为苏联谍报员。一九四〇年八月加入苏联谍报组织。一九四一年六月十五日被富锦宪兵分队秘密逮捕。七月八日，佳木斯宪兵队长宇津木孟雄以佳宪高第四三三号向关东宪兵队司令官原守呈报审讯情况报告，认为"鉴于这种谍报活动危害及时局的关系，拟作特殊输送处理,请指示"。七月十五日,关东宪兵队司令官原守签发第七一〇号指令,密令将苏联谍报员任殿曾"特殊输送"。七月二十八日,任殿曾被"特殊输送"至哈尔滨。

二十一、王振达,别名王明生,工作名满炭,时年二十五岁。原籍奉天省西安县炮手堆子,当时住址东安省密山县城子河村宝山屯。一九四〇年八月由苏联谍报员万信介绍加入苏联谍报组织。一九四一年五月三日,在密山县东安街长明路被东安宪兵分队秘密逮捕审讯。五月二十五日,东安宪兵分队长辻本信一以东安宪高第一六四号向东安宪兵队长白滨重夫呈报审讯报告,并附有王振达全身正面和侧面照片,发送东安特务机关、东安省警厅、密山国境警察队。报告认为,该人"很难看出悔改之意,无逆用价值,且该人的谍报活动是积极的,对我方实为大害,应该作特殊输送处理"。白滨重夫审阅后批示:"同意分队长的意见,拟将其特殊输送。请关宪司指示。"关东宪兵队司令官随后下达将王振达"特殊输送"的指令。

二十二、朱云岫,别名朱焕臣,工作名清云,时年二十三岁。原籍奉天省开原县千岗王村,当时住址东安省密山县城子河村保山屯。一九四〇年九月二十七日,经苏联谍报员万信介绍加入苏联谍报组织。一九四一年五月三日在东安省东安街长明路三义栈前被东安宪兵分队逮捕。五月二十日,东安宪兵分队长辻本信一以东安宪高一七二号向东安宪兵队长白滨重夫呈报审讯情况报告。提出该人入苏及返满后的恶行危害甚大,最适合"特殊输送"。东安宪兵队长白滨重夫审阅后签批意见:"虽然该人入苏提供情报仅此一次,实际危害也不很大。但像这种不法之徒必须彻底清除,故同意分队长的意见。应坚决将其与同伙王振达一起特殊输送最为妥当。请关宪司指示。"关东宪兵队司令官原守随之下达指令,将朱云岫实施"特殊输送"处理。

二十三、刘文斗,男,时年三十九岁。原籍山东省莱阳县临各村,当时住址东安省虎林县虎头村西顺街。职业饭店主,秘密身份为苏联谍报员。一九三九年十一月被原虎林警察署警士穆华亭发展为苏联谍报员。一九四一年七月十五日在虎林县虎头村永安街被虎头宪兵分遣队秘密逮捕审讯。七月十八日,虎头宪兵分遣队长桦泽静茂以虎头宪高第二〇五号向东安宪兵队长白滨重夫呈报审讯报告,认为该人"无逆用价值,对日满方面危害甚大。因此,应予特殊输送"。白滨重夫审阅后提出意见,认为"与其同党段凤楼、刘元杰等一起特殊输送较妥当"。并将报告转呈关东宪兵队司令部。七月三十日,关东宪兵队司令官原守签发第七七四号指令,密令将刘文斗"特殊输送"。八月九日十八时三十二分,虎头宪兵分遣队派下士官以下四人乘列车将刘文斗"特殊输送"哈尔滨宪兵队本部。

二十四、刘元杰,男,时年二十五岁。原籍河北省天津杨柳青,当时住址东安省虎林县虎头村。无职业,秘密身份为苏联谍报员。东安宪兵队依照关东宪兵队司令官第四三八号指令,于一九四一年八月九日十八时三十二分将刘元杰"特殊输送"哈尔滨宪兵队本部。

二十五、段凤楼,男,时年四十三岁。原籍山东省牟平县段家村,当时住址东安省虎林县虎头村。职业鞋店主,秘密身份为苏联谍报员。一九四一年七月十日被虎头宪兵分遣队逮捕。依照七月二十六日关东宪兵队司令官原守下达的第四三八号指令,于八月九日十八时三十二分将段凤楼"特殊输送"至哈尔滨宪兵队本部。

二十六、杨吉林,男,时年五十四岁。原籍山东省莱阳县佳化,当时住址东安省饶河县大代河。职业农民,秘密身份为苏联谍报员。一九四一年七月九日,在其住所被虎头宪兵分遣队秘密逮捕审讯。依照七月二十八日关东宪兵队司令官原守下达的第七六五号指令,于八月九日十八时三十二分将杨吉林"特殊输送"至哈尔滨宪兵队本部。

二十七、黄文萃,苏联谍报员,年龄、籍贯、职业不详。佳木斯宪兵队依照关东宪兵队司令官一九四一年七月十一日下达的第六九〇号指令,于一九四一年七月二十八日将其实施"特殊输送"。

二十八、李长义,苏联谍报员,年龄、籍贯、职业不详。佳木斯宪兵队依照关东宪兵队司令官一九四一年七月十一日下达的关宪高第六九一号指令,于一九四一年七月二十八日将其实施"特殊输送"。

二十九、周景生,苏联谍报员,年龄、籍贯、职业不详。佳木斯宪兵队依据关东宪兵队司令官一九四一年七月十七日下达的关宪高第七二二号指令,于一九四一年七月二十八日将其实施"特殊输送"。

三十、徐子峰,苏联谍报员,年龄、籍贯、职业不详。佳木斯宪兵队依照一九四一年七月十八日关宪高第七二四号指令,于一九四一年七月二十八日将其实施"特殊输送"。

三十一、张忠盛,男,时年四十岁。原籍山东省黄县,当时住址密山县黄泥河子。秘密身份为苏联谍报员。一九四一年一月二十日在密山县半截河忠信屯被捕。据东安宪兵分队《一九四一年防谍服务成果表》记载,张忠盛已被实施"特殊输送"。

三十二、刘宝湖，男，时年三十二岁。原籍山东省即墨县，当时住址密山县滴道村金刚大路。秘密身份为苏联谍报员。一九四一年三月二日在其住所被捕。据东安宪兵分队《一九四一年防谍服务成果表》记载，刘宝湖已被实施"特殊输送"。

三十三、张毓梓，年龄、籍贯、职业等不详。据一九四一年八月十四日东安宪兵队长白滨重夫给关东宪兵队司令官原守的报告，张毓梓已被实施"特殊输送"。

三十四、王勤山，别名三连子，男，时年三十八岁。原籍安东省，职业农民，秘密身份为苏联谍报员。一九四二年八月十九日被绥芬河宪兵分遣队逮捕。据鸡宁宪兵队本部《一九四二年度管内扣留谍者一览表》记载，王勤山已被"特殊输送"处理。

三十五、马尚文，男，时年二十七岁。原籍奉天省，职业劳工，秘密身份为苏联谍报员。一九四二年九月十日被林口宪兵分遣队逮捕。据鸡宁宪兵队本部《一九四二年度管内扣留谍者一览表》记载，马尚文被实施"特殊输送"。

三十六、刘维平，男，时年六十岁。籍贯密山县半截河，职业商人，秘密身份为苏联谍报员。一九四二年九月二十六日被半截河宪兵分遣队逮捕。据鸡宁宪兵队本部《一九四二年度管内扣留谍者一览表》记载，刘维平同年被实施"特殊输送"。

三十七、王照儒，男，时年三十四岁。原籍山东省，职业农民，秘密身份为苏联谍报员。一九四二年九月二十八日被半截河宪兵分遣队逮捕。据鸡宁宪兵队本部《一九四二年度管内扣留谍者一览表》记载，王照儒同年已被实施"特殊输送"。

三十八、吴春福，别名吴连克，男，时年三十二岁。籍贯吉林省，职业工人，秘密身份为苏联谍报员。一九四二年十月十三日，被半截河宪兵分遣队逮捕。据鸡宁宪兵队本部《一九四二年度管内扣留谍者一览表》记载，吴春福已被实施"特殊输送"。

三十九、唐永金，男，时年三十八岁。籍贯奉天省，职业原日军佣人，秘密身份为苏联谍报员。一九四二年十二月十日被半截河宪兵分遣队逮捕。据一九四二年鸡宁宪兵队本部《一九四二年度管内扣留谍者一览表》记载，唐永金已被实施"特殊输送"。

四十、尹文生，男，时年三十七岁。原籍吉林省，职业农民，秘密身份为苏联谍报员。一九四二年十一月十日被鸡宁宪兵队逮捕。据鸡宁宪兵队本部《一九四二年度管内扣留谍者一览表》记载,尹文生已被实施"特殊输送"。

四十一、赵新贵,男,时年四十三岁。原籍吉林省,职业劳工,秘密身份为苏联谍报员。一九四二年十二月二十八日被平阳镇宪兵分遣队逮捕。据鸡宁宪兵队本部《一九四二年度管内扣留谍者一览表》记载,赵新贵已被实施"特殊输送"。

四十二、吴天贵,别名吴宝廷,男,时年二十六岁。原籍安东省凤城县,无职业,秘密身份为苏联谍报员。一九四三年一月十八日被八面通宪兵分队逮捕。据鸡宁宪兵队本部《一九四三年度管内扣留谍者一览表》记载,吴天贵已被实施"特殊输送"。

四十三、栾仁朴,别名李凤世,工作名天山,男,时年二十二岁。原籍奉天省盖平县本街,当时无固定住址。一九四〇年六月加入苏联谍报组织。一九四一年七月十九日,在北黑线第三四六号列车到北孙吴站停车时,因被发现持有伪造的呼玛警察队的证明书而被扣留审讯。七月二十四日,北安宪兵队长和田昌雄以北宪高第六九七号向关东宪兵队司令部、哈尔滨宪兵队、佳木斯宪兵队呈报《苏联谍报员栾仁朴扣留审讯报告》,提出该人"亲苏意识强烈,盲目相信苏方宣传,反日思想浓厚,其妻现在苏联居住,极有可能再次入苏,适合特殊输送"。有关"特殊输送"的指令有待进一步查找。

四十四、刘文秀,工作名基他伊亚(音译),男,时年三十岁。原籍山东省费县,当时住址牡丹江省绥阳县绥芬河街阜宁镇正阳街八号。职业劳工,秘密身份为苏联谍报员。一九四〇年加入苏联谍报组织。一九四二年五月十七日十九时二十分,在牡丹江省绥阳县绥芬河街三岔河干草小屋被绥芬河宪兵分队逮捕。六月十六日,绥芬河宪兵分队长冈本义作以绥芬河宪高第二三二号向牡丹江宪兵队长呈报了审讯报告。认为该人"无悔改之意,没有利用价值,可将其作特殊输送处理"。有关"特殊输送"的指令有待进一步查找。

四十五、孙福发,男,时年二十三岁。原籍河北省玉田县红家庄,当时住址牡丹江省绥阳县绥芬河街阜宁镇兴隆街二十六号。一九四二年三月三日加入苏联谍报组织。五月二十日十七时,在绥芬河神风山"满洲第二二九部队"山室队被捕。六月十六日,绥芬河宪兵分队长冈本义作以绥芬河宪高第二三二号向牡丹江宪兵队长呈报审讯报告,认为该人为"出入部队的劳工,了解国境部队情况,可作特殊输送处理"。有关"特殊输送"的指令有待进一步查找。

四十六、薛孟祥,别名薛老三,男,时年三十三岁。原籍山东省诸城县方士庄,当时住址牡丹江省绥阳县绥芬河街阜宁镇太平街五号。职业炊事员,秘密身份为苏联谍报员。一九四二年三月二十日被刘文秀发展加入苏联谍报组织。一九四二年六月五日十八时三十分，在绥芬河街电厂街路上被绥芬河宪兵分队逮捕。六月十六日，绥芬河宪兵分队长冈本义作向牡丹江宪兵队长呈送审讯报告。认为该人"长年在日军部队做工，详细了解其情况，滥用这等人恐受其害，应按特殊输送处置"。有关"特殊输送"的指令有待进一步查找。

四十七、冉庆顺，男，时年五十九岁。原籍山东省肥城县象庄，当时住址黑河省瑷珲县五道沟乌斯道干。一九三九年十一月加入苏联谍报组织。一九四四年六月一日十六时，在瑷珲县五道沟下头南两千米处被山神府宪兵分队逮捕。六月二十八日，伪满第八军管区司令部(北安)以第六八一号向伪满军事部呈报审讯报告，认为该人"无逆用价值，危险性极大，适合特殊输送"，并请求指示。有关"特殊输送"的指令有待进一步查找。

四十八、李福林，男，时年二十三岁。原籍山东省郓城县刘行村，当时住址黑河省嫩江县嫩江街墨尔根路。职业烧砖工，秘密身份为中共谍报员。一九四三年三月被派到嫩江附近收集军情及其他情报，到其养父处做烧砖工。一九四四年四月三日，嫩江宪兵分队在嫩江街附近检查时将其逮捕。五月七日，孙吴宪兵队以孙宪战第二五〇号向关东宪兵队司令部，哈、佳、齐宪兵队呈报了审讯报告。认为李福林"无悔改之意，且与中共的联系中断，适合特殊输送。请给予指示"。有关"特殊输送"的指令有待进一步查找。

四十九、李怀显，男，时年二十八岁。原籍山东省郓城县刘行村，当时住址黑河省嫩江县嫩江街墨尔根路。职业烧砖工，秘密身份为中共谍报员。一九四三年三月到嫩江收集情报，一九四四年四月三日被嫩江宪兵分队逮捕。五月七日，孙吴宪兵队长向关东宪兵队司令部请示实施"特殊输送"。有关"特殊输送"的指令有待进一步查找。

五十、周殿平，别名周俭，男，时年四十八岁。原籍山东省泰安县。职业农民，秘密身份为苏联谍报员。一九四三年三月二十九日被绥芬河宪兵分遣队逮捕，预定"特殊输送"。有关"特殊输送"的指令有待进一步查找。

五十一、綦宪度，别名王子俊，男，时年二十六岁。原籍山东省抚远县洼子村，当时无固定住址。曾任原山东战时后方委员会胶东联合办事处西海区助理。一九四四年一月十五日经大连到新京(长春)，一月二十三日十四时在关东宪兵队教习队附近被捕，当时移交新京宪兵分队。二月二十九日，新京宪兵队长以新宪战第一一七号呈报审讯报告，认为该人"没有利用价值，特殊输送较妥当。请司令部指示"。有关"特殊输送"的指令有待进一步查找。

五十二、张兴华，别名张吉胜，男，时年四十九岁。原籍河北省青丰县邵张屯，当时住址东宁县石门子村佛爷沟屯。一九四一年六月入苏，接受日苏开战时扰乱后方、开展游击战、组织秘密团体的密令返回。一九四二年五月二十二日在东宁县石门子村佛爷沟屯被捕。七月二十六日，石门子宪兵分遣队长野原佐之助以石门子宪高第六九号向东宁宪兵队长坂元正呈报审讯报告，认为该人"没有逆用价值，作特殊输送处理较妥当"。有关"特殊输送"的指令有待进一步查找。

五十三、尚开明，男，时年三十三岁。原籍山东省登州府黄县，当时住在苏联邦哈巴罗夫斯克"卡尔？马克思"(音译)街十三号。妻子满洲国人病故，女儿收养在哈巴罗夫斯克收养所，原籍地有其老父老母及胞弟一人。一九四〇年三月二十六日二十点左右，在龙江省讷河县福民村宋家堡(宁墨线拉哈站东约三十五满里)被北安宪兵队扣留，秘密身份为苏联谍报员，一九四〇年五月二十三日，关东宪兵队司令部警务部给北安、哈尔滨宪兵队发通报，对北安宪兵队扣押的苏联谍报员尚开明做"特殊移送"处理，哈尔滨队接收尚开明。审讯其在哈巴罗夫斯克情况后，做"特殊输送"处理。

五十四、李忠发，男，苏联谍报员，原抗日联军第六军第五师第八团团长，被扣留在林口宪兵队，后作为"特殊输送"人员押往哈尔滨宪兵队总部。

五十五、高凤章，男，(时年三十三岁)原籍奉天省本溪县祈家堡，当时住在东安省密山县黄泥河子丰乐屯，家庭成员有母亲高梁氏(六十六岁)、妻子高王氏(三十一岁)、长子高当姐(五岁)、次子高成群(二岁)、长女高了团(八岁)，苏联谍报员，一九四〇年七月二十九日，东安宪兵队队长白滨重夫以东宪高第五一九号向关东宪兵队司令官竹内宽呈报移送苏联谍报员高凤章的报告："根据六月二十二日关宪警第六八二号文件，将由半截河宪兵分遣队队员对高凤章进行'特殊输送'，并于七月四日移送到哈尔滨宪兵队本部。"

五十六、孙连生，男，时年二十八岁，原籍山东省武城县辛县，苏联谍报员，一九三九年六月九日新京宪兵队队长近藤新八向关东宪兵队司令官城仓义卫呈报报告，报告认为"孙连生已失去利用价值，特殊输送较为妥当。"之后于一九三九年七月十三日又呈报告，上报内容为"七月四日，依据关宪警第七五八号文件被定为特殊输送人员的苏联谍报员(三十岁)，由于患上痢疾入住新京千早医院进行治疗。七月十二日十九时在该医院死亡。"

侵华日军七三一部队大事年表

1905 年

9 月　日俄签署《朴茨茅斯条约》。日本从俄罗斯手中夺取了中国辽东半岛南部的租借权和南满铁路。

1906 年

9 月　日本在中国辽东半岛南部设置殖民统治机构"关东都督府"。

1907 年

10 月　有关国家签署《关于陆战法规惯例条约》及其章程。其中规定禁止使用毒气。于 1910 年 1 月生效。日本于 1921 年 11 月批准。

1918 年

11 月　日本陆军部军务局开始细菌战的研究。

1919 年

4 月　撤销关东都督府,陆军部将关东军司令部迁至旅顺,1931 年 9 月又转移到沈阳,1932 年 3 月移至长春。

1925 年

6 月　有关国家在日内瓦签署了《关于禁止毒气等的议定书(禁止在战争中使用窒息等毒气和与之类似的气体以及使用细菌学的手段作武器的有关议定书)》。于 1928 年 2 月生效。日本于 1970 年 5 月批准。

1927 年

石井四郎取得东京帝国大学博士学位,翌年成为陆军军医。

1928 年

6 月 日本关东军在奉天附近的皇姑屯阴谋炸毁张作霖所乘专列,张作霖被炸死。

8 月 日本在广岛县大久野岛设立东京第二陆军兵工厂忠海兵器制造所。翌年 5 月开始制造毒气。

1930 年

石井四郎以日本驻外武官身份历访欧洲,获得当时最新的化学战和细菌战的知识与资料。

1931 年

9 月 18 日 日本关东军独立守备队在沈阳北郊柳条湖附近,将南满铁路路轨炸毁,反诬中国军队破坏铁路、袭击日本守备队。关东军以此为借口,立即向北大营中国驻军进攻,"九一八"事变爆发(满洲事变)。

▲石井四郎主张开发细菌武器,得到陆军省军务局军事课长永田铁山大佐的支持。

9 月 19 日 中共满洲省委召开紧急会议,发表《为日本帝国主义武力占领满洲宣言》,号召人民反对日本帝国主义占据满洲。

9 月 20 日 中共中央发表《为日本帝国主义强占东三省宣言》。指出,日本要变东北为其殖民地,号召东北人民奋起抵抗,赶走日本侵略者。

1932 年

2 月 5 日 日本关东军侵占哈尔滨。

3 月 1 日 伪满洲国成立。9 月 15 日,日本政府承认伪满洲国并签署《日满议定书》。

3 月 20 日 日本内阁通过《满蒙处理方案要纲》。

8 月 日本陆军军医学校设立防疫研究室。

年底 石井四郎晋升为军医中佐。

1933 年

年初 日本陆军参谋本部批准,防疫研究室扩建为防疫研究所。

8 月 日军在哈尔滨市宣化街和文庙街一带设立石井细菌研究所"石井部队",密称"加茂部队"。并在距哈尔滨市七十公里的背荫河建立了附属细菌工厂。

12 月 16 日 拉滨线铁路通车,设立平房车站。

▲作为化学战教育设施,日本开设陆军习志野学校。

1934 年

9 月 背荫河细菌工厂发生监狱暴动事件。

1935 年

2 月 在长春设立伪满"大陆科学院"。

8 月 1 日 中共中央发表《为抗日救国告全体同胞书》(即"八一宣言")。提出停止内战,一致抗日,建立国防政府,组织抗日联军的主张。号召全国同胞团结起来,收复一切失地。

1936 年

8 月 日本天皇敕令陆军参谋本部在中国东北地区重建两支细菌部队,即哈尔滨平房的"关东军防疫给水部"——石井部队和长春孟家屯的"关东军兽类防疫部"——若松部队。

1937 年

4 月 15 日 日伪军警宪特在哈尔滨、大连、抚顺、海伦等地大肆逮捕中国共产党员和爱国者。到本年十月末,共逮捕七百四十五人,其中八十余人被杀害。

7 月 7 日 侵华日军发动芦沟桥事变,开始全面侵略中国。

10 月 日本在九州小仓设立曾根兵器制造所,装填毒气炮弹与炸弹。

1938 年

1 月 26 日 关东宪兵队司令部警务部下达第五十八号文件,对有关"特殊输送"问题作了规定。

6月30日　日本关东军司令部军参谋长下达关参命第一五三九号令《设立平房附近特别军事地区之件》。平房四十多个村被指定为"特别军事地区"，强迫五百四十六户农民立即撤离，失去农田六百一十公顷，部队本部周围两公里范围成为"无人区"。

9月　石井部队(本部)平房建筑工程基本完成。"加茂部队"迁移到平房，改称"东乡部队"，"加茂部队"营址改为石井部队的第三部。

▲日军在齐齐哈尔设立"满洲第五一六(毒气)部队"。

▲平房特别军事区域事务所成立。

1939 年

6月23日至10月上旬　石井部队参加诺门罕战争，派出以碇常重少佐为首的"敢死队"，在哈拉哈河投撒细菌。石井部队的参战人员三十多人丧命。日本政府授予感谢状。

9月1日　德国进攻波兰，第二次世界大战全面爆发。

▲根据日本关东军关东宪兵队司令部令，日伪军警宪特等开始向石井部队"特殊输送"活人，作为细菌实验材料。

▲侵华日军在北平设立"北支甲第一八五五部队"(华北军防疫给水部)，在南京建立"'荣'字第一六四四部队"(华中军防疫给水部)，在广州建立"'波'字第八六〇四部队"(华南军防疫给水部)，在新加坡建立南方防疫给水部。

▲侵华日军在二十八个师团部队中设立防疫给水部和兽类防疫部。

1940 年

5月至6月　日军对宁波一带进行细菌攻击。

夏季　长春、农安发生鼠疫，石井部队进行"疫情调查"。

8月22日　石井部队对外正式启用"关东军防疫给水部"名称，本部下设第一、第二、第三、第四、总务、教育、器材和诊疗等八个部，并计划在中国东北适当位置设立支队。

9月27日　《德日意军事同盟条约》在柏林签订。

9月至11月　石井部队和南京"一六四四"部队共同实施"木号作战计划"，对浙江省的宁波、金华、玉山、温州、丽水、衢县等地先后进行十次细菌攻击，致使该地均出现突发性鼠疫流行。

12 月 2 日　根据日本天皇敕令和关东军总司令梅津美治郎的命令,石井部队设立牡丹江(海林)支队、林口支队、孙吴支队和海拉尔支队。

▲平房石井部队附近的新五屯发生霍乱。

1941 年

春季　石井部队组成以大田澄大佐为首的四十至五十人的第二次远征队,再次去常德、温州进行细菌攻击。

4 月　日军飞机在浙江省新登县上空投撒细菌。

7 月　关东军开始特别大演习(通称关特演),在东北投入兵力七十万人。

▲侵华日军对湖南常德实施细菌攻击。

8 月　作为隐蔽名称,石井部队变更番号。石井部队平房本部称"满洲第七三一部队",若松部队称为"满洲第一〇〇部队",牡丹江支队为"满洲第六四三部队",孙吴支队为"满洲第六七三部队",林口支队为"满洲第一六二部队",海拉尔支队为"满洲第五四三部队",大连卫生研究所为"满洲第三一九部队"。

10 月 18 日　日本东条英机内阁成立。

▲"七三一"部队在中国劳工中建立劳务大队、中队、小队。

▲关东军情报部(哈尔滨日本特务机关)香坊保护院成立,它成为向"七三一"部队输送被实验人员的转运站。

▲"七三一"部队在安达建立特别实验场。

11 月　日军飞机再次在常德上空投撒细菌,常德及附近的桃园、丰县大规模流行鼠疫。

12 月 8 日　日本对美、英宣战,太平洋战争爆发。

1942 年

2 月　新加坡支队改组为"'冈'字第九四二〇部队"。

4 月　"七三一"部队宪兵室在劳工组织中成立"协同防谍班"(简称"协防班")。

6 月至 7 月　"七三一"部队远征队与"一六四四"部队配合,将霍乱、伤寒、鼠疫、赤痢等传染病细菌撒布在以浙江省金华为中心的区域。

7 月　北野政次接任石井四郎的"七三一"部队长的职务;石井四郎改任侵华日军第一军军医部长。

8 月　"七三一"部队和"一六四四"部队在浙赣地区的广信、广丰、玉山、江山、常山、衢县、丽水等地进行细菌攻击。

▲长春、农安再次发生鼠疫。

▲平房宪兵分遣队归哈尔滨宪兵队香坊分队领导。

1943 年

3 月 12 日 关东宪兵队司令部警务部下发第一二〇号文件,对"特殊输送"实施问题进一步作了规定,并确定了"特殊输送"对象的标准。

12 月 平房特别军事区域事务所扩大,设立平房警察驻在所。平房宪兵分遣队改称派遣队,归哈尔滨宪兵队直接领导。"七三一"部队宪兵室也归哈尔滨宪兵队直接领导。

1944 年

春季 苏军开始向德军反攻。在中国解放区,中国军队开始对日军局部反攻。

7 月 日本东条内阁辞职,小矶内阁成立。

8 月 平房附近的正黄旗四屯发生鼠疫。

秋季 平房特别军事区域成立了"协防班"。

1945 年

1 月 "七三一"部队成立撤退留守处。

2 月 12 日 关东军要求伪满兴农部提供黄鼠三十万只,计划供细菌战使用。

本月 美、英、苏三国在雅尔塔会谈,通过了《雅尔塔协定》。协定规定,在德国投降后三个月内苏联宣布对日作战。

3 月 石井四郎重新担任"七三一"部队长。

春季 为使"七三一"部队加快制造细菌,关东军以"五六九"部队名义,强迫老百姓每人供给部队五至十只老鼠。

4 月 "七三一"部队组织鼠疫特别攻击预备队。

5 月 德国向同盟国无条件投降。

▲"七三一"部队改称"二五二〇二"部队。

6 月 15 日 大连卫生研究所成立鼠疫防疫队。

本月 "七三一"部队"特别监狱"暴动失败。

7 月 26 日 美、英、中三国发表《波茨坦公告》，确定永远铲除日本军国主义，永远解除日本军队，严惩战争罪犯，日本必须放弃所掠夺的土地，如朝鲜、中国的满洲、台湾、澎湖列岛等地。7 月 29 日，日本政府拒绝《波茨坦公告》。

本月 "七三一"部队及其支队的重要设备向通化转移。

8 月 8 日 苏联对日宣战。9 日苏军分三路进入中国东北，向侵华日军发起攻击。东北抗日联军配合苏联红军作战，中国东北解放。

8 月 10 日 "七三一"部队特别班石井刚男少佐根据石井四郎部队长的命令，将狱中囚犯全部杀害。从即日开始，"七三一"部队全力以赴烧毁文件资料，砸毁仪器设备，烧炸建筑物。到 8 月 14 日，"七三一"部队组织人员乘火车南逃，各支队也自行组织人员撤退。

8 月 15 日 日本无条件投降。日本天皇裕仁在东京电台宣布了投降诏书。

8 月 18 日 "七三一"部队绝大部分人员逃回日本。

本月下旬 美国军事科学调查团成员 M·桑德斯军医中校开始对"七三一"部队进行调查，11 月提出《桑德斯报告书》。

9 月 3 日 日本在投降书上签字。中国抗日战争取得最后胜利，第二次世界大战结束。

1946 年

1 月 盟军最高统帅部的对敌情报部（CIC）发现并拘留了石井四郎。同年春，美军在若松町传讯石井四郎，同时在下北泽接触"七三一"部队干部。

5 月 远东国际军事法庭（东京审判）开庭。

秋季 哈尔滨市平房地区义发源、东井子、后二道沟等三个村屯发生鼠疫，死亡一〇三人。

1947 年

1 月 苏联就"七三一"部队问题通过国际检察局与第二参谋部威洛比少将联系，要求审问石井四郎等"七三一"部队战犯，苏美之间顿起风波。

1948 年

11 月 远东国际军事法庭判决 A 级战犯二十八人有罪。

12 月 对东条等七人执行绞刑。翌日，对其他十九人予以不起诉释放。东京审判对细菌战自起诉状阶段即免责，对毒气有关被告虽明确指名，但未予处理。

1949 年

12 月 25 日至 30 日　苏联滨海军区军事法庭(伯力审判)对前关东军司令官山田乙三大将、军医部长梶塚隆二中将等十二名日本战犯进行公审。1950 年在莫斯科出版了《前日本陆军军人因准备和使用细菌武器被控案审判材料》一书。

1950 年

2 月 3 日　苏联政府因在伯力审判中证明了裕仁天皇、石井四郎、北野政次、若松侑次郎、笠原行雄五人是准备和进行反对人类的细菌战中起主导作用的战犯,特照会中、美、英三国政府,建议委任特别国际军事法庭,予以审讯,为美国所拒绝。

▲以免于战犯起诉为交换条件,石井四郎、北野政次、若松侑次郎等人向美国提供细菌研究资料。

1951 年

9 月　五十二个国家在旧金山缔结对日媾和条约,但没有邀请中国、朝鲜、蒙古参加。

1956 年

6 至 7 月　中国在沈阳设特别军事法庭审判被俘日本细菌战犯,判处日军前"七三一"部队"一六二"支队支队长榊原秀夫、宪兵吉房虎雄、上坪铁一、堀口政雄等有期徒刑。根据中国的宽大政策,在刑期未满时即予释放。

▲原"七三一"部队队员秋山浩(化名)不怕围攻,勇敢投笔著书,揭露日本帝国主义在中国使用细菌武器,进行细菌战的罪行。

1959 年

10 月 9 日　石井四郎因患喉癌死于东京。

1978 年

7 月 19 日　以国友俊太郎为团长的"日本中国归还者联络会(正统)"第五次友好访华团参观原"七三一"部队罪证遗址,表示悔恨和检讨,并向中国死难者致哀。

1981 年

10 月 美国新闻记者约翰·威廉·鲍威尔在《原子科学家》报上发表了题为《日本的生物武器：1930—1945 年历史上被隐瞒的一章》的长文，详尽地揭露了侵华日军进行细菌战的暴行和美日之间在细菌战研究上的肮脏交易。

1982 年

8 月 13 日 在日本东京涩谷举办的"为了和平的战争资料展览会"，展示了原"七三一"部队的有关照片和实物。

9 月 日本著名作家森村诚一专程到原"七三一"部队遗址调查、访问。回国后不久，发表了小说《恶魔的饱食》，在日本和中国引起强烈反响。

年末 黑龙江省人民政府批准在哈尔滨市平房区原"七三一"部队遗址建立"侵华日军七三一部队罪证陈列馆"。

1983 年

日本庆应大学博士研究生儿岛俊郎在东京神田的旧书店中发现了原"七三一"部队使用活人进行细菌实验的两份报告书，一是《因"黄弹"射击引起的皮肤伤害及一般临床症状观察》，一是《关于破伤风毒素及芽胞接种时的肌肉"时值"》。这是原"七三一"部队使用活人进行细菌实验的直接证据。8 月 15 日，日本《每日新闻》对此作了报道，在日本引起很大反响。翌日，中国《人民日报》也作了报道。

1985 年

8 月 15 日 "侵华日军七三一部队罪证陈列馆"正式对国内外开放。据不完全统计，到 1990 年，共有二十三个国家和地区六千五百七十八人次参观了展览，中国国内共有四千一百八十九个单位九万八千四百六十六人次参观了展览。

1991 年

北京芦沟桥"中国人民抗日纪念馆"举办"侵华日军第七三一部队罪证展"。

1993 年

7 月 日本"七三一"细菌部队罪证展实行委员会"在日本开始举办"七三一部队罪证展",至今已在一百三十五处举办,观看人数三十五万人。

1995 年

7 月 "七三一部队、南京大屠杀、盲目轰炸无辜等事件"被害的中国人原告十人,向东京地方法院起诉,要求损害赔偿。

1997 年

4 月 29 日 《禁止化学武器条约》生效。条约规定禁止开发、生产、贮藏和使用化学武器,现有化学武器在十年内销毁。

8 月 因"日本军细菌战"而被害的中国原告一百零八人,第一次向东京地方法院起诉,提出损害赔偿要求。

1999 年

8 月 2 日 黑龙江省人民政府新闻办公室在哈尔滨举行记者招待会,黑龙江省档案局(馆)田汝正局馆长宣布向社会开放侵华日军"特殊输送"档案,首次披露了由侵华日军关东宪兵队形成的为"七三一"部队细菌试验提供活人的原始日文档案。

▲以三岛静夫为团长的日本"七三一细菌部队罪证展实行委员会"代表团一行四人,到黑龙江省档案馆查看了侵华日军关东宪兵队"特殊输送"档案,并参观了"铁证——馆藏日本帝国主义侵华罪行档案资料展"。

9 月 18 日 "侵华日军七三一部队罪证"网页(中文版)向世界推出。

9 月 22 日 东京地方法院判决"七三一部队、南京大屠杀、盲目轰炸无辜等事件"的被害中国原告方败诉。同月 30 日,原告团向东京高等法院提出上诉。

12 月 因"日军细菌战"而被害的中国原告七十二人,向东京地方法院第二次起诉要求损害赔偿。原告团计一百八十人。

2000 年

侵华日军"七三一"部队遗址为争取登记为世界遗产,开始保护、修复工作。

2001 年

6 月 12 日　侵华日军"七三一"部队遗址暨罪证陈列揭幕仪式，在哈尔滨市平房区原"七三一"部队本部大楼门前隆重举行。

12 月 10 日　黑龙江省档案馆、黑龙江省人民对外友好协会、日本 ABC 企画委员会共同编辑的《"七三一"部队罪行铁证——关东宪兵队"特殊输送"档案》一书正式出版发行。

后　记

　　在纪念中国人民抗日战争暨世界反法西斯战争胜利七十周年之际,我们编纂出版了《侵华日军七三一部队罪证》一书,目的在于用档案还原历史真相,揭露侵华日军七三一部队利用活人进行细菌试验的罪行,让世人了解历史,铭记历史,珍视和平,警示未来。

　　侵华日军七三一部队是日本关东军在哈尔滨平房设立的规模最大的细菌部队,也是世界上规模最大的细菌部队。日本投降前夕,七三一部队大肆烧毁档案,炸毁楼房,企图消灭罪证。1949 年 12 月,苏联滨海军区军事法庭在伯力对 12 名研制和使用细菌武器的日本战犯进行了审判,莫斯科外国文书籍出版局以多种文字出版了《前日本陆军军人因准备和使用细菌武器被控案审判材料》一书,第一次向全世界公开揭露了日本侵华战争期间七三一部队进行细菌试验和准备实施细菌战的事实。1999 年 8 月,在黑龙江省政府新闻办公室举行的记者招待会上,黑龙江省档案馆首次公布了关东宪兵队将被捕人员“特殊输送”到七三一细菌部队的秘密档案,揭露了七三一部队利用活人进行细菌试验的罪行,在国内外产生了很大的影响。2001 年,黑龙江省档案馆、省对外友好协会和日本 ABC 企划委员会合作出版了《七三一部队罪行铁证——关东宪兵队“特殊输送”档案》,分为中文、日文两种版本,有关中、日文的翻译工作由戴伟、李锡生、山边悠喜子负责,为研究七三一罪恶史提供了第一手资料。

　　近几年来,黑龙江省档案馆深入发掘馆藏档案资源,又发现了日本关东宪兵队“特殊输送”档案 20 余件,还查到了东北人民政府卫生部在哈尔滨地区收集的有关日军撒布细菌、造成严重瘟疫的口述档案。为纪念中国人民抗日战争暨世界反法西斯战争胜利七十周年,黑龙江省档案局、省档案馆成立了《侵华日军七三一部队罪证》编纂委员会,决定以《七三一部队罪行铁证》为基础,再增加新发现的档案资料,重新编纂出版。这些档案资料内容相互印证,环环相扣,构成了完整的证据链条,将日本军国主义侵略中国并利用活人进行细菌试验的罪行昭示天下,为研究日本侵华史、七三一部队罪恶史提供了确凿的证据。

本书编纂过程中，为便于阅读关东宪兵队用日文书写印制的"特殊输送"档案，对档案原文全部进行了翻译，共计 71 件，并收入了"特殊输送"档案的部分图片，力求文图并茂，以增强历史真实感和可读性。这是关东宪兵队向七三一部队实施"特殊输送"形成的最原始的历史记录。有关苏联滨海军区军事法庭审判日本细菌战犯的档案，出于篇幅上的考虑，本书只选录了起诉书、部分被告供词和判决书等审判材料。其中被告人山田乙三（关东军总司令）、川岛清（第七三一细菌部队生产部长）等日军细菌战犯供认，日本帝国主义在中国东北设立了细菌实验所，日军参谋部和陆军省在中国东北分别建立了第七三一部队和第一〇〇部队，并供述了自己亲身经历的人体试验和细菌武器生产等犯罪事实。本书还收入了东北人民政府卫生部搜集的哈尔滨等地受害百姓控诉日军传播疫情的证言，具有较高的史料价值。

在本书编纂工作中，按照档案编纂的原则，我们对一些档案原件情况进行了注释，以尽可能保持档案的原始性，维护历史档案的原貌并增强可读性。由于年代已久，有的档案字迹已经扩散，模糊不清，特别是手写体文字更是难以辨读。在编纂工作中，我们查阅有关档案资料进行了大量的比对考证，尽力保持档案原文准确完整。此外，对档案中的异体字、错别字和非规范汉字识别后，对明显的错别字进行了改正，疏通了文句，更便于读者阅读和研究。

参加本书编辑和编务的人员有刘利、田嘉伟、聂博馨、王晓军、徐静、穆岚岚、刘德婧、刘洋、李晓倩、于航。在编纂工作中，刘利还负责书稿编纂协调工作，聂博馨承担了新收入日文档案翻译工作，田嘉伟负责档案资料图片扫描及电子版文稿合并整理工作，王晓军承担了有关档案的查阅、挑选工作，薛岩负责联系书稿印刷出版工作。梁尔东副局长审阅了书稿，并就发现的问题进行了修改。黑龙江省档案局（馆）长齐秀娟最后审阅定稿，并为本书作序。

由于我们水平所限，书中可能存在不少疏漏和错误之处，敬请广大读者不吝赐教，批评指正。

编　者

2015 年 3 月